テキストシリーズ 土木工学 10

鋼構造

三木千壽 著

共立出版株式会社

「テキストシリーズ 土木工学」刊行に当たって

　近年，国際化，情報化，先端技術化の社会情勢の中で，土木事業および土木技術は大きく変革しています．加えて，市民意識が多様化しソフト化する中で，社会基盤施設整備に対する市民のニーズは単に経済発展や地域の活性化を推進するためというだけにとどまらず，豊かで快適な生活環境の創造や地球規模ともいえる環境問題への取組みなどを求める方向にあります．

　このような状況において，土木工学も一層の革新と内容の充実が要求され，境界領域を含めた新たな角度からの体系化と再編成が行われ，ますます総合工学的なものへと変遷してきています．

　本テキストシリーズは，この新時代に相応しい土木工学のカリキュラム編成を考慮しながら，専門基礎教育に対応する科目を取り上げたものであり，とくに次により編集しました．

　一．シリーズ全体を「概論・共通基礎／構造／材料／基礎工・土質／水工／計画」の各分野で構成し，それぞれさらに分冊して体系化しました．
　一．各冊とも，将来の関係分野の専攻にかかわらず必要とされる基礎が十分理解でき，また最新の技術，今後の動向が把握できるよう務めました．

　大学，高専などの土木系，建設系学生および高度技術革新時代における初級エンジニアを読者として想定して，各冊とも適宜に例題・演習を配し，またビジュアルな図・表を多用するなど学習の便を図っています．専門基礎課程のテキストとして，あるいは参考書・自習書として本シリーズの活用を大いに期待する次第です．

編集委員（五十音順）

足立紀尚　京都大学名誉教授　工学博士
髙木不折　名古屋大学名誉教授　工学博士
椛木　武　九州大学名誉教授　工学博士
長瀧重義　東京工業大学名誉教授　工学博士
西野文雄　政策研究大学院大学教授　工学博士

まえがき

　鉄鋼材料は強く，延び能力に優れ，加工しやすく，性能のばらつきが小さく，しかも低価格と，まさしく建設材料の代表といえよう．このような優れた材料の特性を構造物にどのように活かしていくのかが鋼構造学の目指すところである．

　本書は筆者が東京工業大学の3年生を対象とした「鋼構造の設計」の講義ノートをベースとしてまとめたものである．本書はまず鋼材の構造材料としての基本的な性質から入り，鋼構造部材の設計に関わる基本的な力学を説明し，その後鋼構造の特徴である溶接やボルト継手の基本的な事項とその設計，施工について記述している．本書を教科書として使っていただく場合，たとえば最初の部分は土木材料，部材の設計の部分は構造解析，あるいは橋梁工学といった講義と重複していることも考えられ，それらの内容に応じて，取捨選択していただければ幸いである．

　鋼構造の教科書としては，すでに倉西茂先生や伊藤学先生のものなどの名著が出版されている．筆者の講義においてはそれらを使わせていただいてきている．そのようなことを考えると，編集委員会を代表して西野文雄先生からこの本の執筆を依頼されたとき，はたして読んでいただけるような教科書が書けるだろうかと，かなり悩んだ．しかし，鋼材の製造，溶接などの製作加工技術，疲労などの新しい設計照査項目，防食・防せいなど，鋼構造分野の技術もどんどん拡大，発展しつつあり，それらをカバーした教科書を作ろうと考えてお引き受けすることにした．その結果が本書であり，はたしてそのようなものに仕上がったかどうか心配している．

　本書は次のような点についてとくに留意して構成した．
・大学の学部学生のための教科書としてだけでなく，鋼構造物の設計や施工に従事している実務家の便覧的な役割ももたせたい．したがって，できるだけ道路橋示方書などの基準類との関連について触れるように，また，関連する

資料類も含ませるようにした．
- 疲労設計について詳しく記述した．鋼構造物をていねいにメンテナンスしながら使い続ければ，最終的には疲労によりその寿命を終わることになる．道路橋の設計にも疲労設計が取り入れられることになっており，本書の関連する個所に疲労に関する考え方を記述した．
- 製作やメンテナンスについても，できるだけ記述することとした．構造物を計画し，設計する上で，それをどのように製作し，メンテナンスしていくかについて知ること，関心をもつことはきわめて重要である．施工やメンテナンスにまで配慮が行き届いて始めて優れた構造物といえよう．
- 鋼構造物の疲労や破壊現象を説明するのに有効な手段となっている破壊力学についても記述した．

すべての章についてまだまだ不十分な点が数多くあることを自覚しての出版である．また，この分野も技術開発が急速に進みつつあり，それらをきちんと把握していくことも重要である．今後とも読者諸兄のご批判を賜って，より良いものにしていきたいと願っている．

最後になったが，本書を執筆するに当たり，まず，多くの文献，論文，技術資料類を参考にさせていただいたことを記し，関連各位に心から感謝したい．穴見健吾助手には図表の整理などすべてにわたってご協力をいただいた．また，校正に当たっては同僚の市川篤司教授と博士課程学生の休場裕子さんに大変な面倒をかけた．また，横河ブリッジの名取暢氏，川田工業の町田文孝氏には写真や資料の収集にご協力いただいた．本書が出版できたのは共立出版（株）の担当である瀬水勝良氏のおかげである．遅れに遅れた原稿を根気強く待っていただき，また詳細にチェックしていただいた．ここに記して深謝いたします．

2000年6月

三木　千壽

目　　次

1 章　鋼構造の歴史

1.1　橋 ………………………………………………………………… 1
1.2　水圧鉄管 ………………………………………………………… 10
1.3　港湾，海洋構造物 ……………………………………………… 12
1.4　設計基準，示方書 ……………………………………………… 14
　　　演習問題・参考文献 ………………………………………… 15

2 章　鉄 と 鋼

1.2　製鉄・鉄鋼 ……………………………………………………… 17
2.2　組織と状態 ……………………………………………………… 20
2.3　添加元素，残留元素の作用 …………………………………… 22
2.4　熱処理 …………………………………………………………… 23
　　　演習問題・参考文献 ………………………………………… 26

3 章　鋼材の力学的性質

3.1　試験の規格 ……………………………………………………… 27
3.2　破壊の様式 ……………………………………………………… 29
3.3　引張特性，応力-ひずみ関係 …………………………………… 30
3.4　衝撃強さ ………………………………………………………… 38
3.5　疲　労 …………………………………………………………… 42
3.6　遅れ破壊 ………………………………………………………… 54
3.7　硬　さ …………………………………………………………… 55
　　　演習問題・参考文献 ………………………………………… 57

4章　鋼材の規格と鋼種の選定

4.1　鋼材の種類と規格 …………………………………………………… *59*
4.2　鋼種の選定 …………………………………………………………… *70*
　　演習問題・参考文献 …………………………………………………… *73*

5章　引張部材

5.1　断面内の応力 ………………………………………………………… *75*
5.2　引張部材の強度評価と許容応力度 ………………………………… *78*
5.3　応力集中と引張強さ ………………………………………………… *79*
5.4　純断面積 ……………………………………………………………… *82*
5.5　ピン定着部 …………………………………………………………… *84*
5.6　疲労強度に対する切欠き効果 ……………………………………… *87*
5.7　細長比 ………………………………………………………………… *91*
　　演習問題・参考文献 …………………………………………………… *91*

6章　ロープとケーブル

6.1　ロープおよびケーブルの構成 ……………………………………… *93*
6.2　ケーブルの定着 ……………………………………………………… *98*
6.3　長大吊橋のケーブル ………………………………………………… *99*
6.4　疲労強度 ……………………………………………………………… *101*
6.5　ケーブルの防食 ……………………………………………………… *102*
　　演習問題・参考文献 …………………………………………………… *104*

7章　柱部材

7.1　短　柱 ………………………………………………………………… *108*
7.2　弾性座屈 ……………………………………………………………… *109*
7.3　細長比，細長比パラメータ ………………………………………… *112*
7.4　有効座屈長 …………………………………………………………… *114*
7.5　不完全さのある柱 …………………………………………………… *116*

7.6 非弾性座屈 ……………………………………………………………………… *120*
7.7 柱の耐荷力，設計許容応力 ………………………………………………… *128*
　　演習問題・参考文献 ……………………………………………………… *142*

8章　局部座屈

8.1 板の弾性座屈 ………………………………………………………………… *147*
8.2 板の強度 ……………………………………………………………………… *149*
8.3 局部座屈と全体座屈 ………………………………………………………… *154*
8.4 補剛板の強度 ………………………………………………………………… *160*
　　参考文献 …………………………………………………………………… *164*

9章　曲げ部材

9.1 曲げに対する断面の抵抗能力 ……………………………………………… *166*
9.2 コンパクト断面とノンコンパクト断面 …………………………………… *169*
9.3 2軸曲げ ……………………………………………………………………… *173*
9.4 梁の中のせん断応力 ………………………………………………………… *175*
9.5 薄肉断面の梁中のせん断応力 ……………………………………………… *176*
9.6 せん断中心 …………………………………………………………………… *180*
9.7 横座屈 ………………………………………………………………………… *181*
　　演習問題・参考文献 ……………………………………………………… *184*

10章　加　工

10.1 切　断 ……………………………………………………………………… *187*
10.2 冷間曲げ加工とひずみ時効 ……………………………………………… *190*
10.3 孔あけ ……………………………………………………………………… *193*
　　 演習問題・参考文献 …………………………………………………… *194*

11章　溶接継手

11.1 溶接の種類 ………………………………………………………………… *195*
11.2 溶接材料と溶接性 ………………………………………………………… *200*

11.3 溶接条件 …………………………………………………… *203*
11.4 溶接継手の型式 ……………………………………………… *205*
11.5 溶接記号 …………………………………………………… *208*
11.6 溶接のポジション …………………………………………… *208*
11.7 溶接部の組織 ………………………………………………… *210*
11.8 溶接欠陥 …………………………………………………… *213*
11.9 溶接部の非破壊検査 ………………………………………… *215*
11.10 溶接残留応力 ……………………………………………… *222*
11.11 溶接変形 …………………………………………………… *226*
演習問題・参考文献 ………………………………………… *228*

12 章　溶接継手の強度と設計

12.1 溶接の有効断面積 …………………………………………… *231*
12.2 すみ肉溶接のサイズおよび長さに関する制限 …………… *233*
12.3 静的強度の照査 ……………………………………………… *234*
12.4 溶接継手部の疲労照査 ……………………………………… *237*
12.5 疲労強度に影響を及ぼす諸因子 …………………………… *249*
12.6 疲労設計 …………………………………………………… *251*
演習問題・参考文献 ………………………………………… *262*

13 章　高力ボルト継手

13.1 リベット継手 ………………………………………………… *265*
13.2 高力ボルト継手の接合の種類 ……………………………… *268*
13.3 高力ボルト，ナット，座金 ………………………………… *269*
13.4 高力ボルトの締付け ………………………………………… *271*
13.5 すべり面の処理 ……………………………………………… *275*
13.6 ボルトの孔と純断面積 ……………………………………… *276*
13.7 高力ボルト摩擦接合の強度 ………………………………… *276*
13.8 高力ボルト摩擦接合の設計 ………………………………… *279*
13.9 リベット接合部および高力ボル接合部の疲労 …………… *284*

13.10　高力ボルトの遅れ破壊 ……………………………………………287
　　　演習問題・参考文献 …………………………………………………291

14章　防せい・防食

14.1　腐食のメカニズム ……………………………………………………294
14.2　環　境 …………………………………………………………………295
14.3　腐食の防止方法 ………………………………………………………296
14.4　塗　装 …………………………………………………………………302
　　　参考文献 ………………………………………………………………309

15章　破壊力学の応用

15.1　き裂先端の応力と応力拡大係数 ……………………………………311
15.2　応力拡大係数の近似的な求め方 ……………………………………320
15.3　応力の分布に対する補正係数 F_g の数値計算による求め方 ………322
15.4　き裂の不安定拡大と破壊制御 ………………………………………324
15.5　疲労き裂進展寿命解析 ………………………………………………327
15.6　工学的応用例 …………………………………………………………333
　　　演習問題・参考文献 …………………………………………………342

索　引 ………………………………………………………………………………345

1

鋼構造の歴史

鉄鋼材料は土木分野においてコンクリートとともに重要な建設材料である．ここでは鋼構造へのイントロダクションとして，橋，水圧鉄管，港湾構造物などの土木構造物への鉄鋼材料の適用の歴史を概説する．

1.1 橋

　世界で最初の鉄の橋は1779年に完成した英国のCoalbrookdaleにある橋（支間30.5m）といわれており，現在ではアイアンブリッジと呼ばれている．英国の産業革命の時代にその中心地に建設された橋であり，非常に良好な状態で現存している（図1.1）．鋼については1828年にオーストリアのウィーンで

図 1.1　世界最初の鉄橋 Coalbrookdale 橋
（英国，1779年，支間30.5m）

初めて橋に使用されたといわれている．鋼を用いた最初の大規模な橋としては，1874年に完成した米国セントルイスのミシシッピー川を渡るイーズ橋である（図1.2）．また，1890年完成の英国のフォース鉄道橋も歴史的な鋼構造物の1つである（図1.3）．

図 1.2 イーズ橋
（米国，1874年，支間158.5m）

図 1.3 フォース鉄道橋
（英国，1890年，支間521m）

わが国の鉄の橋，鋼の橋は欧米からの輸入より始まっている．日本での最初の鉄の橋は1868年の長崎のくろがね橋であり，オランダ人技師に設計を依頼し橋長21.8mの桁橋を完成させた．その後多くの鉄の橋が英国，米国，ドイツを中心に輸入されている（図1.4）．1872年（明治5年）には新橋-横浜間に

1.1 橋

図 1.4 神子畑橋(兵庫県朝来町)(1855年)
現存最古の鋳鉄アーチ橋．イギリス製
の可能性が高い．

鉄道が開通したが，橋梁はすべて木橋であった．1878年（明治11年）にはわが国初の国産橋（鋼材は輸入）として八幡橋（弾正橋）が完成した（図 1.5）．1888年には初めて弦材に鋼材を用いたダブルワーレントラスの天竜川橋梁が架設されている．1901年には官営八幡製鉄所が開業したが，その初期には質，量の両面において橋梁の需要に応えることができなかったようであり，1912年の東京，隅田川の新大橋，1913年の四谷見附橋などについても鋼材はアメリカから輸入している．橋の国産化は桁橋から始まったが，鉄道トラス橋につ

図 1.5 八幡橋(東京都江東区)(1878年)
ボーストリング型式．
アーチ部は鋳鉄，水平材や腹材は錬鉄．
この橋の材料は国産という説と錬鉄は輸入という説がある．

いては 1920 年代まで輸入していた．

　1923 年に発生した関東大地震の復興事業により，東京にはさまざまな形の鋼橋が出現した．1926 年に完成の支間 100.6 m の下路充腹タイドアーチ橋である永代橋（図 1.6），1928 年に完成の支間 91.4 m の自定式吊橋である清洲橋（図 1.7）をはじめ，ゲルバー橋の言問橋，アーチ橋 3 連からなる蔵前橋，吾妻橋などがある．これらの時期はわが国の近代橋梁での 2 大発展期といえるが，1935 年（昭和 10 年）頃から橋の建設は停滞し始め，第 2 次世界大戦の始まりとともに休止状態に追い込まれた．

図 1.6　永代橋．下路バランスドタイドアーチ
1926 年完成．
41.148m＋100.584m＋41.148m．高張力のマンガン鋼であるデュコール鋼が使用されている．

図 1.7　清洲橋．自定式吊橋　1928 年 3 月．
45.72m＋91.44m＋45.72m

1.1 橋

　第2次世界大戦後，道路・鉄道などの社会資本の整備はしばらく停滞の時代が続いたが，1954年（昭和29年）に始まる第1次道路整備5ヶ年計画，1960年代前半（昭和30年代後半）からの新幹線や高速道路建設により再び橋梁技術の発展が始まった．

　吊橋は，昔は蔦や草や竹などを利用してつくられてきた．それが鉄製の鎖をケーブルに使用するようになってから長支間の吊橋をつくることが可能になり，さらに帯鉄（フラットアイバー）をボルトでつないだ型式のケーブルに代わった（メナイ吊橋，コンウェイ吊橋（図1.8））．しかし，アイバーチェーンのケーブルでは高強度のものが得られないことや信頼性にも欠けることからワイヤ製のケーブルへと変わっていった．

　現在の吊橋のケーブルは平行線ワイヤロープが中心である．より合わせたケーブルでは強度，剛性とも素材のピアノ線よりかなり低下するが，ピアノ線を平行に束ねたケーブルではそれらが解決される．この平行線ケーブルは米国で考案されたものであり，ローブリングにより開発された．1855年にナイアガラ橋に採用され，1883年に完成したブルックリン橋（図1.9）にも平行線ケーブルが用いられている．一方，ヨーロッパでは長い間ワイヤロープが用いられ続け，1964年完成のフォース道路橋で初めて平行線ケーブルが使用された．わが国最初の本格的吊橋である若戸大橋（図1.10）（1962年完成）は，スパイラルロープが使用されている．日本では1969年に初めて平行線ケーブルが八

図1.8　コンウェイ吊橋，支間327ft.
　　　　テルフォードの設計により1826年完成

図 1.9 ブルックリン橋
(米国, 1883年, 支間486m)

図 1.10 若戸橋(写真提供:横河ブリッジ)
(1962年, 支間367m)

図 1.11 関門橋(写真提供:横河ブリッジ)
(1973年, 支間712m)

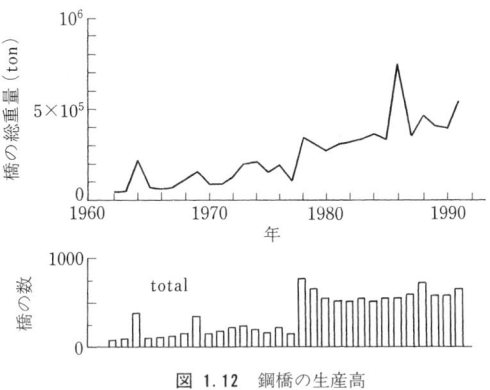

図 1.12 鋼橋の生産高

幡橋で採用され，その後 1973 年の関門橋（図 1.11）に本格的に用いられた．

図 1.12 は 1962 年から 1991 年までの「橋梁鉄骨年鑑」に載っている鋼橋の完工総量を集計したものである．鋼橋の総完成量は 1963 年の 4 万トンから 1972 年には 10 万トンとなり，1978 年には 30 万トンを超えるようになっている．

この 30 年間での鋼橋の大きな変化の 1 つは継手型式にある．従来は部材の集成にリベット継手が用いられていたのが，溶接および高力ボルトに変わった．もう 1 つの変化は高張力鋼の使用である．高張力鋼とは従来の引張強さが 400 MPa クラスのいわゆる軟鋼に対応するものとして用いられる言葉であり，通常，引張強さが 500 MPa 以上の鋼に対して用いられている．高張力鋼の研究開発はわが国では主として水圧鉄管への利用を対象にして 1950 年代から進められてきたが，橋については 1955 年完成の相模大橋に $52\,\mathrm{kg/mm^2}$（510MPa）級の鋼が使用されたのが最初といわれている．1966 年に 500MPa クラスの溶接構造用鋼として SM50Y（現在の表記は SM490Y）および SM53（同 SM520）が JIS 規格化されている．1967 年には道路橋示方書にもその使用が取り入れられ，1975 年には橋のかなりの部分に SM50Y が用いられるようになった．600MPa クラスの鋼についても 1950 年代から開発が進められ，いくつかの橋に試用されているが，本格的使用は名神高速道路の木曽川，揖斐川，長良川の 3 橋と首都高速道路であり，1966 年には JIS 規格となり 1967 年には道路橋示方書に含まれている．

図 1.13 花輪跨道橋．京葉道路の改築に伴い撤去されているところ．

橋梁構造に 800 MPa 級鋼材が最初に使用されたのは 1964 年の京葉道路花輪跨道橋（図 1.13）である．1974 年完成の港大橋（図 1.14）は日本で初めて 800 MPa 級までの高張力鋼を本格的に使用した橋であり，橋梁用高張力鋼としての鋼材の機械的性質，溶接性，ぜい性破壊に対する安全性については幅広く検討され，その後の本州四国連絡橋の建設につながっている．

本州四国連絡橋プロジェクトの児島・坂出ルートの瀬戸大橋（図 1.15）は道路と鉄道の併用橋であり，3 吊橋，2 斜張橋および 2 トラス橋から構成されている．この橋では長大橋であることから高張力鋼を使用することにより死荷重の軽減が計られた．また，道路鉄道併用橋のために疲労安全性を確保することが重要な課題となり，高張力鋼の加工や溶接施工，溶接欠陥と疲労強度の問題や非破壊検査について大きな進展がみられた．

本州四国連絡橋プロジェクトのうち神戸・鳴門ルートでは世界最大スパン

図 1.14 港大橋（写真提供：阪神高速道路公団）
（1974年，支間 510m）

図 1.15 瀬戸大橋（写真提供：松本 毅氏）

図 1.16 工事中の明石海峡大橋（1977年2月）
(1998年，支間 1991 m)
（写真提供：本州四国連絡橋公団）

(1991 m) の明石海峡大橋（図 1.16）が 1998 年に完成した．明石海峡大橋の補剛トラスには新たに開発された予熱低減型 800 MPa 鋼が使用され，この橋の主ケーブルには新しく開発された 1800 MPa クラスの材料が用いられている．尾道・今治ルートでは世界最大スパン斜張橋（890 m）となる多々羅大橋（図 1.17）が 1999 年に完成しており，この間のわが国の橋梁技術の進歩を示すものといえよう．

図 1.17 多々羅大橋（工事中．1997年10月）
（1999年，支間890m）

1.2 水 圧 鉄 管

　水圧鉄管は貯留水の落差を利用して発電する際に，高い水圧が発生する導水部に使用される鉄管である（図1.18）.
わが国最初の水力発電所で1891年（明治25年）に発電を開始した蹴上発電所にはベルギーから輸入した練鉄を利用したリベット管が用いられている．しかし，リベット管の継手効率は約70%と低いため，柔らかい鋼を焼いて重ねた鍛接管が高圧力部に使われるようになった．鍛接管は昭和初期までかなりの数の発電所に採用されたが，すべてドイツなどからの輸入品であった．大正初期からアメリカ，ドイツ，ポーランド，イギリスなどから輸入した厚肉溶接などが用いられ始め，大正末期に国内でようやく板厚23mm以上，管径3.0m以上の水圧

図 1.18 水圧鉄管
（写真提供：川崎重工）

鉄管用鋼管が製造可能となった．

　水力発電が高落差・高容量になるに従ってますます高強度の水圧鉄管が必要となり，つねに最先端の構造用鋼材が採用されてきたといえる．わが国において 1953 年（昭和 28 年）頃には引張強さが 52 kgf/mm² （510 MPa）の高張力鋼が実用化され，切明発電所の水圧鉄管に初めて採用された．60 kgf/mm² （590 MPa）クラスの高張力鋼の使用は 1950 年（昭和 35 年）の諸塚発電所，70 kgf/mm² （690 MPa）クラスは 1963 年（昭和 38 年）の鬼怒川発電所，800 MPa クラスは 1975 年（昭和 50 年）の太平発電所にそれぞれ初めて用いられている．

　水圧鉄管の中で，その設計や製作に工夫を要するのが分岐構造である．蹴上発電所では単純な T 形分岐がとられているが，高落差・高容量化に伴い最近

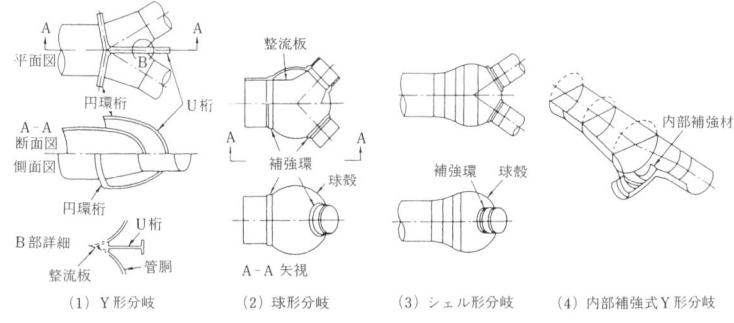

(1) Y 形分岐　(2) 球形分岐　(3) シェル形分岐　(4) 内部補強式 Y 形分岐

(a) 代表的な分岐管の構造（出典（社）電力土木技術協会：水力技術百年史）

(b)

図 1.19　分岐構造（写真提供：川崎重工）

では損失水頭をできるだけ小さくするなどの水理的な面および強度上の検討から，図1.19に示すようなさまざまな形の分岐構造が採用されている．最近の揚水式発電所では，ヘッド差が大きくなるに伴って水圧規模も大きくなり，たとえば今市発電所の水圧鉄管では800MPa級鋼材の比率が高く，管胴には板厚77mmの，また分岐部では板厚100mmの800MPa鋼が使用されている．

1.3 港湾，海洋構造物

鋼構造は桟橋，シーバースなどの港湾構造物やレジャー施設や石油掘削用のジャケット等の海洋構造物にも数多く使用されている．

港湾構造物としては，1896年（明治29年）に完成した横浜港の大桟橋（図1.20）に鋳鉄製のパイプ杭が使われている．この工事では直径12.5インチ，肉厚1.25インチ，長さ47～63フィートの鋼管杭の先端に径5フィートのスクリューねじを取り付け，人力でねじ込んだという記録が残っている．この大桟橋は関東大震災で倒壊しているが，1924～1925年（大正13～14年）にかけて同様な構造（ただし材料は鋳鉄から鋳鋼へ）で復旧されている．

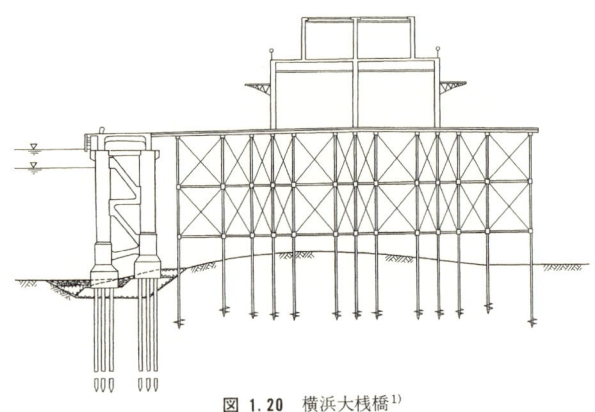

図 1.20 横浜大桟橋[1]

その後桟橋には鋼矢板が多く使われるようになった．鋼矢板は昭和の初期には欧米より毎年3～4万トンが輸入されていたが，1929年には官営八幡製鉄所で製造されるようになった．現在ではわが国で年間約100万トンの鋼矢板が製

造されている．

鋼管杭も桟橋に大量に用いられている．わが国での鋼管杭の使用は1954年（昭和28年）の塩釜LST桟橋工事であり，その後鋼管杭は桟橋の他の基礎や橋の基礎にも大量に使用されるようになった．現在では毎年100万トン程度の鋼管杭が用いられている．

シーバースは鋼管杭を用いた代表的な港湾構造物の1つである（図1.21）．シーバースは石油，天然ガスなどの荷揚げのために陸から離して設けられた係留施設である．タンカーの大型化に伴ってシーバースも大型化した．

図 1.21 苫小牧シーバース
（写真提供：鹿島建設）

石油掘削用のジャケットも大型の鋼構造物であり，高さが400mに達するものもある．メキシコ湾，カルフォルニア沖，北海等の海洋油田で数多くのジャケットが活躍している．東京湾横断道路の川崎人工島などの海中構造物の築造にも鋼製ジャケットが採用されている．

鋼製の殻に土砂を中詰めして港湾構造としたものに船体ケーソンがある．これは戦後のコンクリートなどの建設資材などが不足した時期に，中古船のタンカーや軍艦を利用して施工されたものである．小名浜港（1947年），八戸港（1950年）の防波堤として施工された実績が残っており，1965年（昭和40年）には横浜港でも防波堤として施工されている．中古船を使わず，鋼板と型鋼でつくられた鋼殻ケーソンが，1981年（昭和56年）に横浜の大黒埠頭で施工さ

れている．この工法では超大型，長大なケーソンも可能で，大水深・急速施工に適用したものとなっている．

港湾構造物ではないが，本州四国連絡橋の瀬戸大橋や明石海峡大橋の橋脚には鋼殻ケーソンが使用されている．瀬戸大橋の鋼殻ケーソン橋脚の内部はプレパックトコンクリートで，明石海峡大橋の鋼殻ケーソン橋脚は水中コンクリートで充填されている．

1.4 設計基準，示方書

設計基準，示方書は構造物の設計や施工を行う上でのバックボーンである．それらは対象とする構造物が必要とする機能，安全性，使用性，社会性，経済性などをベースに最新の技術水準に基づいて制定されたものである．したがって，設計などの実施に当たってはつねに最新版に従わなくてはならない．

鋼構造物に関連しては以下の基準類がある．
- 道路橋：道路橋示方書・同解説（Ⅰ共通編，Ⅱ鋼橋編），日本道路協会
- 鉄道橋：鉄道構造物等設計標準・同解説，鉄道総合技術研究所
- 水門鉄管等：水門鉄管技術基準，水門鉄管協会
- 港湾構造物：港湾の施設の技術上の基準・同解説，日本港湾協会

以上のような，いわゆる標準的な示方書に加えて，特定の機関やプロジェクトで，それぞれの特性を取り入れた示方書が用意されることもある．たとえば，本州四国連絡橋では海峡部にかかること，道路鉄道併用の長大橋であることや，そのために800MPaクラスの高張力鋼を使用することなどから，材料，設計，施工までを通して特別の基準類が設定されている．

構造物が多様化し，また新しい材料の出現に対して，それに対応する基準類がないことがある．基準類がないことは，使用を禁止している場合もあるし，基準類がそれらの動きに遅れている場合もある．そのような状況に遭遇したときはどちらのケースであるかを的確に判断する必要がある．また，基準類もそれがバイブルのようなものととらえるのではなく，それらのバックグラウンドにあるものを十分に理解してから適用を考えることが技術者のとるべき態度であろう．

[演習問題]

1.1 近くの鋼橋について，建設された年代・使用鋼材等について調査せよ．
1.2 鋼材の強度と橋の支間の関係について考察せよ．
1.3 鋼構造とコンクリート構造について，その長所，短所を比較せよ．
（章末に学習用の問題を収録した．解答は載せていないが，解いてみていただきたい．）

[参考文献]

1) 鋼材倶楽部：土木鋼構造物の技術史，1995
2) Bridges，田中賞の橋，鹿島出版会，1999
3) D. P. Billington : The Tower and The Bridge, Princeton University Press, 1985
4) 川田忠樹：吊橋の文化史，技報堂出版，1981

2

鉄 と 鋼

鉄は鉄鉱石を還元してつくられる．その鉄にさまざまな金属や非金属物質が添加され，あるいは残留元素の量がコントロールされ，さらにはさまざまな熱処理が行われて，建設材料として優れた性質を有する鋼が出現する．

2.1 製鉄・製鋼

図2.1に鉄鉱石から各種の鉄鋼製品ができるまでの概略の流れを示す．溶鉱炉では鉄鉱石を還元して銑鉄をつくる．還元され溶解された鉄は溶鉱炉の底にたまり，鉄鉱石に含まれていた不純物は石灰石と結合し，スラグとなって銑鉄の上に浮遊する．銑鉄は4～5%の炭素を含み，硬くてもろい性質を有している．鉄・鋼の主原料である鉄鉱石と石炭は，現在はすべて輸入されている．図2.2にその状況を示す．

鋼は銑鉄の炭素量を下げ，さらに必要な合金元素を添加することにより製造される．高温の銑鉄に酸素を加えることにより炭素を燃焼することができる．このような製鋼を行う製鋼炉には転炉，平炉および電気炉の3種類がある．わが国では鉄鉱石を原料とする場合は転炉が主である．電気炉はスクラップから普通鋼を製造するのに用いられている．また，電気炉は特殊鋼，合金鋼の製造にも用いることがある．図2.3に世界の粗鋼の生産高を示す．

製鋼炉で精錬された溶鋼は，インゴットケース（鋳型）に入れられ鋼塊にされる．インゴットケースで造塊された鋼は，分塊圧延機でスラブ，ブルーム，ビレットと呼ばれる鋼に分塊される．スラブ，ブルームあるいはビレットの名称は鋼塊の形状と大きさにより分けられているが，主としてスラブから鋼板

2章 鉄 と 鋼

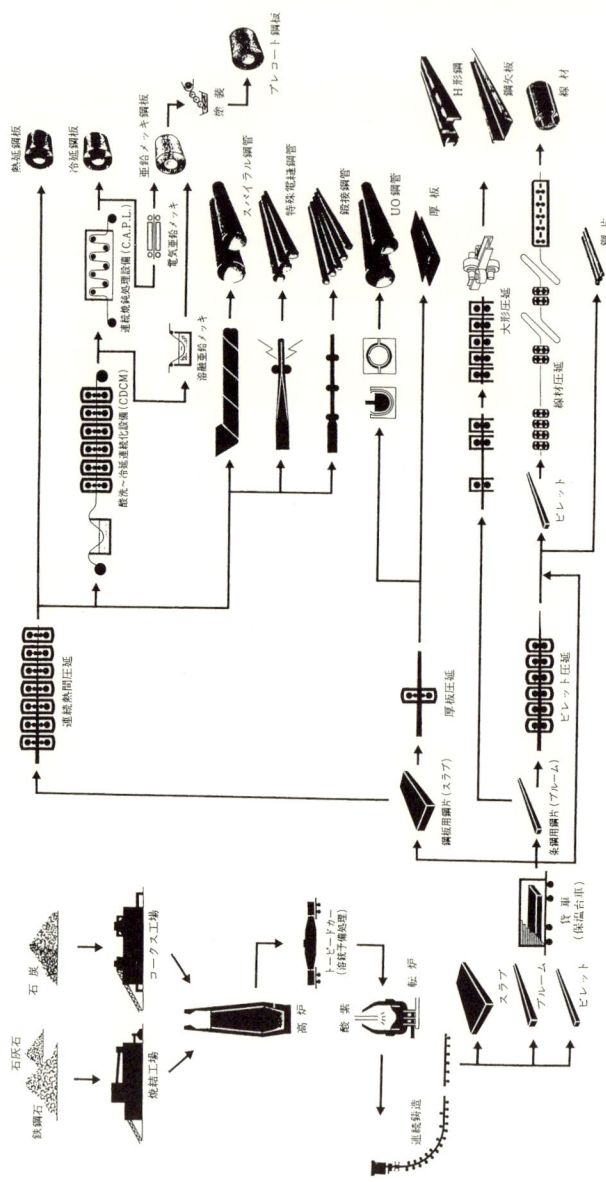

図 2.1 鉄鉱石から各種の鉄鋼製品ができるまで[1]

2.1 製鉄・製鋼

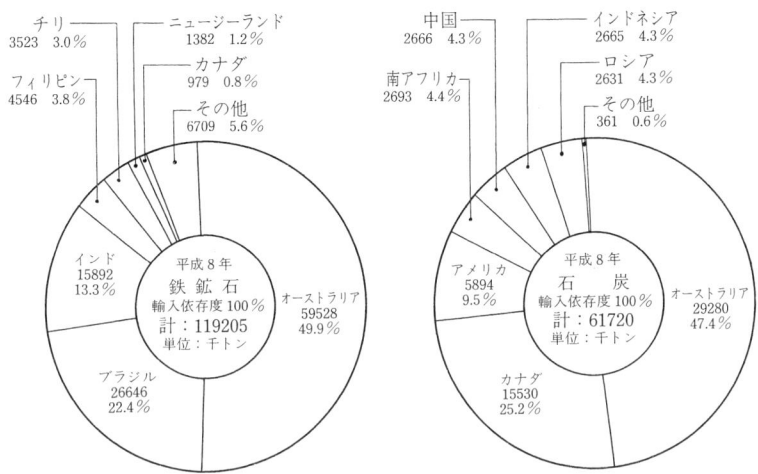

図 2.2 鉄の原料の輸入状況[2]

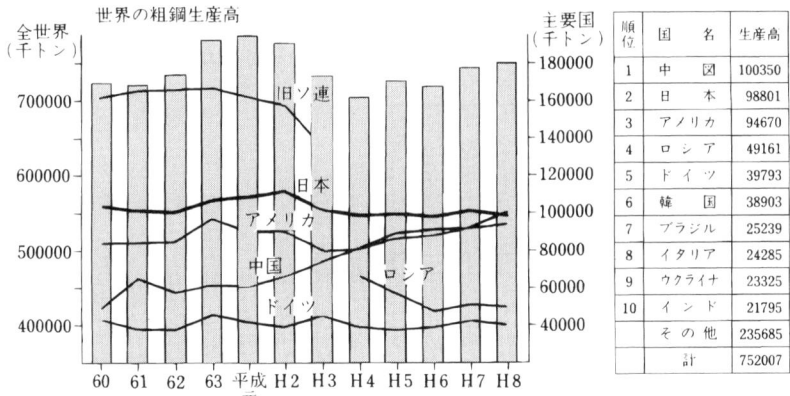

図 2.3 世界の粗鋼の生産高[2]

を，ブルームから形鋼を，ビレットから棒鋼，線材を圧延する．圧延によっても鋼材の性質は変化する．

連続鋳造法とは，インゴットケースで造塊せず，溶鋼から直接スラブ，ブルーム，ビレットなどの半製品をつくる方法である．わが国では通常の構造用鋼のほとんどがこの連続鋳造法により加工されている．

圧延された鋼板は必要に応じて焼き入れ（quenching），焼き戻し（tempering), 焼きならし (normalizing) などの熱処理が施される.

鋼材の性質はその化学成分, 熱処理, 圧延などの履歴などにより決まってくる.

2.2 組織と状態

純鉄は引張強さが 200～300 MPa の伸びの良い金属である. 鉄に各種の元素を微量加えることにより用途に適した性質に改善したものが鋼である. その中でも炭素は鋼の各種の性質を決定づける元素である. 2.1 節で述べたように鉄鉱石を還元してつくられた銑鉄は多量の炭素を含んでおり, 実際の製鋼ではその炭素量を下げることが重要なプロセスとなる.

図 2.4 に鉄-炭素系の状態図を示す. 純鉄には α, γ, δ の 3 つの状態 (同素体) があり, α 鉄および δ 鉄が体心立方格子 (bcc), γ 鉄が面心立方格子 (fcc) をつくっている (図 2.5). すなわち, 純鉄を加熱していくと α 鉄が常温から 912°C (G 点:純鉄の A_3 変態点) になると変態を起こして γ 鉄に変わ

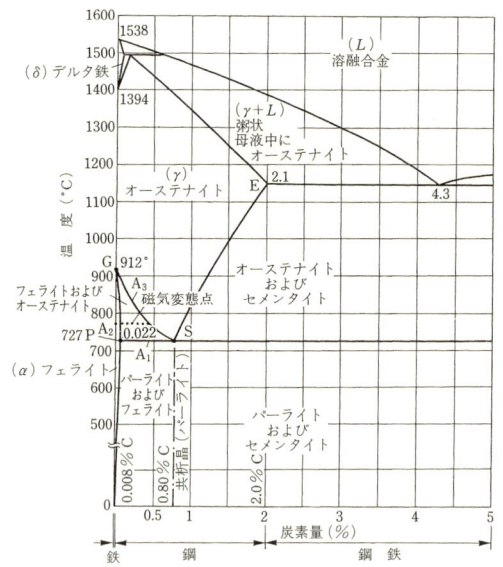

図 2.4 鉄-炭素系の平衡状態図[5]

2.2 組織と状態

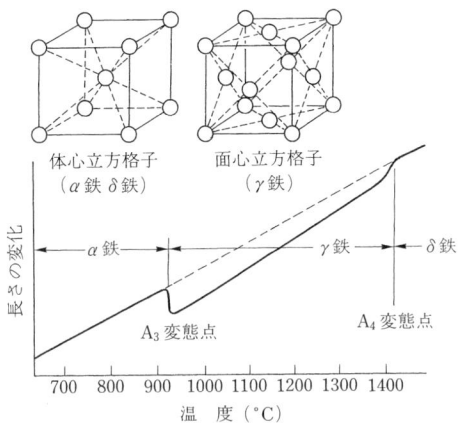

図 2.5 純鉄の膨張曲線と結晶格子の変化[4]

り，その際体積は収縮し，さらに 1394°C になると δ 鉄に変わり体積が膨張する．鉄の融点は 1538°C である．

1つの金属元素に対して他の元素を加えてつくった溶体が金属的性質を有する場合，これを合金という．合金のうち，ある結晶構造の原子位置が無秩序に他種原子で置き換えられた合金を置換型固溶体（合金）という．大きい原子からなる金属の格子に H, C, N などの小さい原子が溶解して合金がつくられる場合は，置換が行われずに格子のすきまに入ることが多いが，このような合金を侵入型固溶体（合金）と呼ぶ．純鉄の3つの状態とも炭素を固溶してそれぞれ α 固溶体（フェライトと称する），γ 固溶体（オーステナイトと称する），δ 固溶体をつくる．これらの固溶体はいずれも母金属の格子の間に割り込みをする侵入型の固溶体である．

フェライトでの炭素の溶解度は 727°C の P 点の 0.022% が最大で，常温で約 0.008% である．オーステナイトは 1130°C で 2.1% と最大の溶解度となり，γ 固溶体は 1429°C で最大固溶度は約 0.1% となる．鋼の A_3 変態温度は炭素量の増加に伴って低下する．図 2.4 中の曲線 GS がこれを示しており，A_3 曲線という．すなわち，GS 曲線はオーステナイトから冷却に際してフェライトを析出し始める温度を示している．ES 線は冷却に際してオーステナイトからセメンタイトと呼ばれる Fe_3C なる炭化鉄を析出し始める温度を示し，A_{cm} 変態

線と呼ばれる．727°C までに冷却されるとオーステナイトに固溶されていた炭素がフェライト中に Fe_3C という形（これをパーライトと呼ぶ）で析出し，微細な縞状組織を形成する．

鋼の性質は組織の相の種類のほか，結晶粒の大きさにも影響される．結晶粒の大小の尺度を粒度という．オーステナイト粒度は変態や焼入れ性などの高温での性質に影響がある．また，フェライト粒度は常温の性質に関係し，結晶粒が小さくなるとじん性などが向上する．

2.3 添加元素，残留元素の作用

鋼の約 98% は鉄である．しかしそこにわずかに添加され，あるいは残留する成分が鋼の性質を大きく変える．したがって鋼が出荷される際のミルシートには化学成分が示されている．その中でも炭素は鋼の強度，伸び，溶接性などを決定する最も重要な元素である．炭素の量が増えると強度と硬さが上昇し，その反面伸び能力が低下する．

鉄鋼の性質は合金元素の添加によって著しく改善される．じん性，硬さ，溶接性，耐熱性などの改善，電気的・磁気的特性の付与などが，合金元素を添加することにより実現される．鉄鋼に添加される主な元素は Si, Mn, Ni, Cr, Mo, W, Al, Cu, V, B などであり，特別の目的で Ti, Zr, Nb, Co なども利用される．これらの元素以外は，不純物として銑鉄，スクラップ，諸原料などか

表 2.1 添加元素の影響 [4]

マンガン	Mn	強度，硬度が増し，伸び，絞りが減る．硫黄によるぜい化を防止する．
シリコン	Si	強度を高めるが，限度を超えるともろくなる．耐熱性を高める．
リン	P	もろくなる．耐食性を高める．偏析する傾向があり，注意を要する．溶接割れの原因．
硫黄	S	赤熱状態でもろくする（赤熱ぜい性）．偏析する傾向がある．
アルミニウム	Al	脱酸および組織の微細化に効果．それにより強度特性向上．
ニッケル	Ni	鋼に粘り強さを与える．耐食性・耐熱性を大きくする．→ステンレス鋼．
クロム	Cr	Ni と近い作用．→ステンレス鋼．
モリブデン	Mo	高温での強さを増す．
銅	Cu	大気中での耐食性を増す．→耐候性．引張強さ，硬さを高めるが，延性を損なう．
タングステン	W	硬さ，耐摩耗性を向上．高温での強さを増す．

ら混入するいわゆる残留元素である．硫黄およびリンは鋼にとって有害性の高い元素であり，じん性を低下させるとともに溶接割れの原因となる．表2.1に主な添加元素の効果を示す．

11章で詳細に述べるが，溶接性を示す指標として，次式で示す炭素当量 C_{eq} と P_{CM} がしばしば用いられる．溶接性に最も影響を及ぼすのは炭素であり，炭素の多い鋼すなわち高強度鋼ほど溶接性が悪いといえる．溶接性の保証されていない鋼材を不用意に溶接することは避けなければならない．

$$C_{eq}=C+\frac{Mn}{6}+\frac{Si}{24}+\frac{Ni}{40}+\frac{Cr}{5}+\frac{Mo}{4}+\frac{V}{14}\left(+\frac{Cu}{13}\right) \qquad (2.1)$$

$$P_{CM}=C+\frac{Si}{30}+\frac{Mn}{20}+\frac{Cu}{20}+\frac{Ni}{60}+\frac{Cr}{20}+\frac{Mo}{15}+\frac{V}{10}+5B \qquad (2.2)$$

2.4 熱処理

鋼の性質は熱処理によってさまざまに変化する．すなわち鋼に対して加熱と冷却を行うことにより，鋼の強度，じん性，硬さ，伸びなどの性質を変えることができる．また，圧延や加工，溶接などにより導入された残留応力を除去することもできる．このような熱処理は，昔の刀鍛冶の作業からも容易に想像される．

以下に代表的な熱処理の概略を示す．

（1）焼きならし（焼準，normalizing, N）

鋼をオーステイト温度（A_3 変態点より 20〜30℃ 高い温度）に加熱し，所定の時間保持した後，静かな大気中で冷却する操作である．これにより，結晶粒が微細化，均整化され，じん性や延性などの性質が向上される．

（2）焼きなまし（焼鈍，annealing, A）

鋼の軟化や内部応力の除去を目的として行われるもので，鋼あるいは鋼構造物，製品を適当な温度に加熱した後，所要の比較的緩やかな速度で冷却する操作である．目的により完全焼なまし，低温焼なましなどがある．

完全焼なましとは鋼を A_3 または A_1 よりも約 50°C の高温まで加熱し，所定時間保持して均一なオーステナイトにした後，炉内で徐々に冷却してこれを軟化する操作をいう．低温焼なましは鋼の内部応力を除去する目的で行われるもので，A_1 点近く（変態点以下）まで加熱し，所定時間保持した後に適当に冷却する．変態は生じないので結晶粒の均整化は望めない．冷間加工による加工効果の除去や溶接後の残留応力除去はこれに属する．

（3） 焼き入れ（quenching, Q）

硬化する目的で鋼を A_3 または A_1 点より 30°C から 50°C 程度高温に加熱し，所定の時間保持した後，急冷する処理である．急冷は鋼の成分によって水，油，空気，あるいは金型中で行われる．鋼の硬化の程度はマルテンサイトと呼ばれる炭素を過飽和に固溶した組織の量により変わる．

（4） 焼き戻し（tempering, T）

焼き入れした不安定な状態の鋼の内部応力の除去，硬さの減少，強度，じん性の調整を目的として行われるもので，鋼を焼き入れ後，A_1 変態点以下に再加熱する処理である．

焼き入れ，焼き戻しにより強度を高めた鋼は調質鋼と呼ばれ，記号の最後に

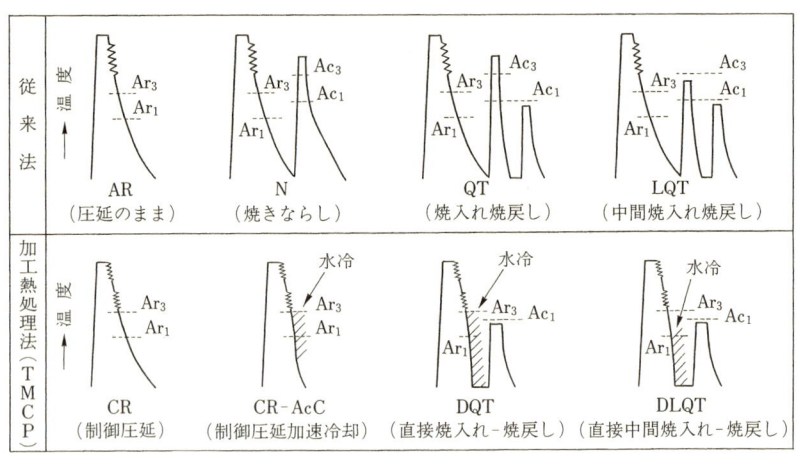

図 2.6 厚板熱間圧延の加工熱履歴[5]

2.4 熱処理

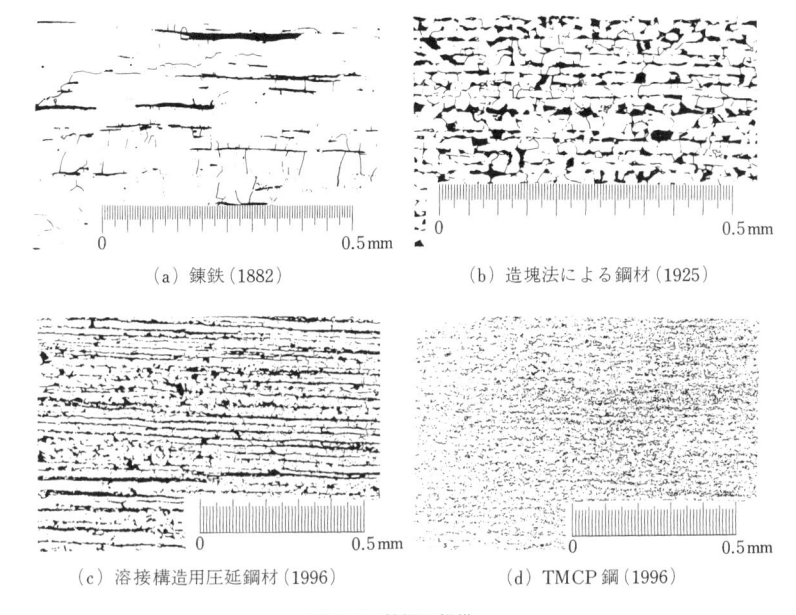

(a) 錬鉄 (1882)

(b) 造塊法による鋼材 (1925)

(c) 溶接構造用圧延鋼材 (1996)

(d) TMCP 鋼 (1996)

図 2.7 鉄鋼の組織

QT をつけて示す（たとえば SM 570 QT）．また，最近では，TMCP 鋼 (Thermo-Mechanic Control Process steel) と呼ばれる，鋼板の熱間圧延時に冷却速度をコントロールするなどの熱処理工程を組み込むことにより鋼板の形成と同時に組織を調整し，性質を向上させた鋼材も供給されている（図 2.6）．TMCP 鋼は組織が緻密化されており，また同一の強度レベルでは通常の鋼に比べて炭素当量が低い等，さまざまな好ましい性質を有している．最近ではさらに熱処理技術により降伏比（降伏強度/引張強度）を小さくするなどの機械的性質の改善も行われている．

図 2.7 に昔の錬鉄から最近の TMCP 鋼までの組織の顕微鏡写真を

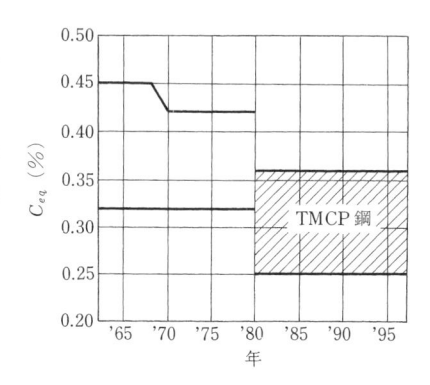

図 2.8 SM 490 鋼材の炭素当量の変化

示す．製造法により鋼の組織は異なることが明らかであろう．

図 2.8 は SM490 鋼の炭素当量の変化を示す．製造法の進歩により所要の強度特性を少ない炭素量で実現することが可能になっており，とくに TMCP 鋼となって溶接性が改善されている．

[演 習 問 題]

2.1 鉄と鋼の違いを 200 字で記述せよ．
2.2 炭素が鋼の性質に及ぼす影響を 200 字で記述せよ．
2.3 鋼材のうちで QT 鋼とはどのような製造工程がとられたものか．
2.4 TMCP 鋼について，その製造法と性質を説明せよ．

[参 考 文 献]

1) 新日本製鉄：Nippon Steel Kimitsu Now, 1997
2) 新日本製鉄：グラフで見る鉄鋼業と君津製鉄所，1997
3) 松田福久：溶接冶金学，日刊工業新聞社，1975
4) 鋼材クラブ：土木技術者のための鋼材知識，1968
5) 百合岡信孝，大北茂：鉄鋼材料の溶接，p. 14, 25, 産報出版，1998

3

鋼材の力学的性質

鋼を建設材料として適切に使用するにはその性質を正確に知る必要がある．ここでは引張り特性，衝撃強さ，疲労，遅れ破壊など，鋼を構造材料として使用する上での基本的な力学的特性とその検査方法について示す．

3.1 試験の規格

鋼材の性質を調べるための各種の検査については JIS に定められている．以下の JIS は鋼構造物の材料検査においてしばしば参照される．

```
JIS  G 0303  ：鋼材の検査通則
     Z 2201  ：金属材料引張試験片
     Z 2241  ：金属材料引張試験方法
     Z 2202  ：金属材料衝撃試験片
     Z 2242  ：金属材料衝撃試験方法
     Z 2204  ：金属材料曲げ試験片
     Z 2243  ：ブリネル硬さ試験方法
     Z 2244  ：ビッカース硬さ試験方法
```

JIS には以上の他，クリープ試験，疲れ試験，各種の非破壊試験などが規格化されている．

図 3.1 は，JIS G 0303 の通則に示されている引張試験片を採取する位置である．試験片の中心は幅の縁から幅の 1/4 の位置とし，かつ 4 号試験片（図 3.3 参照）を用いる場合はさらに厚さの 1/4 の位置とするとされている．試験片は棒鋼，形鋼，平鋼などでは圧延方向に，鋼板，鋼帯，鋼管などでは圧延方

28　　　　　　　　　　　　　3章　鋼材の力学的性質

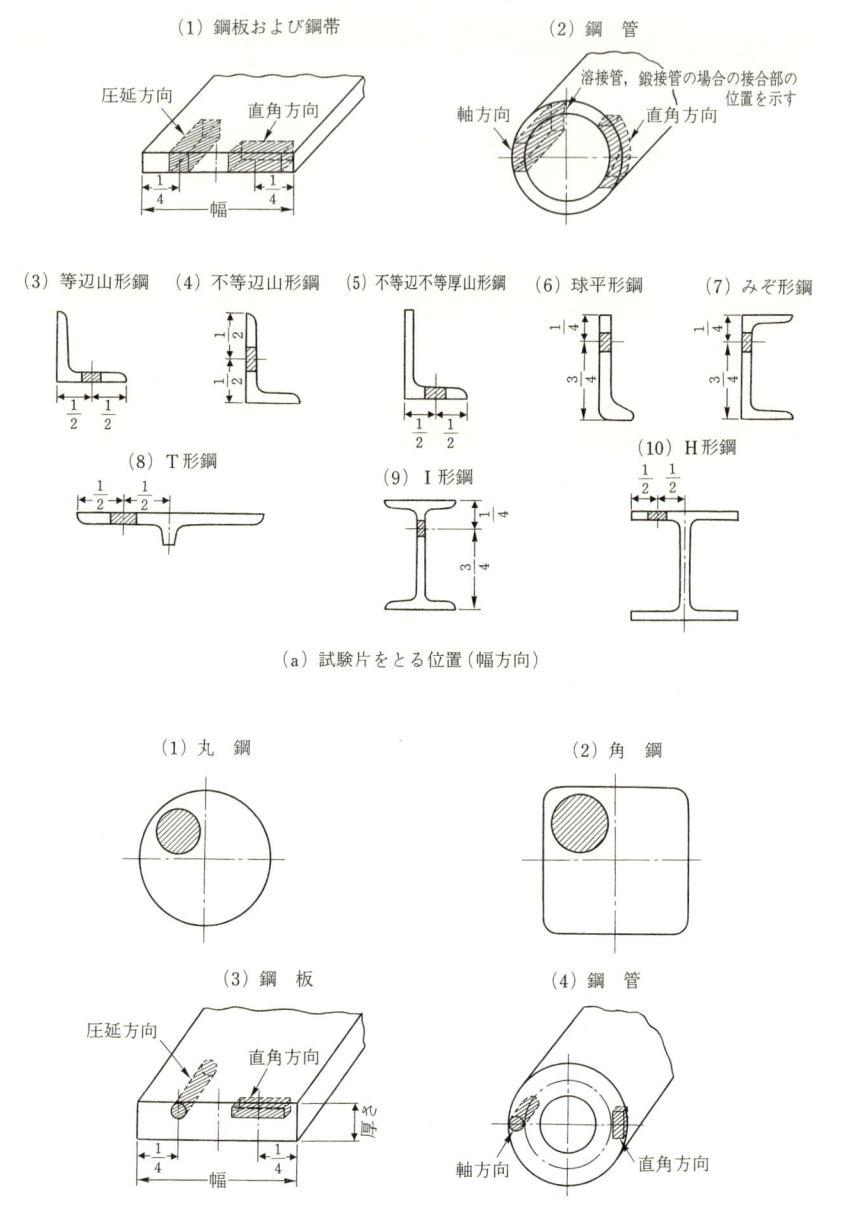

(1) 鋼板および鋼帯　　　　　(2) 鋼　管

(3) 等辺山形鋼　(4) 不等辺山形鋼　(5) 不等辺不等厚山形鋼　(6) 球平形鋼　(7) みぞ形鋼

(8) T形鋼　　　(9) I形鋼　　　(10) H形鋼

(a) 試験片をとる位置（幅方向）

(1) 丸　鋼　　　　　　　　(2) 角　鋼

(3) 鋼　板　　　　　　　　(4) 鋼　管

(b) 試験片をとる位置（厚さ方向）

図 3.1　試験片の採取位置（JIS G0303）

向またはその直角方向に切り取るものとし，いずれの方向によるかは各規格の規定によるとされている．1枚の板の中でも採取する位置や方向により力学的性質が変動する可能性があるので，設計値の設定においてはそのことを考慮する必要がある．

3.2 破壊の様式

金属材料の破壊については
　　巨視的な形態から：引張破壊，せん断破壊
　　破壊に先行する塑性変形の程度から：ぜい性破壊，延性破壊

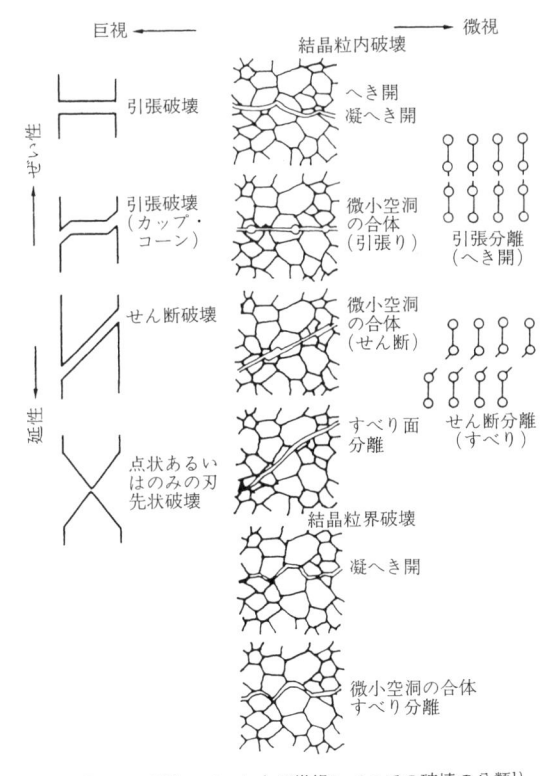

図 3.2　巨視レベルおよび微視レベルでの破壊の分類[1]

金属組織面から：結晶粒内破壊，結晶粒界破壊

外的条件から：静的破壊，衝撃破壊，疲労破壊，クリープ破壊，遅れ破壊などに分類される．いかなる破壊も原子レベルでみれば引張分離とせん断分離のいずれかであるが，それぞれの条件で異なる様相での破壊を生じる．

図3.2は金属の破壊機構を微視的および巨視的に分類したものである．金属材料の破壊は微視的に見れば，へき開，微小空洞の合体，およびすべり面分離に分類することができ，これらの3つの破壊機構は結晶粒内，結晶粒界のいずれでも出現しうる．ただし，巨視レベルと微視レベルの分類を一対一で結び付けることは難しい．たとえばぜい性破壊でも微小空洞の合体で生じているケースも多い．

3.3 引張特性，応力-ひずみ関係

鋼材の引張試験は一般的にJIS Z 2201に定める試験片を用い，JIS Z 2241に定める試験方法に従って行われる．JIS Z 2201の試験片には，その形状および寸法により1号～14号試験片がある．構造用鋼材の試験は，定形のしかも1A号が用いられることが多い．板厚が大きくなると，丸棒状の4号試験片を用いる．図3.3に1号および4号試験片の形状と寸法を示す．標点距離とは平行部につけた2標点間の距離であり，伸びの測定の基準となる長さである．

材料の応力-ひずみ関係は，通常は公称応力と公称ひずみを用いて示される（図3.4）．公称応力 σ，公称ひずみ ε あるいは工学応力，工学ひずみと呼ばれる量は，試験片の最初の長さあるいは断面積を基準としたものである．

$$\sigma = \frac{荷重}{最初の断面積} = \frac{P}{A_0} \tag{3.1}$$

$$\varepsilon = \frac{長さの変化}{最初の長さ} = \frac{l-l_0}{l_0} = \frac{\Delta l}{l_0} \tag{3.2}$$

鋼材から試験片を切り出して引張試験を行うと，図3.5（a）の応力-ひずみ曲線が得られる．この曲線の形状は鋼種によってかなり異なる．SS 400のような，いわゆる軟鋼材では最大荷重になった後も十分に伸びてから破断するのに対し，鋼材の強度レベルが上がるに従って最大応力（引張強さ）となるひ

3.3 引張特性,応力-ひずみ関係

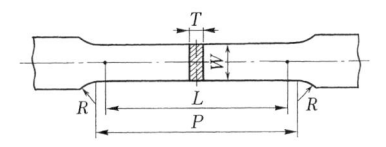

単位 mm

試験片の区別	幅 W	標点距離 L	平行部の長さ P	肩部の半径 R	厚さ T
1 A	40	200	約 220	25 以上	もとの厚さのまま
1 B	25	200	約 220	25 以上	もとの厚さのまま

(a) 1 号試験片

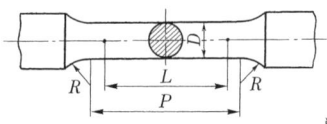

単位 mm

径 D	標点距離 L	平行部の長さ P	肩部の半径 R
14	50	約 60	15 以上

(b) 4 号試験片

備考 1. この試験片は,平行部を機械仕上げする.ただし,可鍛鋳鉄品に用いる場合は,原則として仕上げてはならない.
2. この試験片は,材料の都合により上図の寸法によることができない場合には,$L=4\sqrt{A}$ により,平行部の径と標点距離を定めてもよい.ここに,A は試験片の平行部の断面積.

図 3.3 引張試験体形状 (JIS Z 2201)

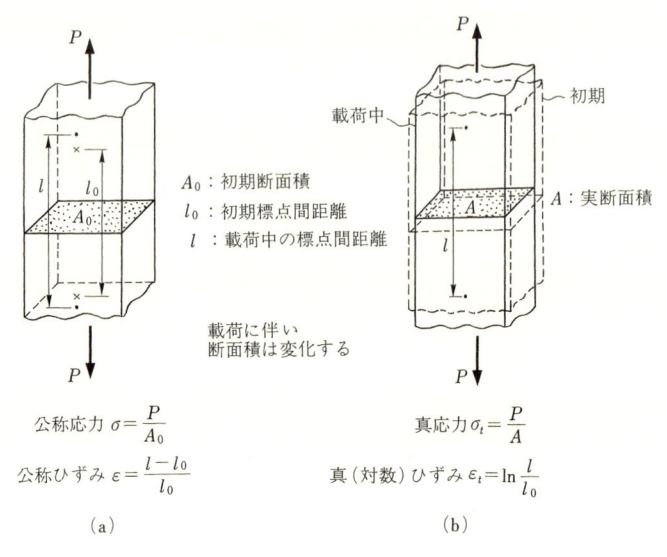

図 3.4 引張試験で用いる応力とひずみの定義

(a) 公称応力 $\sigma = \dfrac{P}{A_0}$、公称ひずみ $\varepsilon = \dfrac{l - l_0}{l_0}$

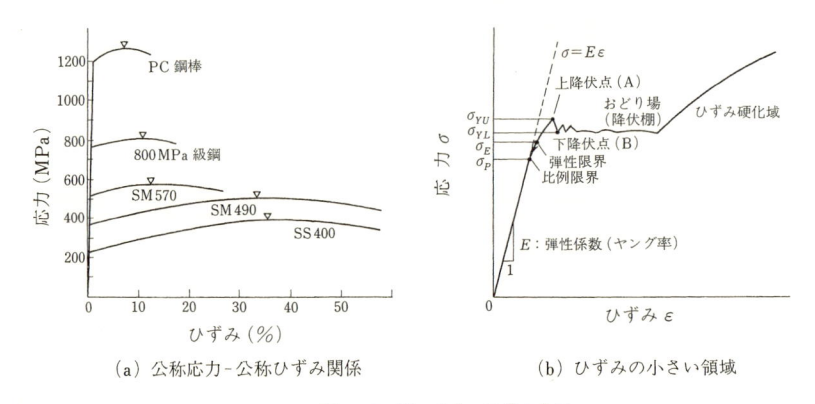

(b) 真応力 $\sigma_t = \dfrac{P}{A}$、真(対数)ひずみ $\varepsilon_t = \ln \dfrac{l}{l_0}$

- A_0:初期断面積
- l_0:初期標点間距離
- l:載荷中の標点間距離
- 載荷に伴い断面積は変化する
- A:実断面積

図 3.5 鋼の応力-ひずみ曲線

(a) 公称応力-公称ひずみ関係(PC鋼棒、800 MPa級鋼、SM 570、SM 490、SS 400)

(b) ひずみの小さい領域($\sigma = E\varepsilon$、上降伏点(A)σ_{YU}、下降伏点(B)σ_{YL}、おどり場(降伏棚)、ひずみ硬化域、弾性限界 σ_E、比例限界 σ_P、E:弾性係数(ヤング率))

ずみが小さくなり,しかも最大応力後,急激に破断するようになる.

図(b)は図(a)のひずみの小さい領域に注目したものである.応力-ひずみ曲線において,直線となる限界を比例限界 σ_P,降荷したら0点に戻る限界を弾性限界 σ_E と呼ぶ.応力とひずみが直線関係を示す領域での比例定数を弾性係数あるいはヤング率 E と呼ぶ.図 3.5(a)に示すように,ヤング率 E

は鋼材の強度レベルが変わってもほとんど変わらない事実は構造材料としてきわめて使いやすい特性である．設計には通常 $E=2.0\times10^5$ N/mm^2 が用いられる．

応力-ひずみ曲線で急激にひずみが増加し始める現象を降伏と呼び，その開始点を降伏点 σ_Y と呼ぶ．軟鋼材のような鋼材（体心立方構造の鉄を主体とした鋼）では載荷によって降伏点に達した（A点）後，いったん応力が低下（B点）する．最初に降伏した点を上降伏点と呼び，低下した後の点を下降伏点と呼ぶ．下降伏点は試験の制御方法，試験機の剛性などの各種の要因に敏感であるため，JIS Z 2241では，上降伏点を単に降伏点と呼んでよいとしている．さらに強制変形を与えるとぎざぎざしたほぼ一定なレベルではあるが，不安定な応力-ひずみ関係を示した後に一定な応力-ひずみ関係に落ち着く，このぎざぎざした領域をおどり場と呼ぶことがある．

鋼材によっては明瞭な降伏点を示さない．そのような場合は，永久ひずみが0.2%となる応力（0.2% off-set）を耐力 $\sigma_{0.2}$ と称し，強度の基準にすることが多い（図3.6）．

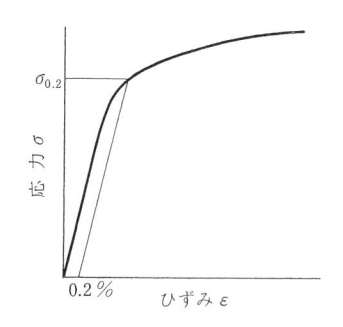

図 3.6 0.2%耐力（降伏点が明確に現れない場合）

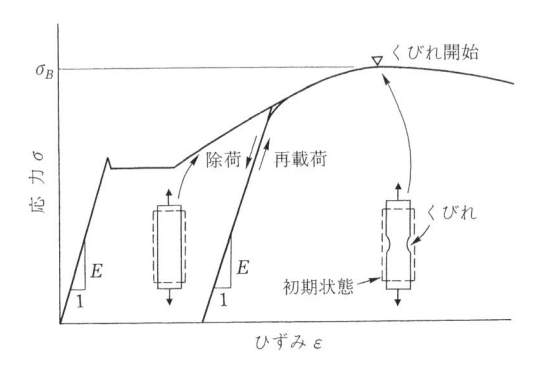

図 3.7 除荷・再載荷時の応力-ひずみ曲線，および引張強さとくびれの開始

降伏からさらに力を加えると，安定した状態でひずみが増加するに従って応力が上昇する．この現象をひずみ硬化と呼ぶ．この領域で力を0に戻すと，塑性ひずみに対応した永久変形が残る．除荷時の応力へのひずみ関係は線形弾性的であり，その勾配は初期載荷時の弾性係数と変わらない．また再載荷時の弾性係数も同じである．このような性質は鋼材を加工して利用する上できわめて好都合なものである．

塑性変形能力の高い材料では，公称応力-公称ひずみ曲線（荷重-伸び曲線）の勾配が徐々に水平に近づき，ついには塑性不安定状態となってある点にくびれが生じ始め（図3.7），試験体の耐荷力は低下し始める．最大荷重を最初の断面積で除した値を引張強さ（σ_B）と呼ぶ．

塑性ひずみが大きい領域での応力-ひずみ関係を示すのには真応力，真ひずみが用いられることがある（図3.4(b)）．塑性変形が生じることにより断面積は最初のものと異なっている．真応力，真ひずみはこの断面積の変化を取り入れ，時々刻々の長さあるいは断面積を基準として定義した応力とひずみである．

真応力
$$\sigma_t = \frac{荷重}{その時点での断面積} = \frac{P}{A} \tag{3.3}$$

ある時点での真ひずみの増分 $d\varepsilon_t$ は

$$d\varepsilon_t = \frac{その時点での長さの変化量}{その時点の長さ} = \frac{dl}{l} \tag{3.4}$$

したがって

$$\varepsilon_t = \int_{l_0}^{l} \frac{dl}{l} = \ln\frac{l}{l_0} \tag{3.5}$$

最初からの長さの変化量 Δl を用いて，式(3.5)を変形すると

$$\varepsilon_t = \ln\frac{l_0 + \Delta l}{l_0} = \ln\left(1 + \frac{\Delta l}{l_0}\right)$$
$$= \ln(1 + \varepsilon) \tag{3.6}$$

このような定義から，真ひずみは対数ひずみとも呼ばれる．

図3.8に公称応力-公称ひず

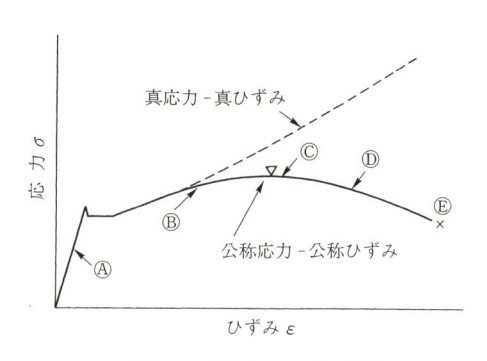

図 3.8 真応力-真ひずみ曲線

3.3 引張特性，応力-ひずみ関係

み曲線とともに，くびれを生ずる断面での真応力-真ひずみ曲線の概略を示す．式（3.6）からも明らかなように，公称ひずみが10%程度までは両者の間にほとんど差がない．しかし，真応力-真ひずみ曲線はくびれが生じてもその断面での真応力は上昇し続ける．

図3.9は図3.8での各応力状態における試験体の長さ方向に沿っての伸びの分布を模式的に描いたものである．試験体の各部はくびれが生じ始めるまでは一様に伸びている．しかし，く

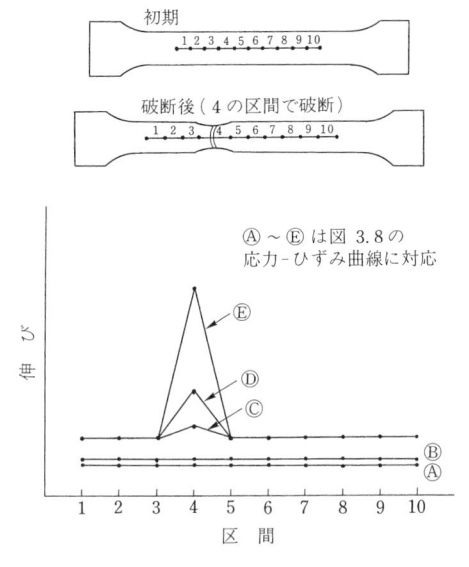

図 3.9　引張試験における伸びの分布

びれが始まると変形はその断面のみで生じ，その他の部分は載荷荷重が減少した分だけ弾性的に縮んでいく．

真応力-真ひずみの塑性成分との関係は，次式で概略表すことができる（図3.10）．

$$\sigma_t = K\varepsilon_p^{\ n} \tag{3.7}$$

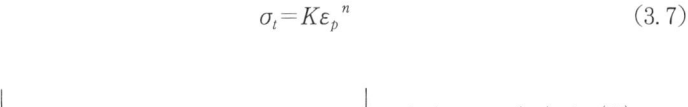

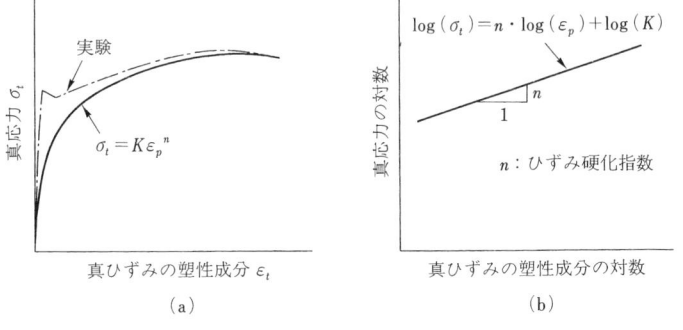

図 3.10　ひずみ硬化指数

ここに，ε_p は真ひずみの塑性成分，n はひずみ硬化指数（加工硬化指数）と呼ばれる．K は材料定数である．十分な延性を有する材料の引張試験での最大荷重点およびその後のくびれは，ひずみ硬化による試験体の載荷能力の増分 $A \cdot d\sigma_t$ が荷重を受ける面積の減少による載荷能力の減少 $\sigma_t \cdot dA$ より小さくなったときに生ずる力学的な不安定現象である．

載荷能力 P は

$$P = A\sigma_t \tag{3.8}$$

であり，したがって

$$dP = \sigma_t dA + A d\sigma_t \tag{3.9}$$

不安定状態の移行の条件は

$$dP = 0 \tag{3.10}$$

であることから

$$\frac{d\sigma_t}{\sigma_t} = \frac{-dA}{A} \tag{3.11}$$

いま，塑性変形では体積は変わらないとすると

$$Al = 定数$$

である．

したがって

$$A dl + l dA = 0 \tag{3.12}$$

$$\therefore \quad \frac{-dA}{A} = \frac{dl}{l} \tag{3.13}$$

式 (3.11)，式 (3.13) および $d\varepsilon_t = dl/l$ から

$$\sigma_t = \frac{d\sigma_t}{d\varepsilon_t} \tag{3.14}$$

したがって

$$K\varepsilon_p{}^n = Kn\varepsilon_p{}^{n-1} \tag{3.15}$$

したがって

$$n = \varepsilon_p \tag{3.16}$$

以上から式 (3.7)，すなわち真応力と真ひずみの塑性成分との関係が両対数で直線関係が成り立てば，くびれは真ひずみが加工硬化指数に等しくなったとき

3.3 引張特性,応力-ひずみ関係

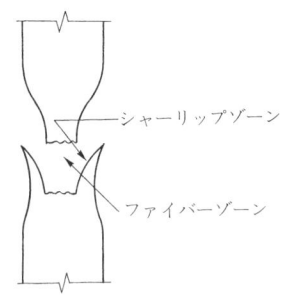

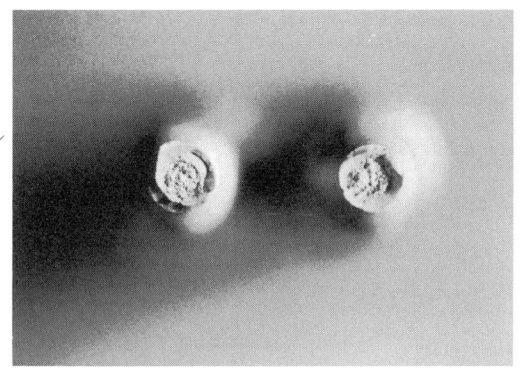

図 3.11 カップコーン破壊

に生ずる.

応力がある限界状態に達すると破断が生ずる．その場合，高い延性を有する材料の丸棒試験体ではカップコーン破壊と呼ばれる特徴的な破壊をする（図 3.11）．このカップコーン破壊は，高い三軸応力状態となっているくびれを生じている内部でまず破壊や分離による微小な空洞が発生し，それが合体することにより内部に作用応力に直角方向の円板状のき裂が生じ，破壊の最終段階はほぼ 45°方向にせん断破壊することにより生ずる．中央部の円板状の部分はファイバーゾーン（fibrous zone）と呼ばれ，ゆっくりとした安定なき裂の進展により形成される．その周辺の斜めの面はシャーリップ（shearlip）と呼ばれ，延性破面を特徴づける様式といえる．

薄い板状の試験体では延性拘束が低く，したがって破断面は図 3.12 に示す

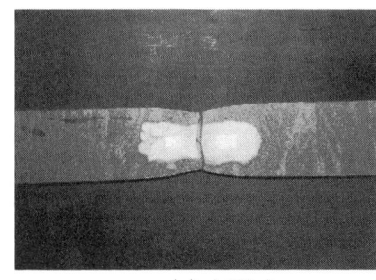

(a) 上面から　　　　　　　　　(b) 側面から

図 3.12 薄板の試験体の破壊

ように板厚方向に約45°傾斜しており（図(b)），巨視的にはせん断型になる場合が多い．

破断後の試験片を一直線上に突き合わせ（図3.13）て測定した標点間の長さ l を用いて，次式により求めた破断伸び δ は，鋼材自身の伸び能力の尺度として用いられる．

$$\delta = \left(\frac{l-l_0}{l_0}\right) \times 100 \quad (\%) \tag{3.17}$$

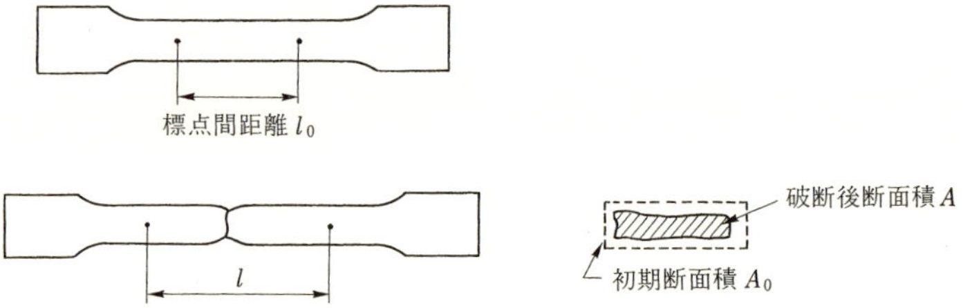

(a) 破断伸び $\delta = \frac{l-l_0}{l_0} \times 100$

標点間距離 l_0

(b) 絞り $\phi = \frac{A_0 - A}{A_0}$

破断後断面積 A
初期断面積 A_0

図 3.13 破断伸びと絞り

また，破断後の最小断面積から求められる絞り ϕ も伸び能力の尺度に用いられる．

$$\phi = \left(\frac{A-A_0}{A_0}\right) \times 100 \quad (\%) \tag{3.18}$$

3.4 衝撃強さ

鋼材中に鋭い切欠きやき裂が存在したり，荷重が衝撃的に作用したり，使用温度が低かったりすると，3.3節で述べたような降伏や十分な伸びを伴った延性的な破断ではなく，ほとんど瞬間的なしかも変形を伴わない，いわゆるぜい性破壊が発生することがある（14章参照）．ぜい性破壊に対する材料の抵抗度を"破壊に要する仕事"で定義し，それを破壊じん性（値）と呼ぶ．このような破壊現象やじん性は，室温での引張試験結果から予測することはできず，特別の試験が必要となる．最近では15章に示す破壊力学のコンセプトに基づい

3.4 衝撃強さ

た K_{Ic}, Jc, CTOD といった破壊じん性値が提案されているが，従来より破壊じん性を測る目的で一般的に用いられているのはシャルピー衝撃試験である．

(a) シャルピー衝撃試験機

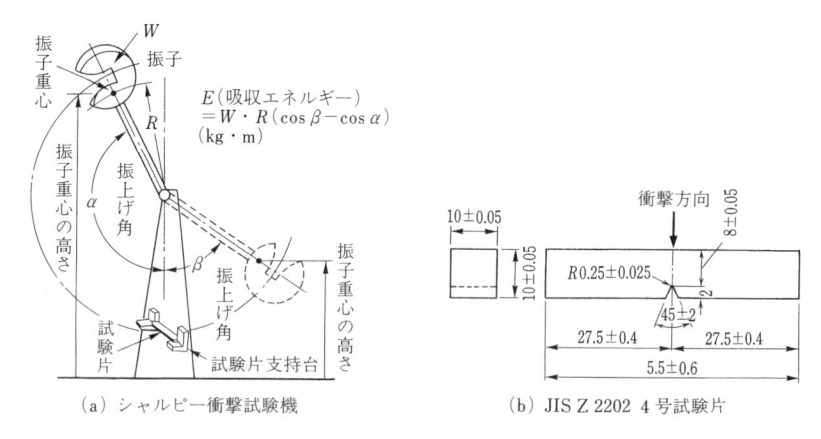

(b) JIS Z 2202 4号試験片

図 3.14 シャルピー衝撃試験

シャルピー衝撃試験は図3.14に示すようなシャルピー衝撃試験機に中央部に切欠きのついた試験片（JIS Z 2202）をセットし，切欠き部の背面をハンマーで打撃して破壊し，それに要するエネルギーを測定する試験である．通常，構造用鋼材に対しては，45°Vノッチのついた4号試験片が用いられる．試験の結果は，この破壊に有するエネルギー（J，シャルピー吸収エネルギー）あるいはシャルピー吸収エネルギーを断面積で除したシャルピー衝撃値（J/cm²）で表される．これを切欠きじん性値と呼ぶことがある．吸収エネルギーはハンマーの振り上げた角度 β と試験片の破壊後の振り上がり角度 α との差から

$$E = Wh = (\cos\beta - \cos\alpha)WR \tag{3.19}$$

で表される．また，試験後の破面観察から求まるぜい性破面率や延性破面率も衝撃強さの評価の尺度に用いられることがある（図3.15）．

シャルピー衝撃試験はその鋼材が規格値0℃や−5℃といった所定の温度のみで行う場合と，ぜい性破壊の防止設計に用いることを目的として，さまざまな温度で試験し，衝撃強さの温度の依存性を調べる場合がある．一般に鋼材は，温度が下がると延性的な破壊からぜい性的な破壊に移行する．したがってシャルピー衝撃試験は温度を変えて行い，図3.15のような試験温度と吸収エ

(a)

(b)

ぜい性破面率 $= \dfrac{xy}{AB} \times 100\,(\%)$

延性破面率 $=(100-$ぜい性破面率$)$

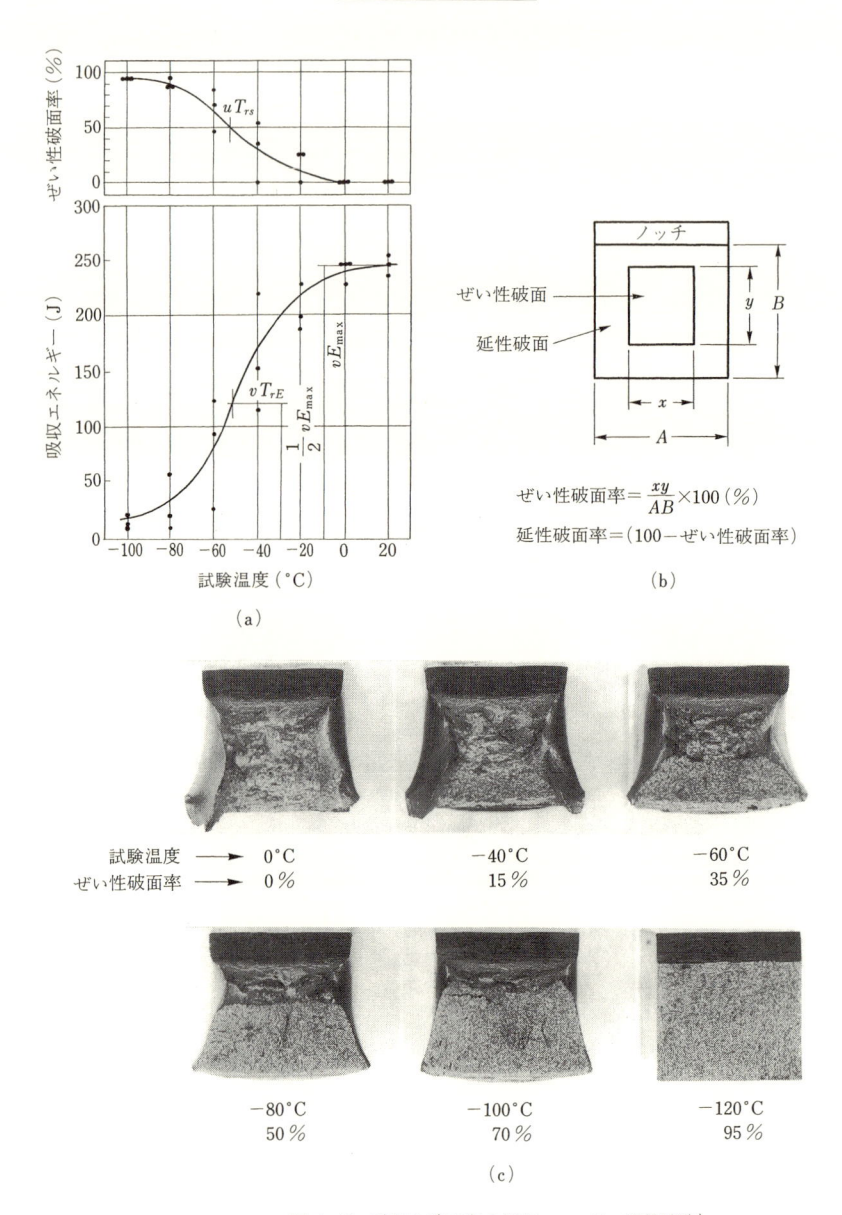

(c)

| 試験温度 | 0°C | −40°C | −60°C |
| ぜい性破面率 | 0% | 15% | 35% |

| | −80°C | −100°C | −120°C |
| | 50% | 70% | 95% |

図 3.15 破面と破面率の例(シャルピー衝撃試験)

ネルギーまたは，衝撃値およびぜい性破面率のカーブを求める．また，破断面での延性破面とぜい性破面からぜい性破面率あるいは延性破面率を計算し，試験温度との関係で示す．

鋼材のぜい性破壊に対する特性を表すのに，しばしば遷移温度が用いられる．遷移温度とは，破壊様式が延性破壊からぜい性破壊へ移行する温度という意味である．JIS Z 2242 では，遷移曲線を求める場合は原則として延性破面率 100% およびぜい性破面率 100% の温度を含む遷移温度領域において，適当ないくつかの試験温度を選び試験するものとしている．遷移温度は延性破面率 100% となる最低温度に対する吸収エネルギーと，ぜい性破面率 100% となる最高温度に対する吸収エネルギーとの平均吸収エネルギーに相当する温度で定義されるエネルギー遷移温度 T_{rE} と，延性破面率が 50% となる温度で定義される破面遷移温度 T_{rs} の両者が用いられる．また米国では，吸収エネルギーが 15 ft•lb (20.3 J) となる温度を遷移温度として用いられることが多い．

ぜい性破壊の防止するためには，鋼材の破壊じん性値あるいは切欠きじん性値を高めることが 1 つの方法である．それではどの程度のじん性値があればぜい性破壊を防止できるかであるが，鋼材に対してシャルピー衝撃試験により求まる吸収エネルギーの所要値に対していくつかの値が示されている．最も有名なのは米国の船体構造委員会が第 2 次大戦中の標準船（liberty 船，ぜい性破壊により多くの損傷が生じたことで有名）を対象にした結果であり，それから V ノッチシャルピー試験の 15 ft•lb (20.3 J) 遷移温度が使用温度を上回ると危険であるとの概念が示されている．英国のロイド船級協会が船のぜい性破壊調査をあらためて行い，船体用鋼板からぜい性破壊をなくすためには使用温度における V シャルピー吸収エネルギーが 35 ft•lb (47.5 J) 以上でなければならないとの結論を示している．フランスでも同様な調査を行い 20 ft•lb (27.1 J) 以上という限界値を示している．

わが国の溶接構造用鋼材の規格での A 種，B 種，C 種は 0°C（SM570 に対しては -5°C）でのシャルピー吸収エネルギーによって分類されているが，C 種の 47 J は 35 ft•lb のことであり，また B 種の 27 J は 20 ft•lb である．鋼構造部材のぜい性破壊の発生を防止する 1 つの方法が，上記のような限界値を満足する鋼材を使用することである．

シャルピー吸収エネルギー値を用いるのではなくて構造物の使用最低温度（T_S）より遷移温度が低いような鋼材を選定することによりぜい性破壊を防止しようとするのが，いわゆる遷移温度アプローチと呼ばれる方法であり，各種の構造物で採用されている方法である．すなわち図 3.16 において，steel A を使用した場合は $T_A < T_S$ のためぜい性破壊を防止できるが，steel B では $T_S < T_B$ のため危険となる．

図 3.16 遷移温度アプローチ

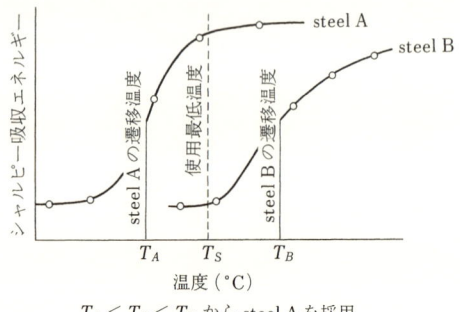

$T_A < T_S < T_B$ から steel A を採用

3.5 疲労

（1）影響因子

疲労とは，応力が繰り返されることにより生ずる破壊現象である．鋼構造物において，使用開始後に生じる可能性のある典型的な損傷モードであり，鋼構造物の耐久性能を支配する現象といえる．鋼構造物に自動車や列車などの活荷重，波や風などの外力が繰り返し作用すると，応力集中部や溶接欠陥などの応力条件が厳しい位置から疲労き裂が発生し進展する．疲労き裂がある程度進展した後に生ずる構造物あるいは部材の最終的な破断は，ぜい性破壊あるいは断面減少による不安定破壊により生ずる．外力を繰り返しかけると生じている応力が驚くほど低くても破壊が生じる．たとえば，クリップを1回で破断することができなくても，繰り返し曲げると 10 回程度で破断するが，これも疲労である．図 3.17 に構造物に実際に生じた疲労の例を示す．

一般に 10^5 回以上の応力の繰返しによる疲労を高サイクル疲労あるいは単に疲労と呼び，設計では 10^6 から 10^8 程度までを考えることが多い．応力繰返し数が 10^5 回以下での疲労現象は低サイクル疲労，あるいは塑性ひずみが支配的となることから塑性疲労とも呼ばれる．

3.5 疲　　労

(a) 下フランジの突合せ溶接から疲労き裂が発生し，ウェブ内に不安定伝播（ぜい性破壊）

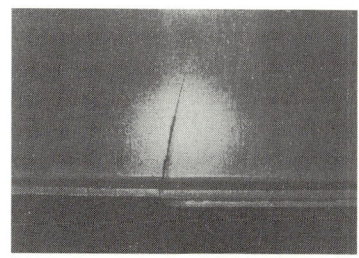

(b) 下フランジカバープレート端すみ肉溶接から疲労き裂が発生し，フランジを切断後ウェブ内で伝播

(c) 鋼製ラーメン橋脚のウェブが桁フランジを貫通するディテールの溶接部から疲労き裂が発生し，橋脚横梁全断面がぜい性破壊

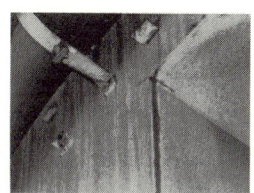

(d) ラーメン橋脚の隅角部に発生した疲労き裂

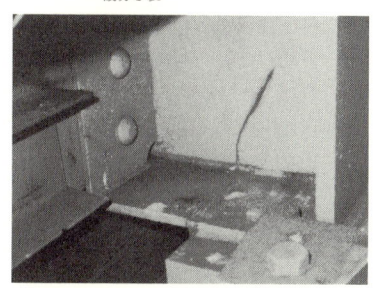

(e) 桁端切欠き部に発生した疲労き裂とぜい性破壊

(f) 支承部ソールプレート端の前面すみ肉溶接から発生した疲労き裂がフランジを切断しウェブまで進展

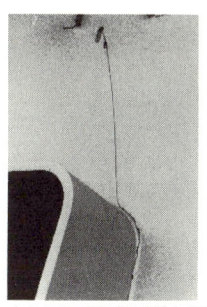

(g) ランガー桁吊材の桁との接合部，風による渦励振が原因

図 3.17　実橋に生じた疲労損傷[3,9]

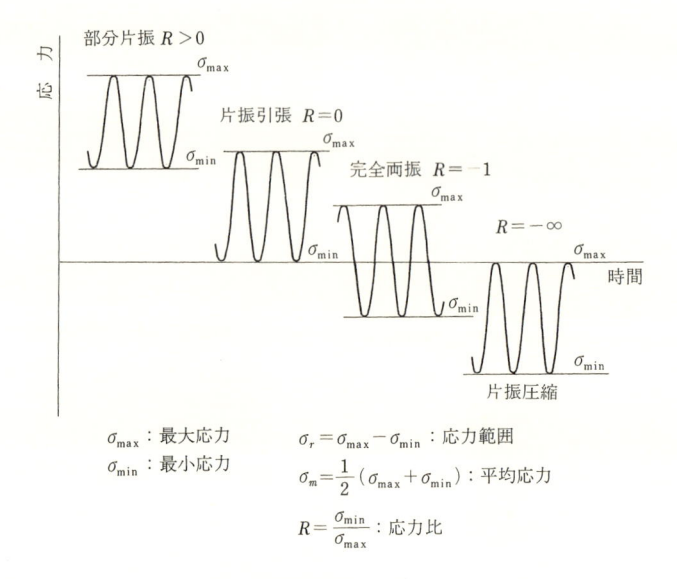

図 3.18 変動応力と名称

σ_{max}：最大応力
σ_{min}：最小応力
$\sigma_r = \sigma_{max} - \sigma_{min}$：応力範囲
$\sigma_m = \dfrac{1}{2}(\sigma_{max} + \sigma_{min})$：平均応力
$R = \dfrac{\sigma_{min}}{\sigma_{max}}$：応力比

高サイクル疲労に最も影響する因子は，繰返される応力の変動幅とその繰返し回数である．図 3.18 の最大応力（σ_{max}）と最小応力（σ_{min}）の差を応力範囲（σ_r）と呼ぶ（JIS Z 2273 では応力の範囲と定義されているが，一般には応力範囲と呼ばれている）．疲労試験の結果は，図 3.19 に示すように応力範囲 σ_r（最大応力－最小応力）を基準にして整理されることが多く，応力範囲と疲労寿命の関係は両対数で直線関係（S-N 線）を示すことが知られている．いくら繰返しても疲労破壊しない限界の応力範囲を疲れ限度または疲労限と呼ぶ．

鋼素材や応力集中の程度が低い部材では応力比（$R = \sigma_{min}/\sigma_{max}$），あるいは平均応力も疲労強度に影響を及ぼすパラメータである．しかし，鋼構造物の疲労問題は主として溶接継手部であり，その場

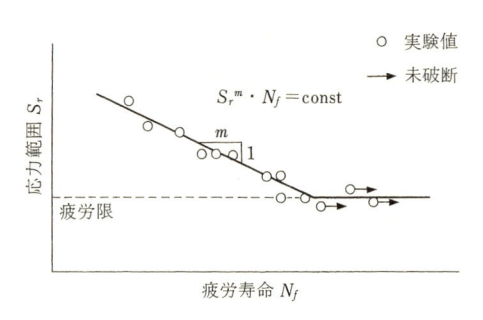

図 3.19 S-N 線図

3.5 疲労

合，平均応力は疲労強度に影響を及ぼさない．

鋼素材の疲労強度は引張強さが高いほど高くなる（図 3.20）．しかし，実際の構造物や継手部では形状の変化や付加物により，必ず応力集中が存在する．応力集中部や溶接継手部については高強度鋼ほど疲労強度が高いという性質は消失してしまう（5.6 節参照）．したがって，溶接構造物の疲労強度は鋼種に依存しないと考えるのが一般的である（9 章参照）．

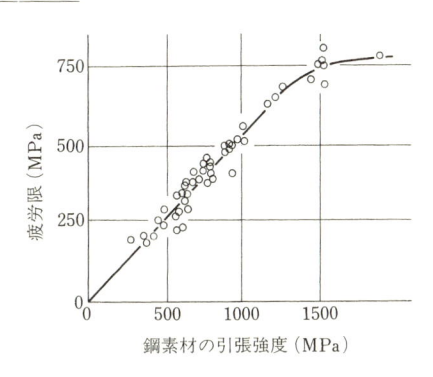

図 3.20 鋼素材の疲労限と引張強さ[2]

（2） 低サイクル疲労

鋼材に弾性限以上の応力あるいは塑性ひずみが繰返し生ずると，その応力-ひずみ関係が変わるとともにき裂が発生し，破断に至る．そのような領域での疲労現象を低サイクル疲労あるいは塑性疲労と呼ぶことがあり，その際の疲労寿命はほぼ 10^4 以下になる．土木構造物では地震や風などによる過大な荷重を受けた場合にこのような現象が生じる可能性がある．

低サイクル疲労域での鋼素材の疲労試験は通常の荷重制御による疲労試験では不安定となってしまうため，ひずみ制御あるいは変位制御で行われる（図 3.21）．図 3.22 は鋼材のひずみ制御疲労試験時の繰返しに伴うヒステリシスループの例である．繰返しに伴って応力が上昇する繰返し硬化，あるいは応力が低下する繰返し軟化と呼ばれる現象が生じ，応力-ひずみ関係は処女材のそれと異なるものとなる．繰返し硬化，繰返し軟化が終了し

図 3.21 直径方向の変位制御による低サイクル疲労試験

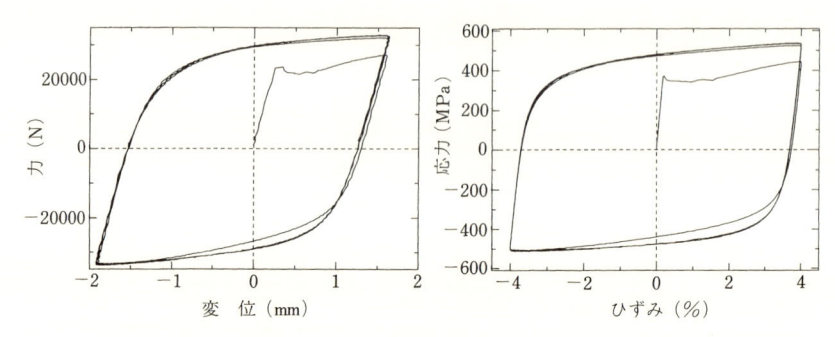

図 3.22 低サイクル疲労試験における荷重-変位関係と，これから求まる応力-ひずみ関係．SM 490 鋼材をひずみ振幅 4 % で繰返したケースであり，繰返し硬化を生じている．

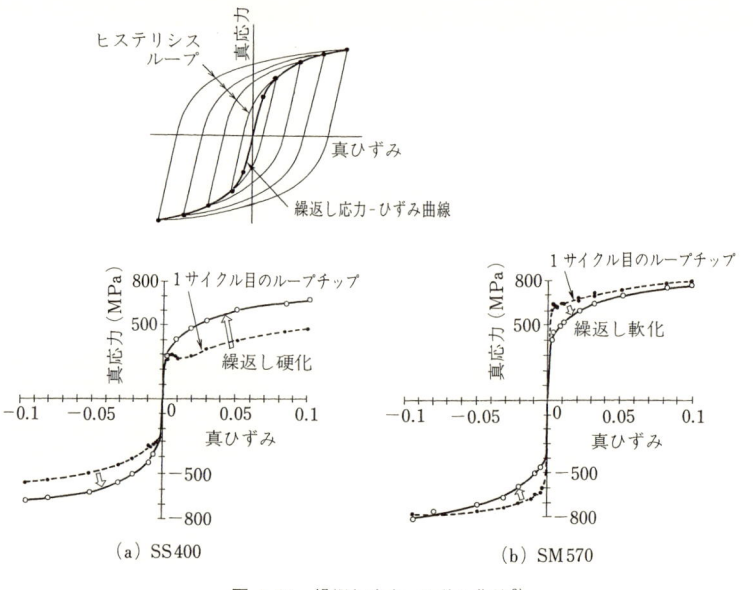

図 3.23 繰返し応力-ひずみ曲線[8]

た後の定常的なヒステリシスループのチップを結んで求められる繰返し応力-ひずみ曲線（図 3.23）は，塑性ひずみが繰り返される場合の力学的挙動を考える上での基準となるものである．非調質鋼材では繰返し硬化，調質鋼材では繰返し軟化することが多い（非調質鋼材および調質鋼材については，4.1 節参照）．

3.5 疲　労

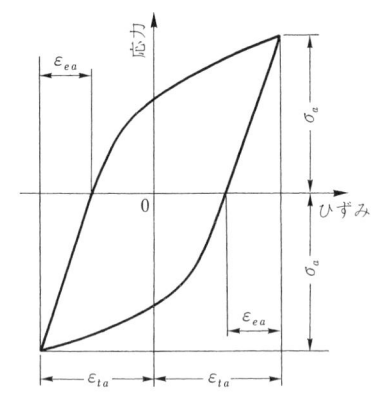

ε_{ta}：全ひずみ振幅

$\varepsilon_{ea} = \dfrac{\sigma_a}{E}$：弾性ひずみ振幅

$\varepsilon_{pa} = \varepsilon_{ta} - \varepsilon_{ea}$
　　　：塑性ひずみ振幅

$\varepsilon_{er} = 2\varepsilon_{ea}$
　　　：弾性ひずみ範囲

$\varepsilon_{pr} = 2\varepsilon_{pa}$
　　　：塑性ひずみ範囲

図 3.24　ひずみの成分

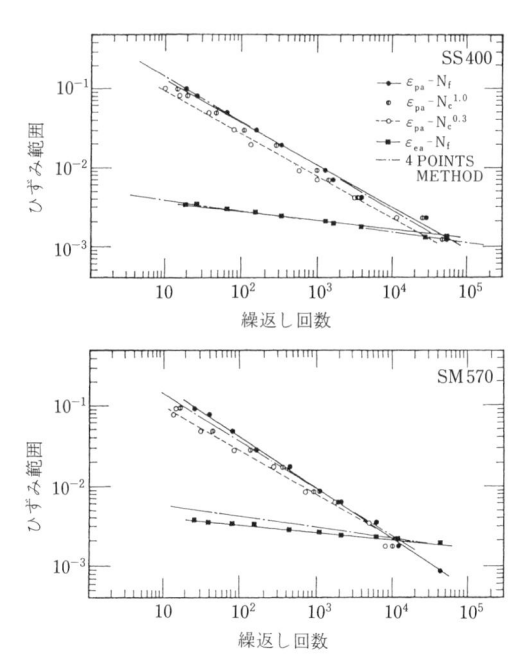

$N_c{}^{0.3}$：表面に長さ 0.3mm のき裂が発見された部分
$N_c{}^{1.0}$：表面に長さ 1.0mm のき裂が発見された部分
N_f　　：破断部分

図 3.25　構造用鋼材の低サイクル疲労強度[8]

繰り返されるひずみは塑性ひずみ成分と弾性ひずみ成分に分けることができる（図 3.24）．ひずみ制御疲労試験から得られる，繰り返される塑性ひずみ振幅（ε_{pa}）あるいは範囲（ε_{pr}）と疲労寿命（き裂発生までの寿命 N_c あるいは破断寿命 N_f）は，両対数で直線関係がある．また，繰り返される弾性ひずみ振幅（ε_{ea}）と疲労寿命の間にも同様に両対数で直線関係がある．これらは Manson-Coffin 則と呼ばれている．

$$\varepsilon_{pa} \cdot (N)^{kp} = C_p \tag{3.20}$$

$$\varepsilon_{ea} \cdot (N)^{ke} = C_e \tag{3.21}$$

図 3.25 にいくつかの構造用鋼材での低サイクル疲労試験の結果の例を示す．この結果からもわかるように，構造物に用いられる範囲の鋼材ではひずみと疲労寿命との関係は鋼種によってほとんど変わらないといわれている[13]．

（3） 累 積 被 害

ここまで，すべて繰返し荷重により生ずる応力が一定の振幅の場合の疲労現象について述た．しかし，実際の構造部材に生ずる応力は不規則な場合がほとんどであり，いろいろな応力範囲成分を有する．不規則な応力変動からその応力範囲の成分を計数するには図 3.26 に示すレインフロー法[14]が用いられる．

レインフロー法による応力範囲の計数は以下のように行う．図 3.26 に示すように，変動振幅応力波形の時間軸を鉛直方向，応力軸を水平方向にとる．応力の極値のところに水源をおき，水を流したとする．このときの流線のレンジで応力範囲を計数する方法がレインフロー法である．具体的には，引き続き現れる 4 つの極値 σ_1, σ_2, σ_3, σ_4 が，$\sigma_1 \geqq \sigma_3 \geqq \sigma_2 \geqq \sigma_4$，あるいは $\sigma_1 \leqq \sigma_3 \leqq \sigma_2 \leqq \sigma_4$ の条件を満たす場合にレンジ $|\sigma_2 - \sigma_3|$ の波を計数し，σ_2, σ_3 を変動振幅応力波形より削除する．

このように求められた複数の応力範囲成分からなる変動応力による疲労被害を評価するには，線形被害則が適用されることが多い．これは図 3.27 に示すように，σ_r の応力範囲を繰り返した場合 N_i 回で破断するとき，n_i 回繰り返した場合の被害は n_i/N_i と考えるものであり，多くの応力範囲成分によって生ずる被害の累積値 D が 1 になったとき破断すると考えるものである．すなわち

3.5 疲労

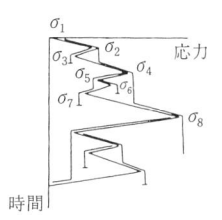

レインフロー法による応力範囲の計数

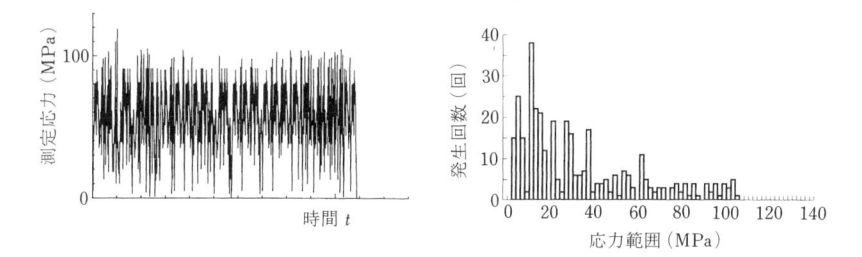

```
100 '*********************************
110 '********* レインフロー法 *********
120 '*********************************
130 '
140 DIM Y(500),IFM(500),FR(500),JMAX(500),KK(500)
150 '
160 '*************** <データの入力> ***************
170 INPUT "DATA NAME";NA$          :'ファイル名
180 INPUT "応力範囲のきざみ幅";IS  :'最大応力範囲
190 INPUT "応力範囲の数";NS         :'  <= IS * NS
200 '
210 '*************** <クリアー> ******************
220 ASD=0
230 FOR I=1 TO NS
240 IFM(I)=0      :'頻度
250 FR(I)=0       :'応力範囲
260 Y(I)=0        :'極値
270 JMAX(I)=0     :'極値の大きさの代数の順序
280 KK(I)=0       :'JMAX(I)を求めるための仮の変数
290 NEXT I
300 '
310 OPEN NA$ FOR INPUT AS #1        :'
320 INPUT #1,S2,S3                   :'データの読み込み
330 IP=1:Y(IP)=S2
340 '
350 IF EOF(1) THEN Y(IP+1)=S3:IP=IP+1:ASD=100:CLOSE #1 : GOTO 450
360 INPUT #1,S5
370 S1=S2:S2=S3:S3=S5
380 IF S2>S1 AND S2>S3 THEN GOTO 410 :'
390 IF S2<S1 AND S2<S3 THEN GOTO 410 :'極値の判断
400 GOTO 350
410 IP=IP+1
420 Y(IP)=S2
430 '
440 '******* S1<=S3<=S2<=S4 あるいは S1>=S3>=S2>=S4 の判断 *****
450 IF IP<4 AND ASD=100 THEN GOTO 620
460 IF IP<4 THEN GOTO 350
470 IF Y(IP)>=Y(IP-2) AND Y(IP-1)>=Y(IP-3) THEN GOTO 510
480 IF Y(IP)<=Y(IP-2) AND Y(IP-1)<=Y(IP-3) THEN GOTO 510
490 IF ASD=100 THEN GOTO 620
500 GOTO 350
510 YY1=ABS(Y(IP-1)-Y(IP-2))
520 YY2=ABS(Y(IP)-Y(IP-3))
530 IF YY1<=YY2 THEN GOTO 560
540 IF ASD=100 THEN GOTO 620
550 GOTO 350
560 '
570 '*************** 応力範囲の計算 ***************
580 FM=YY1
590 GOSUB 1050
600 IP=IP-2 :Y(IP)=Y(IP+2):GOTO 450
610 '
620 II=1
630 IF II>IP THEN GOTO 740
640 JMAX(II)=-100
650 FOR I=1 TO IP
660 FOR J=1 TO II-1
670 IF I=KK(J) THEN GOTO 700
680 NEXT J
690 IF JMAX(II)<Y(I) THEN JMAX(II)=Y(I):KK(II)=I
700 NEXT I
710 II=II+1
720 GOTO 630
730 '
740 FOR I=1 TO INT(IP/2)
750 FM=JMAX(I)-JMAX(IP+1-I)
760 GOSUB 1050
770 NEXT I
780 '
790 FOR I=1 TO NS
800 FR(I)=I*IS-IS/2
810 NEXT I
820 '
830 '*************** 結果の出力 ***************
840 LPRINT "------------------------"
850 LPRINT NA$," (レインフロー)"
860 LPRINT "------------------------"
870 '
880 GHJ=0 :DAM=0
890 LPRINT "   応力範囲        繰り返し数"
900 FOR I=1 TO NS
910 LPRINT USING "   ###.##         ######   ";FR(I),IFM(I)
920 GHJ=GHJ+IFM(I) : DAM=DAM+FR(I)^3*IFM(I)
930 NEXT I
940 SEQ=(DAM/GHJ)^(1/3)
950 '
960 LPRINT
970 LPRINT USING "総繰り返し数 = ##,####'''' cycles";GHJ
980 LPRINT USING "等価応力範囲 = ###.##";SEQ
990 LPRINT
1000 '
1010 END
1020 '
1030 '-------------------------------------
1040 '******* 応力範囲頻度の計算 *******
1050 KP=0
1060 FOR L=1 TO NS
1070 KP=KP+IS
1080 IF FM<=KP GOTO 1100
1090 NEXT L
1100 IFM(L)=IFM(L)+1
1110 RETURN
1120 '-------------------------------------
```

図 3.26 レインフロー法とその処理結果

$$\sum \frac{n_i}{N_i} = D = 1 \qquad (3.22)$$

このことは Palmgrem と Miner により示されたため, Palmgrem-Miner 則, あるいは単に Miner 則と呼ばれている. 応力変動の程度や材料, 継手, 構造形式によっては D の値はばらつくため, 設計では, これを0.5などとする場合もある.

低サイクル疲労についても, 塑性ひずみ範囲に対して線形被害則を適用することにより, おおよその寿命推定ができるといわれている.

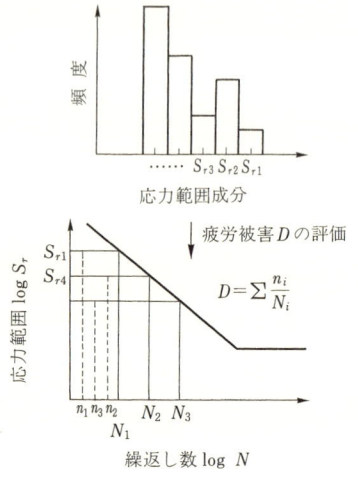

図 3.27 Miner 則

(4) 破面観察

構造物に何らかの損傷が生じた際, その原因を解明する上で最も重要な手がかりはその破面に残されている. 破面観察はフラクトグラフィーと呼ばれている. とくに疲労については特徴的な破面が残されるため, 破面観察は重要である.

図3.28は丸棒試験片についての引張試験, $\varepsilon_{ta}=3\%$ の低サイクル疲労試験および応力振幅が $0.95\sigma_Y$ の高サイクル疲労試験の破面である. 疲労破面は引張試験の破面に比べてフラットであり, しかもその原因となったひずみあるいは応力のレベルにより破面の状況は異なってくる.

図3.29は切欠き試験体および溶接継手試験体に対する疲労試験による破面

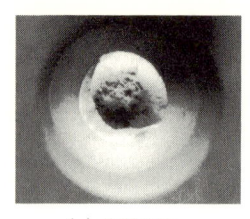

(a) 引張試験　　　(b) $\varepsilon_{ta}=3\%$　　　(c) $\sigma_{ta}=0.95\sigma_Y$

図 3.28 破面の例

3.5 疲労

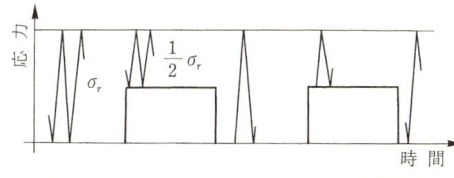

(a) ビーチマークを残すための応力変動パターン

(b) 図 5.6 の Type 6 試験片．複数の疲労き裂が切欠底の中央部付近から発生し，合体して進展している．

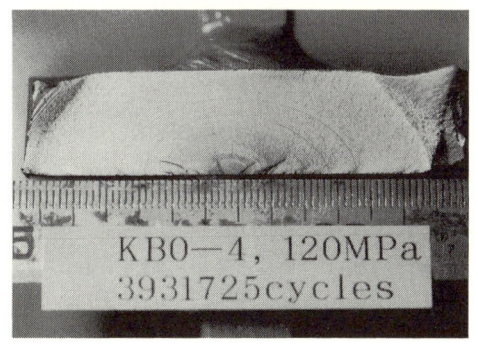

(c) 面外方向ガセット継手部（248頁参照）．すみ肉溶接止端からの疲労き裂の発生と進展．

図 3.29 疲労破面上に残されたビーチマーク

であり，疲労き裂の進展状況を調べる目的で計画的に応力範囲を 1/2 に減じている．このような応力範囲の変動により破面にはその時点での疲労き裂の先端がマーキングされる．このような破面の模様をビーチマークと呼ぶ．実際の構造物では繰り返される応力の範囲は一定でないケースが多いため，しばしばその破面にはビーチマークが残され，疲労き裂の発生点や発生原因の特定の手がかりとなる．

疲労き裂のもう 1 つの特徴は電子顕微鏡による観察から得られる図 3.30 に示すストライエーション（striations）と呼ばれる平行痕である．これはすべ

ての寿命領域で出現するものではないが，疲労き裂と判定する上での重要な手がかりである．

（5） 疲労き裂伝播

橋梁など鋼構造物の疲労寿命の大部分は溶接欠陥などから発生する疲労き裂の進展に費やされることが多いため，その疲労強度を評価する上で鋼材あるいは溶接金属内の疲労き裂伝播特性が重要である．疲労き裂伝播については，15 章に示す応力拡大係数を用いた破壊力学アプローチが有効であり，すでに設計時の許容応力範囲，製作時の欠陥に対する許容限界寸法，さらには維持・管理における検査間隔など広い分野にその成果が応用されている．

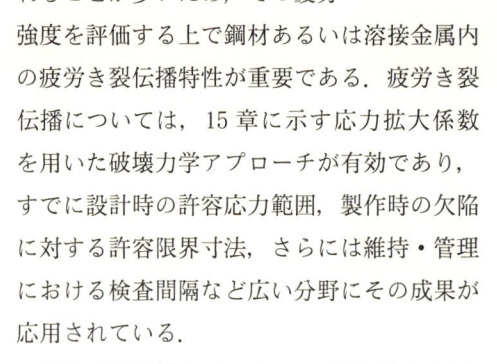

疲労き裂伝播のデータは，図 3.31 に示すコンパクトテンション（CT）型試験片，中央切欠き試験片あるいは曲げ試験片のような，き裂長さの変化に対して応力拡大係数が明らかにされている試験片から得られる．繰

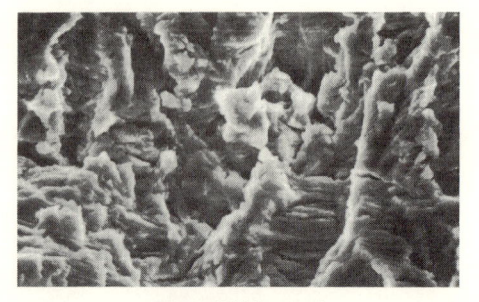

SM 490 鋼材（×5000）

図 3.30 ストライエーション

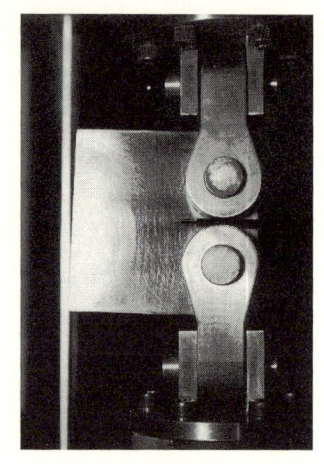

図 3.31 CT 試験片を用いた疲労き裂進展実験

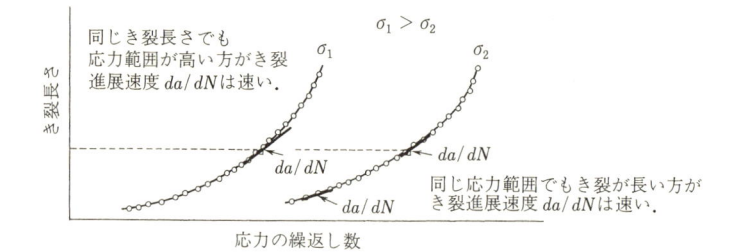

図 3.32 疲労き裂の進展と進展速度

3.5 疲労

返し荷重を作用させることにより，人工的につけた切欠きから疲労き裂を進展させ，そのき裂の寸法を測定すると，図3.32のようなき裂長さと荷重繰返し数（a-N）の関係が得られる．この関係から，ある繰返し応力範囲下でのあるき裂長さにおける疲労き裂寸法の変化率 da/dN（これを疲労き裂の進展速度と呼ぶ）を求めることができる．この疲労き裂進展速度は，応力とき裂長さの関数であることは容易に想像できるであろう．

ParisとErdogan[12]は，この疲労き裂進展速度（da/dN）と応力拡大係数（15章参照）の変動範囲（$\varDelta K$）が両対数で直接関係となることを示した（図3.33）．この関係はしばしばParis則と呼ばれている．

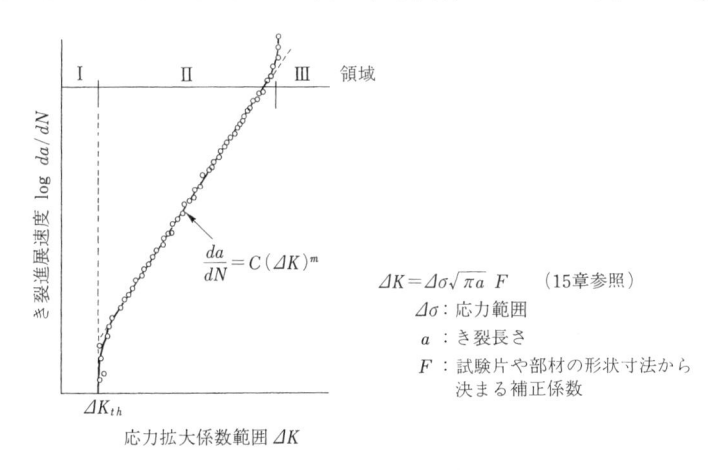

図 3.33 疲労き裂進展曲線

$$\frac{da}{dN} = C(\varDelta K)^m \tag{3.23}$$

ここに，C, m は材料定数である．

さらに広い範囲にわたる疲労き裂進展実験を行うと，da/dN-$\varDelta K$ 関係は図中に示すように，領域 I のいくら荷重を繰り返してもき裂進展しない $\varDelta K$（これを疲労き裂進展下限界応力拡大係数 $\varDelta K_{th}$ と呼ぶ）と，それから Paris 則が成り立つまでの遷移域，Paris 則が成り立つ領域 II および最終段階の領域 III に分けられる．疲労寿命を評価する上では領域 I と領域 II が重要である．

領域 I と領域 II をカバーする進展則として

$$\frac{da}{dN} = c(\Delta K^m - \Delta K_{th}{}^m) \tag{3.24}$$

がしばしば用いられる.

日本鋼構造協会（JSSC）の疲労設計指針[10]では，溶接構造物の疲労き裂進展寿命の推定には図 3.34 に示すような疲労き裂進展則を用いることをすすめている.

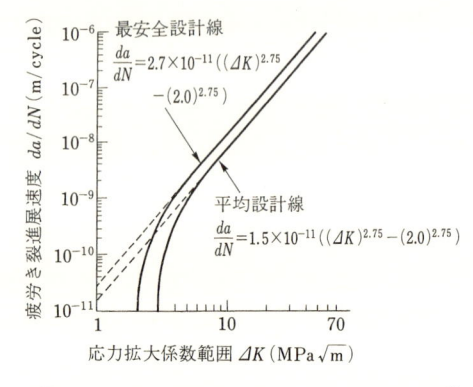

図 3.34 JSSC 疲労設計指針の疲労き裂進展曲線[10]

3.6 遅れ破壊

生じている応力がぜい性破壊や延性破壊を生ずるレベルよりはるかに小さく，またその時間変動成分も疲労き裂を発生させるよりはるかに小さいのに突然破壊が生ずることがある．このような破壊もやはりき裂がそのような応力状態で限界値まで進展したことによるもので，環境誘起破壊（Environment Assisted Cracking : EAC）と呼ばれる．また，この破壊現象は，当初は何ら異常なく，ある時間経過後発生するため遅れ破壊と呼ばれることが多い．遅れ破壊の負荷応力と時間との間の特性は図 3.35 に示すように疲労での S-N 線に近い形となるため，静的な疲労破壊とも呼ばれる．

鉄鋼材料に生ずる遅れ破壊のメカニズムとしては応力腐食割れ（Stress Corrosion Cracking : SCC）および水素ぜい化（Hydrogen Embrittlement : HE）が考えられ，それぞれのプロセスは独立して，あるいは鉄と水が共存する環境では同時に進行する．SCC および HE のプロセスを説明するために非常に多くのモデルが提案されているが，これは環境誘起破壊が複雑な現象であることを裏づけるものである．土木構造物

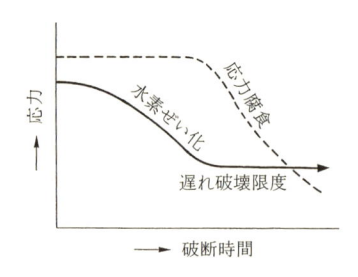

図 3.35 遅れ破壊概念図

では，摩擦接合用高力ボルト（13章参照）に生じた事例が遅れ破壊の代表的な例である．また，47名の死者を出したアメリカ Point Pleasant 橋の落橋は[3]，アイバーの応力腐食割れが原因といわれている．

図3.36は水素ぜい化のプロセスの概念を示したものである[6]．水素は原子半径が小さいため鉄鋼中に容易に侵入し，結晶格子を通過する．溶接継手では被覆剤などから水分や水素が入り込む．応力が作用した状態で水素ガス環境にさらされていても水素が侵入し，ぜい化が生ずる．また，鉄と水分の腐食反応の結果として水素が生じ，それが鉄中に侵入する．これが鉄鋼材料でSCCとHEが密接な関係にある理由である．水素によるき裂の発生プロセスは，ミクロ的に見るとへき開，粒界あるいは延性（微小空洞の合体）のいずれも含まれているといわれている．

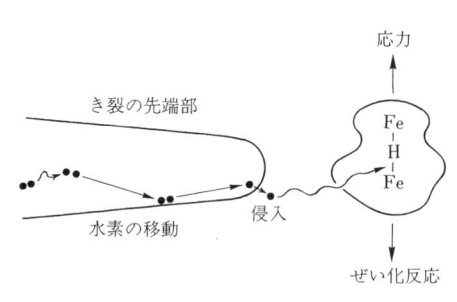

図 3.36 水素ぜい化のプロセス[6]

水素ぜい化の特性は，図3.35に示したように下限応力が存在することにある．これは高力ボルトの遅れ破壊でも観察されることである．

応力腐食割れ（SCC）は陽極溶解（anodic dissolution）を伴う割れである．鋼ではその表面の材料的な欠陥部で局部電池が形成される．このため結晶粒界，偏析，介在物などの結晶の不連続部で陽極が局部的に形成され，その部分にいわゆるピットが形成される．このピットがき裂の発生点となる．電解液中で金属を電極中にして電流を流すと陽極側の金属は陽イオンとなって溶解し，陰極側では水素が発生することはよく知られたことである．

3.7 硬 さ

硬さ（hardness）とは物理的に明確に定義できる性質ではないが，降伏点，引張強さ，加工硬化などのいろいろな物理的な性質の組合せとして決まる材料の外力に対する抵抗性を示す性質といえよう．硬さは①引っかく，②押し込むなどの方法により調べることができる．①の方法は一般に鉱物によく用いら

れ，基準の硬さのもの（たとえば滑石（軟らかい）からダイヤモンド（硬い）まで）と表面にこん跡を付け合うことにより硬さを調べる方法である．金属材料の硬さは，通常，②の押し込み抵抗によって調べられる．これは非常に硬い球あるいはダイヤモンド形錐を一定の力で押し込み，その押し込まれ方から硬さを表すものである．押し込むものや測定する量の組合せでいろいろな方法があるが，よく用いられるのはビッカース（Vickers），およびロックウェル（Rockwell），ブリネル（Brinell）の3つの方法である．

ビッカース硬さ試験（JIS Z 2244）では対面角 $136°$ のダイヤモンド四角錐圧子を用い，試験面にピラミッド形のくぼみをつけたときの荷重をくぼみの対角線の長さから求めた面積で除した値を硬さとしている．ビッカース硬さ試験により求められた硬さをビッカース硬さ（H_V）と呼ぶ．図3.37にビッカース硬さ試験を行った後のくぼみおよび硬さ測定例を示す．H_V（10kgf）は 10kgfの重さを用いて得られたビッカース硬さ H_V を示す．

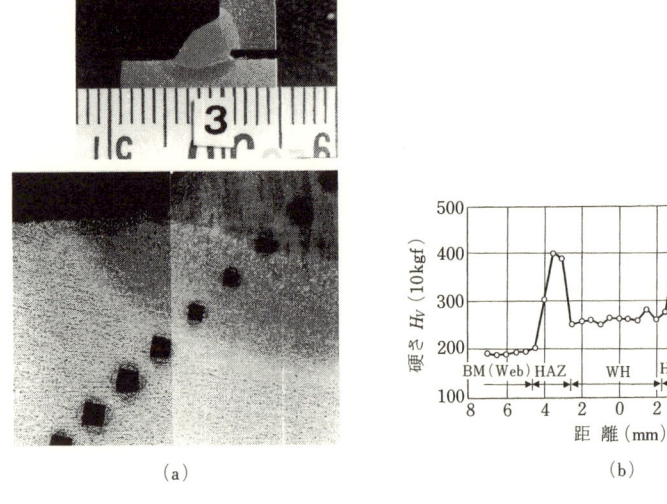

図 3.37 ビッカース硬さ試験によるくぼみと測定例

ブリネル硬さ試験（JIS Z 2243）では鋼球を表面に押し付け，それにより生じたくぼみの表面積で荷重を除した値を硬さとしている．ブリネル硬さはHBSと記される．ロックウェル硬さ試験（JIS Z 2245）では，鋼球またはダイ

ヤモンドコーンを表面に押し付け，そのくぼみの深さで硬さを表す．

図 3.38 に各種の硬さ試験間の近似的換算と引張強さとの関係を示す．硬さは鋼材のおおよその引張強さを推定するのに有用である．

溶接部の硬さは溶接割れの発生の目安となることから，鋼材や溶接材料の選定や溶接条件の決定，予熱の必要性の検討などで硬さ試験の結果を用いることが多い．道路橋示方書では，図 3.39 に示すような最高硬さ試験を行い，高さが $H_V=370$ を超えた場合を予熱（10 章参照）が必要な条件の 1 つとしている．

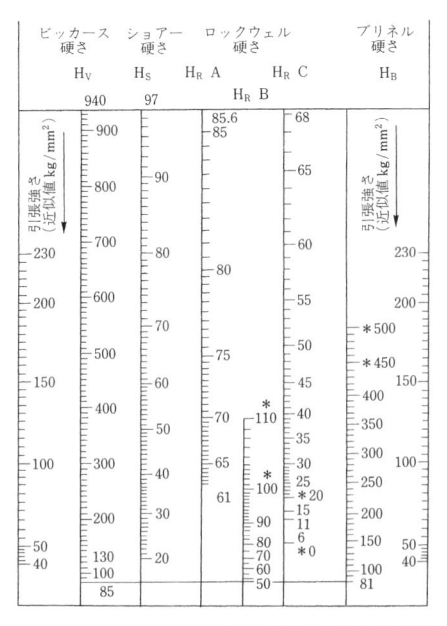

図 3.38 鋼のビッカース硬さに対する近似的換算図表[4]
（本図表中＊のある範囲内の数値はあまり用いられない）

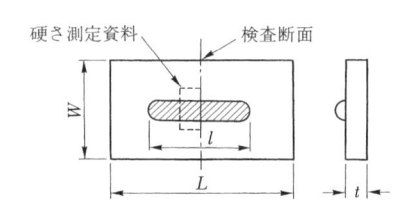

図 3.39 溶接部の最高硬さ試験（道路橋示方書）[11]

溶接方法	L	W	l
手溶接	200	150	125
自動溶接	250	190	150

（単位：mm）

溶接ビードは 1 層とし，溶接条件は初層の溶接条件とする．また，硬さ測定資料の採取および硬さの測定は JIS Z 3101 に準ずる．

[演 習 問 題]

3.1 鋼材の応力-ひずみ曲線を描き，その中に上降伏点，下降伏点，おどり場，ひずみ硬化および引張強さを記入せよ．

3.2 鋼材が引張試験において明瞭な降伏点を示さないとき，どのような値を設計の基

準値に使えばよいか.
- **3.3** 十分な塑性変形能力を有する鋼材において，引張強さが出現する条件について説明せよ.
- **3.4** シャルピー衝撃試験における吸収エネルギーと構造物のぜい性破壊防止との関係について説明せよ.
- **3.5** 遷移温度の意味とその利用について説明せよ.
- **3.6** 鋼材の引張強さと疲労強度の関係について述べよ.
- **3.7** 硬さの物理的意味と工学的な利用について説明せよ.

[参 考 文 献]

1) 中沢一，小林英男：固体の強度, p.146, 共立出版, 1976
2) US Steel 資料
3) J. W. Fisher: Fatigue and Fracture in Steel Bridges, John Wiley & Sons, 1984（阿部英彦，三木千壽他訳：鋼橋の疲労と破壊, 建設図書, 1987）
4) 鋼材倶楽部編：土木技術者のための鋼材知識, 技報堂出版, 1968
5) 町田篤彦，三木千壽他：現代土木材料, オーム社, 1990
6) R. Hertzberg: Deformation and Fracture Mechanics of Engineering Materials, Second Edition, p.428, John Wiley and Sons,1983
7) J. M. Barsom, S. T. Rolfe: Fracture and Fatigue Control in Structures, Second Edition, Prentice-Hall, 1987
8) 西村俊夫，三木千壽：構造用鋼材のひずみ制御低サイクル疲れ特性, 土木学会論文報告集, 第299号, pp.29-38, 1978年11月
9) 鋼橋の疲労, 日本道路協会, 1997
10) 日本鋼構造協会編：鋼構造物の疲労設計指針・同解説, 技報堂出版, 1993
11) 道路橋示方書・同解説, 鋼橋編, 日本道路協会, 1996
12) P. C. Paris and F. Erdogan: A Critical Analysis of Crack Propagation Laws, ASME, D85, pp.528-534, 1963-12
13) 金澤武, 飯田國廣：溶接継手の強度, pp.132-136, 産報出版, 1978
14) The Rainflow Method in Fatigue, The Tatsuo Endo Memorial Volume, Butterworth Heinemann, 1991
15) JIS G 0303：鋼材の検査通則
16) JIS Z 2201：金属材料引張試験片

4

鋼材の規格と鋼種の選定

構造物用としてさまざまな性能を有する鋼材が用意され，それらの多くは JIS として規格化されている．構造物の所要性能に合わせて適切な鋼材を選定することは設計において重要な項目のひとつである．

4.1 鋼材の種類と規格

炭素を 0.2% 程度含む鋼は 400〜500 MPa 程度の引張強さと適当な伸びを有するため，一般の構造物用の鋼材として広く利用されている．このクラスの鋼を普通鋼あるいは軟鋼，それ以上の鋼を高張力鋼と呼ぶことがある．炭素の量を増加させると強度は上昇するが，伸びや加工性，溶接性など，構造用鋼材として必要な性質が劣化する．これに対しては各種の元素を添加したり熱処理したりして組織の改善を図り，構造材として必要な性質を確保する．元素の添加のみによる鋼を非調質鋼，元素の添加に加えてさらに熱処理を行った鋼を調質鋼（QT 材）と呼ぶことがある．

JIS 規格では鉄鋼材料のうち，使用分野が共通なものを「鉄鋼部門（部門記号 G）」，土木・建築に用いられるものを「土木建築部門（部門記号 A）」にまとめており，化学成分，機械的性質，形状，寸法などがそれぞれ目的に合わせて制定されている．鋼構造部材に使用される鋼材の規格には次のようなものがある．

JIS G 3101 一般構造用鋼材（SS 材）：最小引張強さが 400, 490, および 520 MPa の鋼材が供給されている．

JIS G 3106 溶接構造用熱間圧延鋼材（SM材）：溶接性を保証した構造用鋼材であり，そのためにSS材よりも詳しい化学成分の規定が，設けられている．最小保証引張強さが400，490，520，および570 MPaの鋼材が供給されている．

JIS G 3114 耐候性溶接構造用熱間圧延鋼材（SMA材）：大気に曝されたとき，表面に安定した緻密なさびが発生し，防食効果を発揮する鋼材であり，CuやCrなどの金属が添加されている．したがって，塗装などの防食処理なし（無塗装）で橋梁等の構造物に適用される．強度レベルについてはSM材と同等である．

図4.1は普通鋼と耐候性鋼のさび層の構成である．このような安定さび層が

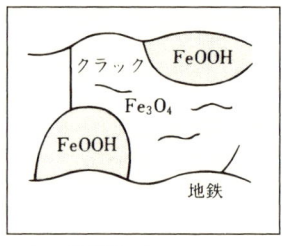

(a) 普通鋼のさび
ポーラスで壊れやすい．
イオンが透過しやすい．

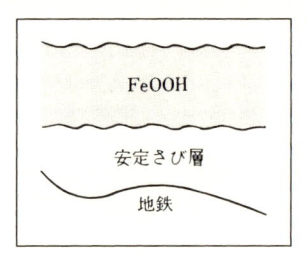

(b) 耐候性鋼のさび
緻密で密着性が高い．
イオン透過抑制作用がある．

図 4.1　さび層の構成

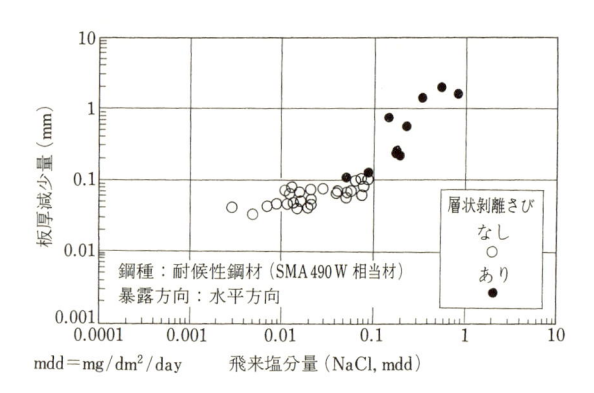

鋼種：耐候性鋼材（SMA 490W 相当材）
暴露方向：水平方向

層状剥離さび
なし ○
あり ●

mdd＝mg/dm^2/day　　飛来塩分量（NaCl, mdd）

図 4.2　暴露9年目の板厚減少量と飛来塩分量の関係[1]

4.1 鋼材の種類と規格

図 4.3 New River Gorge 橋（米国）．支間 518m
1977 年完成．耐候性鋼使用

確実に形成されることが耐候性鋼を橋梁に適用する上で重要なポイントといえる．この安定さび層の形成に関しては環境条件によるところが大きく，その主な環境因子としては塩分，硫化物および水分があげられる．とくに塩分の影響が大きいと判断され，耐候性鋼無塗装仕様の適用可否は飛沫塩分量を判断基準としている（図 4.2）．また凍結防止剤（塩）を使用する地域では，それの飛散について十分な注意が必要である．

耐候性鋼の橋梁への使用は，米国で 1964 年から始まり，一時期腐食が問題となり，適用が減少したが，現在は建設される橋の約 45% が耐候性鋼の無塗装仕様である．世界で最長アーチ橋である New River Gorge 橋（図 4.3）もその 1 つである．

JIS G 3136（建築構造用圧延鋼材）：建築鉄骨用に開発された SN 材と呼ばれる鋼材であり，SM 鋼材に対して降伏比，板厚方向の機械的性質，超音波探傷のための音響異方性などについて規定を加えている．

これらの鋼材では鋼種を示す SS，SM，SMA の記号の後に最小保証引張強さの数値をつけ，たとえば SS400，SM490 と呼ぶ．さらにそのあとにシャルピー吸収エネルギー値（3.3 節参照）に基づいて SM490A のごとく A，B，C,の記号をつける．A はシャルピー値について無規格，B は 27 ジュール，C は 47 ジュールのシャルピー吸収エネルギーが所定の温度（0°C あるいは -5°C）で保証される．

図 4.4 に 1970 年代と 1990 年代の鋼材のシャルピー吸収エネルギー値を示

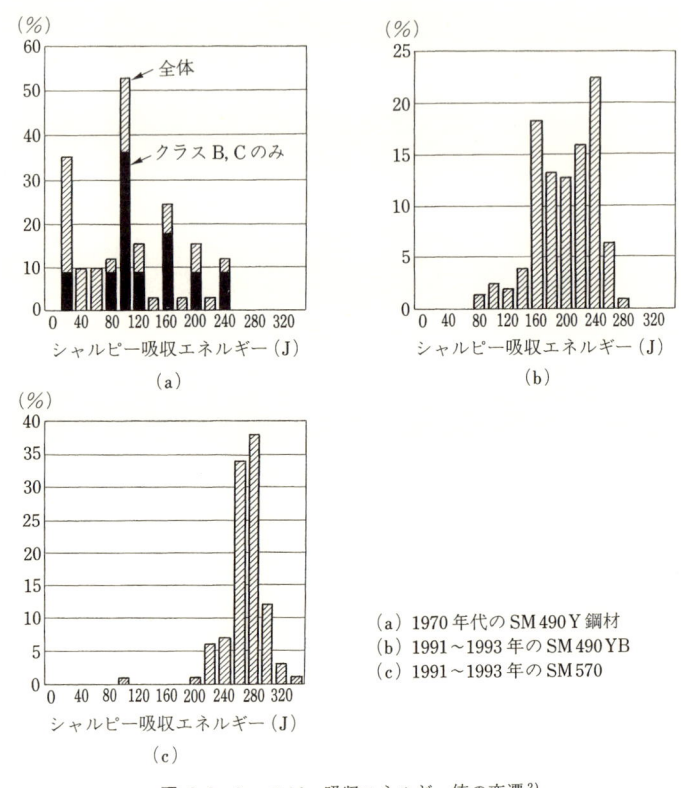

(a) 1970 年代の SM 490 Y 鋼材
(b) 1991～1993 年の SM 490 YB
(c) 1991～1993 年の SM 570

図 4.4 シャルピー吸収エネルギー値の変遷[2]

す．最近の鋼材は製造法の改善等により，実際のシャルピー吸収エネルギー値は規格値よりかなり高いレベルにある．

表 4.1 にそれぞれの鋼材の化学成分および機械的性質の規格の概要を示す．

表 4.2 に，本州四国連絡橋用に設定された 690 MPa および 780 MPa 級高張力鋼の規格を示す．この規格に従った鋼材の他に，明石海峡大橋では新に開発された溶接時の予熱温度を低くすることが可能な 780 MPa 級鋼材も多量に使用される．

表 4.1 (5) の SHY 鋼材は水圧鉄管（ペンストック）などの鋼構造物に用いられている．

4.1 鋼材の種類と規格

表 4.1 鋼材の化学成分・機械的性質の規格の概要[7]
(1) 一般構造用圧延鋼材 (SS)

種類の記号	降伏点または耐力 N/mm²			引張強さ N/mm²	鋼材の厚さ mm	引張試験片	伸び %	曲げ性			衝撃試験	
	鋼材の厚さ		40を超えるもの					曲げ角度	内側半径	試験片	試験温度 (℃)	シャルピー吸収エネルギー (J)
	16以下	16を超え40以下										
SS400	245以上	235以上	215以上	400〜510	鋼板、鋼帯、平鋼、形鋼の厚さ5以下	5号	21以上	180°	厚さの1.5倍	1号		
					鋼板、鋼帯、平鋼、形鋼の厚さ5を超え16以下	1A号	17以上					
					鋼板、鋼帯、平鋼、形鋼の厚さ16を超え50以下	1A号	21以上					
					鋼板、平鋼、形鋼の厚さ40を超えるもの	4号	23以上					
					棒鋼の径、辺または対辺距離25以下	2号	20以上	180°	径、辺または対辺距離の1.5倍	2号		
					棒鋼の径、辺または対辺距離25を超えるもの	3号	24以上					
SS490	285以上	275以上	255以上	490〜610	鋼板、鋼帯、平鋼、形鋼の厚さ5以下	5号	19以上	180°	厚さの2.0倍	1号		
					鋼板、鋼帯、平鋼、形鋼の厚さ5を超え16以下	1A号	15以上					
					鋼板、鋼帯、平鋼、形鋼の厚さ16を超え50以下	1A号	19以上					
					鋼板、平鋼、形鋼の厚さ40を超えるもの	4号	21以上					
					棒鋼の径、辺または対辺距離25以下	2号	18以上	180°	径、辺または対辺距離の2.0倍	2号		
					棒鋼の径、辺または対辺距離25を超えるもの	3号	21以上					
SS540	400以上	390以上	—	540以上	鋼板、鋼帯、平鋼、形鋼の厚さ5以下	5号	16以上	180°	厚さの2.0倍	1号		
					鋼板、鋼帯、平鋼、形鋼の厚さ5を超え16以下	1A号	13以上					
					鋼板、鋼帯、平鋼、形鋼の厚さ16を超え50以下	1A号	17以上					
					棒鋼の径、辺または対辺距離25以下	2号	13以上	180°	径、辺または対辺距離の2.0倍	2号		
					棒鋼の径、辺または対辺距離25を超えるもの	3号	17以上					

(単位 %)

種類の記号	C	Mn	P	S
SS400	—	—	0.050以下	0.050以下
SS490	—	—	0.050以下	0.050以下
SS540	0.30以下	1.60以下	0.040以下	0.040以下

(2) 溶接構造用圧延鋼材 (SM)[8]

種類の記号	降伏点または耐力 N/mm² 鋼材の厚さ mm					引張強さ N/mm² 鋼材の厚さ mm			伸び			衝撃試験	
	16以下	16を超え40以下	40を超え75以下	75を超え100以下	100を超え160以下	160を超え200以下	100以下	100を超え200以下	鋼材の厚さ mm	試験片	%	試験温度 (℃)	シャルピー吸収エネルギー (J)
SM400A	245以上	235以上	215以上	215以上	205以上	195以上	400〜510		5以下	5号	23以上		
SM400B									5を超え16以下	1A号	18以上	0	27以上 (B)
SM400C									16を超え50以下	1A号	22以上		
									40を超えるもの	4号	24以上	0	47以上 (C)
SM490A	325以上	315以上	295以上	295以上	285以上	275以上	490〜610		5以下	5号	22以上		
SM490B									5を超え16以下	1A号	17以上	0	27以上 (B)
SM490C									16を超え50以下	1A号	21以上		
									40を超えるもの	4号	23以上	0	47以上 (C)
SM490YA	365以上	355以上	335以上	325以上			490〜610	—	5以下	5号	19以上		
SM490YB									5を超え16以下	1A号	15以上	0	27以上 (YB)
									16を超え50以下	1A号	19以上		
									40を超えるもの	4号	21以上		
SM520B	365以上	355以上	335以上	325以上			520〜640	—	5以下	5号	19以上		
SM520C									5を超え16以下	1A号	15以上	0	27以上 (B)
									16を超え50以下	1A号	19以上		
									40を超えるもの	4号	21以上		47以上 (C)
SM570	460以上	450以上	430以上	420以上			570〜720	—	16以下	5号	19以上		
									16を超えるもの	5号	26以上	−5	47以上
									20を超えるもの	4号	20以上		

4.1 鋼材の種類と規格

(単位 %)

種類の記号	C	Si	Mn	P	S
SM400A	厚さ50mm以下 0.23以下 / 厚さ50mmを超え200mm以下 0.25以下	—	2.5×C以上	0.035以下	0.035以下
SM400B	厚さ50mm以下 0.20以下 / 厚さ50mmを超え200mm以下 0.22以下	0.35以下	0.60~1.40	0.035以下	0.035以下
SM400C	厚さ100mm以下 0.18以下	0.35以下	1.40以下	0.035以下	0.035以下
SM490A	厚さ50mm以下 0.20以下 / 厚さ50mmを超え200mm以下 0.22以下	0.55以下	1.60以下	0.035以下	0.035
SM490B	厚さ50mm以下 0.18以下 / 厚さ50mmを超え200mm以下 0.20以下	0.55以下	1.60以下	0.035以下	0.035以下
SM490C	厚さ100mm以下 0.18以下	0.55以下	1.60以下	0.035以下	0.035以下
SM490YA	厚さ100mm以下 0.20以下	0.55以下	1.60以下	0.035以下	0.035以下
SM490YB					
SM520B	厚さ100mm以下 0.20以下	0.55以下	1.60以下	0.035以下	0.035以下
SM520C					
SM570	厚さ100mm以下 0.18以下	0.55以下	1.60以下	0.035以下	0.035以下

（3） 溶接構造用耐候性熱間圧延鋼材（SMA）[9]

種類の記号	降伏点または耐力 N/mm²		引張強さ N/mm²	伸び			衝撃試験		
	鋼材の厚さ mm			鋼材の厚さ mm	試験片	%	試験温度(℃)	シャルピー吸収エネルギー (J)	
	16以下	16を超え40以下	40を超えるもの						
SMA400AW SMA400BW SMA400CW SMA400AP SMA400BP SMA400CP	245以上	215以上		400〜540	16以下 16を超えるもの 40を超えるもの	1A号 1A号 4号	17以上 21以上 23以上	0	27以上 (BW, BP) 47以上 (CW, CP)
SMA490AW SMA490BW SMA490CW SMA490AP SMA490BP SMA490CP	365以上	335以上		490〜610	16以下 16を超えるもの 40を超えるもの	1A号 1A号 4号	15以上 19以上 21以上	0	27以上 (BW, BP) 47以上 (CW, CP)
SMA570W	460以上	430以上		570〜720	16以下 16を超えるもの	5号 5号	19以上 26以上	−5	47以上
SMA570P					20を超えるもの	4号	20以上		

種類の記号	C	Si	Mn	P	S	Cu	Cr	Ni
SMA400AW SMA400BW SMA400CW	0.18以下	0.15〜0.65	1.25以下	0.035以下	0.035以下	0.30〜0.50	0.45〜0.75	0.05〜0.30
SMA400AP SMA400BP SMA400CP	0.18以下	0.55以下	1.25以下	0.035以下	0.035以下	0.20〜0.35	0.30〜0.55	—
SMA490AW SMA490BW SMA490CW	0.18以下	0.15〜0.65	1.40以下	0.035以下	0.035以下	0.30〜0.50	0.45〜0.75	0.05〜0.30
SMA490AP SMA490BP SMA490CP	0.18以下	0.55以下	1.40以下	0.035以下	0.035以下	0.20〜0.35	0.30〜0.55	—
SMA570W	0.18以下	0.15〜0.65	1.40以下	0.035以下	0.035以下	0.30〜0.50	0.45〜0.75	0.05〜0.30
SMA570P	0.18以下	0.55以下	1.40以下	0.035以下	0.035以下	0.20〜0.35	0.30〜0.55	—

4.1 鋼材の種類と規格

(4) 建築構造用圧延鋼材 (SN) [10]

種類の記号	降伏点または耐力 N/mm² 鋼材の厚さ mm				引張強さ N/mm²	降伏比 % 鋼材の厚さ mm				伸び % 鋼材の厚さ				衝撃試験	
	6以上 12未満	12以上 16未満	16	16を超え 40以下	40を超え 100以下		6以上 12未満	12以上 16未満	16	16を超え 40以下	40を超え 100以下	1A号試験片	1A号試験片 鋼材の厚さ 16を超え 50以下	4号試験片 16を超え 100以下	試験温度 (℃)	シャルピー吸収エネルギー (J)
SN400A	235以上	235以上	235以上	215以上 335以下	215以上	400以上 510以下	—	—	—	—	—	6以上 16以下	17以上	—		
SN400B	235以上	235以上 355以下	235以上 355以下	215以上 355以下	215以上 335以下		—	80以下	80以下	80以下	—	18以上	21以上	23以上		
SN400C	該当無し	235以上 355以下	235以上 355以下	215以上 355以下	215以上 335以下		該当無し	該当無し	80以下	80以下	80以下		22以上	24以上		
SN490B	325以上 445以下	325以上 445以下	325以上 445以下	295以上 415以下	295以上 415以下	490以上 610以下	—	80以下	80以下	80以下	80以下	17以上	21以上	23以上	0	27以上
SN490C	該当無し	325以上 445以下	325以上 445以下	295以上 415以下	295以上 415以下		該当無し	該当無し	80以下	80以下	80以下					

(単位 %)

種類の記号	C	Si	Mn	P	S
SN400A	厚さ 6mm以上 100mm以下 0.24以下	—	—	0.050以下	0.050以下
SN400B	厚さ 6mm以上 50mm以下 0.20以下 厚さ50mmを超え 100mm以下 0.22以下	0.35以下	0.60〜1.40	0.030以下	0.015以下
SN400C	厚さ 16mm以上 50mm以下 0.20以下	0.35以下	0.60〜1.40	0.020以下	0.008以下

(単位 %)

種類の記号	C	Si	Mn	P	S
SN490B	厚さ 6mm以上 50mm以下 0.18以下 厚さ50mmを超え 100mm以下 0.20以下	0.55以下	1.60以下	0.030以下	0.015以下
SN490C	厚さ 16mm以上 50mm以下 0.18以下 厚さ50mmを超え 100mm以下 0.20以下	0.55以下	1.60以下	0.020以下	0.008以下

(5) 溶接構造用高降伏点鋼板 (SHY)[1]

種類の記号	耐力 N/mm² 厚さ50mm以下	引張強さ N/mm² 厚さ50mm以下	引張強さ N/mm² 厚さ50mmを超え100mm以下	伸び 厚さ mm	伸び 試験片	伸び %	曲げ性 曲げ角度	曲げ性 内側半径	衝撃試験 試験片	衝撃試験 試験温度(℃)	衝撃試験 シャルピー吸収エネルギー(J)
SHY685	685以上	780～930		6以上16以下	5号	16以上	180°	厚さ32mm以下 厚さの1.5倍, 厚さ32mmを超えるもの 厚さの2.0倍	1号 圧延方向に直角		
SHY685N			760～910	16を超えるもの	5号	24以上				−20	47 (27)* 以上
SHY685NS				20を超えるもの	4号	16以上				−40	47 (27) 以上

*シャルピー吸収エネルギーの ( ) 内の数値は個々の試験体の値．

種類の記号	化学成分 % C	Si	Mn	P	S	Cu	Ni	Cr	Mo	V	B
SHY685	0.18以下	0.55以下	1.50以下	0.030以下	0.025以下	0.50以下	—	1.20以下	0.60以下	0.10以下	0.005以下
SHY685N	0.18以下	0.55以下	1.50以下	0.030以下	0.025以下	0.50以下	0.30/1.50	0.80以下	0.60以下	0.10以下	0.005以下
SHY685NS	0.14以下	0.55以下	1.50以下	0.015以下	0.015以下	0.50以下	0.30/1.50	0.80以下	0.60以下	0.05以下	0.005以下

4.1 鋼材の種類と規格

表 4.2 本州四国連絡橋公団規格 HT70, HT80 [12]

記号	適用板厚 (mm)	化学成分[*1] (%)					引張試験					曲げ試験			衝撃試験[*1]		
		C	Si	Mn	P	S	板厚区分 t (mm)	降伏点または耐力 σ_Y (kg/mm²)	引張強さ σ_B (kg/mm²)	板厚区分 t (mm)	伸び		曲げ角度 (度)	内側半径	試験片 JIS	試験温度 (℃)	シャルピー吸収エネルギー vE (kg·m)
											試験片 JIS	(%)					
HT690	8≦t≦75	≦0.14	0.15~0.55	0.60~1.50	≦0.015	≦0.015	8≦t≦50 50<t≦75	60≦ 58≦	70~85 68~83	8≦t≦16 16<t≦25 20<t≦75	5号 5号 4号	17≦ 23≦ 17≦	180	t<32 1.5t t≧32 2.0t	1号	−35	≧4.8
HT780	8≦t≦75	≦0.14	0.15~0.55	0.60~1.50	≦0.015	≦0.015	8≦t≦50 50<t≦75	70≦ 68≦	80~95 78~93	8≦t≦16 16<t≦25 20<t≦75	5号 5号 4号	16≦ 22≦ 16≦	180	t<32 1.5t t≧32 2.0t	1号	−40	≧4.8

	炭素当量 C_{eq} (%)	
	板厚区分 t (mm)	C_{eq} (%)
試験片 JIS 4号 圧延方向	8≦t≦50 50<t≦75	≦0.49 ≦0.51
	8≦t≦50 50<t≦75	≦0.53 ≦0.55

(注) *1 本表に示す指定元素以外に Cu, Ni, Cr, Mo, V, B などを必要に応じて添加することができる.
 *2 板厚 12mm を超える鋼板に適用. 3個の平均値とする.
 *3 $C_{eq} = C + \dfrac{Mn}{6} + \dfrac{Si}{24} + \dfrac{Ni}{40} + \dfrac{Cu}{13} + \dfrac{Cr}{5} + \dfrac{Mo}{4} + \dfrac{V}{14}$
 ただし, Cu 項は Cu が 0.30% 以上の場合に適用.

以上の他に鋼構造物に使用される各種の鋼材の規格を以下に示す．

JIS G 3444	一般構造用炭素鋼鋼管	STK400　STK490
JIS G 3350	一般構造用軽量形鋼	SSC400
JIS G 3201	炭素鋼鍛鋼品	SF490A　SF540A
JIS G 5101	炭素鋼鋳鋼品	SC450
JIS G 5102	溶接構造用鋳鋼品	SCW410　SCW480
JIS G 5111	構造用高張力炭素鋼および低合金鋼鋳鋼品（低マンガン鋼鋳鋼品） SCMn1A　SCMn2A	
JIS G 4051	機械構造用炭素鋼鋼材	S35C　S45C
JIS G 5501	ねずみ鋳鉄品	FC250
JIS G 5502	球状黒鉛鋳鉄品	FCD400
JIS G 3502	ピアノ線材	SWRH
JIS G 3506	硬鋼線材	
JIS G 3536	PC鋼線およびPC鋼より線　SWPR1，SWPD1， SWPR2，SWPR7SWPR19	
JIS G 3112	鉄筋コンクリート用棒鋼　SR235，SD205，SD295B，SD345	
JIS G 3109	PC鋼棒 A種1号　SBPR785/930	
	A種2号　SBPR785/1030	
	B種1号　SBPR930/1080	
	B種2号　SBPR930/1180	
JIS A 5515	鋼管抗	SKK400，SKK490
JIS A 5530	鋼管矢板	SKY400，SKY490

4.2　鋼種の選定

　鋼構造物を設計するに当たって，どの鋼種を選ぶかは最も基本的かつ重要な事項である．鋼構造物に求められる強度，剛性等の性能や加工性，溶接性さらには維持管理等から最も適切な鋼材を選ぶ必要がある．すなわち溶接構造とする場合や無塗装で使用する場合にはそれに適した鋼材を，また構造ディテールを考えて使用板厚の範囲を考え，材質を上げていくなどのことが考えられる．
　図4.5は明石海峡大橋の補剛トラス上下弦材の使用鋼材である[5]．500MPaクラスの鋼材SM490から780MPaクラスの鋼材が使われている．

4.2 鋼種の選定

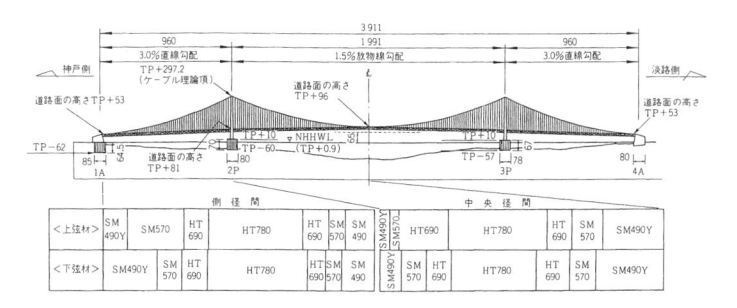

図 4.5 明石海峡大橋補剛トラス上下弦材の使用鋼材[5]

表4.3 鋼材の標準的な価格（板厚20mm）

鋼　種	価格（円）
SM400B	96000
SM490YB	104500
SMA490BW	118000
SM570B	138500
SMA570B	150500

（積算資料　1999年1月による）

当然ではあるが，高強度鋼になるほど鋼材の価格は高くなる．表4.3は構造用鋼板の価格である．高強度鋼になると溶接等の製作費用も上昇するケースもある．鋼材の選定は材料，製作，輸送，架設，メンテナンスなどを含めた経済的評価に基づいて行う必要がある．

道路橋示方書（鋼橋編）[6]では板厚により表4.4に示すように鋼材を選定することを標準としている．板厚が上がるとともに，A，B，Cと鋼材のシャルピー吸収エネルギーに基づいたじん性の要求を無規格，27ジュール，47ジュールと上げているが，これは板厚の厚い部材では三軸性により拘束度が高まるなど内部の応力状態が複雑になり，製造上や溶接上問題が生じやすいため，じん性のよい鋼材を用いる方がよいとの判断による．

道路橋示方書や鉄道橋の設計標準にも規定されているが，気温が著しく低下する地域ではとくにじん性値に特別な配慮が必要である．すなわち27ジュー

4章 鋼材の規格と鋼種の選定

表 4.4 板厚による鋼種選定標準（道路橋示方書 表 1.6.1）[6]

鋼種		板厚(mm)	6	8	16	25	32	40	50	100
非溶接構造用鋼		SS400		├──	───	───	───	───	───	──●
溶接構造用鋼		SM400A SM400B SM400C		├──	───	───	───	───	───	──● ──● ──●
		SM490A SM490B SM490C		├──	───	───	───	───	───	──● ──● ──●
		SM490YA SM490YB SM520C		├──	───	───	───	───	──●	
		SM570		├──	───	───	───	───	───	──●
		SMA400AW SMA400BW SMA400CW		├──	───	───	───	───	──●	
		SMA490AW SMA490BW SMA490CW		├──	───	───	───	──●		
		SMA570W		├──	───	───	───	──●		

表 4.5 北海道向け鉄道溶接桁用の鋼材[4]

部 材	設計標準で規定する材質	北海道向けに設計する橋桁の材質	シャルピー衝撃値
圧縮部材，プレートガーダの圧縮フランジおよび腹板	SM400A, SM400B SM490B, SM490YB	SM400B, SM400C SM490C, SM520C	JIS G 3106「溶接構造用圧延鋼材」に規定する値
	SM400C, SM490C SM520C, SM570	左に同じ	
引張部材，プレートガーダの引張フランジ	SM400A, SM400B SM490B, SM490YB	SM400B特, SM400C特 SM490B特, SM490YB特	JIS Z 2242（金属材料衝撃試験方法）におけるシャルピー吸収エネルギーは，$-40°C$ で 2.8kgf・m 以上であること
	SM400C, SM490C SM520C, SM570	SM400C特, SM490C特 SM520C特, SM570特	JIS Z 2242（金属材料衝撃試験方法）におけるシャルピー吸収エネルギーは，$-40°C$ で 4.8kgf・m 以上であること

注）SMA 材の場合は，SM 材に対応するものとする．

ルあるいは 47 ジュールがぜい性破壊を防止するのに必要なじん性値と考えれば鋼構造物がさらされる最低温度で所要のシャルピー値を保証する必要があるといえる．このようなために，とくに気温が下がる地域については，寒冷地用の特別の鋼材仕様をつけることがある．

AASHTO の設計規準においては，全国の想定最低気温をマップとして示し

ている．またわが国の鉄道橋設計標準[4]では，北海道向けの溶接桁に用いる鋼材の材質を表 4.5 のように指定している．

［演 習 問 題］

4.1 橋梁の設計図を入手し，橋梁中の各部にどのような鋼材が使用されているか調べよ．
4.2 SS 材，SM 材，SMA 材について説明せよ．
4.3 SM 490 YB 鋼材とはどのような材料であるか説明せよ．
4.4 寒冷地に架設される橋梁で特別に配慮しなければいけないのはどのような特性か．

［参 考 文 献］

1) 建設省土木研究所，鋼材倶楽部，日本橋梁建設協会：耐候性鋼材の橋梁への適用に関する共同研究報告書，1993
2) 本間宏二，三木千壽他：冷間加工を受けた構造用鋼材の歪み時効と冷間曲げ加工の許容値に関する研究，土木学会論文集，I-40，pp. 153-162，1997-7
3) 三木千壽：鋼橋の技術開発，橋梁と基礎，1997-8
4) 鉄道総合技術研究所編：鉄道構造物等設計標準・同解説，鋼・合成構造物，丸善，1992
5) 山岸一彦，山田郁夫：上部工設計基準類の変遷，橋梁と基礎，Vol. 32, No. 8, 1998
6) 道路橋示方書・同解説，II 鋼橋編，日本道路協会，1996
7) JIS G 3101：一般構造用圧延鋼材，1952
8) JIS G 3106：溶接構造用圧延鋼材，1952
9) JIS G 3114：溶接構造用耐候性熱間圧延鋼材，1968
10) JIS G 3136：建築構造用圧延鋼材，1994
11) JIS G 3128：溶接構造用高降伏点鋼板，1983
12) 本州四国連絡橋公団：HBS G 3102 本州四国連絡橋鋼上部構造用 70 キロ鋼・80 キロ鋼

5

引 張 部 材

鋼構造物には，さまざまなタイプの引張部材が存在する．ここでは，軸力部材のうちとくに引張力に抵抗する部材について述べる．

鋼板や形鋼，溶接組立部材，ケーブル，ロープ，ロッドなどが引張部材に使用されている（図5.1）．通常，引張部材では降伏を強度の限界と考えるが，その強度は継手部などの応力集中により影響を受ける．また，疲労強度は応力集中源の存在により急激に低下する．

5.1 断面内の応力

引張部材の図心軸に外力が作用した場合，断面内の応力は外力の作用点からわずかに離れると

$$\sigma = \frac{P}{A} \tag{5.1}$$

の一様な応力となる（図5.2）．大部分の引張部材はこの条件に合うように断面やディテールが決められる．

外力の作用点が図心軸から離れると，その離れた距離（偏心量）に比例して曲げモーメントが付加されてくる（図5.3）．その場合の応力は

$$\sigma = \frac{P}{A} \pm \frac{M}{I} y, \quad M = Pe \tag{5.2}$$

となる．

山形鋼のような形状の部材などを引張部材に使用するときには，2軸の曲げが生じることがある（図5.4）．その場合の応力は次式となる．

(a) チェーン吊橋
アイバーとロッドで構成されている.

(b) トラス橋
圧縮部材である上弦材は山形鋼を用いた組立材. 引張部材である下弦材はアイバー, 斜材は引張力のみ生じる部材にはロッド, それ以外は組立材が使われている.

(c) スペーストラス
引張を受ける部材にはロープ, 圧縮を受ける部材にはパイプが使われている.

(d) アーチ橋
引張を受ける吊材にはロットが使われている.

図 5.1　引張部材

$$\sigma = \frac{P}{A} \pm \frac{M_y}{I_y} z \pm \frac{M_z}{I_z} y \tag{5.3}$$

ここに, I_y, I_z：主軸に対する断面二次モーメント, y, z：対象点の主軸からの距離, M_y, M_z：偏心荷重により生じる y および z 軸に対する曲げモーメント.

5.1 断面内の応力　　　　　　　　　　　　　　77

A：断面積　P：荷重

荷重方向応力の分布

$\sigma = \dfrac{P}{A}$

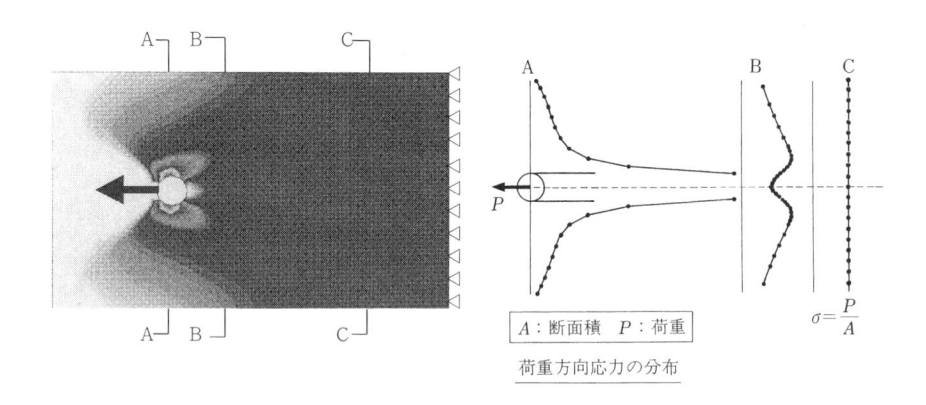

図 5.2 引張を受ける部材中の応力分布

A：断面積　　P：荷重
I：断面二次モーメント
y：中立軸からの距離

荷重方向応力の分布

$\sigma = \dfrac{P}{A} \pm \dfrac{M}{I} y$

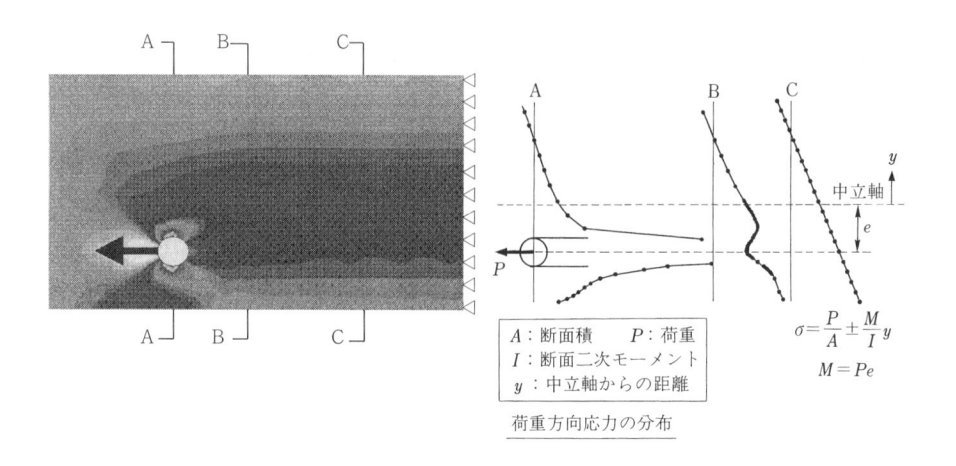

$M = Pe$

図 5.3 偏心引張を受ける部材中の応力分布

$$\sigma = \frac{P}{A} - \frac{M_y}{I_y} Z_1 \pm \frac{M_z}{I_z} y$$

$$M_z = P \cdot e_2$$

z 軸まわりの中立軸

y 軸まわりの中立軸

$$\sigma = \frac{P}{A} \pm \frac{M_y}{I_y} z$$

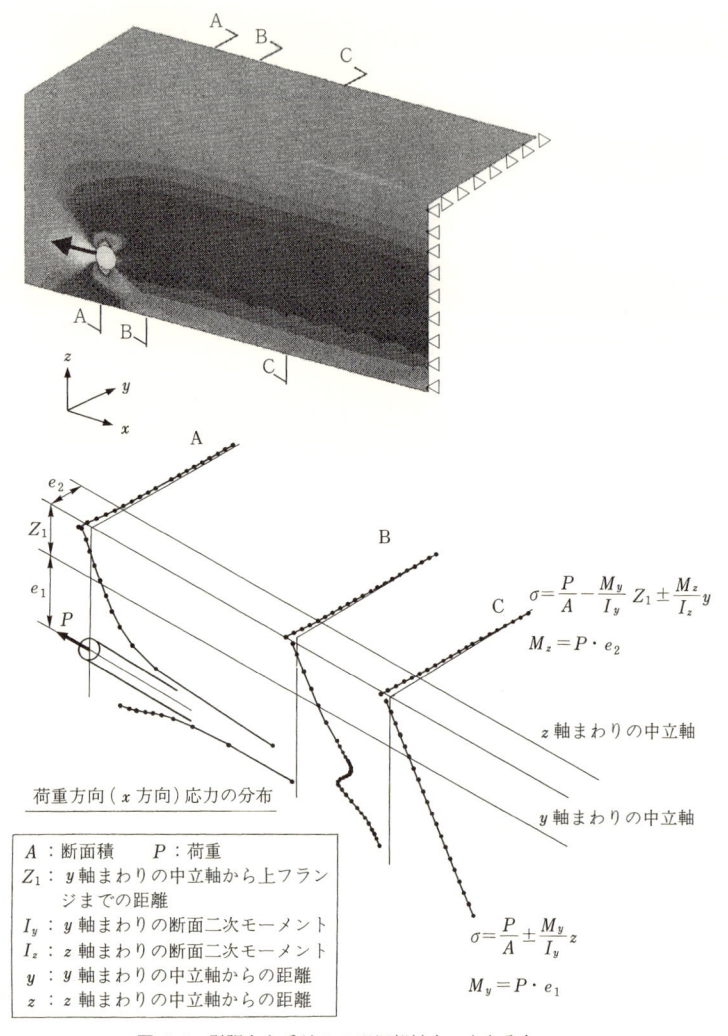

$$M_y = P \cdot e_1$$

荷重方向（x方向）応力の分布

A：断面積　　P：荷重
Z_1：y軸まわりの中立軸から上フランジまでの距離
I_y：y軸まわりの断面二次モーメント
I_z：z軸まわりの断面二次モーメント
y：y軸まわりの中立軸からの距離
z：z軸まわりの中立軸からの距離

図 5.4　引張力を受ける山形鋼部材中の応力分布

5.2　引張部材の強度評価と許容応力度

　引張部材の強度の計算はきわめて簡単であり，基本的には材料の強度に断面積を乗じたものになる．

$$F = \sigma \cdot A \tag{5.4}$$

ここで，σ：降伏点 σ_Y あるいは引張強さ σ_B を基準とする．

許容応力度設計法による場合，材料に対して使用できる限界を示す許容応力度は，材料の強度を安全率で除して決められている．安全率の値は材料強度のばらつきや部材に生じる応力の変動，構造物の安全性レベルなどから決められる．

表 5.1 に，道路橋示方書および 800 MPa 級までの高強度鋼を使用している本州四国連絡橋の許容引張応力度および鉄道橋での基準強度を示す．道路橋では概略，降伏点に対して 1.7，引張強さに対して 2.2 の安全率をとり，いずれか低い値を許容応力度としている．したがって，許容応力度を σ_a とすると，部材に許容される抵抗力は次式となる．

$$F_a = \sigma_a A \tag{5.5}$$

鉄道橋では，限界状態設計法をとっている．限界状態設計法で用いる材料の基準強度には，通常保証できる強度（降伏強度）の下限値を用いる．その場合の設計の安全性の照査には安全係数が用いられ，構造用鋼材の引張応力に対する材料係数としては，$\gamma_m = 1.05$ が用いられる．これは保証降伏点強度は降伏点強度の下限値とは必ずしもいえないため，若干の安全を見たものである．

表 5.1 許容応力度と基本強度の例

鋼種	SS400 SM400 SMA400	SM490	SM490Y SM520 SMA490	SM570 SMA570	HT70	HT80
道路橋，許容応力度 N/mm²	140	185	210	255		
鉄道橋，基本強度 N/mm²	235	315	355	450		
本州四国連絡橋 kg/cm² (N/mm²)	1400 (135)	1900 (185)	2100 (205)	2600 (255)	3200 (310)	3600 (350)

5.3 応力集中と引張強さ

構造物中には必ずといってよいほど応力集中源が存在する．リベットやボル

ト接合部の孔や溶接により取り付けられたガセットプレートの端部あるいは部材の交差部など，すべて応力集中源である．多種多様な原因により生ずる応力集中は，しばしば切欠きにモデル化されて強度や変形への影響が検討される．

応力集中の程度を表すために，切欠き部に生ずる最大応力 $\sigma_{\max}$ と公称応力 σ との比で定義される

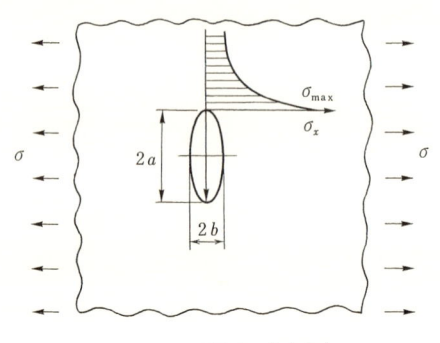

図 5.5 楕円孔の応力集中

応力集中係数 α (stress concentration factor) あるいは形状係数 K_t (shape factor) と呼ばれる係数が用いられる．

$$\alpha \quad \text{あるいは} \quad K_t = \frac{\sigma_{\max}}{\sigma} \tag{5.6}$$

公称応力 σ には，部材の総幅から求める総断面応力 σ_g あるいは総幅から孔や切欠きを除いた純幅から求めた純断面応力 σ_n のいずれかが用いられる．

図5.5に示すような，等方性線形弾性体の板を貫通する楕円孔に対して無限遠方から一軸引張応力が作用するときの切欠き底の応力は

$$\sigma_{\max} = (1 + 2a/b)\sigma \tag{5.7}$$

であり，楕円の曲率 $\rho = b^2/a$ から

$$\sigma_{\max} = (1 + 2b/\rho)\sigma = \alpha\sigma \tag{5.8}$$

となる．

応力集中源の存在が部材の強度や変形に及ぼす影響は，その材料が塑性変形をするかどうかによって大きく異なる．材料が完全弾性体であり，部材中に生ずる最大応力がその材料固有の破壊強度 σ_0 になったら破壊するという破壊基準を適用すると，応力集中源の存在は直接的に部材の強度低下につながる．たとえば，応力集中係数が2の切欠き付部材の強度は平滑な部材の強度に比べて1/2となる．構造部材中には応力集中係数が10を超えるような構造ディテールが多く含まれており，上述のような性質を有する場合，構造部材の強度はか

5.3 応力集中と引張強さ

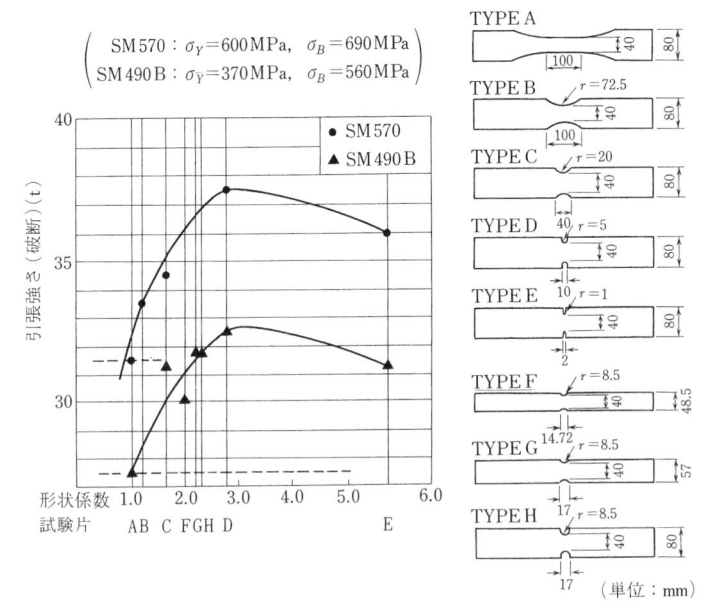

図 5.6 引張強度に対する切欠き効果

なり低いものになってしまう．しかしこのような基準はガラスのような変形能力が低く，もろい，ぜい性材料にのみ当てはまるといえよう．

多くの構造材料は十分に塑性変形した後に破断するが，その場合の破壊特性は完全弾性体とまったく異なる．外力が増加するに伴って応力の高い部分（切欠き底）から徐々に降伏し，塑性変形を生ずる．その部分は三軸応力状態となっており，これが材料のくびれを拘束し，その結果軸方向応力は増加する．そのため大きな変形ができる切欠き材の破壊強度は平滑材の強度よりかなり上昇する．これを切欠き強化（notch strengthening）現象と呼ぶ．

次節で述べるように円孔などの切欠きを有する部材の引張強さは，板の総幅から切欠きの幅を除いて計算される純断面積を用いて検討されることが多い．図 5.6 にさまざまな形の切欠きを有する構造用鋼材の引張試験の結果の一例を示す．もちろん，材料の塑性域まで含めた応力-ひずみ関係，切欠きの形状などにより，この切欠き強化の程度は異なる．このような切欠き強化特性が，たとえばボルト継手部などの設計計算において，次節で示すような孔径を引いた

純断面応力を基準にして母材に対する許容応力を適用してもよい理由である．一方，切欠きが存在することにより変形能力は大幅に低下する．ただし，鋳鉄や，きわめて強度の高い鋼材のような，塑性変形能力の低い材料では，切欠き強化は期待できないので注意が必要である．

5.4 純断面積

ボルト孔などの孔がある部材の強度計算は，もとの断面積（これを総断面積と呼ぶ）から孔の断面積を除いた断面積（これを純断面積 A_n と呼ぶ）を基準にして行う（図5.7）．道路橋示方書では高力ボルト継手の耐荷力を計算する際に用いる孔の大きさは，ボルトの呼びに3mmを加えたものとされている．

総断面応力 $\sigma_g = \dfrac{P}{A} = \dfrac{P}{Wt}$

純断面応力 $\sigma_n = \dfrac{P}{A_n} = \dfrac{P}{(W-d)t}$

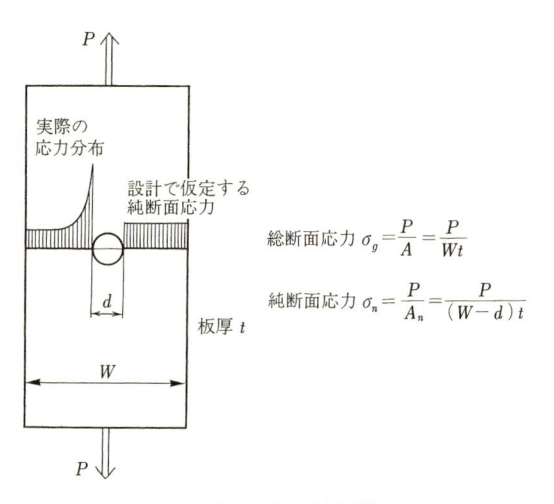

図 5.7 総断面積と純断面積

したがって，部材の抵抗力 F は

$$F = \sigma_a \cdot A_n \tag{5.9}$$

と計算される．このような設計に用いる便宜上の計算応力を公称応力（nominal stress）と呼ぶ．部材にハンドホールやマンホールが設けられたときも同様である．このとき想定している部材の終局状態は全断面降伏とそれに続く延

5.4 純断面積

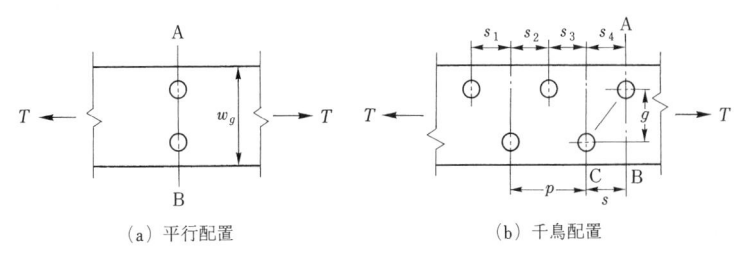

(a) 平行配置

(b) 千鳥配置

図 5.8 孔の配置と純断面積の計算

性破壊であり，十分な塑性変形後に生じる破断に関してはこのように考えることは合理的である．

図5.8（a）のような孔の配置については純断面積は簡単に求まる．しかし（b）に示すように，ボルトやリベットを千鳥状に配置することがある．この場合の純断面の考え方については古くから研究の対象とされてきたが，次のようなCochrane-Smith式が延性破壊強度をよく説明していることから一般に使われる．

$$w = d - \frac{s^2}{4g} \quad (5.10)$$

経路 AC　　$w_n = 225 - 2 \times 25 + 0 = 175$

経路 ABC　$w_n = 225 - 3 \times 25 + \dfrac{60^2}{4 \times 50} + \dfrac{60^2}{4 \times 75}$
　　　　　　$= 180$

経路 ABD　$w_n = 225 - 3 \times 25 + \dfrac{60^2}{4 \times 50} + \dfrac{50^2}{4 \times 75}$
　　　　　　$= 176.3$

したがって経路ACがクリティカルとなり，純断面幅は175mm

図 5.9 千鳥配置された孔群に対する純断面幅の計算例

ここで，d：孔の径（ボルトの呼び径+3mm），s：スタッガー（応力方向の

孔のずれ)，g：ゲージ長（応力直角方向のボルト線間距離）．

この w が図 5.8（b）の板の総断面幅から減じられる幅である．

多数の孔がある場合は可能なすべての経路を想定し，それぞれについて純断面幅 w_n を計算し，そのうちの最小値を基準とする．

$$w_n = w_g - \Sigma d + \Sigma \frac{s^2}{4g} \tag{5.11}$$

ここで，w_n：純断面幅，w_g：総断面幅，Σd：経路中のすべての孔の径の和，s：スタッガー，g：ゲージ長．

図 5.9 に純断面積の計算例を示す．

5.5 ピン定着部

引張部材において両端を回転自由な単純支持状態を実現するために，ピン定着が用いられることがある．1930 年頃までのトラス橋では引張部材にアイバーを用い，それらをピンで定着していた（図 5.10）．現在でもピン定着構造はゲルバー桁吊支間の定着，吊橋や斜張橋のタワーリンク支承，吊橋ハンガーケーブルの桁への定着（図 5.11），耐震落橋防止装置の定着などに用いられている．

図 5.12 にピン定着部のモデルを示す．この部分についてはピン孔（引張部材側および定着側）に対する支圧（接触圧）と，ピンに対する曲げおよびせん断が問題となる．またこの支圧応力の分布はピンとピン孔との間のクリアラン

(a) 磐越西線阿賀野川釜ノ脇橋梁　　(b) 磐越西線阿賀野川深戸橋梁から切出された格点部

図 5.10　ピン結合トラス橋の格点部

5.5 ピン定着部

スに大きく依存する．

道路橋示方書ではピンによる連結を行う場合のピンとピン孔の直径の差は，ピンの直径が130 mm 未満のものに対して 0.5 mm，それ以上については 1 mm を標準にするとしている．そして支圧応力度は支圧面積（この場合ピンの径を用いた面積に対応する）で力を除した平均応力とし，許容応力度を表 5.2 のように与えている．またピン孔を通る純断面積（図 5.12 a-a 断面）は計算上必要な純断面積の 140％ 以上，ピン孔背後の純断面積は計算

図 5.11 ピン定着．明石海峡大橋ハンガーケーブルの定着．

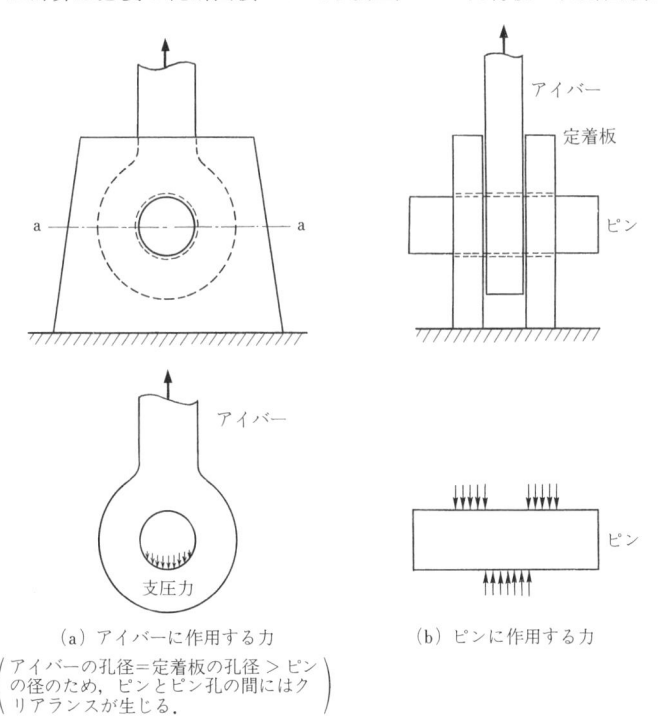

（a）アイバーに作用する力

（アイバーの孔径＝定着板の孔径 ＞ ピンの径のため，ピンとピン孔の間にはクリアランスが生じる．）

（b）ピンに作用する力

図 5.12 ピン定着部のモデル

表 5.2 許容せん断応力度および許容支圧応力度 (N/mm²)[1]

応力の種類		鋼材の板厚 (mm)	鋼種 SS400 SM400 SMA400W	SM490	SM490Y SM520 SMA490W	SM570 SMA570W
許容応力度	せん断応力度	40 以下	80	105	120	145
		40 をこえ 75 以下	75	100	115	140
		75 をこえ 100 以下			110	135
	鋼板と鋼板との間の支圧応力度	40 以下	210	280	315	380
		40 をこえ 75 以下	190	260	295	365
		75 をこえ 100 以下			285	355
	ヘルツ公式で算出する場合	40 以下	600	700	—	—
		40 をこえ 75 以下				
		75 をこえ 100 以下				

(道路橋示方書)

上必要な純断面積の 100% 以上としなければならないとしている．

図 5.13 に示すように，ピンとピン孔が接触する領域を角度 θ で与え，その間を余弦分布させるような規定も耐震落橋防止装置やタワーリンクなどを対象としてとられている．接触領域を決める角度 θ については 90° あるいは 45° が用いられることが多い．

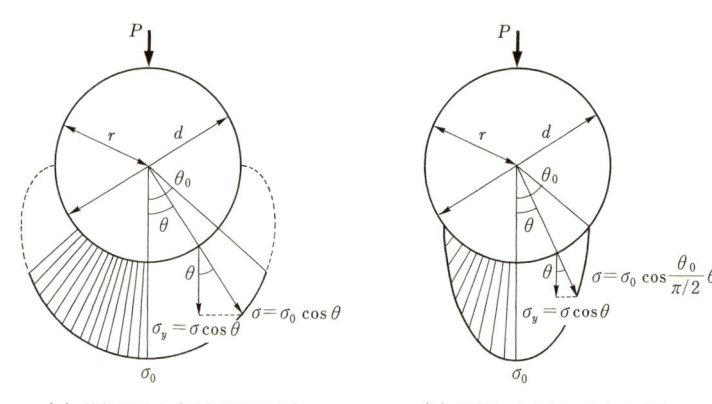

(a) 接触圧分布 (三角関数分布)　　(b) 設計によく用いられる分布

図 5.13 耐震落橋防止装置等の設計に用いる接触圧分布[3]

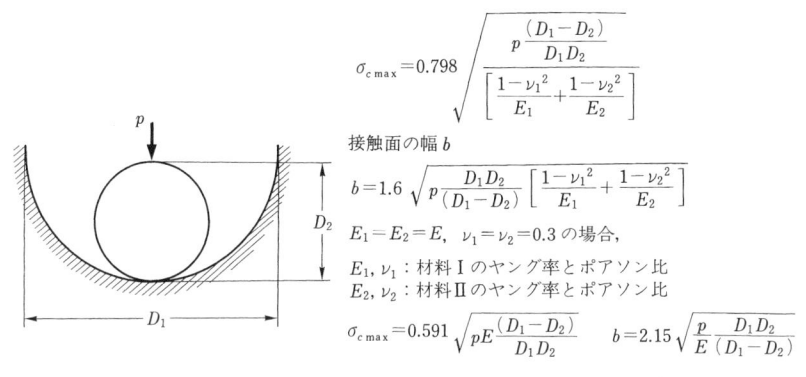

$$\sigma_{c\max}=0.798\sqrt{\dfrac{p\dfrac{(D_1-D_2)}{D_1D_2}}{\left[\dfrac{1-\nu_1^2}{E_1}+\dfrac{1-\nu_2^2}{E_2}\right]}}$$

接触面の幅 b

$$b=1.6\sqrt{p\dfrac{D_1D_2}{(D_1-D_2)}\left[\dfrac{1-\nu_1^2}{E_1}+\dfrac{1-\nu_2^2}{E_2}\right]}$$

$E_1=E_2=E,\ \nu_1=\nu_2=0.3$ の場合,

E_1,ν_1:材料Ⅰのヤング率とポアソン比
E_2,ν_2:材料Ⅱのヤング率とポアソン比

$$\sigma_{c\max}=0.591\sqrt{pE\dfrac{(D_1-D_2)}{D_1D_2}} \qquad b=2.15\sqrt{\dfrac{p}{E}\dfrac{D_1D_2}{(D_1-D_2)}}$$

図 5.14 ヘルツ理論による接触圧分布.円筒面と円筒の場合[4]

ピン接触圧を求めるのに図 5.14 に示すようなヘルツ理論を適用することもある.ヘルツ理論には,接触面積の大きさが曲率半径に比べて十分小さい,接触部の応力が弾性限度内であり,組織的に均一であるという仮定条件がある.このヘルツ理論を適用して支圧応力を求めた場合は,道路橋示方書ではブルネル硬さをもとにして定めた許容応力(表 5.2)を用いることとしている.

図 5.15 は,ピン定着部に対して有限要素法を用いて求めた 3 次元的な接触圧分布の例である[3].接触圧は表面にごく近い部分で高くなっているが,全体的にはヘルツ理論によく合っている.

5.6　疲労強度に対する切欠き効果[5]

鋼素材としての疲労強度は,引張強さが高いほど高くなる傾向があることは 3.4 節で述べたとおりである.しかし,実際の構造物では必ずといっていいほど応力集中部があり,応力集中部の存在により,疲労強度は急激に低下する.

図 5.16 は,純断面積を一定として,各種の切欠きをつけた 500 MPa および 800 MPa 級鋼板の疲労試験の結果である[6].切欠きが鋭くなるに従って疲労強度は低くなっている.100 万回の寿命に対応する疲労強度(応力範囲)で比較すると,たとえば 800 MPa 級鋼では素材(平滑丸棒試験片)が約 700 MPa に対して,最も切欠きの鋭い Type 6 では 100 MPa を割っている.

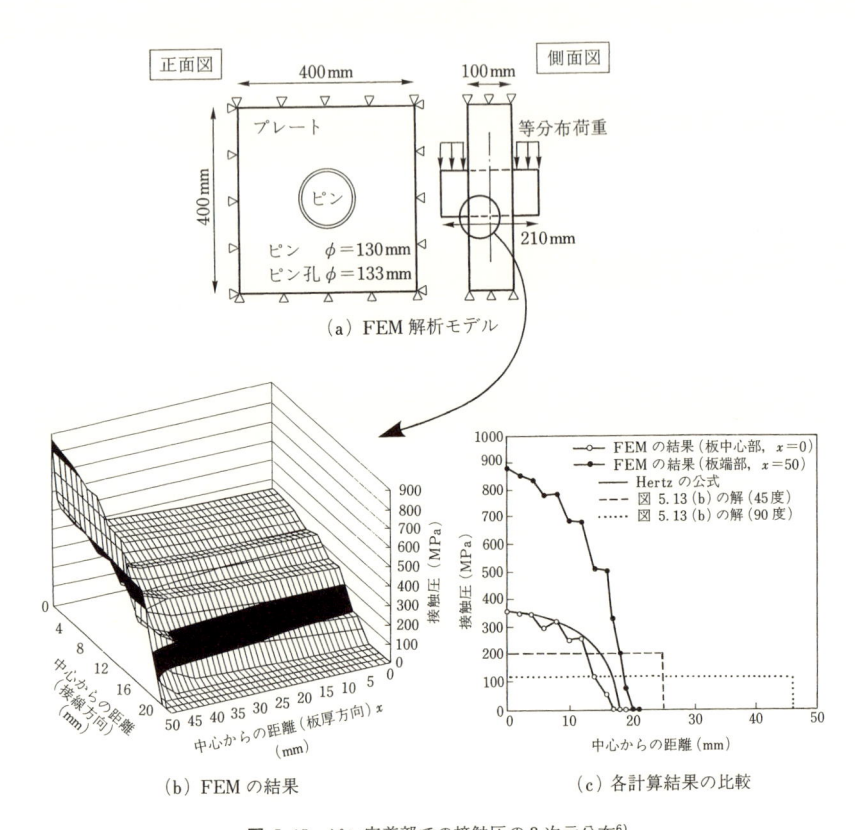

図 5.15 ピン定着部での接触圧の3次元分布[6]

3章で述べたように,平滑試験体の疲労強度は鋼材の引張強度が高いほど高い.その傾向は応力集中の程度の低いType4では残っているが,切欠きが鋭くなるに従ってSM490とHT780鋼材の間の疲労強度の差はどんどん縮まっている.

平滑材の疲労限(σ_f)と切欠き材の疲労限(σ_{fn})の比を切欠き係数βと呼ぶ.

$$\beta = \frac{\sigma_f}{\sigma_{fn}} \tag{5.12}$$

この切欠き係数βと応力集中αの関係が与えられると,平滑材の疲労限か

5.6 疲労強度に対する切欠き効果

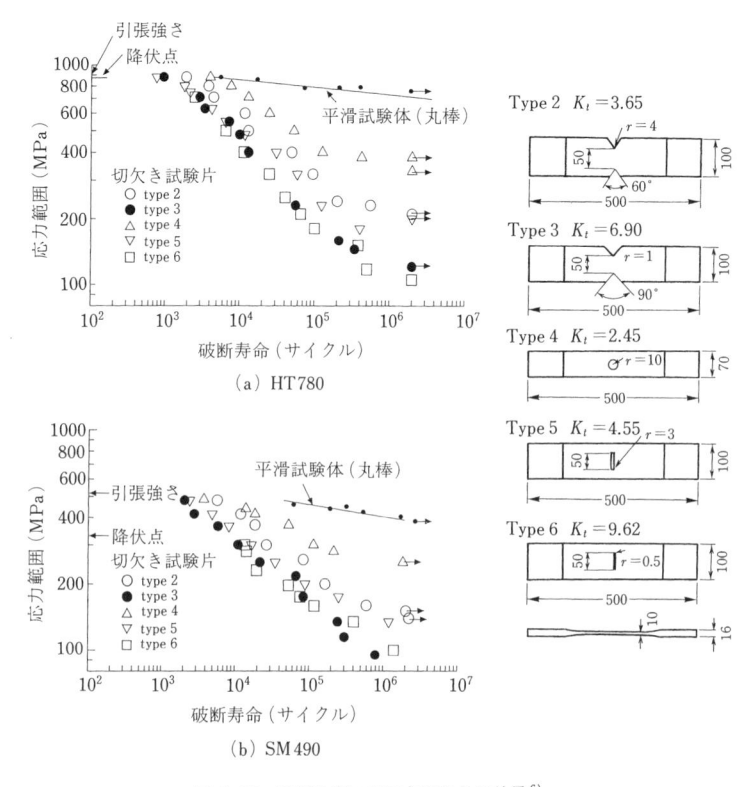

図 5.16 疲労強度に及ぼす切欠きの効果[6]

ら切欠き材の疲労限を求めることができる．$\beta=\alpha$ であれば簡単であるが，多くの場合 $\beta \leq \alpha$ であり，両者を関係づけるために，切欠き感度 η を用いる．

$$\eta = \frac{\beta-1}{\alpha-1} \tag{5.13}$$

η の値は鋼材によって異なり，また切り欠きの鋭さにも依存するが，400 MPa クラスの鋼で 0.5～0.6，800 MPa クラスの鋼で 0.6～0.8 となることが多い．すなわち，高張力鋼の疲労強度は切欠きに対して敏感である．

疲労限ではなく，たとえば 100 万回，10 万回など所定の寿命における切欠き材と平滑材の疲労強度の比を，疲労強度減少係数 K_f というパラメータで表

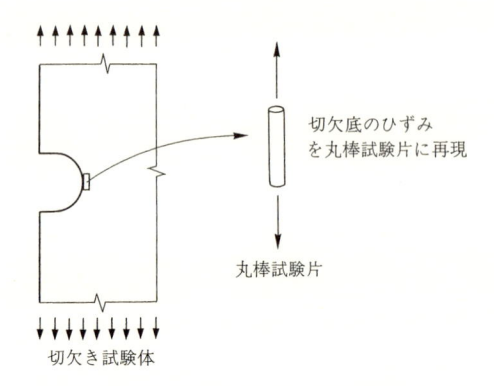

図 5.17 疲労き裂の発生点でのひずみが同じであれば
同じ疲労き裂発生寿命であるとの考え方

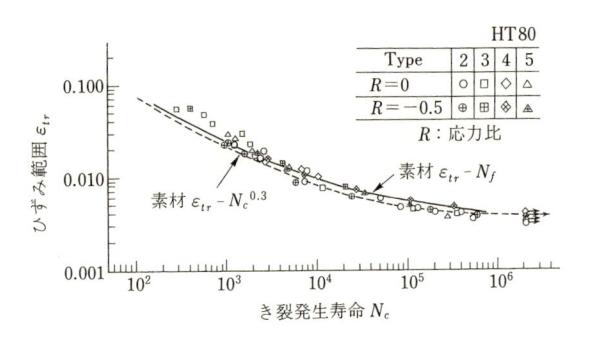

図 5.18 切欠き試験体と丸棒試験体の疲労き裂発生寿命の関係[6]

現することがある．この場合も通常

$$K_f \leqq K_t$$

となる．

　低サイクル疲労領域での切り欠き部材の疲労き裂発生位置での塑性ひずみ範囲（繰り返される塑性ひずみの変動幅）が等しい場合は，切欠きの有無によらず，また切欠きの形状が異なっても同じ疲労寿命（目視できる程度のき裂発生を基準として）となるという仮定がしばしば用いられる（図5.17）．これはリーズナブルな仮定である[5]．図5.18は，有限要素法弾塑性解析により求めた切欠き底の塑性ひずみ範囲を基準として，図5.16に示したHT780のType2,

3, 4, 5 試験体の疲労き裂発生寿命を整理したものであるが[6]，塑性ひずみ範囲と疲労寿命との関係は素材から求めた関係と一致し，また切欠き形状によらず，ほぼ1本の寿命線となっている．この場合の有限要素法解析では，繰返し応力-ひずみ関係から求めた応力範囲とひずみ範囲の関係を応力-ひずみ関係として用いている．このような方法は，地震や風などによる過大な外力の繰返しを受けるときのおおよその強度を考える上で有効である．

5.7 細 長 比

引張部材に過度なたるみや振動が生じることを防ぐために，部材の細長比に制限をもうけている．この細長比は，横方向に拘束されていない部材長さと最小断面二次半径の比として定義される．道路橋示方書での規定を表 5.3 に示す．

表 5.3 部材の細長比[1]

部　　　　材		細 長 比 (l/r)
圧縮部材	主要部材	120
	二次部材	150
引張部材	主要部材	200
	二次部材	240

注）ここに，l：引張部材の場合，骨組長，圧縮部材の場合，有効座屈長（cm）
　　　　r：部材総断面の断面二次半径（cm）
主要部材とは主構造と床組をいい，二次部材とは主要部材以外の二次的な機能をもつ部材をいう．横構や対傾構は，主要部材としての機能をもたせないで設計する場合は二次部材としてよい．

[演 習 問 題]

5.1 鋼材の降伏強度，引張強さと設計許容応力度との関係を説明せよ．
5.2 切欠き付き部材に引張力が作用したときに生じる切欠き強化現象について塑性変形と応力の多軸性から説明せよ．
5.3 鋼材の疲労強度に関して，応力集中係数と疲労強度減少係数の関係を説明せよ．

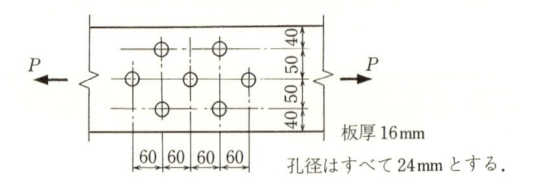

図 5.19

5.4 図 5.19 の部材について純断面積を計算せよ．また，許容応力度を 150 MPa としたとき，この部材の設計耐荷力を求めよ．

［参 考 文 献］

1) 道路橋示方書・同解説，Ⅱ鋼橋編，日本道路協会，1996
2) 鉄道総合技術研究所：鉄道構造物等設計標準・同解説，鋼・合成構造物，丸善，1997
3) 三木千壽，鈴木学，大橋治一，穴見健吾：ピン接合部の接触圧に対する考案，土木学会論文集，No. 570, I-49, pp. 119-127, 1997-7
4) 構造力学公式集（昭和 61 年度版），土木学会，pp. 417-419
5) 金澤武，飯田國廣：溶接継手の強度，pp. 150〜152，産報出版，1979
6) Chitoshi Miki, et al.: Study on Estimation of Fatigue Strengths of Notched Steel Members, Proc. of JSCE, No. 316, pp. 153-166, Dec. 1981

6

ロープとケーブル

> ロープやケーブルは引張力を支えるのに合理的な構造材であり，吊橋，斜張橋をはじめとする吊構造には欠くことのできないものである．本章では主に橋梁構造に使用される鋼製のロープとケーブルの構成，強度および防食について述べる．

　原始的な吊橋にはつたや竹などの自然材料が用いられていたが，腐りやすく，耐久性の低いものであった．鉄が多量に得られるようになってから鉄製の鎖（チェーン）が使われるようになり，近代吊橋の幕明けとなった．その後，平鉄（フラットアイバー）や丸棒（ロッド）をボルトでつないだチェーンケーブルの使用が始まったが，チェーンケーブルはより強度の高い，また信頼性の高いワイヤケーブルへと変わっていった（図 6.1）．

6.1　ロープおよびケーブルの構成

　ケーブルは，JIS G 3502 および JIS G 3506 に規定される鋼材を伸線したワイヤを集成したものである．通常，防食のために素材には亜鉛めっきが施されている．

　ケーブルは，その集成方法により
① 構造用ストランドロープ
② 構造用スパイラルロープ
③ 構造用ロックドコイルロープ

明石海峡大橋のケーブル

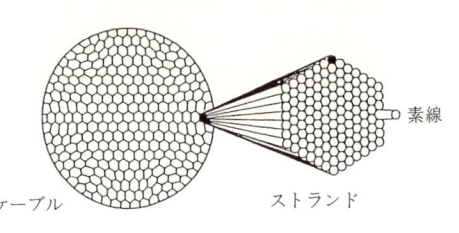

明石海峡大橋 : 290本のストランド/ケーブル
(スパン 1996 m)　127本の素線/ストランド
　　　　　　　素線直径 5.23 mm の 180 kg/mm²(1770 N/mm²) 級ワイヤ

南備讃瀬戸大橋 : 271本のストランド/ケーブル
(スパン 1100 m)　127本の素線/ストランド
　　　　　　　素線直径 5.12 mm の 160 kg/mm²(1570 N/mm²) 級ワイヤ

図 6.1　ケーブルの例

④　平行線ストランドロープ

に分類される．

　ストランドロープ（図 6.2）はワイヤをより合わせたストランドをさらによ
り合わせてつくったもので，取扱いが容易で入手しやすいため，わが国では以
前から中小の吊橋の主ケーブルに多く用いられていた．より方向によって，図
6.3 に示すように Z より，S よりに区分される．ロープは使われる素線の引張
強さによって，ST 1470（引張強さ 1470〜1720 N/mm²），ST 1570（引張強さ
1570〜1810 N/mm²）および ST 1670（引張強さ 1670〜1910 N/mm²）に分類さ
れる．構造特性はスパイラルロープや平行線ストランドに比べて劣るので，道
路橋示方書では吊橋のハンガーのみその使用を認めている（図 6.4）．

6.1 ロープおよびケーブルの構成

構　成	7本線6より ストランド心入り	19本線6より ストランド心入り	37本線6より ストランド心入り
構成記号	7×7	7×19	7×37
断　面			

構　成	ウォーリントン形 19本線 6よりセンターフィット型 ロープ心入り	ウォーリントンシール形 26本線 6よりセンターフィット型 ロープ心入り
構成記号	CFRC 6×W(19)	CFRC 6×WS(26)
断　面		

構　成	ウォーリントンシール形 31本線6より センターフィット型 ロープ心入り	ウォーリントンシール形 36本線6より センターフィット型 ロープ心入り	ウォーリントンシール形 41本線6より センターフィット型 ロープ心入り
構成記号	CFRC 6×WS(31)	CFRC 6×WS(36)	CFRC 6×WS(41)
断　面			

図 6.2　ストランドロープの種類と断面構成[1]

　構造用ロープとしては，その他に図 6.5 に示す丸線をより合わせたスパイラルロープと，その周囲を異形線をより合わせてカバーしたロックドコイルロープ（図 6.6）がある．スパイラルロープに用いられる素線はストランドロープと同じである．ロックドコイルロープについては，丸線は

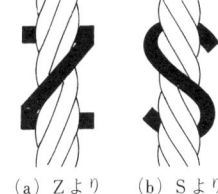

(a) Zより　　(b) Sより

図 6.3　ZよりとSより[1]

図 6.4 吊橋のハンガーとして用いられたストランドロープ(北備讃瀬戸大橋)

ST 1470 と同等であり,異形線(T線,Z線)は ST 1470 より若干低い強度特性を有する.

図 6.7 に示すように平行線ケーブルは丸線ワイヤを平行に並べて束ねたものである.素線には ST 1570(引張強さ 1570〜1770 N/mm^2)と ST 1770(引張強さ 1770〜1960 N/mm^2)の 2 種類が使われる.ロープは長くなると工場でより合わせることが難しいこと,運搬時の重量が大となること,架設時の取扱い困難であることから新し

構　　成	19本より	37本より	61本より	91本より	127本より	169本より	217本より
構成記号	1×19	1×37	1×61	1×91	1×127	1×169	1×217
断　面							

図 6.5　構造用スパイラルロープ[1]

素線構成	丸線層 +T線1層 +Z線1層	丸線層 +T線1層 +Z線2層	丸線層 +T線2層 +Z線2層	丸線層 +T線2層 +Z線3層
構成記号	LCR C形	LCR D形	LCR E形	LCR F形
断　面				

図 6.6　構造用ロックドコイルロープ[1]

基本構成本　数	19	37	61	91	127
構成記号	PWS-19	PWS-37	PWS-61	PWS-91	PWS-127
断　面					

図 6.7　平行線ケーブルの構成[1]

6.1 ロープおよびケーブルの構成

表6.1 ロープの空げき率と比重（道路橋示方書）[8]

ロープの種類	空げき率 α	比重 ρ [*1]
ストランドロープ（IWRC）	0.34〜0.39	8.7〜9.1
ストランドロープ（共芯）	0.38〜0.42	8.2〜8.4
スパイラルロープ（より線）	0.23〜0.25	8.0〜8.4
スパイラルロープ（LCR）	0.10〜0.14	8.1〜8.2
平行線ストランド（スクィーズ後）	0.16〜0.22	7.85

*1 ロープの実断面積は有効断面積より大きいので，ここに示す値は一般に鋼の比重を若干上回っている．

表6.2 ロープ，ケーブルの弾性係数（道路橋示方書）[8]

種　　類	弾性係数（$\times 10^5$ N/mm^2）
ストランドロープ	1.35
スパイラルロープ	1.55
ロックドコイルロープ	1.55
平行線ストランド	1.95
被覆平行線ストランド	1.95

く登場したのが平行線ケーブルである．素線のピアノ線を平行に重ねてケーブルを構成するため，素材の性質をそのまま生かすことができる．

表6.1にロープおよびケーブルの空げき率と単位体積重量を，表6.2に弾性係数のおおよその値を示す．ケーブルの線膨張係数はすべて通常の鋼と同じ 1.2×10^{-6} と考えてよい．このようなケーブルの耐力の評価のために，各型式ごとに有効断面積が与えられている．この有効断面積とケーブルの直径との関係は一律には決まらないが，道路橋示方書では次式で概略を求められるとしている．

$$D = \sqrt{\frac{4}{\pi(1-\alpha)} \cdot A}$$

ここで D：ロープまたはケーブルの外径，α：空げき率，A：有効断面積．

構造部材としては一般に空げき率は小さいほど，また弾性率は高いほど好ましい．空げき率は，ケーブルの構成方法によりそれぞれ異なった値となっている．ワイヤをよって構成されているロープでは，より戻りにより生じる伸びが大きく，ヤング率等がかなり低くなり，また安定しない傾向があるため，プレテンションを入れて全体のゆるみをとってから使用するなどの工夫もされている．

ケーブルの安全率は使用対象の構造物により異なっている．道路橋示方書では3.0を与えている．長大橋では，安全率として2.5が用いられることが多い．通常の鋼材に比べて高い安全率を用いる理由は，構造用鋼材に比べて素線間の応力に不均一が生じやすいことや，曲げなどによる二次応力の発生を考慮したことによる．しかし，最近では素線の長さの管理精度が上がったことや二次応力挙動が明らかにされてきたことから，この安全率を見直す傾向にある．

6.2 ケーブルの定着

ケーブルを構造部材として用いるには定着具が必要であり，この定着具がケーブル部材の強度を支配することが多い．定着にはケーブルの端部の定着と，ケーブルの中間部での定着がある．図6.8に各種の定着方法の概要を示す．吊橋の主ケーブルや斜張橋の通常のケーブルの定着には亜鉛合金（Zn：98%，Cu：2%）により鋳込んだソケットが用いられる．また，斜張橋のケーブルなどで疲労が問題となる場合は，図6.8の（b）や（c）に示すようなとくに高い疲労強度を保証された定着方式を用いることがある．

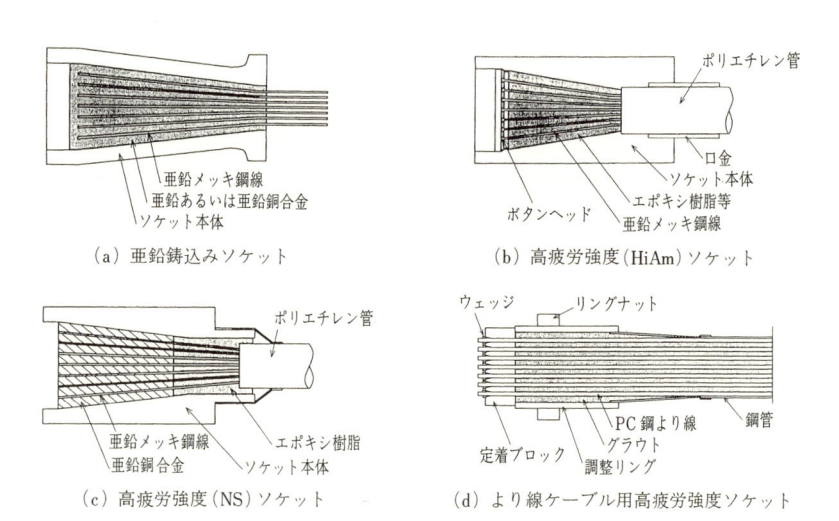

(a) 亜鉛鋳込みソケット
亜鉛メッキ鋼線
亜鉛あるいは亜鉛銅合金
ソケット本体

(b) 高疲労強度(HiAm)ソケット
ポリエチレン管
口金
ソケット本体
ボタンヘッド
エポキシ樹脂等
亜鉛メッキ鋼線

(c) 高疲労強度(NS)ソケット
ポリエチレン管
亜鉛メッキ鋼線
亜鉛銅合金
エポキシ樹脂
ソケット本体

(d) より線ケーブル用高疲労強度ソケット
ウェッジ
リングナット
PC鋼より線
グラウト
鋼管
定着ブロック
調整リング

図 6.8 高疲労強度を発揮する定着方法

6.3　長大吊橋のケーブル

吊橋は，平行線ケーブルの出現により飛躍的にスパンをのばすことかできた．

わが国では関門橋から瀬戸大橋までは 1600 MPa クラスのケーブルが用いられてきた．明石海峡大橋に対しては新たに開発された 1800 MPa のクラスのケーブルが使用された．このケーブル使用により，主ケーブルを2本とすることができ，建設費の低減につながっている．図 6.9 に吊橋とそれに使用されているケーブルの強度の変遷を示す．平行線ケーブルが吊橋に使われたのは J. A. Reobling により，Niagara 橋（1855年完成）のためにエアスピニング工法が開発されてからであり，その後の Brooklyn 橋もこの方法で架設されている．スピニングホィールを往復させることにより1本ずつワイヤを張るエアスピニング（AS）工法は今でも使われている架設工法である（図 6.10）．最近のわが国の大径間の吊橋の主ケーブルには，平行なストランドケーブルがしばしば用いられる（図 6.1 参照）．これは径 5～6 mm の素線を束ね合わせたストランドを単位として架設し，それを束ねて1本のケーブルを構成するものである．これは平行線（パラレル）ワイヤ・ストランド工法（PWS）と呼ばれる．ストランドの端部には亜鉛合金で鋳込んだソケットがつけられており，それにより定着フレームに定着される．それぞれの素線に均等に応力が生じるようにす

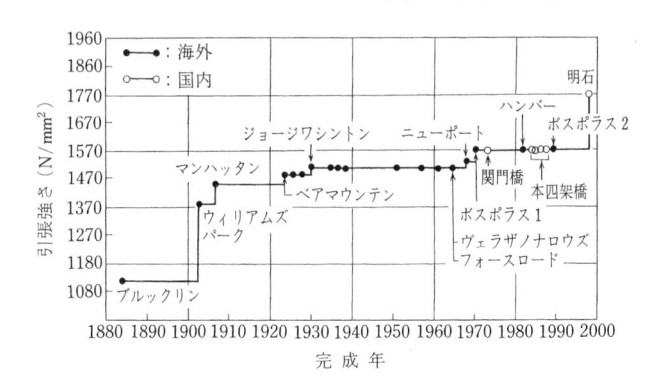

図 6.9　ケーブル強度と吊橋の変遷[4]

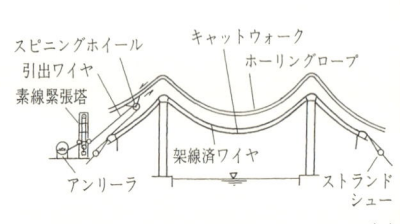

(a) AS工法

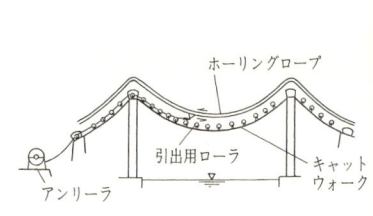

(b) PWS工法

図 6.10　AS工法とPWS工法

図 6.11　吊橋主ケーブル，アンカレッジでの定着
（ソケットとシムプレート）

るためには，ケーブルの長さの管理が重要であり，精度の高い製作と現場における綿密な長さ測定およびシムプレートと呼ばれる挿入板により調節される（図 6.11）.

6.4 疲労強度

ケーブル素材自身の疲労強度はきわめて高い（図 6.12）．しかしそれをより合わせたり束ねたりすることにより素線間に接触圧が作用するようになり，疲労強度はかなり低下する．したがって，疲労強度はそのようなケーブルの構成に関係するケーブル間の接触圧に依存する．また素材にはある程度の欠陥が含まれるため，ケーブルの長さにも依存するようになる．またロープやケーブル

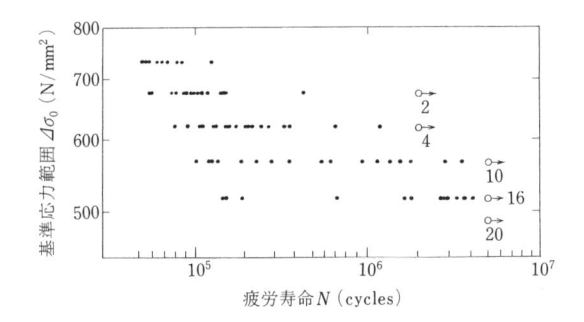

図 6.12 ケーブル素線の疲労試験結果[5]（完全片振り引張）

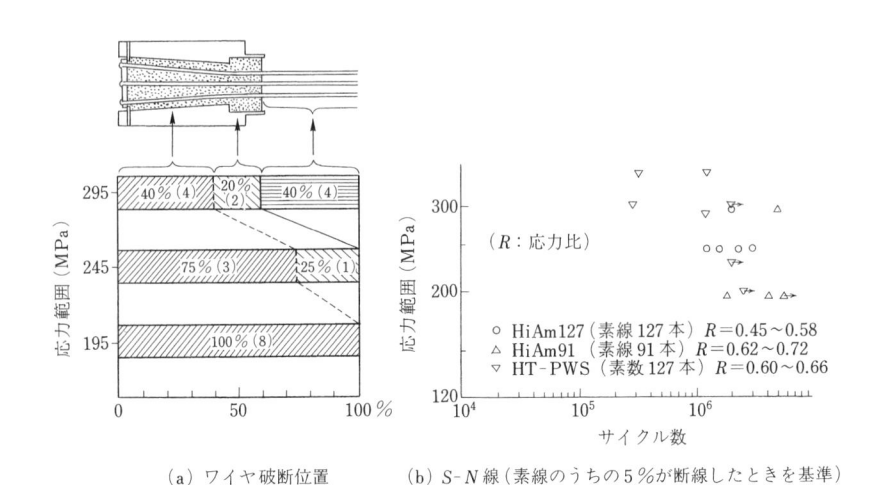

(a) ワイヤ破断位置　　(b) S-N 線（素線のうちの5％が断線したときを基準）

図 6.13 実大の高疲労強度ソケット付ワイヤの疲労試験結果[6]

図 6.14 疲労許容応力度(JSSC)[7]

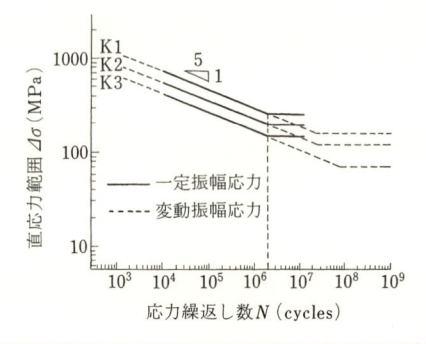

継手の種類		強度等級 ($\Delta\sigma_f$)	備考
1. ケーブル本体	(1) 平行線	K1 (270)	1. (1)　　　1. (2)
	(2) ロープ	K2 (200)	
2. ケーブル定着部	(1) 平行線高疲労強度ソケット	K1 (270)	2.　　　　　3.
	(2) 平行線亜鉛鋳込み	K2 (200)	
	(3) ロープ亜鉛鋳込み	K3 (150)	

部材には必ず定着が必要であり，その部分で応力集中が生じるためケーブル部材の疲労強度はしばしば定着部の疲労強度に支配される（図6.13）．

図6.14にJSSCの疲労設計指針におけるケーブル等の許容応力を示す．通常の定着方式をとったものと，疲労に対して高い強度を保証した定着方式をとったもので区別している．

6.5 ケーブルの防食

ケーブルの防食は素線を亜鉛めっきすることと，ケーブルを被覆することによっている．亜鉛は金属電池作用で消費されることによりケーブルの防食するものであり，したがって素線への付着量が重要である．わが国では最小の亜鉛付着量を素線径が4.8mm以上の場合 $300\,\text{g/m}^2$ としている．

図6.15は吊橋の主ケーブルの防食システムである．明石海峡大橋以前の吊橋ではケーブル外周にペーストを塗り，ラッピング丸ワイヤ（被覆材）で巻

6.5 ケーブルの防食

(a) 従来のケーブル　　(b) 明石海峡大橋のケーブル　　(c) 来島大橋のケーブル

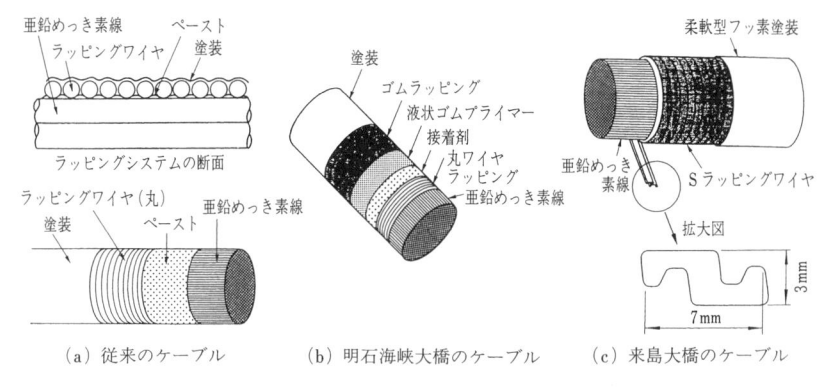

図 6.15　ケーブル防食システム[2]

(a) ケーブルの補修　　(b) アンカレッジ内でのケーブルの破断

図 6.16　ウイリアムバーク橋のケーブルの損傷

き，その上を塗装している．明石海峡大橋では従来のラッピングワイヤにゴムラッピングを追加し，その上を塗装している．さらにケーブル内に乾燥空気を送気することにより防食している．来島大橋ではケーブルをS字断面のワイヤで被覆し，その上を塗装している．

吊橋の防食の重要性は図 6.16 に示すウイリアムバーク橋（1903年完成，182＋488＋182m）のケーブルの破断が1980年頃発見されて初めて認識されたものである．ウイリアムバーク橋のケーブルではアンカレッジ内および径間中

央のワイヤが最も下った断面で腐食が進行し,応力腐食割れによりワイヤ破断が生じている.ウイリアムバーク橋のケーブル素線は亜鉛めっきされておらず(長大吊橋ではここだけ),当初それが原因と考えられたが,その他の橋でも腐食とワイヤ破断が見つかるようになり,重大な問題と認識されるようになった.わが国の吊橋でも検査が実施され,一部で腐食が確認されている[3].そのため,アンカレッジの内部に除湿機を入れて湿度を低く保つことやケーブルの内部に乾燥した空気を送り込むなどの対策がとられることがある(図6.17).

図 6.17 主ケーブルへの送気装置

[演習問題]

6.1 吊橋の主ケーブルにはどのような材料が使われているか説明せよ.
6.2 吊橋の主ケーブルの架設において,エアースピニング(AS)工法と平行線ワイヤストランド工法(WS)とはそれぞれどのような工法か.

[参考文献]

1) 構造用ケーブル材料規格,JSS II 03,04,05,06,1994-11,日本鋼構造協会
2) 岡野哲:防食技術の変遷,橋梁と基礎,Vol. 32,No. 8,1998
3) 佐伯彰一,河藤千尋:送気による吊橋ケーブルの防食,土木学会誌,Vol. 83,pp. 11-13,1998-1

参考文献

4) 明石海峡大橋の技術,本州四国連絡橋公団パンフレット
5) 新家徹ほか:R&D神戸製鋼技報, Vol. 28, No. 2, p. 52, 1978
6) C. Miki et al.: Full-Size Fatigue Tests of Bridge Cables, IABSE Workshop, pp. 167-178, 1992
7) 日本鋼構造協会:鋼構造物の疲労設計指針・同解説,技報堂出版, 1993
8) 道路橋示方書・同解説, Ⅱ鋼橋編,日本道路協会, 1996

7

柱　部　材

引張力に対しては十分な抵抗力を有する部材でも圧縮力に対してはきわめて弱いことがある．棒部材のうち，圧縮力を受けるものは一般に柱と呼ばれている．ここでは圧縮力を受ける部材の強度について述べる．

　プラスチックの定規を手で引張って破断することはできないが，圧縮力を加えると容易に変形して抵抗をなくしてしまう（図 7.1）．これが座屈現象である．引張部材の強度に対しては材料そのものの強度が支配するが，圧縮を受ける部材の強度は材料の強度とともに，部材の形状が重要なパラメータとなって

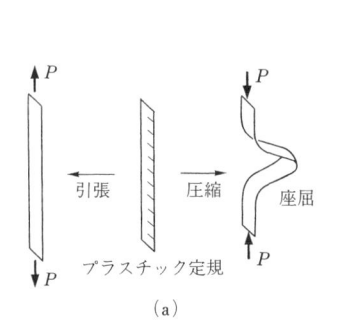

図 7.1　プラスチック定規での座屈実験

くる．座屈は鋼構造物の圧縮部材の設計において最も注意を要する事項である．

7.1 短　　柱

まず座屈の生じない，断面積に比べて部材の長さが比較的短い柱について検討してみよう．この場合の力学的挙動は基本的には引張部材と同じである．

図7.2に示すように，部材の図心に外力が作用した場合，外力の作用点からわずかに離れた断面で

$$\sigma = \frac{P}{A} \tag{7.1}$$

の一様な応力が生じている．しかし，図7.3に示すように外力の作用点が部材の図心から離れた場合，すなわち偏心して載荷された場合，それによって付加される曲げモーメントによる応力が生じる．したがって，上下縁での応力は次式となる．

$$\sigma = \frac{P}{A} \pm \frac{M}{I} c \tag{7.2}$$

ここに $M = P \cdot e$

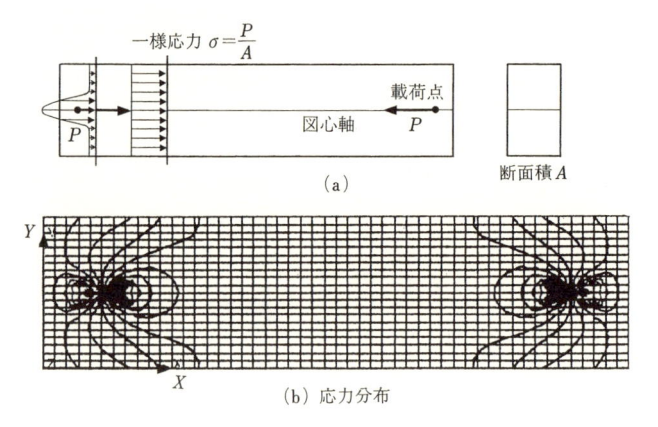

図 7.2　部材の図心軸に集中力が作用したときの応力分布

7.2 弾性座屈

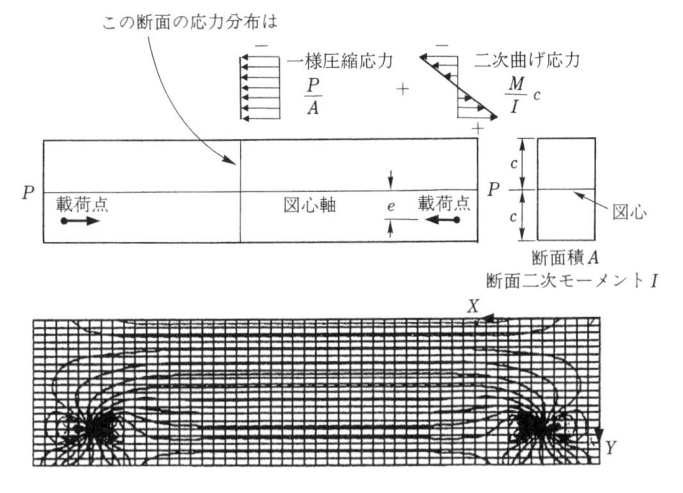

図 7.3 部材の図心軸に偏心して集中力が作用したときの応力分布

偏心が大きくなると片側の縁で引張応力が生じることになる．その位置については式（7.2）より求まる．これは継手の設計などに注意が必要な挙動である．

7.2 弾性座屈[1~3)]

柱部材の中立軸に圧縮力が加わると，柱の寸法によりさまざまな荷重-変位挙動を示す．図 7.4 にその概略を示すが，比較的短い柱では前節で述べたように断面の降状により柱の耐荷力が決まる．比較的長い柱では，荷重が中立軸上に作用しているのにもかかわらず，ある荷重になったとき，それが降伏荷重よりかなり低くても突然，荷重の作用方向と直交した方向に変位が生じる．これを弾性座屈という．鋼構造部材では，曲げの方向により断面二次モーメント（断面曲げ剛性）が異なる場合が多いが，座屈は最も弱い軸のまわりに生じる．

以下に述べる弾性座屈現象は 1744 年に Euler により示されたものである．図 7.5 に示すような，両端をピン支持された柱の中立軸に荷重が作用した状態を考える．このような問題で荷重 P を増加させると，部材はそのまま縮んで

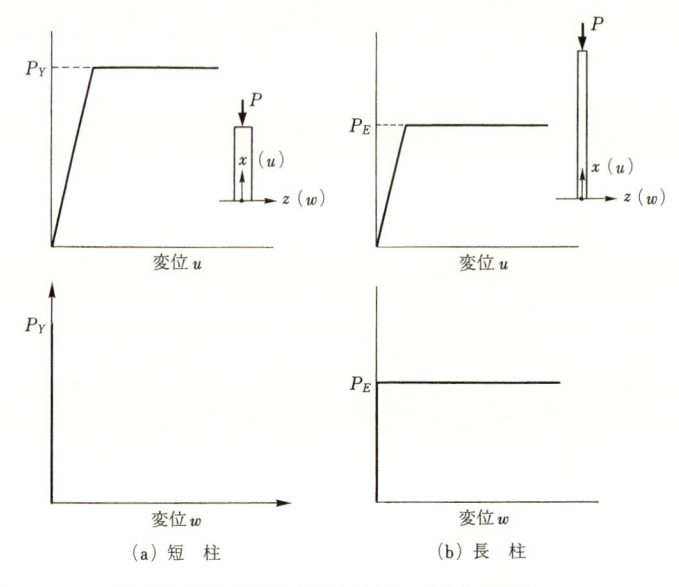

図 7.4 短柱と長柱に圧縮力が作用したときの挙動

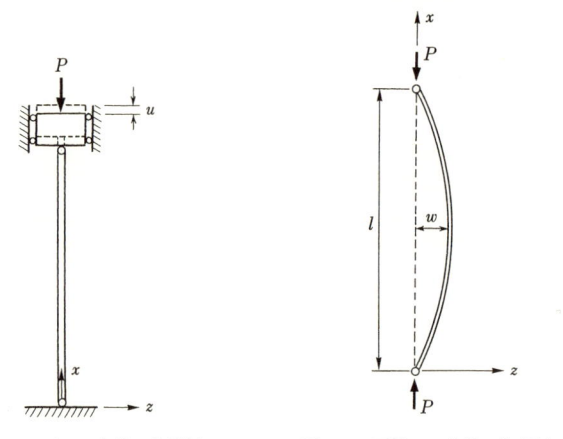

(a) 短柱

(b) 長柱

図 7.5 両端ピン支持の柱部材，中立軸への圧縮

図 7.6 両端ピン支持の柱部材，中心軸への圧縮

いく．一方，図 7.1 の実験で生じるようなモード，すなわち，ある荷重下において，部材の軸に直角な方向に変位が生じた状態で荷重が平衡を保ちうるかどうかを考えてみる．

7.2 弾性座屈

いま，微小な変位 w が生じたとする（図7.6）．そのときの柱の任意の点 x での断面の曲げモーメントは

$$M = Pw \tag{7.3}$$

柱のたわみが小さければ，たわみによる曲率（ρ）と曲げモーメント（M）の関係より

$$M = \frac{-EI}{\rho} = -EI\frac{d^2w}{dx^2} \tag{7.4}$$

ここに，EI：曲げ剛性，ρ：曲率．
したがって曲がった状態で平衡を保ちうるとすると，次の微分方程式が得られる．

$$EI\frac{d^2w}{dx^2} + Pw = 0 \tag{7.5}$$

ここで $P/EI = \alpha^2$ とおけば，式 (7.5) の一般解は

$$w = A\sin\alpha x + B\cos\alpha x \tag{7.6}$$

となる．

支持条件は，両端で変位と曲げモーメントが 0 より

$$\left.\begin{array}{l} x=0 \text{ で } w=0 \\ x=l \text{ で } w=0 \end{array}\right\}$$

したがって

$$B=0, \quad A\sin\alpha l + B\cos\alpha l = 0$$

したがって

$$A\sin\alpha l = 0 \tag{7.7}$$

でなければならない．このとき，柱は

$$w = A\sin\alpha x \tag{7.8}$$

という正弦半波形で変形している．ただし，A は決まらず，したがって変位量は求まっていない．$A=0$ でない解，すなわちたわみの生じた形での平衡状態は $\sin\alpha l = 0$ で存在する．したがって，$\alpha l = n\pi (n=1, 2, \cdots, n)$ となる．すなわち

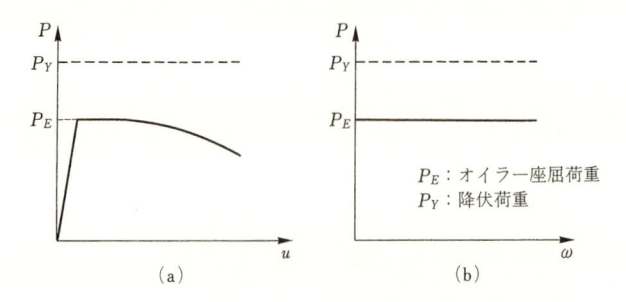

図 7.7 弾性(オイラー)座屈の発生

(a), (b) グラフ内の記号: P_E:オイラー座屈荷重, P_Y:降伏荷重

$$P=\frac{(n\pi)^2 EI}{l^2} \tag{7.9}$$

なる荷重のときのみ柱は曲がった状態で釣合い状態になる．P の値は無数にあるが，$n=1$ のときがエネルギー的に最小な状態，すなわち基本座屈モードが生じる．したがって荷重 P が上昇すると

$$P=\frac{\pi^2 EI}{l^2}=P_E \tag{7.10}$$

に達したとき，柱はたわみの生じた状態で安定となり，これ以上の荷重には耐えられなくなる（図 7.7）．この荷重をオイラーの座屈荷重 P_E あるいは弾性座屈荷重と呼ぶ．

7.3 細長比，細長比パラメータ

設計においては応力で示した方が便利なことが多い．したがって，式 (7.10) の両辺を断面積 A で割ると

$$\sigma_E=\frac{P_E}{A}=\pi^2\frac{EI}{Al^2} \tag{7.11}$$

これより

$$\sigma_E=\frac{\pi^2 E}{(l/r)^2} \tag{7.12}$$

7.3 細長比,細長比パラメータ

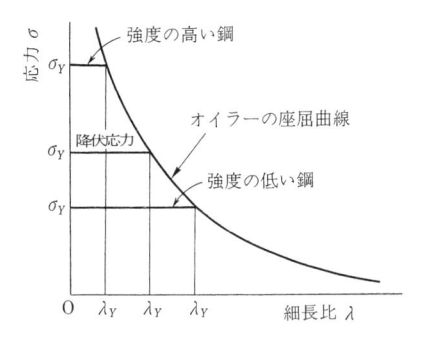

図 7.8 柱の細長比と圧縮応力の関係

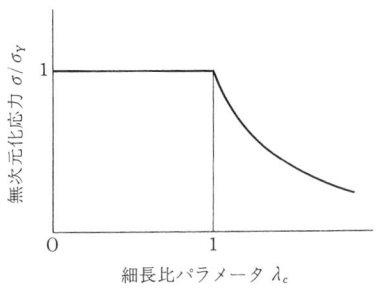

図 7.9 無次元表示された座屈曲線

ここに,$r=\sqrt{I/A}$ は断面の断面二次半径である.細長比 $\lambda=l/r$ を用いると

$$\sigma_E=\frac{\pi^2 E}{\lambda^2} \qquad (7.13)$$

となる.

図7.8にオイラーの座屈応力と,細長比の関係を示す.実際の部材では降伏応力 (σ_Y) 以上は耐えられないことから σ_Y とこの曲線とが部材の耐荷力を示すことになる.したがって,座屈応力 σ_E が降伏応力 σ_Y となる λ (これを λ_Y と呼ぶ) が1つの重要なパラメータとなる.高張力鋼を用いるほど λ_Y は小さくなる.すなわち,弾性座屈で耐荷力が決まる細長比領域が広くなる.

図7.8の縦軸を σ_Y で,横軸を座屈応力が降伏応力となる細長比 λ_Y で無次元化したものが図7.9である.

$$\lambda_c=\frac{\lambda}{\lambda_Y}=\frac{\lambda}{\pi\sqrt{E/\sigma_Y}}=\frac{\lambda}{\pi}\sqrt{\frac{\sigma_Y}{E}}=\frac{\pi\sqrt{E}}{\pi\sqrt{\sigma_E}}\sqrt{\frac{\sigma_Y}{E}}=\sqrt{\frac{\sigma_Y}{\sigma_E}} \qquad (7.14)$$

このパラメータ λ_c を軸とした図はさまざまな鋼種の材料でつくられた柱の強度を比較するのに便利であり,しばしば用いられる.横軸の λ_c は細長比パラメータと呼ばれる.

7.4　有効座屈長

実際の構造物での柱部材は両端がピン支持とは限らない．式 (7.8) の導出過程からも明かなように，境界条件（支持条件）が異なれば座屈荷重も異なってくる．

支持条件の違いを部材長が異なったと考え，その長さを有効座屈長あるいは換算座屈長 l_{ef} とすると，弾性座屈荷重は

$$P_E = \frac{\pi^2 EI}{(\beta l)^2} = \frac{\pi^2 EI}{(l_{ef})^2} \tag{7.15}$$

表 7.1　柱の有効座屈長（道路橋示方書 鋼橋編 表解 2.2.2)[5]　l：部材長（cm）

座屈形が点線のような場合	1	2	3	4	5	6
β の理論値	0.5	0.7	1.0	1.0	2.0	2.0
β の推奨値	0.65	0.8	1.2	1.0	2.1	2.0

材端条件	回転に対して	水平変位に対して
（固定端）	固定	固定
（水平ローラー）	自由	固定
（鉛直ローラー）	固定	自由
（ピン）	自由	自由

$l_{ef} = \beta l$ とし，β を有効座屈長係数と呼ぶ．表 7.1 に代表的な支持条件に対する β の値を示す．β の値はそれぞれの支持条件における境界条件を式 (7.6) に入れて解けば求まるが，図 7.10 に示すように座屈モードを考えることからも容易に類推できるであろう．構造物中の部材の支持条件は構造型式や継手型

7.4 有効座屈長

(a) 回転拘束なし　$\beta l = l$

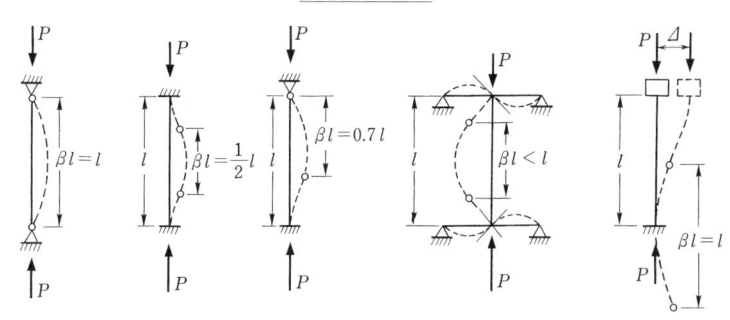

(b) 完全固定　$\beta l = \dfrac{1}{2} l$

(c) 一端拘束，他端回転自由　$\beta l = 0.7 l$

(d) 弾性拘束　$\beta l < l$

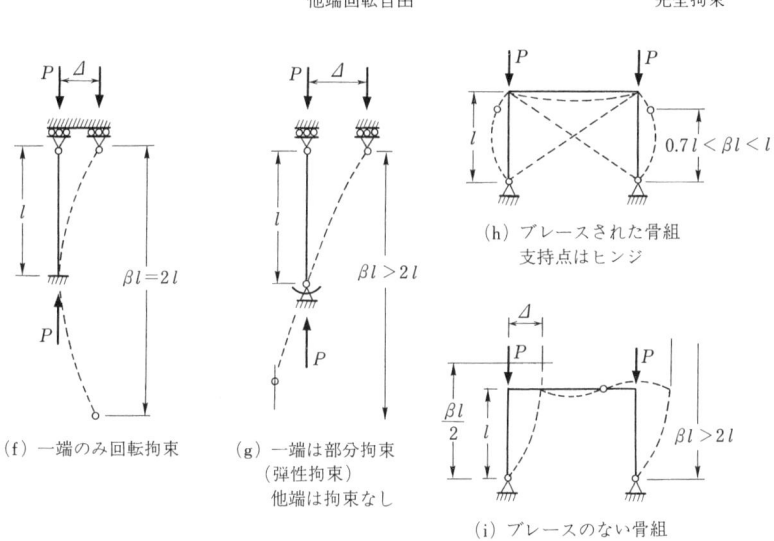

(e) 端部の回転完全拘束　$\beta l = l$

(f) 一端のみ回転拘束　$\beta l = 2l$

(g) 一端は部分拘束（弾性拘束）他端は拘束なし　$\beta l > 2l$

(h) ブレースされた骨組 支持点はヒンジ　$0.7l < \beta l < l$

(i) ブレースのない骨組 支持点はヒンジ　$\beta l > 2l$

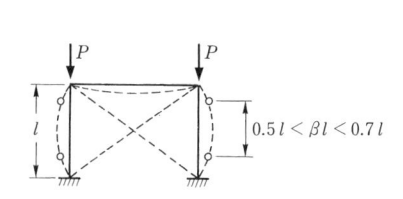

(j) ブレースされた骨組 支持点完全固定　$0.5l < \beta l < 0.7l$

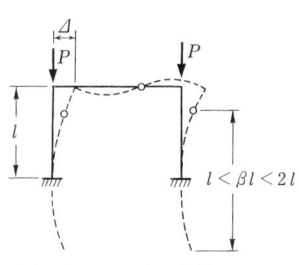

(k) ブレースのない骨組 支持点完全固定　$l < \beta l < 2l$

図 7.10　座屈モードと有効座屈長[2)]

式により変わり，表7.1に示すような単純なケースはまれである．したがって，実際の部材の設計における有効座屈長のとり方は示方書等に規定されていることが多い．道路橋示方書では，表7.1に示されている推奨値を用いて部材の座屈に対する安全性を照査することをすすめている．

7.5 不完全さのある柱

実構造物中の部材は，いままで述べた力学的な条件に対してさまざまな不完全さを有している．たとえば，トラス構造では，格点部において隣り合う斜材間にはさまれた，せまい領域の局部的な座屈を防止することや製作上の理由により，トラスの軸線と部材の中立軸をずらすことがある．この場合，斜材に注目すれば荷重が偏心して作用することになる．また，部材は溶接などにより集成されるが，溶接による変形がそのまま残っていることも多い．ここでは柱が有するさまざまな不完全さを，偏心荷重と元たわみで代表して圧縮力を受けたときの耐荷力を算出する考え方を示す．

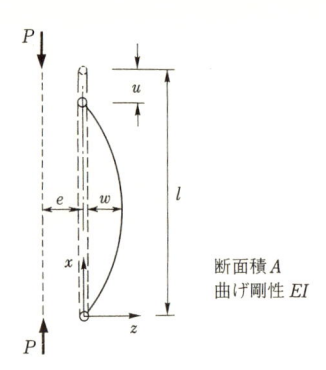

図 7.11 偏心載荷を受ける圧縮材

（1） 偏心載荷を受ける柱

いま，図7.11のように，荷重が図心軸より e だけ偏心して作用する状態を考える．この場合も式（7.5）と同様に次式が得られる．

$$EI\frac{d^2w}{dx^2}+(w+e)P=0 \qquad (7.16)$$

$\alpha^2=P/EI$ とすると

$$w=A\sin\alpha x+B\cos\alpha x-e \qquad (7.17)$$

すなわち両端で曲げモーメント $M=P\cdot e$ が作用している状態を考える．すなわち $x=0$，$x=l$ で $w=0$ の条件を入れると，$B=e$，

7.5 不完全さのある柱

$$A = \frac{e(1-\cos\alpha l)}{\sin\alpha l}$$

となる．したがって，座屈変形 w は

$$w = e\left\{\frac{\sin\alpha(l-x) + \sin\alpha x}{\sin\alpha l} - 1\right\} \tag{7.18}$$

となり，柱中央でのたわみ w_c は

$$w_c = e\left\{\frac{1}{\cos(\alpha l/2)} - 1\right\} \tag{7.19}$$

曲げモーメントは

$$M_c = P(w_c + e) = \frac{Pe}{\cos(\alpha l/2)} \tag{7.20}$$

である．

荷重 P と w の関係を図 7.12 に示す．前節の中心軸圧縮とは異なり最初から荷重 P とともに w も増加するが，P がオイラー荷重 P_E に近づくと，w は急激に大きくなる．

柱中央における柱表面での直応力（最大縁応力）は

$$\sigma_f = \frac{P}{A} \pm \frac{M_c}{I}C \tag{7.21}$$

ここに，I：断面二次モーメント，C：中立軸から最外縁までの距離．

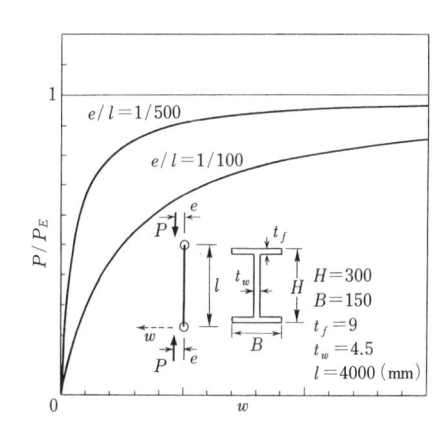

図 7.12 偏心載荷を受ける柱のたわみと荷重の関係

また，$\sigma_m = P/A$，核半径 $k = r^2/C$ を用いて

$$\sigma_f = \sigma_m\left\{1 \pm \left(\frac{e}{k}\right)\left(\frac{1}{\cos(\alpha l/2)}\right)\right\} \tag{7.22}$$

または

$$\sigma_f = \frac{P}{A}\left(1 \pm \frac{e \cdot C}{r^2}\frac{1}{\cos(\alpha l/2)}\right) \tag{7.23}$$

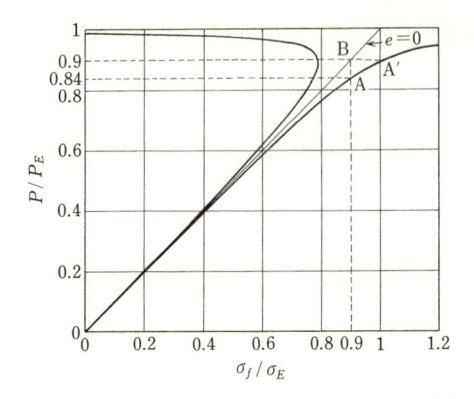

図 7.13 偏心載荷を受ける柱の荷重と縁応力の関係（$e=0.01k$）

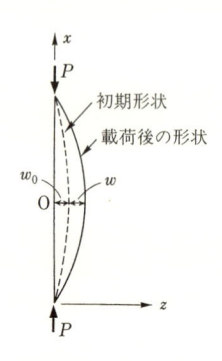

図 7.14 元たわみのある柱

ここに，r：断面二次半径．
図 7.13 に $e/k=0.01$ の場合の荷重と応力の関係を図示する．いま $e/k=0.01$ のケースで，$\sigma_f/\sigma_E=0.9$ で引張側外縁が降伏したとする（A 点）．このときの軸荷重 P' は $0.84 P_E$ であり，平均応力が降伏する荷重 P_Y（B 点）より P/P_E で 0.06（AB 間）だけ低くなる．すなわち，もし外縁が降伏するような軸力を 1 つの限界状態とするのなら，この柱はオイラーの座屈荷重より低い状態で限界状態に達するといえる．

（2） 元たわみのある柱

元たわみ（初期不整）のある柱（図 7.14）の座屈についても同様であり，元たわみを w_0 とし，w を元たわみからの変位として定義すれば

$$EI\frac{d^2w}{dx^2}+P(w+w_0)=0 \tag{7.24}$$

となる．
いま，元たわみ w_0 として正弦半波の曲線を考えてみる．

$$w_0=A_0\sin\frac{\pi x}{l} \tag{7.25}$$

$P/EI=\alpha^2$ とおけば，式 (7.6) と同様に式 (7.24) の一般解は

$$w=A\sin\alpha x+B\cos\alpha x-\frac{\alpha^2}{\alpha^2-(\pi/l)^2}w_0 \tag{7.26}$$

7.5 不完全さのある柱

となる.

両端ピンの条件を入れて式 (7.24) を解くと

$$w = A_0 \alpha^2 \frac{\sin\frac{\pi x}{l}}{\left(\frac{\pi}{l}\right)^2 - \alpha^2} \quad (7.27)$$

中央点のたわみ w_c は

$$w_c = \frac{A_0 \alpha^2}{\left(\frac{\pi}{l}\right)^2 - \alpha^2}$$

$$= \frac{A_0 P}{P_E - P} \quad (7.28)$$

中央点での曲げモーメント M_c は次式で表される.

$$M_c = (w_c + A_0) P$$

$$= A_0 P \left(\frac{1}{1 - P/P_E} \right) \quad (7.29)$$

図 7.15 に荷重と中央点のたわみとの関係を示す. 偏心荷重の場合と同様に, 最初から柱にたわみを生じており, また, オイラーの座屈荷重に近づくとたわみも曲げモーメントもきわめて大きくなる.

元たわみによる曲げの影響により, 式 (7.21) と (7.29) を用いて柱の最外縁応力が降伏点に達する平均軸応力 σ_{cr} を求めると

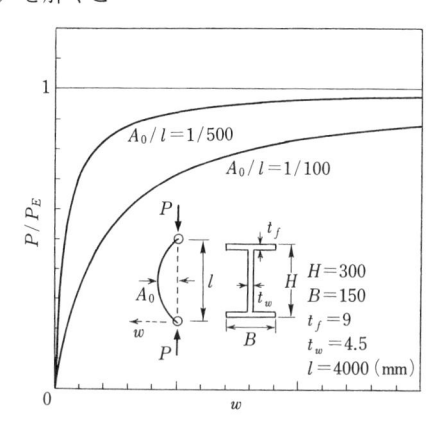

図 7.15 元たわみのある柱のたわみと荷重の関係

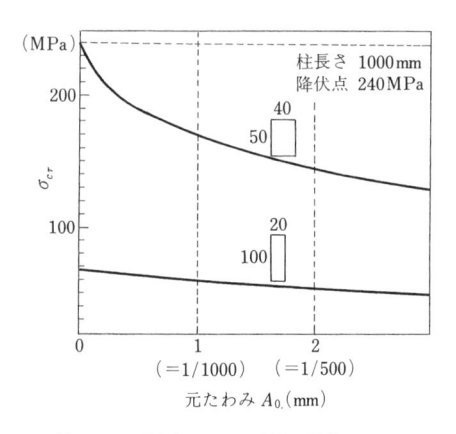

図 7.16 元たわみ A_0 の変化に伴う σ_{cr} の変化

$$\sigma_{cr} = \frac{\sigma_Y + \sigma_E(1+\eta) - \sqrt{\{\sigma_Y + \sigma_E(1+\eta)\}^2 - 4\sigma_E \sigma_Y}}{2} \quad (7.30)$$

となる.

ここに $\sigma_E = P_E/A$, $\eta = A_0 C/r^2$, A_0：柱中央点における元たわみ，C：断面重心から最外縁までの距離，r：断面二次半径．

長さ 1 m の矩形断面柱の σ_{cr} を元たわみ量を変数として計算した例を図 7.16 に示す．

7.6 非弾性座屈 [1〜3]

ここまで述べてきた弾性座屈はきわめて細い柱にしか生じないため，実際の土木構造物を対象にしたとき，その適用範囲は非常に限られている．土木構造物において実際の柱の座屈はほとんど非弾性域で生じるといえる．また，材料によっては応力とひずみの関係は必ずしも弾性挙動にはならず，したがって応力が低くても非弾性座屈となることがある．また，圧延された部材でも溶接で組み立てられた部材でも，高い残留応力が残されている．図 7.17 に示すように溶接された短柱に圧縮荷重をかけると，非線形の荷重-変位関係が得られる．

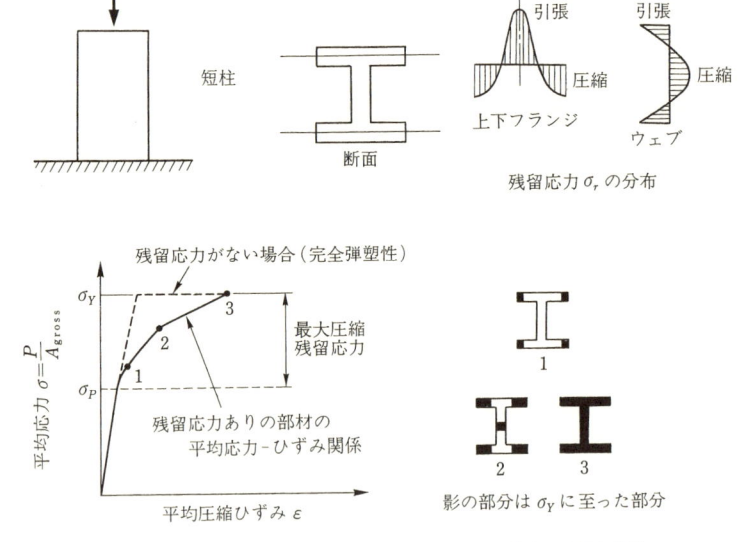

図 7.17 残留応力を有する短柱を圧縮したときの応力-ひずみ挙動

7.6 非弾性座屈

すなわち外力による応力を σ, 残留応力を σ_r とすると, $\sigma+\sigma_r$ が降伏点応力 σ_Y を超えると部分的に降伏が始まり, 降伏した部分はその後の荷重の増加分には抵抗できなくなる.

応力-ひずみ関係が非線形性を示す部材の座屈荷重は, 接線係数理論（tangent modulus theory）や等価係数理論（reduced modulus theory）と呼ばれる方法により求められてきた.

接線係数理論は 1889 年に Engesser により提案されたものであり, 弾性座屈理論の E を E_t に変えることにより非弾性域まで拡張したものである. すなわち, 平均応力 P/A が

$$\sigma_{cr} = \frac{\pi^2 E_t}{(l/r)^2} \tag{7.31}$$

となると, 釣合い状態に分岐が生じると仮定する. ここに E_t は応力 σ_{cr} での接線係数である. この応力に相当する荷重を接線係数荷重 P_t と呼ぶ.

$$P_t = \frac{\pi^2 E_t I}{l^2} \tag{7.32}$$

上の関係式において, E_t も σ の関数のため σ_{cr} は直接求めることはできない. したがって

$$\left(\frac{l}{r}\right)_{cr} = \pi \sqrt{\frac{E_t}{\sigma_{cr}}} \tag{7.33}$$

と変形し, 図 7.18 に示す作図法で計算する. その手順は以下のとおりである.

ステップ1　実験により平均応力とひずみの関係（σ-ε 曲線）を求める.
ステップ2　σ-ε 曲線から σ-E_t 曲線を求める.
ステップ3　σ の値を選び, 式（7.33）を用いて座屈細長比を計算する.

このようにして, 任意の材料について柱曲線（σ_{cr}-l/r）が得られる.

この接線係数理論は実験とも比較的よく合うし, 設計などへの応用にも便利である. しかし, ここでの概念は必ずしも正しいものではない. すなわち, 図 7.18 に示すように, 接線係数理論では載荷時と除荷時で同じ E_t を想定している. しかし実際は除荷時の E_t は弾性定数と等しいため, 実際の柱の強度は接

$$\sigma_{cr} = \frac{\pi^2 E_t}{(l/r)^2}$$

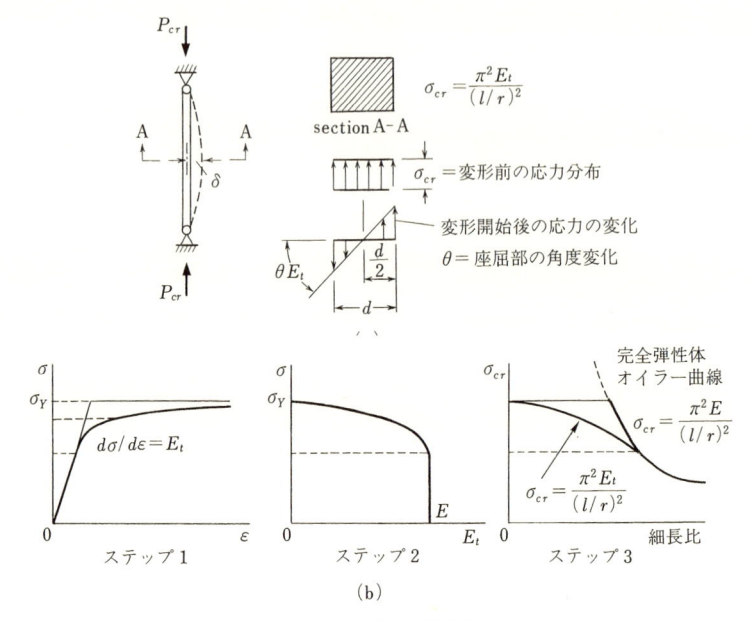

図 7.18 接線係数理論

線係数理論に基づいて推定されるものより強いことが予想される.

1895年,Engesserは柱がごくわずか変位したとき,凹側の材料は除荷されるが,凸側の材料はさらに載荷され続ける,また除荷における応力-ひずみ関係は弾性的である,として接線係数理論を修正し,等価係数理論(reduced modulus theory, double modulus theory)を提案している.

図7.19にそのモデルを示す.定式化において

① たわみは微小
② 平面保持
③ 座屈時に荷重は変化しない

の仮定をおいている.

等価係数を E_r とすると,限界応力あるいは座屈応力は

$$\sigma_{cr} = \frac{\pi^2 E_r}{(l/r)^2} \tag{7.34}$$

7.6 非弾性座屈

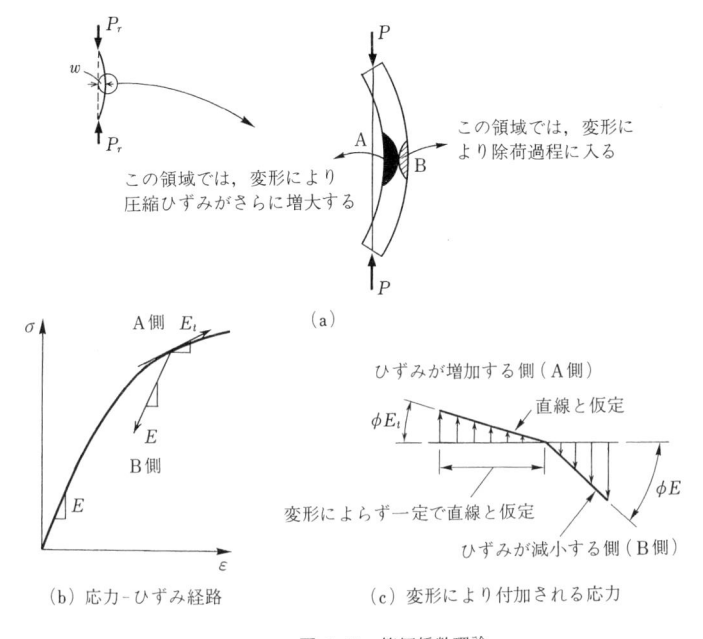

図 7.19 等価係数理論

(a) 図中ラベル: P_r, w, A, B, この領域では，変形により圧縮ひずみがさらに増大する, この領域では，変形により除荷過程に入る, P

(b) 応力-ひずみ経路 — A側 E_t, B側 E

(c) 変形により付加される応力 — ひずみが増加する側（A側），ϕE_t，直線と仮定，変形によらず一定で直線と仮定，ひずみが減小する側（B側），ϕE

となる．長方形断面の柱についてこの理論を適用すると，図 7.20 のようになる．すなわち，外力によるモーメント M_{ext} は

$$M_{ext} = Pw \tag{7.35}$$

内部モーメントは

$$M_{int} = (\phi E_t) d_1 \left(\frac{bd_1}{2}\right)\left(\frac{2}{3}d_1\right) + (\phi E) d_2 \left(\frac{bd_2}{2}\right)\left(\frac{2}{3}d_2\right) \tag{7.36}$$

（応力）（面積）（中立面からの距離）

$$= \phi \frac{b}{3}(E_t d_1^3 + E d_2^3) \tag{7.37}$$

ここで，$\phi = 1/R$（R：座屈部の曲率半径）
したがって

$$M_{int} = \left(\frac{1}{R}\right)\frac{b}{3}(E_t d_1^3 + E d_2^3) = \frac{E_r I}{R} \tag{7.38}$$

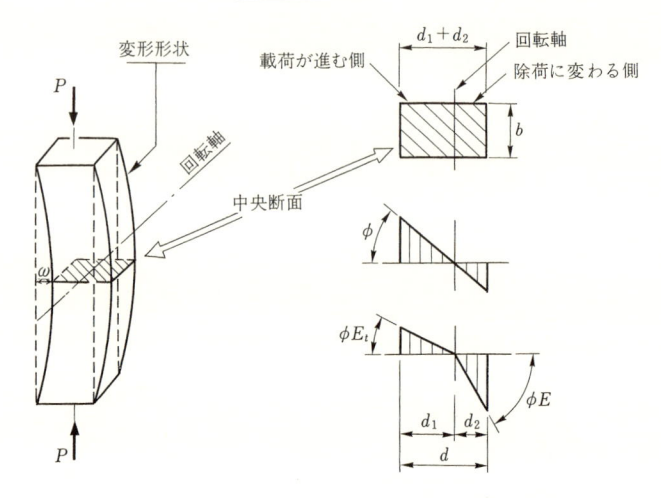

図 7.20 柱の座屈．長方形断面柱への等価係数理論の適用

ここに等価係数 E_r は

$$E_r = \left(\frac{1}{I}\right)\left(\frac{b}{3}\right)(E_t d_1^3 + E d_2^3) \tag{7.39}$$

となる．

限界断面での釣合い式は

$$[(\phi E_t)d_1]\left(\frac{bd_1}{2}\right) = [(\phi E)d_2]\left(\frac{bd_2}{2}\right) \tag{7.40}$$

（応力）（面積）

$$\therefore \quad d_1^2 = \frac{E}{E_t} d_2^2 \tag{7.41}$$

これを式 (7.39) に代入し

$$I = \frac{1}{12} b(d_1 + d_2)^3$$

を用いて，式 (7.39) および式 (7.41) より

$$E_r = \frac{4EE_t}{(\sqrt{E} + \sqrt{E_t})^2} \tag{7.42}$$

ここで E_t はA点での接線係数である．

等価係数法は接線係数法に比べて高い座屈荷重を与えることになる．等価係

7.6 非弾性座屈

数法は載荷側と除荷側の剛性を考慮しているため，合理的と考えられる．しかしながら，実験結果は必ずしも等価係数法に近くならず，かえって接線係数荷重で座屈を生じ，それ以後も軸方向力を増しながら曲がりが進行することが多い．

この問題に対して Shanley は当初真直ぐな柱は接線係数荷重に至ったときに座屈を開始し，その後軸方向の抵抗を増しながら曲げ変形を続けると考え，図 7.21 の Shanley モデルを用いて現象を説明している．Shanley モデルでは柱がその中心で 2 枚のばねで接続されており，ばねの挙動のみから柱の座屈を考えることができる．このようなモデルでは，荷重が接線係数荷重に到達した時点でもこの柱は自由に軸力を増加することもできるし，曲げ変形を生じるこ

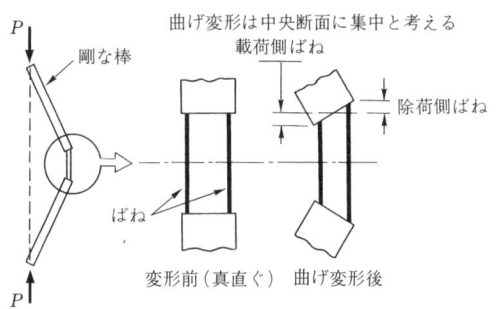

図 7.21 Shanley の柱モデル[3]

(a) 応力と変位 　　(b) 断面内のひずみ分布

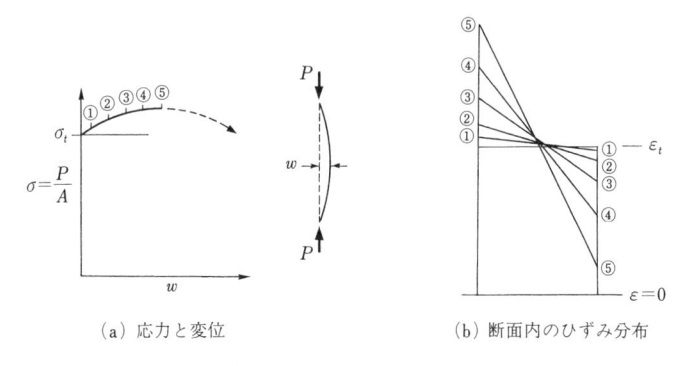

図 7.22 柱の非弾性座屈挙動[3]

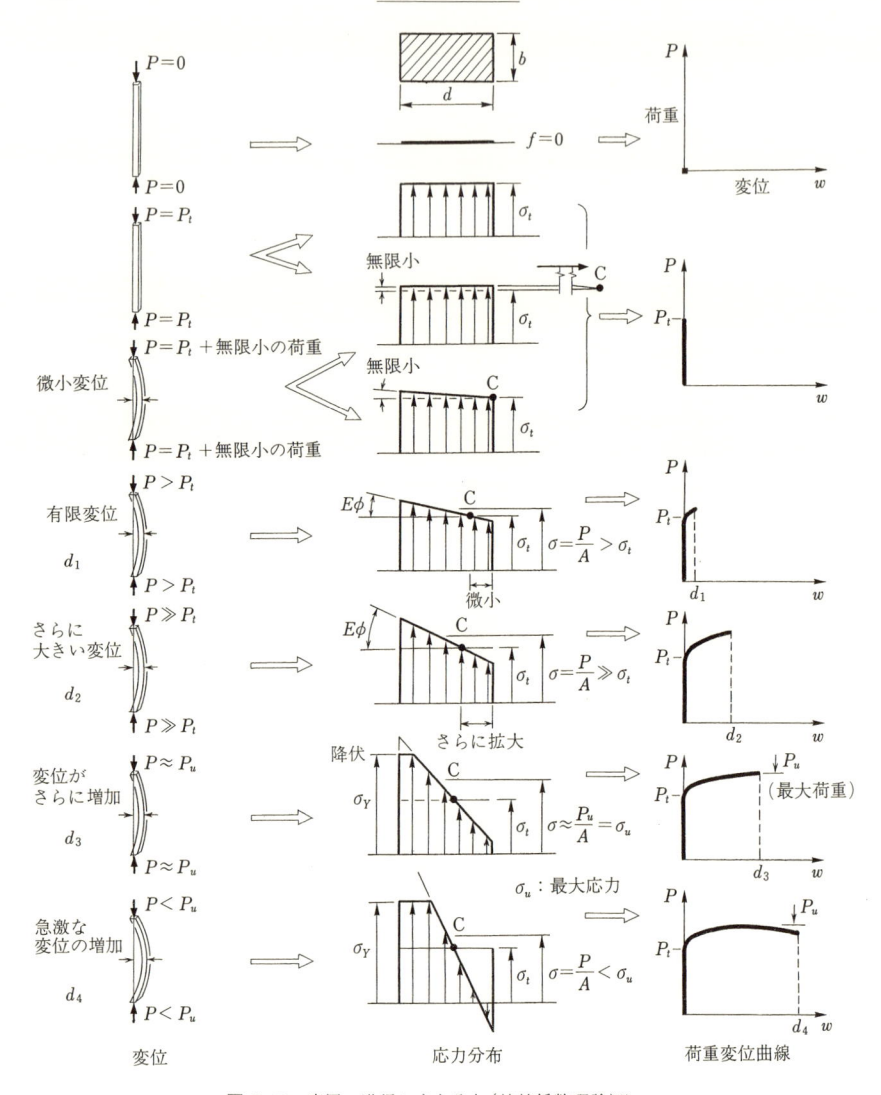

図 7.23 座屈の進行と応力分布（接線係数理論）[3]

とができる．

軸中心に載荷されたときの柱の応力-変位挙動は図7.22(a)ようになることが多い．このような座屈荷重応力（σ_t）後に最大荷重応力（σ_n）があり，それ

7.6 非弾性座屈

から荷重が低下するカーブが存在するには，図(b)のような各ステージでのひずみ分布が存在することが必要となる．

このようなShanleyの考察によれば接線係数荷重は柱の強度の下限値を，等価係数荷重は上限値を推定することになる．

以上のような検討から，実験値とよく合い，しかも記述もシンプルである接線係数法のコンセプトが見直されることになった．以上の考察に基づいて長方形断面柱における変位の進行，座屈の発生と応力分布の概略をまとめると，図7.23のようになる．

鋼構造物には，H形鋼や鋼管などの圧延形鋼や鋼板や形鋼を溶接で箱断面やH断面に組み立てた部材が用いられる．図7.24に圧延H形鋼での残留応力分布の例を示す．部材各部の冷却進行の差により残留応力分布は決まり，したがって残留応力の大きさや分布はその部材の断面形状や寸法によって異なる．

図7.25に溶接組立部材の残留応力分布の例を示す．11章で詳しく述べるが，溶接部での残留応力のうち溶接方向成分は引張の降伏応力程度となっており，それに釣合うように分布形状が決まってくる．溶接残留応力の大きさや分布は，鋼種，板厚，溶接入熱，開先形状，積層法等によって変わる．とくに圧縮耐荷力に影響の大きい圧縮残留応力については，部材の寸法や溶接ディテールに大きな影響を受けるので注意を要する．

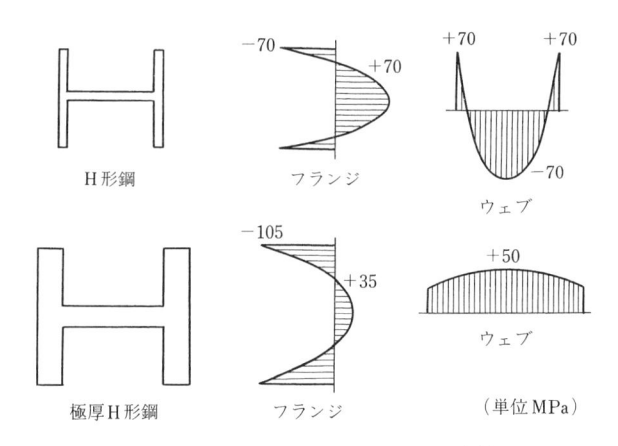

図 7.24 圧延H形鋼の残留応力の測定例

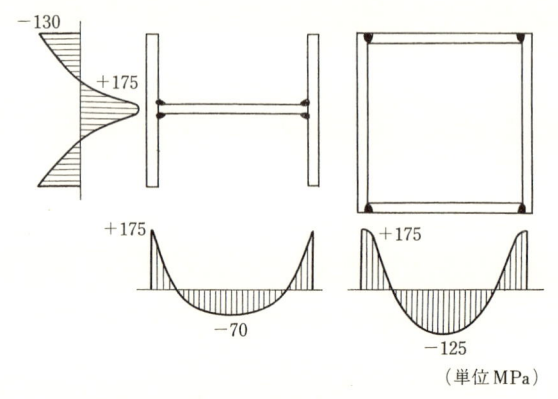

図 7.25　溶接組立部材の残留応力測定例

柱の座屈強度を検討する際には，残留応力はフランジやウェブなどの板要素内について一様あるいは直線分布するなどと単純な形に仮定される．とくに座屈強度に大きな影響を及ぼす圧縮残留応力については降伏応力 σ_Y の 1/3 程度と仮定されることが多い．

7.7　柱の耐荷力，設計許容応力[2,3]

柱の耐荷力とは設計時に基準とする値であり，許容応力度設計法ではこれに安全率を考慮して設計許容応力とし，荷重・抵抗係数設計法では抵抗係数を乗じて設計値とする．

ここまでの検討に基づけば，柱の強度 P_{cr} は以下のように示すことができる．

$$P_{cr} = \frac{\pi^2 E_t}{(\beta l/r)^2} A_g = \sigma_{cr} A_g \tag{7.43}$$

ここに E_t：応力が P_{cr}/A_g のときの接線弾性係数，A_g：部材の断面積，$\beta l/r$：有効細長比，β：有効座屈長係数，l：部材長，r：断面二次半径．

前節で述べたように多くの構造部材ではその断面の一部が降伏した後に座屈が生じる．この問題に対して多くの理論的な研究が行われてきたが，実験から

得られる柱の強度特性を完全に説明することはできていない（図7.26）．

実験結果には部材の初期不整，部材端の拘束，残留応力，荷重の偏心などが含まれているからであり，それらをすべて含めた解析モデルを確立することは困難である．したがって設計曲線に用いられる耐荷力曲線はそれらの実験結果をも考慮の上，設定されている．

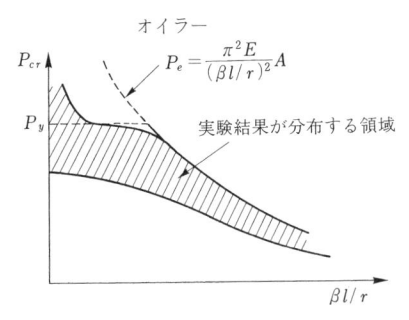

図7.26 柱の強度

柱の耐荷力を求めるために今までさまざまアプローチがとられているが，残留応力が存在するH断面柱の耐荷力曲線を接線係数法をベースとして細長比と短い柱の載荷試験から得られる応力-ひずみ関係から求める方法を以下に示す．図7.27において破線で示した線は残留応力がない場合，実線が残留応力が存在する場合を示している．残留応力による早期の降伏を考慮するために，曲げによるひずみが0の軸からの距離yの1要素を考える．1要素の曲げモーメントに対する寄与は

$$dM = (応力) \times (面積) \times (モーメントアーム長)$$
$$= (\theta E_t y)(dA)(y) \tag{7.44}$$

全断面について考えると

$$M = \int_A \theta E_t y^2 dA = \theta \int E_t y^2 dA \tag{7.45}$$

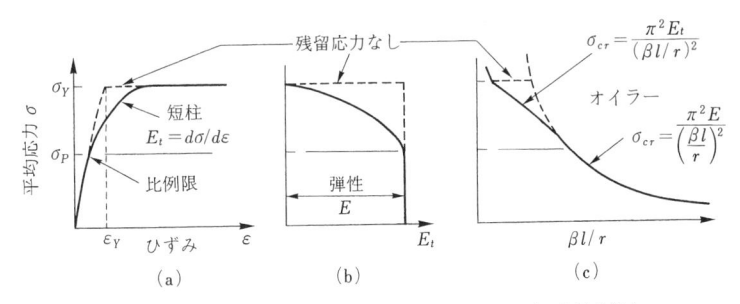

図7.27 残留応力が存在する柱の耐荷力の求め方（接線係数法）

梁の曲げ理論より，曲線半径 R は

$$R=\frac{1}{\theta}, \quad \theta=\frac{1}{R}=\frac{M}{E'I} \tag{7.46}$$

ここに E' は有効係数と呼ばれる係数であり，接続係数法での E_t と同様な係数である．したがって

$$E'I=\frac{M}{\theta}=\int_A E_t y^2 dA, \quad E'=\frac{1}{I}\int_A E_t y^2 dA \tag{7.47}$$

もし，図7.27の破線で示される完全弾塑性の応力-ひずみ関係（$\sigma<\sigma_Y$ で $E_t=E$，$\sigma=\sigma_Y$ で $E_t=0$）を用いると，降伏域での曲げ剛性は0となる．しかし，座屈強度は弾性域に残っている部分の断面二次モーメント I_e を有する柱と同じである．

$$E'=\frac{E}{I}\int_{A(弾性域のみ)} y^2 dA = E\frac{I_e}{I} \tag{7.48}$$

柱が曲がり始まる応力は

$$P_{cr}=\left(\frac{\pi^2 E}{(\beta l/r)^2}\frac{\int y^2 dA}{I}\right)A_g=\sigma_{cr}A_g \tag{7.49}$$

$$P_{cr}=\left(\frac{\pi^2 E\ (I_e/I)}{(\beta l/r)^2}\right)A_g=\sigma_{cr}A_g \tag{7.50}$$

ここで，A_g：総断面積．

以上の関係を有用なものとするためには，σ_{cr} と I_e の関係を確立する必要がある．

［ケースA］：H断面柱の弱軸まわりの座屈（図7.28）

ここではウェブが降伏前にフランジが全面的に降伏すると考える．

いま k を弾性域にあるフランジの割合とする．

$$k=\frac{2x_0}{b}=\frac{A_e}{A_f} \tag{7.51}$$

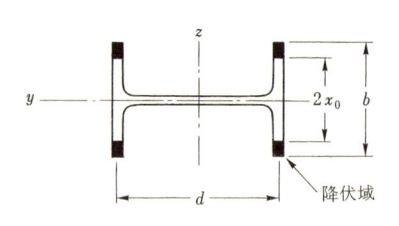

図 7.28　H断面柱の弱軸まわりの座屈

いま，ウェブを I の計算において無

7.7 柱の耐荷力，設計許容応力

視すると，式 (7.48) は

$$E\frac{I_e}{I} = E\frac{t_f(2x_0)^3}{12}\left(\frac{12}{t_f b^3}\right) = Ek^3 \tag{7.52}$$

ここで接線係数の定義によれば

$$E_t = \frac{公称応力の増分量}{弾性ひずみの増分量} = \frac{dP/A}{\dfrac{dP/A_e}{E}} = \frac{A_e E}{A} \tag{7.53}$$

$$E_t A = A_e E = (A_w + 2kA_f)E \tag{7.54}$$

ここに，A_w：ウェブの断面積，A_f：フランジの総断面積，A：断面の総面積．

式 (7.54) を k について解くと

$$k = \frac{E_t A}{2EA_f} - \frac{A_w}{2A_f} \tag{7.55}$$

$$\sigma_{cr} = \frac{\pi^2 E k^3}{(\beta l/r)^2} = \frac{\pi^2 E}{(\beta l/r)^2}\left[\frac{AE_t}{2A_f E} - \frac{A_w}{2A_f}\right]^3 \tag{7.56}$$

[ケースB]：強軸まわりの座屈

同様に，ウェブは弾性域にあると仮定する．

ウェブは断面二次モーメントの試算で無視すると

$$E\frac{I_e}{I} = E\frac{2A_e\,(d/2)^2}{2A_f\,(d/2)^2} = Ek \tag{7.57}$$

いま，ウェブを含めると

$$E\frac{I_e}{I} = E\left[\frac{2kA_f\,(d^2/4) + t_w d^3/12}{2A_f\,(d^2/4) + t_w d^3/12}\right] = E\left[\frac{2kA_f + A_w/3}{2A_f + A_w/3}\right] \tag{7.58}$$

接線係数の定義および式 (7.54) を用いると

$$2kA_f = \frac{E_t A}{E} - A_w \tag{7.59}$$

式 (7.58) の $2k/A_f$ 項に代入すると

$$E\frac{I_e}{I} = \left[\frac{E_t A/E - 2A_w/3}{2A_f + A_w/3}\right]E \tag{7.60}$$

したがって

$$\sigma_{cr} = \frac{\pi^2 Ek}{(\beta l/r)^2} \tag{7.61}$$

が式 (7.57) を k に用いたときの近似解となり

$$\sigma_{cr} = \frac{\pi^2 E}{(\beta l/r)^2} \left[\frac{E_t A/E - 2A_w/3}{2A_f + A_w/3} \right] \tag{7.62}$$

が精度の高い解となる.

以上のように,H断面については弱軸まわりと強軸まわりの両方について検討する必要がある.また I_e/I は残留応力分布に関係しない量であり,σ_{cr} が $\beta l/r$ の関数となり,残留応力に依存する量である.

[**例-1**] 図7.29に示すH断面柱の耐荷力曲線 (σ_{cr}-βl) を求める.ただし断面内の残留応力分布は図 (a) のとおりとする.

(解) 断面内がすべて弾性範囲内では

$$P = \int_A \sigma dA = \sigma A \tag{7.63}$$

ある部分が塑性式に入ると

$$P = (A - A_e)\sigma_Y + \int_{A_e} \sigma dA \tag{7.64}$$

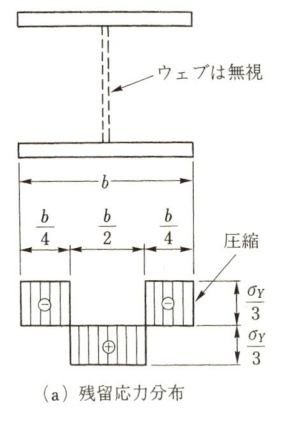

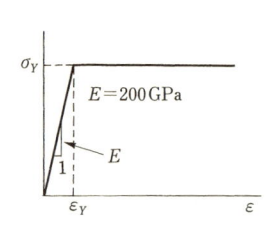

(a) 残留応力分布 (b) 材料の応力-ひずみ関係

図 7.29 残留応力がフランジ内一様分布すると仮定した場合のH形断面柱の弱軸まわりの座屈強度の計算(例1)

7.7 柱の耐荷力，設計許容応力

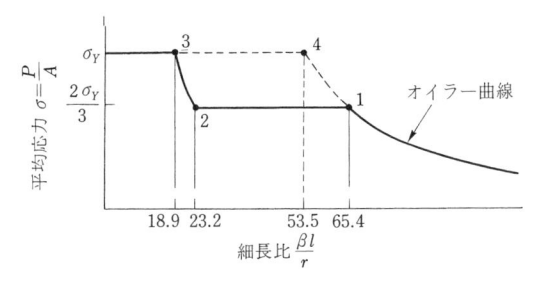

図 7.30 例1の耐荷力曲線

ここでは $\sigma_{cr}=P/A \leq (2/3)\sigma_Y$ では全断面が弾性域にあるため $E_t=E$ となり，その場合は E' は EI_e/I であり，かつ $I_e=I$.

したがって

$$\sigma_{cr}=\frac{2}{3}\sigma_Y=\frac{\pi^2 E}{(\beta l/r)^2} \tag{7.65}$$

$$\frac{\beta l}{r}=\sqrt{\frac{\pi^2(200000)}{2/3(690)}}=65.4 \quad (\text{図 7.30 の点 1}) \tag{7.66}$$

$\sigma_{cr}=P/A>2\sigma_Y/3$ でフランジの両端が塑性域に入り，I_e は I より小さくなる．

$$\frac{I_e}{I}=\frac{(b/2)^3}{b^3}=\frac{1}{8} \tag{7.67}$$

$$\sigma_{cr}=\frac{2}{3}\sigma_Y=\frac{\pi^2 E(I_e/I)}{(\beta l/r)^2}=\frac{\pi^2 E}{8(\beta l/r)^2} \tag{7.68}$$

$$\frac{\beta l}{r}=23.2 \quad (\text{図 7.30 での点 2})$$

いま，$\sigma_{cr}=P/A=\sigma_Y$ の場合

$$\sigma_{cr}=\sigma_Y\frac{\pi^2 E}{8(\beta l/r)^2}$$

$$\frac{\beta l}{r}=18.9 \quad (\text{図 7.30 での点 3}) \tag{7.69}$$

これらの結果を図 7.30 に示す．もし残留応力がないとすると，$\sigma_{cr}=\sigma_Y$ となるのは

$$\frac{\beta l}{r} = 53.5 \quad (\text{図 7.30 での点 4}) \tag{7.70}$$

となる．

[**例-2**] H 型断面の柱の弱軸まわりの耐荷力曲線を，残留応力がより現実的なケースとして図 7.31 に示すような線形分布をする場合について求める．

（解）$\sigma = P/A \leq (2/3)\sigma_Y$ では全断面が弾性域にある．したがって

$$E_t = E, \quad \sigma_{cr} = \frac{2}{3}\sigma_Y = \frac{\pi^2 E}{(\beta l/r)^2} \tag{7.71}$$

平均応力が $\dfrac{2}{3}\sigma_Y$ より高いとき，断面の一部は塑性域となる．

$$\sigma_{cr} = \frac{\pi^2 E I_e/I}{(\beta l/r)^2}$$

$$\frac{I_e}{I} = \frac{2\left(\dfrac{1}{12}\right)(2z_0)^3 t}{2\left(\dfrac{1}{12}\right)b^3 t} = \frac{8(z_0)^3}{b^3} \tag{7.72}$$

ウェブを無視すると

(a) 残留応力分布　　(b) 材料の応力-ひずみ関係

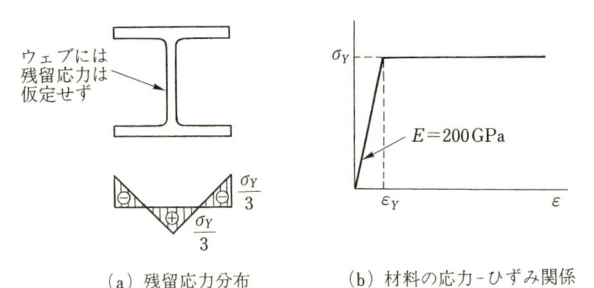

図 7.31　残留応力がフランジ内線形分布と仮定した場合の座屈強度の計算（例2）

7.7 柱の耐荷力，設計許容応力

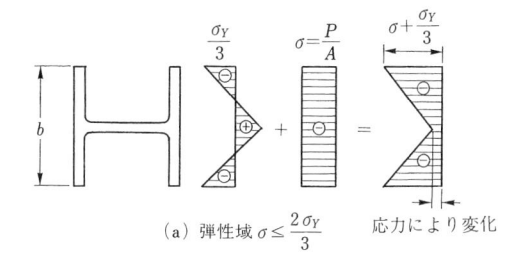

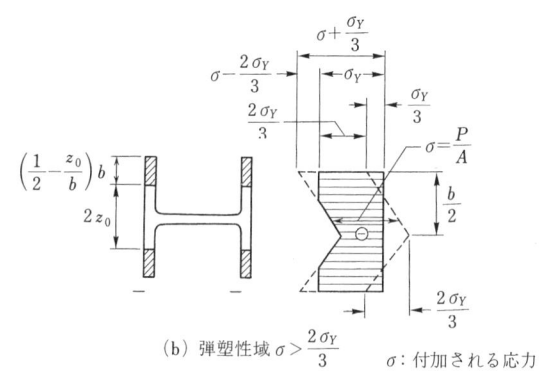

(a) 弾性域 $\sigma \leq \dfrac{2\sigma_Y}{3}$

(b) 弾塑性域 $\sigma > \dfrac{2\sigma_Y}{3}$　　σ：付加される応力

図 7.32　残留応力が線形分布した場合の応力状態

$$\sigma_{cr} = \frac{8\pi^2 E(z_0/b)^3}{(\beta l/r)^2} \tag{7.73}$$

σ_{cr} は z_0/b と $\beta l/r$ の関数となっている．

ここで，弾塑性状態での荷重は次のとおり記述できる

$$P_{cr} = 2\left[\sigma bt - 2\left(\frac{1}{2}\right)\left(\sigma - \frac{2}{3}\sigma_Y\right)\left(\frac{1}{2} - \frac{z_0}{b}\right)bt\right] \tag{7.74}$$

これは図 7.32 での影をつけている部分である．

同図の破線の三角形部分の関係より

$$\frac{\sigma - \dfrac{2}{3}\sigma_Y}{\left(\dfrac{1}{2} - \dfrac{z_0}{b}\right)b} = \frac{\dfrac{2}{3}\sigma_Y}{\dfrac{b}{2}} \tag{7.75}$$

σ について解くと

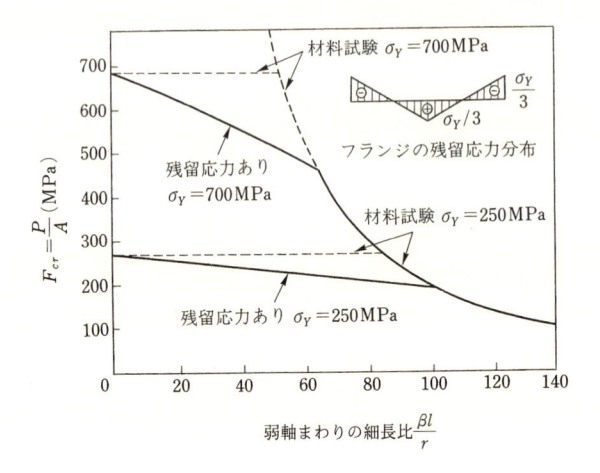

図 7.33 例 2 から求められる柱の耐荷力曲線

$$\sigma = \left[1 - \frac{z_0}{b}\right]\frac{4}{3}\sigma_Y \tag{7.76}$$

これを式 (7.74) に代入すると

$$P_{cr} = 2bt\left\{\left(1-\frac{z_0}{b}\right)\frac{4}{3}\sigma_Y - \left[\left(1-\frac{z_0}{b}\right)\frac{4}{3}\sigma_Y - \frac{2}{3}\sigma_Y\right]\left(\frac{1}{2}-\frac{z_0}{b}\right)\right\}$$

$$= A_f \sigma_Y \left[1 - \frac{4}{3}\left(\frac{z_0}{b}\right)^2\right] \tag{7.77}$$

したがって

$$\sigma_{cr} = \frac{P_{cr}}{A_f} = \sigma_Y\left[1 - \frac{4}{3}\left(\frac{z_0}{b}\right)^2\right] \tag{7.78}$$

図 7.33 は式 (7.78) を降伏点 σ_Y が 250 MPa および 690 MPa の鋼材について示したものである．

図 7.33 の曲線は同じ断面で同じ残留応力を有する短い柱を圧縮することにより得られる平均応力-ひずみ曲線を用い，式 (7.56) と式 (7.62) を適用することにより求めることもできる．

以上に示したような方法により，さまざまに分布する残留応力を含む H 型断面柱の弱軸まわりおよび強軸まわりの座屈に対する耐荷力曲線を求めることが

7.7 柱の耐荷力，設計許容応力

できる．フランジに残留応力が直線分布する場合と放物線分布する場合について計算した柱の耐荷力曲線を図 7.34 に示す．通常の構造用鋼材での圧縮側の残留応力は概略 $(1/3)\sigma_Y$ 程度であるため，そのように仮定している．ただし，これは鋼材により異なり，たとえば高強度鋼ではもっと低くなることが多い．

米国では，次式で示される SSRC (Structural Stability Research Council) の放物線が設計に用いられてきた．

$$\sigma_{cr} = \sigma_Y \left[1 - \frac{\sigma_Y}{4\pi^2 E} \left(\frac{\beta l}{r} \right)^2 \right] \quad (7.79)$$

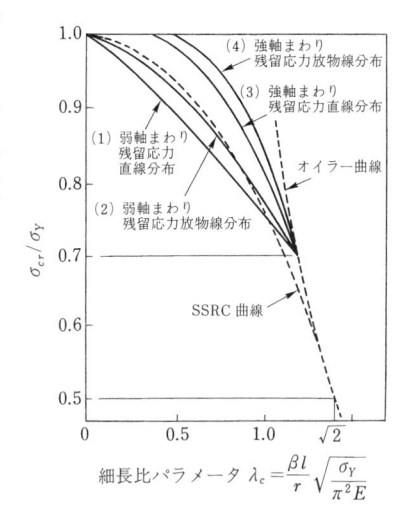

図 7.34 残留応力をフランジ内直線分布および放物線分布と仮定して得られる柱の耐荷力曲線とSSRC耐荷力曲線[6]

図 7.34 に式 (7.79) を柱の耐荷力曲線と比較するが，SSRC 放物線は H 型断面柱で残留応力がフランジに放物線分布すると考えた場合の弱軸まわりの耐荷力曲線とよく一致している．

図 7.34 では細長比パラメータ λ_c を導入している．

$$\lambda_c^2 = \frac{\sigma_Y}{\sigma_{cr(\text{オイラー})}} = \frac{\sigma_Y}{\dfrac{\pi^2 E}{(\beta l/r)^2}} \quad (7.80)$$

$$\lambda_c = \frac{\beta l}{r} \sqrt{\frac{\sigma_Y}{\pi^2 E}} \quad (7.81)$$

これを用いると SSRC 放物線は

$$\frac{\sigma_{cr}}{\sigma_Y} = 1 - \frac{\lambda_c^2}{4} \quad (\lambda_c \leq \sqrt{2}) \quad (7.82)$$

すなわち $\lambda_c = \sqrt{2}$ でオイラーの座屈曲線と SSRC の放物線が接する．したがって $\lambda_c < \sqrt{2}$ で式 (7.82) を適用し，λ_c がそれ以上ではオイラー曲線を適用する．

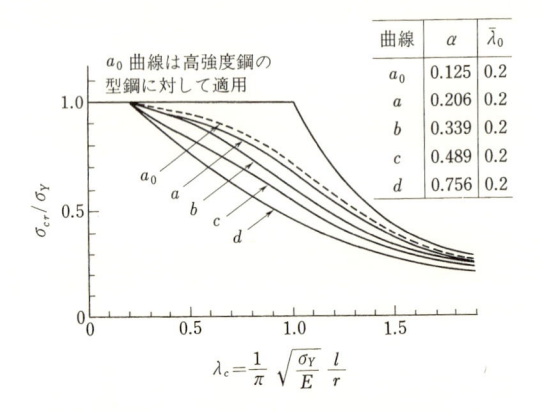

曲線	α	$\bar{\lambda}_0$
a_0	0.125	0.2
a	0.206	0.2
b	0.339	0.2
c	0.489	0.2
d	0.756	0.2

a_0 曲線は高強度鋼の型鋼に対して適用

$$\lambda_c = \frac{1}{\pi}\sqrt{\frac{\sigma_Y}{E}}\frac{l}{r}$$

Curve a
   Tubes (hot-formed)
   Rolled W, $h/b > 1.2$
   Rolled W with welded cover-plates
   Welded box, annealed
   W- and H, annealed

Curve b
   Welded box
   Rolled W, $h/b > 1.2$
   Rolled W, $h/b \leq 1.2$
   Welded H (FC)
   Welded H (UM)
   Rolled W, with welded cover-plates
   Rolled W, annealed

Curve c
   Rolled W, $h/b < 1.2$
   Welded H (UM)
   Tee
   Channel
   Tubes, cold-finished, wall thickness < 6mm

                        Heavy shapes

図 7.35 ECCSの複数柱曲線 (ECCS multiple column curves)

$$\frac{\sigma_{cr}}{\sigma_Y} = \frac{1}{\lambda_c^2} \quad (\lambda_c \geq \sqrt{2}) \tag{7.83}$$

柱の強度曲線の表示式としては最近は ECCS (European Convention of Constructional Steelworks) の提案による次式が用いられる傾向にある.

$$\frac{\sigma_{cr}}{\sigma_Y} = 1.0 \quad (\bar{\lambda} \leq \bar{\lambda}_0) \tag{7.84}$$

$$\frac{\sigma_{cr}}{\sigma_Y} = \frac{1}{2\bar{\lambda}^2}\left[1 + \alpha(\bar{\lambda} - \bar{\lambda}_0) + \bar{\lambda}^2 - \sqrt{\{1+\alpha(\bar{\lambda}-\bar{\lambda}_0)+\bar{\lambda}^2\}^2 - 4\bar{\lambda}^2}\right] \quad (\bar{\lambda} > \bar{\lambda}_0)$$

$$\tag{7.85}$$

7.7 柱の耐荷力，設計許容応力

$$\lambda_c = \sqrt{\frac{\sigma_Y}{\sigma_E}} = \frac{1}{\pi}\frac{l}{r}\sqrt{\frac{\sigma_Y}{E}}$$

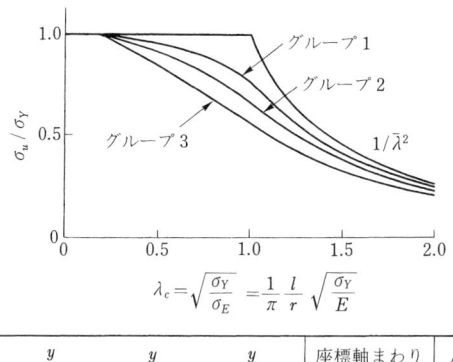

断面	座標軸まわりの座屈	グループ
円形・箱形・角形	両軸とも	1
溶接箱形	両軸とも	1
圧延I形	$t \leq 40$ mm 両軸とも	1
	$t > 40$ mm 両軸とも	3 (2)*
溶接I形	$t \leq 40$ mm 両軸とも	2
	$t > 40$ mm 両軸とも	3
T形・溝形・山形	両軸とも	2

*( )内の数字は $\sigma_Y > 400\,\text{N/mm}^2$ の範囲で適用

図 7.36 「座屈設計ガイドライン」の複数柱曲線

ここに $\bar{\lambda}_0$ は限界細長比パラメータで，全断面が降伏に達するまでの強度を保証している．ヨーロッパ共通基準（EUROCODE 3）では図 7.35 に示す 5 本の曲線を採用している．各曲線の使い方の区分は図中に示すとおりである．また，土木学会の「座屈設計ガイドライン」では図 7.36 に示す 3 本の曲線を提

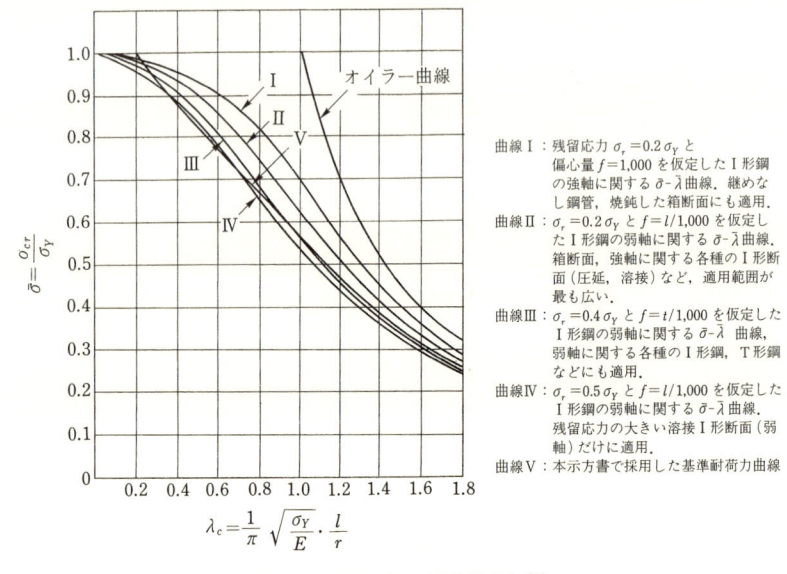

図 7.37 耐荷力曲線（道路橋示方書）

曲線 I：残留応力 $\sigma_r=0.2\sigma_Y$ と偏心量 $f=1/1,000$ を仮定した I 形鋼の強軸に関する $\bar{\sigma}-\bar{\lambda}$ 曲線．継めなし鋼管，焼鈍した箱断面にも適用．

曲線 II：$\sigma_r=0.2\sigma_Y$ と $f=l/1,000$ を仮定した I 形鋼の弱軸に関する $\bar{\sigma}-\bar{\lambda}$ 曲線．箱断面，強軸に関する各種の I 形断面（圧延，溶接）など，適用範囲が最も広い．

曲線 III：$\sigma_r=0.4\sigma_Y$ と $f=l/1,000$ を仮定した I 形鋼の弱軸に関する $\bar{\sigma}-\bar{\lambda}$ 曲線．弱軸に関する各種の I 形鋼，T 形鋼などにも適用．

曲線 IV：$\sigma_r=0.5\sigma_Y$ と $f=l/1,000$ を仮定した I 形鋼の弱軸に関する $\bar{\sigma}-\bar{\lambda}$ 曲線．残留応力の大きい溶接 I 形断面（弱軸）だけに適用．

曲線 V：本示方書で採用した基準耐荷力曲線

案している．これは福本らによる膨大な数の実験結果の整理および理論解析に基づいている．

図 7.37 は道路橋示方書の解説に引用されている耐荷力曲線である．曲線の I～IV は G. Sehulz により求められたもので，それぞれの計算仮定の概略は図中に示されている．道路橋示方書では簡略性を考えて，I～IV の曲線のほぼ下限となる V の曲線を基準耐荷力曲線としている．式で表せば以下のとおりである．

$$\bar{\sigma}=1.0 \quad (\lambda_c\leq0.2)$$
$$\bar{\sigma}=1.109-0.545\lambda_c \quad (0.2<\lambda_c\leq1.0)$$
$$\bar{\sigma}=1.0/(0.773+\lambda_c^2) \quad (1.0<\lambda_c) \tag{7.86}$$

この曲線は ECCS の曲線 c とほぼ一致している．

道路橋示方書では構造用鋼材の許容軸方向圧縮応力度を，次式で与えている．

$$\sigma_{ca}=\sigma_{cag}\cdot\sigma_{cal}/\sigma_{cao} \tag{7.87}$$

ここに

7.7 柱の耐荷力，設計許容応力

σ_{ca}：許容軸方向圧縮応力度

σ_{cag}：表7.2に示す局部座屈（次章参照）を考慮しない許容軸方向圧縮応力度

σ_{cal}：局部座屈に対する許容応力度（次章表8.1，8.2，8.3参照）

σ_{cao}：表7.2に示す局部座屈を考慮しない許容軸方向圧縮応力度の上限値

　表7.2の許容軸方向圧縮応力度は，図7.37に示した基準耐荷力曲線に対して安全率1.7をとることを基準方針として定められている．ただしSM570およびSMA570についてはその許容軸方向圧縮応力度の上限値を255MPa（板厚40mm以下）におさえており，$\bar{\lambda}$が小さい領域では安全率は1.7より高くなっている．

表7.2 局部座屈を考慮しない許容軸方向圧縮応力度　SM490Y, SM520, SMA490W（N/mm²(kgf/cm²)）
（道路橋示方書　表2.2.2から抜すい．）

鋼種	鋼材の板厚 (mm)	局部座屈を考慮しない許容応力度 (N/mm²(kgf/cm²))	鋼種	鋼材の板厚 (mm)	局部座屈を考慮しない許容応力度 (N/mm²(kgf/cm²))
SM490Y SM520 SMA490W	40以下	$210 (2,100)$: $\frac{l}{r} \leq 15$ (14) $210 - 1.5(\frac{l}{r} - 15)$: $15 < \frac{l}{r} \leq 75$ $(2,100 - 15(\frac{l}{r} - 14))$ (14) (76) $\dfrac{12,000,000}{4,400 + (\frac{l}{r})^2}$: $75 < \frac{l}{r}$ $\left(\dfrac{12,000,000}{4,500 + (\frac{l}{r})^2}\right)$ (76)	SM570 SMA570W	40以下	$255 (2,600)$: $\frac{l}{r} \leq 18$ $255 - 2.1(\frac{l}{r} - 18)$: $18 < \frac{l}{r} \leq 67$ $(2,600 - 22(\frac{l}{r} - 18))$ $\dfrac{12,000,000}{3,500 + (\frac{l}{r})^2}$: $67 < \frac{l}{r}$ $\left(\dfrac{12,000,000}{4,500 + (\frac{l}{r})^2}\right)$
	40をこえ 75以下	$195 (2,000)$: $\frac{l}{r} \leq 15$ (14) $195 - 1.3(\frac{l}{r} - 15)$: $15 < \frac{l}{r} \leq 77$ $(2,000 - 14(\frac{l}{r} - 14))$ (14) (78) $\dfrac{12,000,000}{4,700 + (\frac{l}{r})^2}$: $77 < \frac{l}{r}$ $\left(\dfrac{12,000,000}{4,700 + (\frac{l}{r})^2}\right)$ (78)		40をこえ 75以下	$245 (2,500)$: $\frac{l}{r} \leq 17$ (18) $245 - 2.0(\frac{l}{r} - 17)$: $17 < \frac{l}{r} \leq 69$ $(2,500 - 21(\frac{l}{r} - 18))$ (18) $\dfrac{12,000,000}{3,600 + (\frac{l}{r})^2}$: $69 < \frac{l}{r}$ $\left(\dfrac{12,000,000}{(3,600 + (\frac{l}{r})^2)}\right)$
	75をこえ 100以下	$190 (1,950)$: $\frac{l}{r} \leq 16$ (14) $190 - 1.3(\frac{l}{r} - 16)$: $16 < \frac{l}{r} \leq 78$ $(1,950 - 13(\frac{l}{r} - 14))$ (14) (79) $\dfrac{12,000,000}{4,800 + (\frac{l}{r})^2}$: $78 < \frac{l}{r}$ $\left(\dfrac{12,000,000}{(4,900 + (\frac{l}{r})^2)}\right)$ (79)		75をこえ 100以下	$240 (2,450)$: $\frac{l}{r} \leq 17$ (18) $240 - 1.9(\frac{l}{r} - 17)$: $17 < \frac{l}{r} \leq 69$ $(2,450 - 20(\frac{l}{r} - 18))$ (18) $\dfrac{12,000,000}{3,700 + (\frac{l}{r})^2}$: $69 < \frac{l}{r}$ $\left(\dfrac{12,000,000}{(3,700 + (\frac{l}{r})^2)}\right)$

注）l：圧縮フランジの固定点間距離（cm），r：圧縮フランジ幅（cm）
　　他鋼種については道路橋示方書を参照のこと．

[演習問題]

7.1 図 7.38 に示す H 型断面柱の弾性座屈について答えよ.
 (1) (a) の両端ピン支持の場合の座屈荷重(オイラー座屈荷重)を求めよ.
 (断面の強軸,弱軸に注意)
 (2) (b)(c) の支持条件での座屈荷重は (a) を 1 とするといくらか.また,それぞれの座屈時の変形モードを示せ.

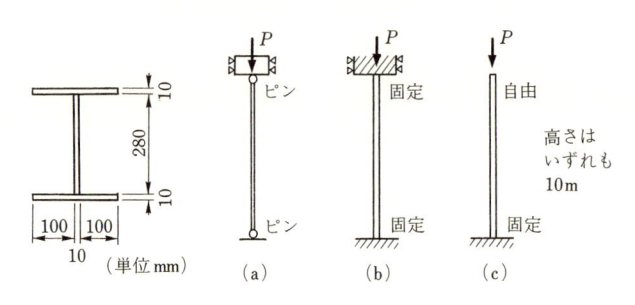

図 7.38

7.2 図 7.39 の断面の柱について,図中に示す (a)(b)(c) の支持条件で圧縮力 P を作用させたときの,それぞれの P と柱の中央点 C での x 方向変位 u,y 方向変位 v,z 方向変位 w との関係を図示せよ.またそれぞれの支持条件でのおおよその座屈モードを図示せよ.座屈荷重等は計算すること.

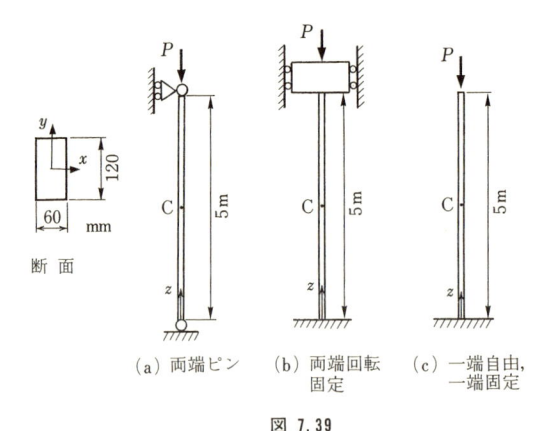

図 7.39

7.3 図7.40(a)のような鋼製の柱について以下の問に答えよ.
(1) 両端がピン支持(回転自由)のときの弾性座屈応力を求めよ.またそのときの座屈モードの概略を示せ.
(2) 両端が固定のときの弾性座屈応力を求めよ.またそのときの座屈モードの概略を示せ.
(3) 図(b)の支持条件での座屈モードの概略を示せ.

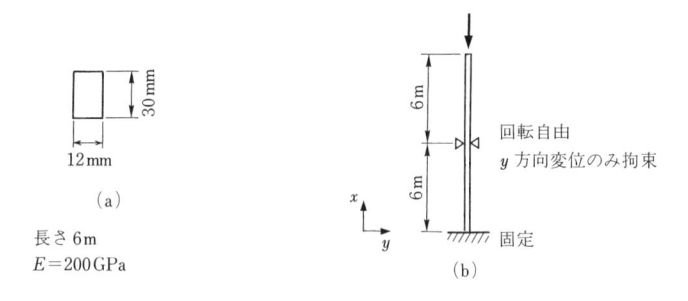

(a) 12mm × 30mm
長さ6m
$E = 200\,\mathrm{GPa}$

(b) 上端:回転自由,y方向変位のみ拘束
中間6m,下端6m,固定

図 7.40

[参 考 文 献]

1) 倉西茂:鋼構造,pp.36-40,技報堂出版,1980
2) C. G. Salmon and J. E. Johnson : Steel Structures, Design and Behavior, Fourth Edition, pp. 304-338, Harper Collins College Publishers, 1995
3) L. Tall et. al : Structural Steel Design, pp. 287-308, Robert E. Krieger Publishing Campany, 1983
4) 土木学会:座屈設計ガイドライン,鋼構造シリーズ,pp. 89-93, 1987
5) 道路橋示方書・同解説,II鋼橋編,日本道路協会,1996
6) B. G. Johnston, ed. : Structural Stability Research Council, Guide to Stability Design Criteria for Metal Structures, 3rd ed., John Wiley & Sons, 1976

8

局 部 座 屈

ここでは板要素の座屈挙動から始め，板要素により構成される鋼構造柱部材が本来の強度を発揮するための条件，すなわち板要素の局部座屈と部材の全体座屈について述べる．

ほとんどの鋼構造部材は鋼板の要素を集成することにより構成される．比較的小規模な部材は圧延形鋼をそのまま柱として使用する．大きな部材は1960年頃では形鋼をリベットで集成して構成し，それ以降は鋼板を溶接で組み立て集成されている（図8.1）．このような部材が圧縮力を受けたときの強度は，部材を構成する板要素の座屈に影響される可能性がある．すなわち板要素が先に座屈することにより機能しなくなり，部材全体の座屈を導いてしまう．あるいは板の座屈が応力の再配分を引き起こし，部材全体の耐荷力に影響を及ぼすような挙動が考えられる．このような部材を構成する板要素の座屈を局部座屈と呼ぶ．

7章に示した道路橋示方書の許容応力度の式において，板および補剛板の局部座屈に対する許容応力度 σ_{cal} が局部座屈を考慮しない許容応力度の上限値 σ_{cao} に等しい場合，すなわち局部座屈の影響を考慮しなくてよい場合は部材の許容軸方向圧縮応力度 σ_{ca} は局部座屈を考慮しない許容応力度 σ_{cag} に等しくなる．しかしながら σ_{cal} が σ_{cao} を下回る場合，すなわち局部座屈の影響を考慮しなければならない場合は柱としての座屈と局部座屈が連成して部材の座屈強度は両者を下回ることがある．どの程度下回るかは部材の剛性やそれを構成する板の剛性により異なる．

8章 局部座屈

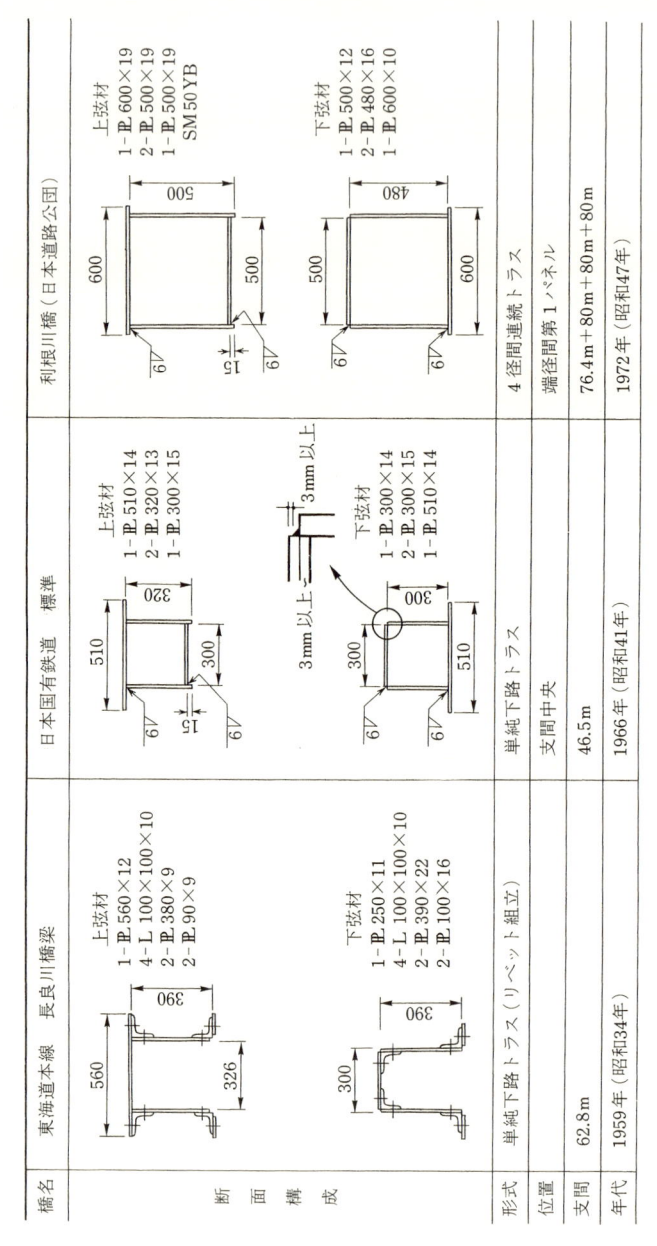

橋名	東海道本線　長良川橋梁	日本国有鉄道　標準	利根川橋（日本道路公団）
断面構成	上弦材 1-Ｐ.560×12 4-L 100×100×10 2-Ｐ.380×9 2-Ｐ.90×9 下弦材 1-Ｐ.250×11 4-L 100×100×10 2-Ｐ.390×22 2-Ｐ.100×16	上弦材 1-Ｐ.510×14 2-Ｐ.320×13 1-Ｐ.300×15 下弦材 1-Ｐ.300×14 2-Ｐ.300×15 1-Ｐ.510×14	上弦材 1-Ｐ.600×19 2-Ｐ.500×19 1-Ｐ.500×19 SM50YB 下弦材 1-Ｐ.500×12 2-Ｐ.480×16 1-Ｐ.600×10
形式	単純下路トラス（リベット組立）	単純下路トラス	4径間連続トラス
位置		支間中央	端径間第1パネル
支間	62.8m	46.5m	76.4m+80m+80m+80m
年代	1959年（昭和34年）	1966年（昭和41年）	1972年（昭和47年）

図 8.1　断面構成の例（トラス部材）[1]

8.1 板の弾性座屈[3,6]

図 8.2 に示す板のたわみの支配方程式は

$$D\left(\frac{\partial^4 w}{\partial x^4}+2\frac{\partial^4 w}{\partial x^2 \partial y^2}+\frac{\partial^4 w}{\partial y^4}\right)=p(x,\ y) \tag{8.1}$$

ここで $D=\dfrac{Et^3}{12(1-\nu^2)}$ は板の曲げ剛性である.

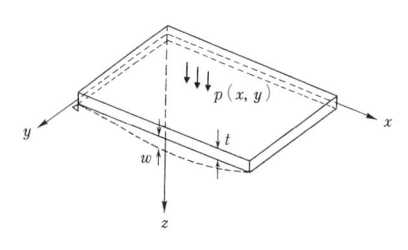

図 8.2 等方性平板の曲げ

図 8.3 に示すような,完全にフラットで均質の板に一様な面内力が作用した状態を考える.圧縮応力度 σ がある値になると面外の変形が生じ始める.そのような変形により働いていた直応力もそれに沿って方向を変える.すると 7.2 節で考えたように,横方向の面外への分力を生じることになる.

その値は単位面積当り次式で表される.

$$p(x,\ y)=-\sigma t\frac{\partial^2 w}{\partial x^2} \tag{8.2}$$

ここで t:板厚,w:面外方向への板のたわみ.

板の支配方程式にこれを代入すると

$$D\left(\frac{\partial^4 w}{\partial x^4}+2\frac{\partial^4 w}{\partial x^2 \partial y^2}+\frac{\partial^4 w}{\partial y^4}\right)+\sigma t\frac{\partial^2 w}{\partial x^2}=0 \tag{8.3}$$

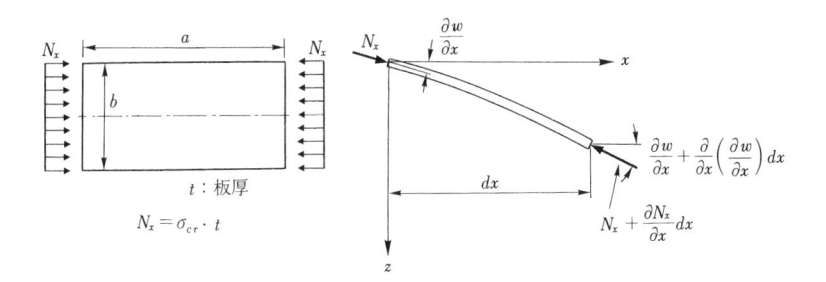

図 8.3 板の座屈

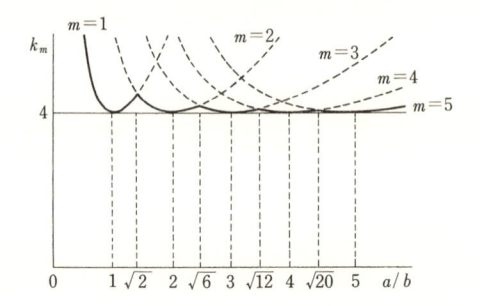

図 8.4 平板の長さと幅の比 a/b と座屈係数 k_m との関係

となる.板の4辺が,単純支持されている場合の解 w は

$$w(x, y) = A \sin \frac{m\pi x}{a} \sin \frac{n\pi y}{b} \quad (m, n=1, 2, 3, \cdots) \tag{8.4}$$

となる.これを前式に代入すると,板の弾性座屈応力が求まる.

$$\sigma_{cr} = \frac{\pi^2 D}{b^2 t} \left(m \frac{b}{a} + \frac{n^2}{m} \frac{a}{b} \right)^2 \tag{8.5}$$

$n=1$ すなわち幅方向一波のとき,最小の P_{cr} が得られることから

$$\sigma_{cr} = k_m \sigma_E \tag{8.6}$$

ここに

$$\sigma_E = \frac{\pi^2 D}{b^2 t} = \frac{\pi^2 E t^2}{12 b^2 (1-\nu^2)}, \quad k_m = \left(m \frac{b}{a} + \frac{1}{m} \frac{a}{b} \right)^2$$

ここで,σ_E:板の幅 b を部材長とする柱のオイラー座屈応力,k_m:板の座屈係数.

図 8.4 に板の長さと幅の比(アスペクト比)a/b と座屈係数 k_m との関係を長手方向の波数を変化させて示す.

$m=1$ の場合は $a/b=1$ で極小値が現れ,さらに a/b が大きくなると k_m は大きくなる.$m=2$ の場合は $a/b=2$ で極小値,$m=3$ の場合は $a/b=3$ で極小値となる.

すなわち座屈変形の波の長さが,x, y 軸方向とも等しくなるときつねに極小の k_m となり,その値は4である.a/b が整数でない場合は座屈係数 k_m は

4より大きいが，b に比較して a が非常に大きい細長い板の場合には，座屈係数 $k_m=4$ を用いることが多い．したがって，4辺単純支持で2辺に等分布荷重が作用する場合の弾性座屈応力は次式となる．

$$\sigma_{cr}=\frac{4\pi^2 E}{12(1-\nu^2)(b/t)^2} \tag{8.7}$$

板の座屈応力式（8.5）と柱の座屈応力（7.14）との比較から興味深いことがわかる．いま，板幅が非常に広いすなわち b/a が大きい場合を考えると，$a/b\to 0$ となり，式（8.5）は

$$\sigma_{cr}=m^2\frac{\pi^2 E}{12(1-\nu^2)}\left(\frac{t}{a}\right)^2 \tag{8.8}$$

となる．$m=1$ で σ_{cr} は最小となるため，厚さ t の長方形断面の断面二次半径 $r=t/\sqrt{12}$ より

$$\sigma_{cr}=\frac{\pi^2 E}{12(1-\nu^2)}\left(\frac{\sqrt{12}\,r}{a}\right)^2=\frac{\pi^2 E}{(1-\nu^2)(a/r)^2} \tag{8.9}$$

ここで，ポアソン比の影響として現れる板としての挙動である $(1-\nu^2)$ を除くと，式（8.9）はオイラーの座屈と同じとなる．

一般に板の座屈強度は

$$\sigma_{cr}=k\frac{\pi^2 E}{12(1-\nu^2)(b/t)^2} \tag{8.10}$$

で与えられる．k は板の座屈係数であり，板の形状，境界条件，材料，荷重条件で決まる．長くて幅の狭い板（$a\gg b$）では $k=1$ となる．板幅 b は板の座屈を考える上で重要な寸法である．

8.2 板の強度[6]

図8.5に部材を構成する板要素を示す．板要素について考えると，その縁端についてはさまざまな拘束条件となっていることが理解できるであろう．図8.6は長方形板について，板縁の拘束条件を固定，単純支持，自由とした場合の座屈係数 k とアスペクト比 a/b の関係である．座屈係数すなわち強度は板縁

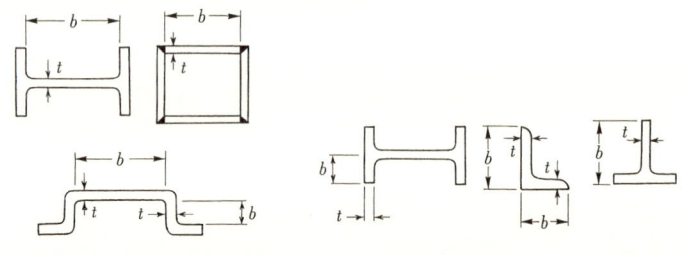

(a) 両端を拘束されている板要素　　　(b) 1端のみを拘束されている板要素

図 8.5　部材とそれを構成する板要素[6]

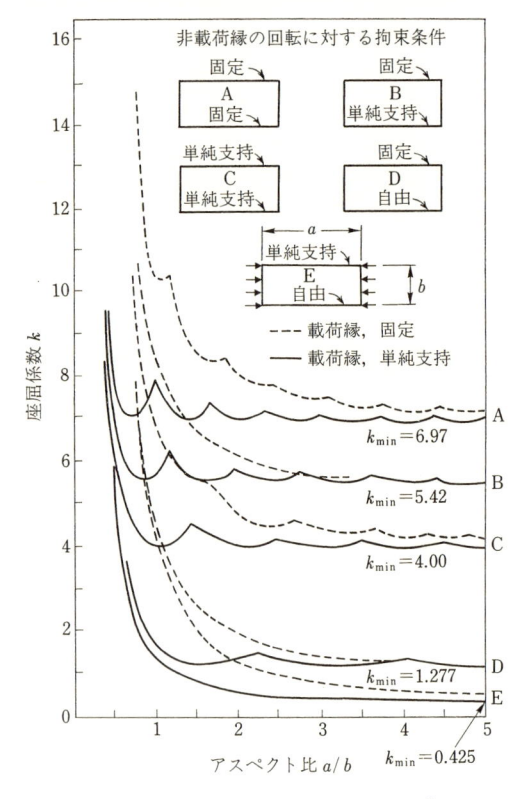

図 8.6　板縁の拘束条件と座屈係数[6]

非載荷縁の回転に対する拘束条件

- A：固定／固定
- B：固定／単純支持
- C：単純支持／単純支持
- D：固定／自由
- E：単純支持／自由

----- 載荷縁，固定
——— 載荷縁，単純支持

$k_{\min} = 6.97$ （A）
$k_{\min} = 5.42$ （B）
$k_{\min} = 4.00$ （C）
$k_{\min} = 1.277$ （D）
$k_{\min} = 0.425$ （E）

座屈係数 k

アスペクト比 a/b

8.2 板の強度

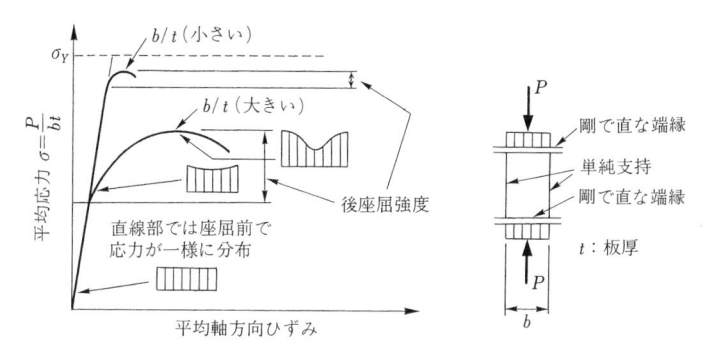

図 8.7 単純支持された板の上下端を圧縮した場合の挙動[6]

の拘束により大きく変わることがわかる．

板の端部に一様な圧縮力を加えたときの荷重と変位挙動を図8.7に示す．板が座屈応力 σ_{cr} に達する前は，板内は一様な応力分布を示す．座屈応力に達した後さらに荷重を増すと，板の側縁から最も遠い位置が面外方向に変位し始める．この面外方向の変位は板が真直ぐで，荷重が端部に一様にかかっているにもかかわらず板内に応力の分布を生じることになる．

図8.7に示すように板の強度は（1）弾性あるいは弾塑性座屈と（2）後座屈強度から構成されている．また，後座屈強度は板の幅厚比 b/t が大きいほど高くなる．b/t が小さい場合，後座屈強度が消失するとともに，板全体が降伏し，ひずみ硬化現象が生じるため，σ_{cr}/σ_Y は1を超えることもある．

図8.8は残留応力がない場合の板の座屈曲線を柱の座屈曲線と比較して描いたものである．

座屈曲線は弾性座屈域（オイラー座屈），降伏域（AB，A'B および A''B）およびひずみ硬化域の3領域から構成されている．

ここでは幅厚比パラメータ R を以下のように定義している．

$$R = \sqrt{\frac{\sigma_Y}{\sigma_{cr}}} = \frac{b}{t}\sqrt{\frac{\sigma_Y(12)(1-\nu^2)}{\pi^2 Ek}} \tag{8.11}$$

図中の曲線 a は柱の細長比パラメータ λ_c と強度の関係であり，前章の柱の座屈ではひずみ硬化域を無視している．板は柱の細長比パラメータの値に比べ

8章 局部座屈

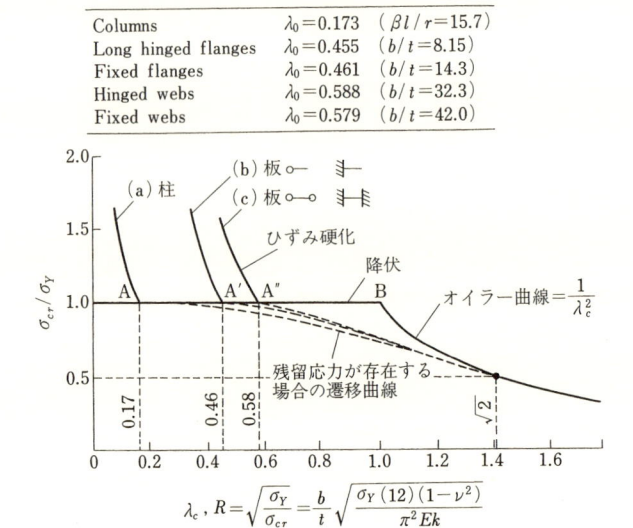

Columns	$\lambda_0 = 0.173$	($\beta l / r = 15.7$)
Long hinged flanges	$\lambda_0 = 0.455$	($b/t = 8.15$)
Fixed flanges	$\lambda_0 = 0.461$	($b/t = 14.3$)
Hinged webs	$\lambda_0 = 0.588$	($b/t = 32.3$)
Fixed webs	$\lambda_0 = 0.579$	($b/t = 42.0$)

図 8.8 板の座屈曲線と柱の座屈曲線[6]

て，高い値の幅厚比パラメータでひずみ硬化が生じるといわれている．このひずみ硬化を開始する幅厚比パラメータおよび細長比パラメータを R_0, λ_0 とし，HaaijerとThürlimannは $\sigma_Y = 248\,\text{MPa}$ の鋼についての値を図中の表のように求めている[7]．この λ_0 の値は板の支持条件が片側か両側かが重要であり，回転に対する拘束は影響しないとされている．したがって，図8.8のA′は0.46，A″は0.58として代表される．実際の構造部材の強度は残留応力がある

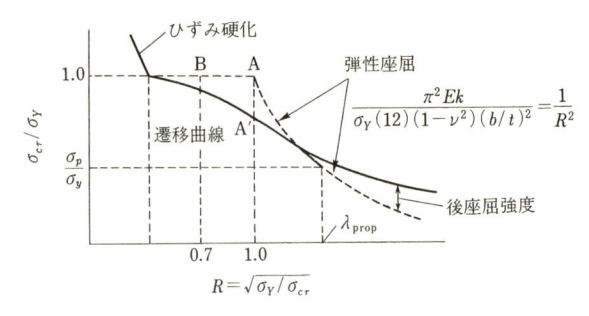

図 8.9 板の実際の耐荷力の無次元表示[6]

8.2 板の強度

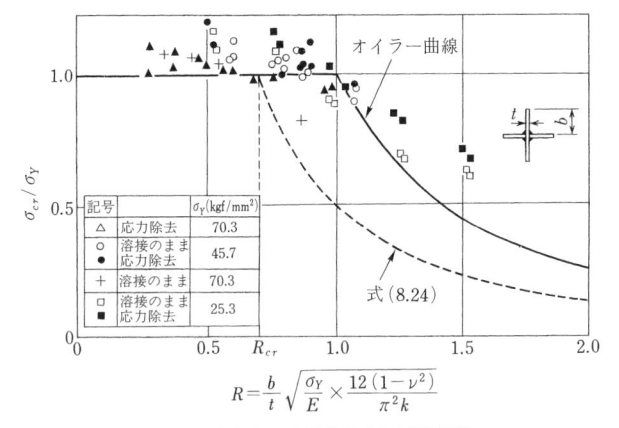

(a) 板の座屈実験 (十字形断面)

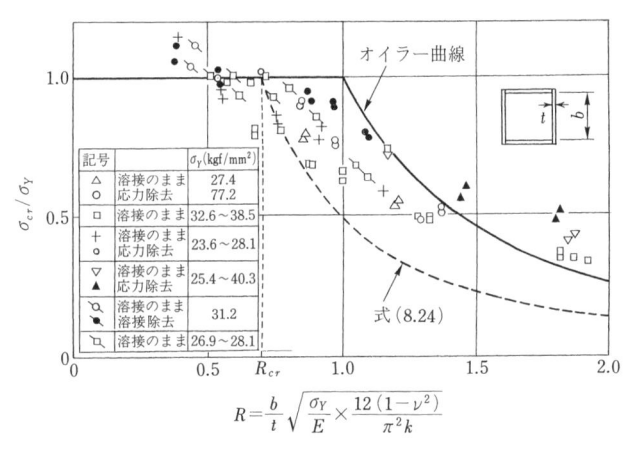

(b) 板の座屈実験 (□形断面)

図 8.10 板の座屈強度実験の例 [2]

ため,これらの点から弾性座屈曲線に向かう遷移曲線で表される曲線で代表されることになる.

以上をまとめると,端部に圧縮力を受ける板の強度は

(1) R が小さい場合のひずみ硬化
(2) 降伏 (R が 0.5〜0.6)

(3) 遷移曲線で表される非弾性座屈
(4) オイラー座屈で表される弾性座屈（R が約 1.4 以上）
(5) 後座屈強度（R が 1.5 以上）

で支配されるといえる．

図 8.9 はこれらを取り入れて描いた板の実際の耐荷力を示す曲線である．

図 8.10 は鉄道橋の設計標準での圧縮力を受ける板要素の設計基準耐荷力を決める際に参考にされたものである．板要素の片側のみ回転拘束した十字形断面，両側を回転拘束した箱形断面とも実験結果は上述の傾向とよく合った挙動を示している．図中の R_{cr} は限界座屈パラメータと呼ばれ，降伏応力にきわめて近い応力状態において板の座屈を防ぐに必要な幅厚比パラメータであると同時に，降伏応力にきわめて近い応力で座屈を防ぐのに必要な幅厚比と弾性座屈理論から求まる幅厚比との比と見なすこともできる．

8.3　局部座屈と全体座屈

（1）幅　厚　比

部材全体として耐えられる応力に達するまでに構成している板が座屈してしまうと，その部材は十分な耐荷力を発揮できなくなる．すなわち板要素で構成されている柱においては，板の座屈強度は柱の座屈強度以上なければならない．

$$(\sigma_{cr})_{\text{plate}} \geqq (\sigma_{cr})_{\text{column}} \tag{8.12}$$

一般的な場合として，板の座屈強度を式 (8.10)，柱の座屈強度を式 (7.12) に有効座屈長 βl を用いた式で考えると

$$k \frac{\pi^2 E}{12(1-\nu^2)} \left(\frac{t}{b}\right)^2 \geqq \frac{\pi^2 E}{(\beta l / r)^2} \tag{8.13}$$

となり，鋼に対する必要な b/t は，$\nu = 0.3$ より

$$\frac{b}{t} \leqq 0.3 \frac{\beta l \sqrt{k}}{r} \tag{8.14}$$

8.3 局部座屈と全体座屈

また，式 (8.10) を書き直すと

$$\sigma_{cr} = \frac{k\pi^2 E/\{12(1-\nu^2)\}}{(b/t)^2} \tag{8.15}$$

$$= \frac{k\pi^2 E}{12(1-\nu^2)} \cdot \frac{1}{(b/t)^2}$$

となる．すなわち，板の耐荷力は幅と板厚の比のみの関数となる．この比を幅厚比と呼んでいる．

柱の耐荷力を考える際の細長比パラメータ λ に対応する量として，やはり座屈応力と一致する幅厚比で無次元化した式 (8.11) の幅厚比パラメータが用いられる．この幅厚比パラメータは鋼種にかかわらず適用しうる無次元量であり，板の耐荷力を考える上で重要なパラメータである．

したがって，式 (8.11) より

$$\frac{\sigma_{cr}}{\sigma_Y} = \frac{1}{R^2} \tag{8.16}$$

となり，σ_{cr} は σ_Y を超えられないとして図示すれば図 8.11 となる．この図は細長比パラメータ λ を用いた柱の耐荷力曲線とまったく同じである．

いま $R>1$，$\lambda>1$ の領域で，$R>\lambda$ ならば，柱部材として十分な強度を発揮する前に，構成している板が座屈してしまう．したがって，そのようなことを防止するには，$R<\lambda$ でなければならない．すなわち，幅厚比パラメータが部材の細長比パラメータより小さくなるように部材を構成する必要がある．

8.2 節に述べたように，b/t が小さい領域ではひずみ硬化が生じ，中間領域では残留応力や初期不整が非弾性座屈を生じさせる．

b/t が大きい領域では式 (8.15) に従って弾性座屈が生じるが，後座屈強度があるため耐荷力は若干上昇する．実際に生じる板の耐荷力曲線（無次元表示）は図 8.10 のようになる．したがって，無次元化した柱と

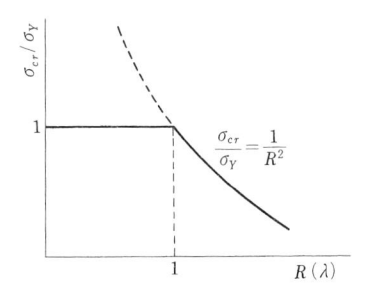

図 8.11 幅厚比パラメータを用いた板の耐荷力曲線の無次元表示

板との耐荷力曲線は一致しない．

R と λ の関係は複雑であり，また柱としての座屈板の座屈の相互作用も生じる．

設計において部材を構成する板の座屈強度を降伏強度以上としておくと，板の局部座屈を防止することができる．

$$(\sigma_{cr})_{\text{plate}} \geq \sigma_Y \tag{8.17}$$

図 8.9 においてこの条件は A 点に対応する．

式（8.10）を式（8.17）に代入し，$\nu=0.3$ とすると

$$\frac{b}{t} \leq 0.95 \sqrt{\frac{kE}{\sigma_Y}} \tag{8.18}$$

しかし，実際の板の耐荷力は残留応力や初期不整の影響により図 8.9 の実線で示される遷移曲線になるため，式（8.18）は板厚を過大評価する恐れがある．より確かな安全性の高い b/t とするには，限界座屈パラメータ R_{cr} 点を基準にするのが適当と考えられる．

R_{cr} の値は片縁および両縁支持板の場合 0.7 程度となる．したがって，板の局部座屈を降伏点に近い応力点で防止する条件は

$$R \leq R_{cr} = \sqrt{\frac{\sigma_Y}{\sigma_{cr}}} = 0.7 \tag{8.19}$$

したがって，式（8.11）より

$$\frac{b}{t}\sqrt{\frac{\sigma_Y 12(1-\nu^2)}{\pi^2 Ek}} \leq R_{cr}$$

$$\therefore \quad \frac{b}{t} \leq 0.95 R_{cr} \sqrt{\frac{kE}{\sigma_Y}} = 0.665 \sqrt{\frac{kE}{\sigma_Y}} \tag{8.20}$$

となる．

鉄道橋設計標準では降伏点応力に近い応力状態において板が局部座屈しない幅厚比を最大幅厚比として設計することを基本としている．

最大幅厚比 $(b/t)_0$ は以下の式で表される．

$$\left(\frac{b}{t}\right)_0 = R_{cr} \sqrt{\frac{\pi^2 k}{12(1-\nu^2)} \cdot \frac{E}{\sigma_Y}} \tag{8.21}$$

8.3 局部座屈と全体座屈

ここで

R_{cr}：限界座屈パラメータ．片縁支持板および両縁支持板の場合 0.7．

k　：座屈係数．片縁支持板の場合 0.425，両縁支持板の場合 4.0．

ヤング率 E，ポアソン比 ν および降伏応力に値を入れて，きりのよい数値に丸めると，表 8.1 が得られる．

たとえば，両縁支持の SS400 製板要素では

$$\left(\frac{b}{t}\right)_0 = 0.7\sqrt{\frac{\pi^2 \times 4}{12(1-0.3)^2} \times \frac{2.0\times10^5}{235}} = 38.7 \qquad (8.22)$$

となる．

表 8.1 の最大幅厚比は降伏応力まで板が局部座屈しない幅厚比を規定したものである．したがって実際に作用する圧縮力が小さい部材についてもこの値をとることは不必要に厚い板を要求することになり，不経済な設計となる．したがって，そのような場合には表 8.1 の値に係数を乗じて幅厚比を緩和して用いることになっている．詳しくは設計標準を参照されたい．

表 8.1　鉄道橋の設計で用いられている板の最大幅厚比 [2)]
（鉄道構造物等設計標準・同解説，鋼・合成構造物，表 7.2.1）

条件 \ 板の縁の条件	片縁のみで支持（片縁支持板）	両縁で支持（両縁支持板）	両縁で支持され板幅の n 等分線上付近にあるおのおの 1 本の補剛材がある場合（補剛板）
	板の最大幅厚比 $(b/t)_0$		
SS 400, SM 400, SMA 400	12.5	40	$28n$
SM 490	11	34	$24n$
SM 490 Y, SM 520, SMA 490	10	32	$22n$
SM 570, SMA 570	9	28	$20n$
適用例	①	②	③

表 8.2　圧縮応力を受ける両縁支持板の最小板厚[4]
（道路橋示方書　表 3.2.1　ただし板厚 40mm 以下のみ抜粋）

鋼　種	SS 400 SM 400 SMA 400 W	SM 490	SM 490 Y SM 520 SMA 490 W	SM 570 SMA 570 W
板　厚	$\dfrac{b}{56f}$	$\dfrac{b}{48f}$	$\dfrac{b}{46f}$	$\dfrac{b}{40f}$

$t \geq \dfrac{b}{80f}$　かつ　$t \geq \dfrac{b}{220}$

ここに，
t：板厚（cm）
b：板の固定縁間距離（cm）
f：応力勾配による係数，$f = 0.65\varphi^2 + 0.13\varphi + 1.0$
φ：応力勾配，$\varphi = \dfrac{\sigma_1 - \sigma_2}{\sigma_1}$

σ_1, σ_2：それぞれ板の両縁での縁応力度（N/mm²），ただし，$\sigma_1 \geq \sigma_2$ とし，圧縮応力を正とする．

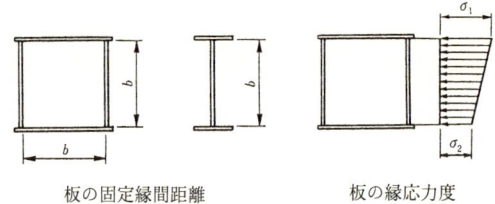

板の固定縁間距離　　　　板の縁応力度

道路橋示方書では，圧縮力を受ける板に対しては表 8.2 に示すような最小板厚を規定するとともに次のように幅厚比に応じて局部座屈に対する許容応力を設定するようにしている．

$$\sigma_{cr}/\sigma_Y = 1.0 \quad (R \leq 0.7) \tag{8.23}$$

$$\sigma_{cr}/\sigma_Y = 0.5/R^2 \quad (0.7 < R) \tag{8.24}$$

ここに，$R = \dfrac{b}{t}\sqrt{\dfrac{\sigma_Y}{E} \cdot \dfrac{12(1-\nu^2)}{\pi^2 k}}$

すなわち $R > 0.7$ の領域ではオイラー座屈強度の 1/2 を基準耐荷力とし，安全率を考慮して許容応力度を設定している．

8.3 局部座屈と全体座屈

表 8.3 両縁支持板の局部座屈に対する許容応力度 [4]
（道路橋示方書 表 3.2.2. ただし，板厚 40mm 以下のみ抜粋）

鋼　　種	局部座屈に対する許容応力度 （N/mm²）	
SS 400 SM 400 SMA 400 W	140	： $\dfrac{b}{38.7} \leqq t$
	$210000 \left(\dfrac{tf}{b}\right)^2$	： $\dfrac{b}{80f} \leqq t < \dfrac{b}{38.7f}$
SM 490	185	： $\dfrac{b}{33.7} \leqq t$
	$210000 \left(\dfrac{tf}{b}\right)^2$	： $\dfrac{b}{80f} \leqq t < \dfrac{b}{33.7}$
SM 490 Y SM 520 SMA 490 W	210	： $\dfrac{b}{31.6} \leqq t$
	$210000 \left(\dfrac{tf}{b}\right)^2$	： $\dfrac{b}{80f} \leqq t < \dfrac{b}{31.6f}$
SM 570 SMA 570 W	255	： $\dfrac{b}{28.7} \leqq t$
	$210000 \left(\dfrac{tf}{b}\right)^2$	： $\dfrac{b}{80f} \leqq t < \dfrac{b}{28.7f}$

SS 400 では，$R > R_{cr}$ の条件は両縁支持板については式 (8.22) に示したように $b/t = 38.7$ となる．

表 8.3 に両縁支持板に対する道路橋示方書の許容応力度を示す．表 8.2 および表 8.3 の f はたとえば圧縮と曲げが同時に作用したときなどに生じる応力勾配に対する補正係数である．

自由突出板については，板厚 t は自由突出幅 b の 1/16 以上とし，表 8.4 のように許容応力度を定めている．

SS 400 材の片縁支持板の R/R_{cr} の条件は座屈係数 $k = 0.425$ とすると，式 (8.21) より

$$\left(\frac{b}{t}\right)_0 = 0.7 \sqrt{\frac{\pi^2 \times 0.425 \times 2.0 \times 10^5}{12(1-\nu^2) \cdot 235}} = 12.8 \qquad (8.25)$$

となる．

表 8.4 自由突出板の局部座屈に対する許容応力度
(道路橋示方書 表 3.2.3. ただし板厚 40mm 以下を抜粋)

鋼　種	局部座屈に対する許容応力度 (N/mm²)		
SS 400 SM 400 SMA 400 W	140 $23000\left(\dfrac{t}{b}\right)^2$	: :	$\dfrac{b}{12.8} \leq t$ $\dfrac{b}{16} \leq t < \dfrac{b}{12.8}$
SM 490	185 $23000\left(\dfrac{t}{b}\right)^2$	: :	$\dfrac{b}{11.2} \leq t$ $\dfrac{b}{16} \leq t < \dfrac{b}{11.2}$
SM 490 Y SM 520 SMA 490 W	210 $23000\left(\dfrac{t}{b}\right)^2$	: :	$\dfrac{b}{10.5} \leq t$ $\dfrac{b}{16} \leq t < \dfrac{b}{10.5}$
SM 570 SMA 570 W	255 $23000\left(\dfrac{t}{b}\right)^2$	: :	$\dfrac{b}{9.5} \leq t$ $\dfrac{b}{16} \leq t < \dfrac{b}{9.5}$

自由突出幅

8.4　補剛板の強度

　柱などの部材に高い圧縮応力度に耐えれるようにするには，板の幅厚比を小さくしなければならない．同じ断面で大きい断面二次モーメントを得るためには薄い板で断面を構成するのが効率的であるが，単に薄くしたのでは板の局部座屈で部材が崩壊してしまう．そのような板の局部座屈に対する抵抗を高める目的で，図 8.12 に示すように補剛材を取り付ける．補剛材は補剛された板（補剛板）全体としての座屈の防止をするとともに，補剛材自身の座屈も防止しなければならない（図 8.13）．

8.4 補剛板の強度

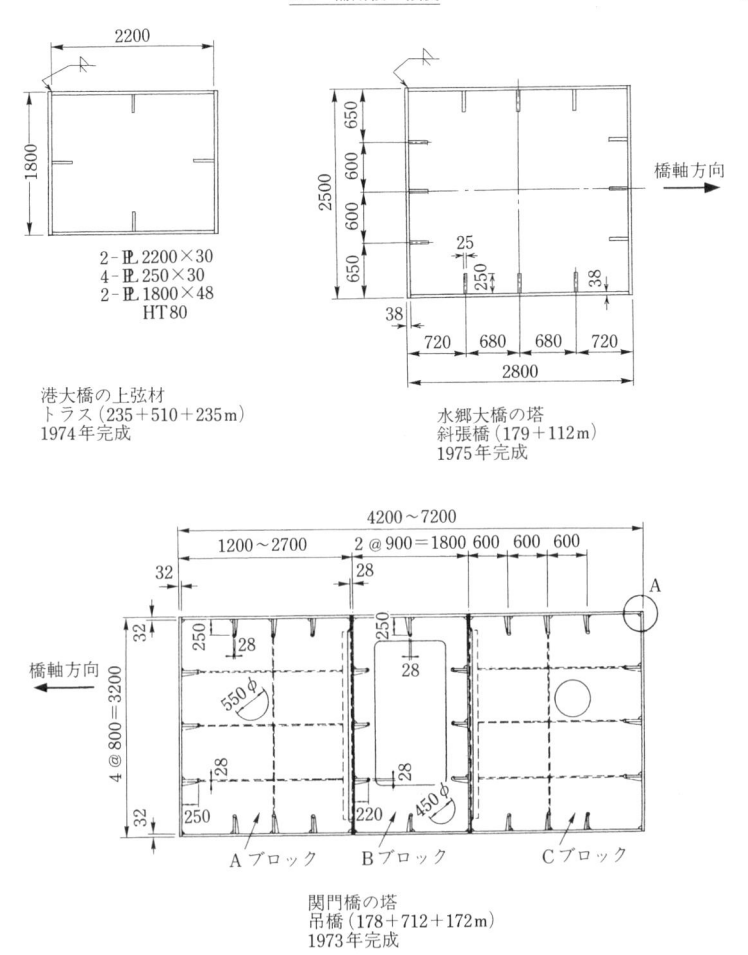

図 8.12 補剛材を使用した断面の例

補剛材が座屈するともはや補剛材の役割をせず，全体の座屈の引き金となる．そのようなことを防止する目的で，所要最小板厚や剛度あるいは突出長の規定が設けられている．表8.5および8.6に道路橋示方書における補剛板の最小板厚および局部座屈に対する許容応力度の規定を示す．この局部座屈に対する許容応力度は，次式の基準耐荷曲線から安全率を考慮して定められている．

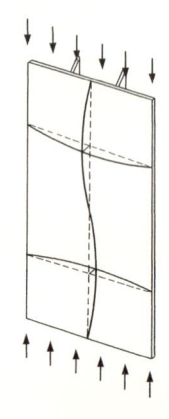

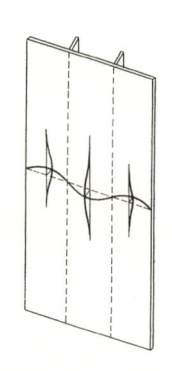

(a) 補剛された板の板全体としての座屈　　(b) 補剛材間のパネルでの座屈

図 8.13　補剛された板の座屈

$$\sigma_{cr}/\sigma_Y = 1.0 \qquad R_R \leqq 0.5$$

$$\sigma_{cr}/\sigma_Y = 1.5 - R_R \quad (0.5 < R_R \leqq 1.0)$$

$$\sigma_{cr}/\sigma_Y = 0.5/R_R^2 \quad (1.0 < R_R)$$

ここに　$R_R = \dfrac{b}{t}\sqrt{\dfrac{\sigma_Y}{E} \cdot \dfrac{12(1-\nu^2)}{\pi^2 k_R}}$

b：補剛板の全幅（cm），t：板厚（cm），k_R：座屈係数（$=4n^2$），n：補剛材

8.4 補剛板の強度

表 8.5 圧縮応力を受ける補剛板の最小板厚
（道路橋示方書　表 3.2.4. ただし板厚が 40mm 以下のみ抜粋）

鋼　種	SS 400 SM 400 SMA 400 W	SM 490	SM 490 Y SM 520 SMA 490 W	SM 570 SMA 570 W
板　厚	$\dfrac{b}{56fn}$	$\dfrac{b}{48fn}$	$\dfrac{b}{46fn}$	$\dfrac{b}{40fn}$

ただし架設のみに一時的に圧縮力を受ける場合は

$$t \geqq \frac{b}{80fn}$$

を満たせばよい．
ここに，
t：板厚（cm）
b：補剛板の全幅（cm）
n：縦方向補剛材によって区切られるパネル数（$n \geqq 2$）
f：応力勾配による係数，$f = 0.65\left(\dfrac{\varphi}{n}\right)^2 + 0.13\left(\dfrac{\varphi}{n}\right) + 1.0$
φ：応力勾配，$\varphi = \dfrac{\sigma_1 - \sigma_2}{\sigma_1}$

σ_1, σ_2：それぞれ補剛板の両縁での縁応力度（N/mm²），ただし，$\sigma_1 \geqq \sigma_2$ とし，圧縮応力を正とする．

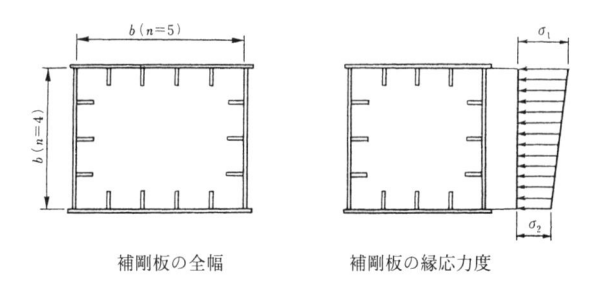

補剛板の全幅　　　補剛板の縁応力度

で区別されるパネル数．

　ここでの補剛板強度を期待するのに必要な補剛材の剛性も道路橋示方書で規定されている．

表 8.6 補剛板の局部座屈に対する許容応力度
(道路橋示方書 表 3.2.5. ただし板厚 40 mm 以下について抜粋)

鋼 種	局部座屈に対する許容応力度 (N/mm^2)	
SS 400	140	: $\dfrac{b}{28fn} \leqq t$
SM 400	$140 - 2.6 \left(\dfrac{b}{tfn} - 28\right)$	: $\dfrac{b}{56fn} \leqq t < \dfrac{b}{28fn}$
SMA 400 W	$210000 \left(\dfrac{tfn}{b}\right)^2$	: $\dfrac{b}{80fn} \leqq t < \dfrac{b}{56fn}$
SM 490	185	: $\dfrac{b}{24fn} \leqq t$
	$185 - 3.9 \left(\dfrac{b}{tfn} - 24\right)$	: $\dfrac{b}{48fn} \leqq t < \dfrac{b}{24fn}$
	$210000 \left(\dfrac{tfn}{b}\right)^2$	: $\dfrac{b}{80fn} \leqq t < \dfrac{b}{48fn}$
SM 490 Y	210	: $\dfrac{b}{22fn} \leqq t$
SM 520	$210 - 4.6 \left(\dfrac{b}{tfn} - 22\right)$	: $\dfrac{b}{46fn} \leqq t < \dfrac{b}{22fn}$
SMA 490 W	$210000 \left(\dfrac{tfn}{b}\right)^2$	: $\dfrac{b}{80fn} \leqq t < \dfrac{b}{46fn}$
SM 570	255	: $\dfrac{b}{22fn} \leqq t$
SMA 570 W	$255 - 6.9 \left(\dfrac{b}{tfn} - 22\right)$	: $\dfrac{b}{40fn} \leqq t < \dfrac{b}{22fn}$
	$210000 \left(\dfrac{tfn}{b}\right)^2$	: $\dfrac{b}{80fn} \leqq t < \dfrac{b}{40fn}$

[参 考 文 献]

1) 鋼構造接合資料集成, 溶接接合 (鋼橋), pp. 31-37, 技報堂出版, 1983
2) 鉄道総合技術研究所編:鉄道構造部等設計標準・同解説, 鋼・合成構造物, 1992
3) 倉西茂:鋼構造, pp. 53-56, 技報堂出版, 1980
4) 道路橋示方書・同解説, 日本道路協会, 1996
5) 道路橋示方書・同解説, SI 単位系移行に関する参考資料, 日本道路協会, 1998
6) C. G. Salmon, J. E. Johnson: Steel Structures, Design and Behavior, 4th Ed., pp. 327-339, Harper Collins College Publishers, 1995
7) G. Haaijer, B. Thürlimann: On Inelastic Buckling in Steel, Trans. ASCE, 125, 1960

9

曲げ部材

鋼の特性を活かすことにより，薄くて強い曲げ部材を実現できるが，本章では梁の設計においてそのような部材の力学的な挙動について述べる．

部材軸に直角方向に作用する外力を伝える構造部材を梁（beam）と呼ぶ．橋の主桁，床桁，縦桁，建物の梁，プレートガーダなどすべて梁部材であり，最も重要な構造要素の1つである．この梁部材は主として曲げとせん断に耐え，荷重状態によってはねじりに対しても耐えることが期待される．梁の耐荷力の研究は15世紀にレオナルド・ダ・ビンチにより行われ，17世紀初めにはガリレオにより片持梁の曲げモーメントおよび応力分布が検討されている．しかしナビエにより支配方程式が示されたのはそれから約200年後であった．

曲げ部材は断面の形状と外力のモードによってさまざまな崩壊様式をとる．たとえば，ずんぐりした厚い板から構成される部材では部材が完全に塑性化するまでの強度が期待できる．また，断面構成する板が薄いと圧縮側のフランジがねじれ変形を伴って局部変形する場合や，薄肉の腹板が座屈を起こす場合がある．梁の設計においては，断面が作用する曲げモーメントおよびせん断力に対して十分な強度を有していること，および変位が使用性から決まる限界以下であることから照査される．

9.1 曲げに対する断面の抵抗能力

(1) 弾 性 域

梁に外力が作用した際，その変形がねじれることなく荷重の面内のみに生じる場合を単純曲げ（simple bending）あるいは単に曲げと呼ぶ．図 9.1 に梁

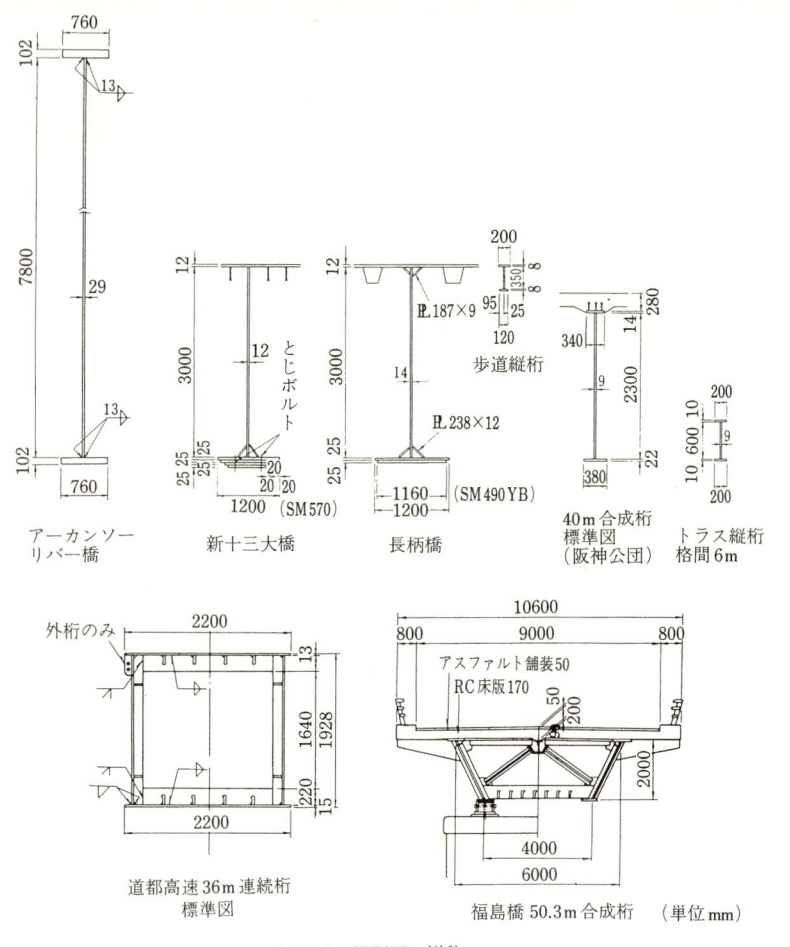

図 9.1 梁断面の例[2]

9.1 曲げに対する断面の抵抗能力

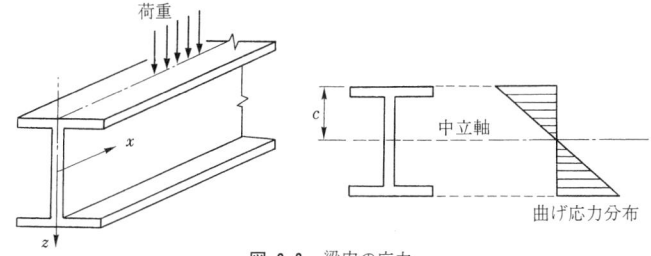

図 9.2 梁内の応力

の断面の例を示す．通常，断面の形状は荷重の作用する面に対して対象な形が選ばれる．このような単純曲げによって，はり内の応力は線形に変化し（図9.2），その縁応力は次式で求められる．

$$\sigma_b = \frac{M}{I}c = \frac{M}{W} \tag{9.1}$$

ここで M：作用モーメント，I：断面二次モーメント，c：中立軸からの距離，W：断面係数．

通常の許容応力度設計では，この曲げ応力が降伏応力以上とならないように断面を決定する．材料の降伏応力を適切な安全率で除した値を使用しうる限界の応力（これを許容応力 σ_a と呼ぶ）とし，断面決定の基準とする．

$$\sigma_a = \frac{\sigma_Y}{\mathrm{FS}} \tag{9.2}$$

ここで σ_Y：降伏点応力，FS：安全率．

(2) 塑 性 域

梁は，上下縁が降伏したからといってすぐには崩壊に至らない．さらに荷重を上げていくと塑性化が進行し，全断面が塑性したときが最大耐荷力となる．図9.3に示すような，応力-ひずみ関係が完全弾塑性体を示す材料により構成されている長方形断面の梁の強度を考えよう．梁の最大応力が降伏応力 σ_Y となるときのモーメント M_Y は

$$\sigma_Y = \frac{M_Y}{I} \cdot \frac{h}{2} \tag{9.3}$$

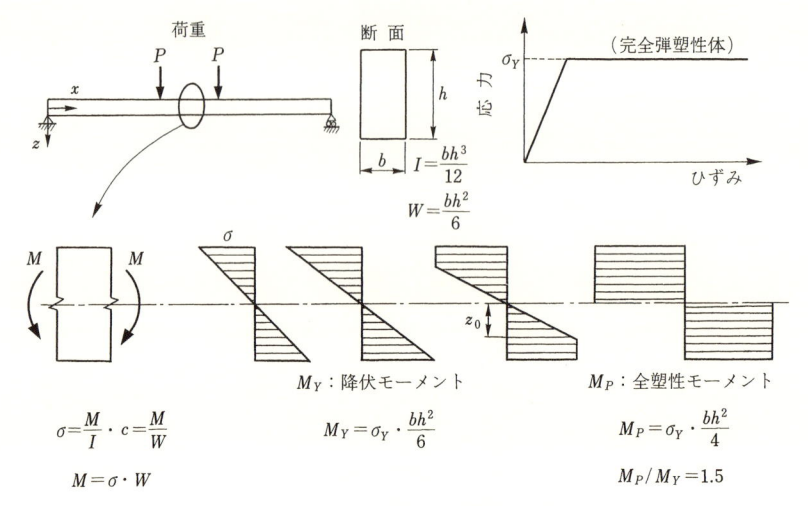

図 9.3　長方形断面梁の弾塑性挙動

$\sigma = \dfrac{M}{I} \cdot c = \dfrac{M}{W}$

$M = \sigma \cdot W$

$M_Y = \sigma_Y \cdot \dfrac{bh^2}{6}$

$M_P = \sigma_Y \cdot \dfrac{bh^2}{4}$

$M_P / M_Y = 1.5$

で求まる．これを降伏モーメントと呼ぶ．荷重をさらに増していくと，降伏している領域は徐々に増加していく．中立軸から z の位置まで降伏した状態に対応するモーメントは

$$M = 2\int_{z_0}^{h/2} \sigma_Y bz\,dz + 2\int_0^{z_0} \dfrac{\sigma_Y \cdot z}{(h/2 - z_0)} bz\,dz \tag{9.4}$$

さらに荷重を増すと，すべての断面が降伏する．その状態に対応するモーメントは

$$M = 2\int_0^{\frac{h}{2}} \sigma_Y bz\,dz \tag{9.5}$$

このモーメントを全塑性モーメント M_P と呼ぶ．また $M_P = \sigma_Y Z$ としたときの Z を弾性状態の断面係数 W に対して，塑性断面係数と呼ぶ．

梁の設計では，M_Y を基準にすることが多いが，梁の実際の強度は M_P である．この強度の余裕度を示す M_P/M_Y はすなわち Z/W であり，断面の形状にのみ依存する．したがって，この量を形状係数 f と呼ぶ．代表的な断面の形状係数を表 9.1 に示す．

表 9.1 塑性断面係数と形状係数[3,4]

断面形状	塑性断面係数 Z_0	形状係数 f	断面形状	塑性断面係数 Z_0	形状係数 f
I形	$bt_f(h-t_f)$ $+\dfrac{t_w}{4}(h-2t_f)^2$	1.10〜1.18	円形	$\dfrac{d^3}{6}$	1.70
箱形	$bt_f(h-t_f)$ $+\dfrac{t_w}{2}(h-2t_f)^2$	1.10〜1.18	コ形	$bt_f(h-t_f)$ $+\dfrac{t_w}{4}(h-2t_f)^2$	1.10〜1.18
箱形(A)	$2\left[\dfrac{(A-t_w h)(h-t_f)}{2}\right.$ $\left.+\dfrac{t_w h^2}{4}\right]$	1.10〜1.18	円管	$\dfrac{d^3}{6}\left\{1-\left(1-\dfrac{2t}{d}\right)^3\right\}$	1.27
矩形	$\dfrac{bh^2}{4}$	1.50	菱形	$\dfrac{h^3}{3\sqrt{2}}$	2.00

9.2 コンパクト断面とノンコンパクト断面

ここで述べた断面の全塑性化はどのような断面においても実現できるものではない.圧縮縁側フランジの幅厚比が大きい場合は,降伏に先立って局部座屈が生じてしまう.したがって断面の塑性化まで取り入れた設計を行うには,それに耐えられるだけの幅厚比に代表されるような断面形状の要求をしていく必要がある.

最近諸外国での鋼構造物の断面設計では,コンパクト断面という概念が取り入れられている.コンパクト断面とは,断面が全塑性モーメントに達することを保証する幅厚比をもつ鋼板で断面を構成するものである.

土木構造物の設計は,わが国では許容応力度法による場合が多いが,諸外国やわが国でも他分野の構造物に対しては荷重抵抗係数法 LRFD (load and resistance factor design) あるいは限界状態設計法 (limit state design) が主流になりつつある.

LRFDによれば梁に対する強度の要求は次式のように記述される．

$$M_r = \phi_f \cdot M_n \qquad (9.6)$$

ここに，M_r：荷重係数を乗じた外力モーメント，ϕ_f：抵抗係数，M_n：公称曲げ強度．

(a) コンパクト断面

コンパクト断面の梁については

$$M_n = M_P \qquad (9.7)$$

ここに，M_P：全塑性モーメント強度＝$F_Y Z$，F_Y：基本降伏強度，Z：塑性断面係数．ここではAASHTOに合わせて降伏強度をσ_YではなくF_Yと記述する．

AASHTOの設計基準[5]ではI型断面梁はコンパクト断面とノンコンパクト断面の2つに分類して照査される（図9.4）．ただし，いかなる断面においても表9.2に示す一般事項を満足することが要求されている．

コンパクト断面梁として設計される条件は全塑性曲げモーメントM_Pが実現されるような十分な塑性変形が生じるまでに圧縮フランジに局部座屈が生じないように設計されることである．そのためにはフランジの幅厚比（$b_f/2t_f$）$_p$に対して条件を設ける場合がある．AASHTOの設計基準ではコンパクト断面については桁高さ一定であり，使用材料は降伏強度$F_Y \leqq 345$MPaの制約のもと，表9.3を満たす必要があるとしている．桁高さの変化する梁，および使用鋼材の基本降伏強度F_Yが345MPa以上の鋼材を使用する場合はコンパクト断面として設計することは許されていない．

(b) ノンコンパクト断面

表9.4は同様にAASHTOの設計基準[5]におけるノンコンパクト断面に対する幅厚比（$b_f/2t_f$）$_p$の規定であり，これは従来の許容応力設計法で用いられていた値である．この幅厚比ではフランジが降伏応力に到達するまでしか局部座屈の防止は保証されていない．

幅厚比$b_f/2t_f$が表9.4に示す値を満たすノンコンパクト断面の公称曲げ応力は梁の最外縁が降伏するときのモーメントに対応している．溶接組み立てされた梁については，残留応力の影響を考慮して

$$M_n = M_r = (F_Y - F_r)W \qquad (9.8)$$

9.2 コンパクト断面とノンコンパクト断面

(すべての断面は一般断面規定を満足すること)

桁高さ一定 $F_y \leq 345\,\mathrm{MPa}$

ウェブ幅厚比
$$\frac{2D_{cp}}{t_w} \leq 3.76\sqrt{\frac{E}{F_{yc}}}$$

Yes → フランジ幅厚比 *
$$\frac{b_f}{2t_f} \leq 0.382\sqrt{\frac{E}{F_{yc}}}$$

Yes → 幅厚相関条件 *
$$\frac{2D_{cp}}{t_w} \leq (0.75)\,3.76\sqrt{\frac{E}{F_{yc}}}$$
かつ
$$\frac{b_f}{2t_f} \leq (0.75)\,0.382\sqrt{\frac{b_f}{F_{yc}}}$$

No → 相関関係式
$$\frac{2D_{cp}}{t_w} + 9.35\left(\frac{b_f}{2t_f}\right) \leq 6.25\sqrt{\frac{E}{F_{yc}}}$$

Yes → ブレース間隔 *
$$L_b \leq \left[0.124 - 0.0759\left(\frac{M_1}{M_p}\right)\right]\frac{r_y E}{F_{yc}}$$

Yes → **コンパクト断面**
曲げ強度
一般的には
$M_n = M_p$

No → ノンコンパクト断面 圧縮フランジブレース *
$$L_b \leq L_p = 1.76\,r_t\sqrt{\frac{E}{F_{yc}}}$$

Yes → **ノンコンパクト断面**
フランジ曲げ強度
$F_n = R_b R_h F_{yt}$

No → LTB に基づく合成断面の曲げ強度
"LTB の照査"

桁高さ変化 $F_y > 345\,\mathrm{MPa}$ 架設時照査

→ ノンコンパクト断面 圧縮フランジ幅厚比 *
$$\frac{b_f}{2t_f} \leq 1.38\sqrt{f_c}\sqrt{\frac{2D_c}{t_w}}$$
(水平補剛材なし)
$$\frac{b_f}{2t_f} \leq 0.408\sqrt{\frac{E}{F_{yc}}}$$
(水平補剛材あり)

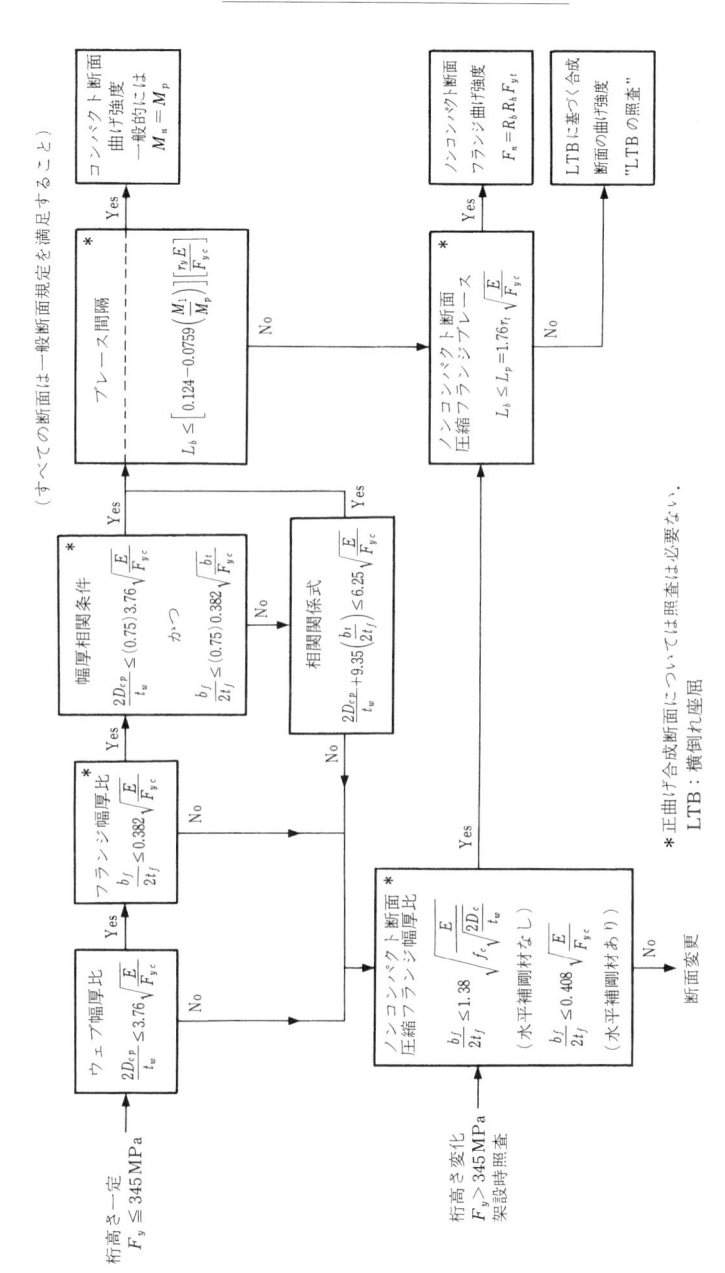

No → 断面変更

* 正曲げ合成断面については照査は必要ない.
LTB : 横倒れ座屈

図 9.4 LRFD による I 断面梁の曲げ強度照査の流れ (AASHTO)[5]

9章 曲げ部材

表 9.2 一般断面のプロポーション照査[5)]

一般条件	$0.1 \leq \dfrac{I_{Yc}}{I_Y} \leq 0.9$
ウェブの幅厚比 （水平補剛材なし）	$\dfrac{2D_c}{t_w} \leq 6.77\sqrt{\dfrac{E}{f_c}}$
〃 （水平補剛材あり）	$\dfrac{2D_c}{t_w} \leq 11.63\sqrt{\dfrac{E}{f_c}}$

I_Y ：ウェブ面内鉛直軸まわりの鋼断面の断面二次モーメント（mm⁴）
I_{Yc} ： 〃 圧縮フランジの 〃 （mm⁴）
D_c ：弾性領域での圧縮ウェブ高さ
f_c ：圧縮フランジの応力

表 9.3 コンパクト断面の条件[5)]

	正曲げ	負曲げ
ウェブの幅厚比	$\dfrac{2D_{cp}}{t_w} \leq 3.76\sqrt{\dfrac{E}{F_{yc}}}$	$\dfrac{2D_{cp}}{t_w} \leq 3.76\sqrt{\dfrac{E}{F_{yc}}}$
フランジの幅厚比	合成断面の場合不要	$\dfrac{b_f}{2t_f} \leq 0.382\sqrt{\dfrac{E}{F_{yc}}}$
フランジの ブレース間隔	合成断面の場合不要	$L_b \leq \left[0.124 - 0.0759\left(\dfrac{M_l}{M_P}\right)\right]\left[\dfrac{r_y E}{F_{yc}}\right]$

M_n ：公称曲げモーメント（N・mm）
M_P ：塑性モーメント（N・mm）
M_Y ：降伏モーメント（N・mm）
F_n ：公称曲げ抵抗力（MPa）
R_b ：フランジ応力減少係数
F_{yc} ：圧縮フランジの降伏強度（MPa）
E ：鋼材のヤング率（MPa）
D_{cp} ：塑性モーメント時の圧縮ウェブ高（mm）
T_w ：ウェブ厚（mm）
b_f ：圧縮フランジ幅（mm）
t_f ：圧縮フランジ厚（mm）
L_b ：圧縮フランジのブレース間隔（mm）
r_y ：鉛直軸に関するウェブ断面の回転半径（mm）
M_l ：圧縮フランジ・ブレース間パネルで最小の曲げモーメント（N・mm）
（上記表記は AASHTO-LRFD 2nd Edition に従った.）

表9.4 ノンコンパクト断面の条件[5]

公称曲げ抵抗力	正曲げ $F_n = R_b R_h F_{yf}$	負曲げ $F_n = R_b R_h F_{yf}$
フランジの幅厚比	合成断面の場合不要	水平補剛材がない場合 $\dfrac{b_f}{2t_f} \leq 1.38 \sqrt{\dfrac{E}{f_c \sqrt{\dfrac{2D_c}{t_w}}}}$ 水平補剛材がある場合 $\dfrac{b_f}{2t_f} \leq 0.408 \sqrt{\dfrac{E}{f_c}}$
フランジの ブレース間隔	合成断面の場合不要	$l_b \leq \left[0.124 - 0.0759 \left(\dfrac{M_1}{M_p} \right) \right] \left[\dfrac{r_y E}{\sigma_{yc}} \right]$

F_n : 公称曲げ抵抗力（MPa）
F_{yf} : フランジの降伏強度（MPa）
F_{yc} : 圧縮フランジの降伏強度（MPa）
E : 鋼材のヤング率（MPa）
R_b : フランジ応力減少係数
R_h : フランジ応力減少係数
f_c : 荷重により生じる圧縮フランジ応力（MPa）
D_c : 圧縮ウェブ高（mm）
T_w : ウェブ厚（mm）
B_f : 圧縮フランジ幅（mm）
T_f : 圧縮フランジ厚（mm）
L_b : 圧縮フランジのブレース間隔（mm）
r_y : 鉛直軸に関する圧縮フランジ断面と圧縮ウェブ高の1/3断面の回転半径（mm）
（上記表記は AASHTO-LRFD 2nd Edition に従った．）

と考えている．これは残留応力F_rだけフランジ応力が高められていると考えた結果である．弾性断面係数Wは断面二次モーメントを梁の中立軸から最外縁までの距離で除した値である．

以上の I 断面梁の曲げ強度の照査の流れを図 9.4 に示す．

9.3 2 軸 曲 げ

ここまで述べてきた曲げの問題は曲げが作用する面に対して断面が対称であ

ると考えてきた．しかし，曲げを受ける部材は対称断面とは限らない．

いま，図9.5に示すように任意のx軸，y軸を考え，x軸まわりの断面二次モーメントをI_x，y軸まわりの断面二次モーメントをI_y，断面相乗モーメントをI_{xy}とする．断面の主軸x_1，y_1方向は角度αで与えられる．

$$\tan 2\alpha = -\frac{I_{xy}}{\frac{1}{2}(I_x-I_y)} \qquad (9.9)$$

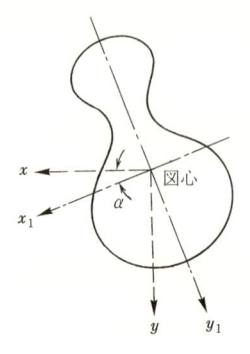

図 9.5 断面の主軸

これらの主軸に対する断面二次モーメントは

$$\left.\begin{array}{l} I_1 = I_x\cos^2\alpha + I_y\sin^2\alpha - 2I_{xy}\sin\alpha\,\cos\alpha \\ I_2 = I_x\sin^2\alpha + I_y\cos^2\alpha + 2I_{xy}\sin\alpha\,\cos\alpha \end{array}\right\} \qquad (9.10)$$

たとえば図9.6のようにz断面での主軸は，フランジおよびウェブの面と傾いた面となる．もし荷重が主軸と一致せず，しかもねじりも生じない場合は，2つの主軸まわりに関して2軸方向の曲げが生じることになる．そのときの応力はそれぞれの主軸に関するモーメント成分に分解して，次式で求められる．

$$\sigma_b = \frac{M_1}{I_1}y' + \frac{M_2}{I_2}x' = \frac{M_1}{W_1} + \frac{M_2}{W_2} \qquad (9.11)$$

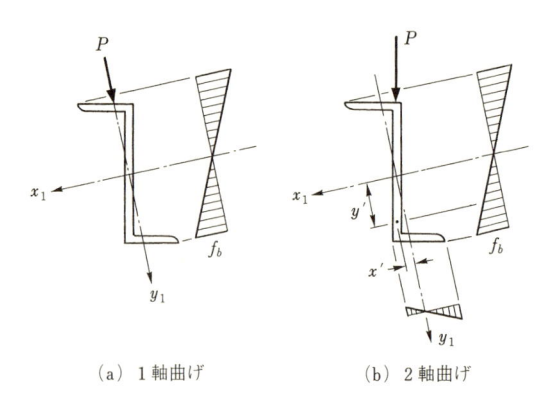

(a) 1軸曲げ　　　　(b) 2軸曲げ

図 9.6　z断面梁の曲げ

ここで M_1, M_2：モーメントの成分，I_1, I_2：主軸まわりの断面二次モーメント，W_1, W_2：主軸に対応する断面係数，x', y'：応力を求めたい位置の主軸系の座標系での座標．

9.4 梁の中のせん断応力

梁に作用するせん断力は，図 9.7 に示すように梁の長手方向および真上方向にせん断応力を生じさせる．このようなせん断応力は，曲げによる直応力の軸方向への変化に抵抗するのに必要な力として計算される．

せん断応力は，次式で求められる．

$$\tau_{zx} = \tau_{xz} = -\frac{VQ}{Ib} \tag{9.12}$$

ここに，V：せん断力，I：断面二次モーメント，Q：せん断応力を求める断面の外側の断面一次モーメント，b：その位置での板幅．

図 9.8 に長方形断面の場合のせん断応力の分布を示す．

この場合の最大せん断応力は

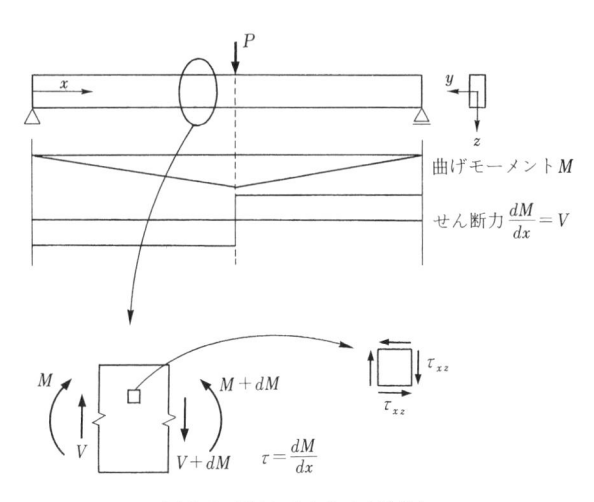

図 9.7 梁内に生じるせん断応力

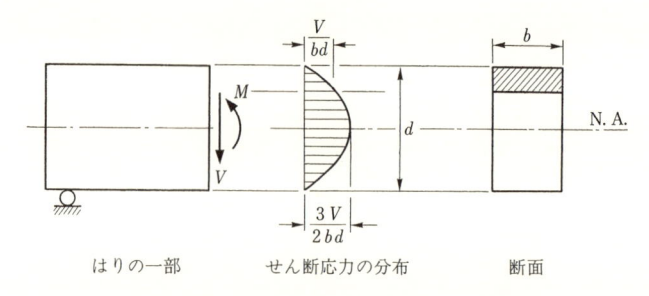

図 9.8 長方形断面におけるせん断応力の分布

$$\tau_{max} = \frac{3}{2} \frac{V}{bd} \tag{9.13}$$

となる．この値はせん断力をその位置での断面積で除して求められる平均せん断応力

$$\tau_{ave} = \frac{V}{bd} \tag{9.14}$$

より 50% 大きい値となる．

9.5 薄肉断面の梁中のせん断応力[6]

鋼構造梁部材を構成する各板要素は図 9.1 に示したように，梁の高さに比べてきわめて薄い．このような断面では，それぞれの板要素内では板厚方向の応力は変化ないと考えてよい．このような仮定がおける梁断面を薄肉断面と呼ぶ．

いま，9.4 節で述べた方法で，代表的な鋼構造断面である H 型断面のせん断応力を求めると図 9.9 のようになり，フランジ内のせん断応力はきわめて低く，しかもフランジの側面の表面にもせん断応力が作用している結果となり，実際とは異なってくる．自由表面には，せん断応力

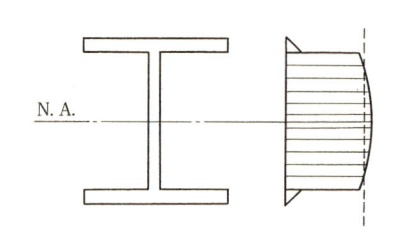

図 9.9 式(9.12)から求められる H 型断面梁内のせん断応力分布

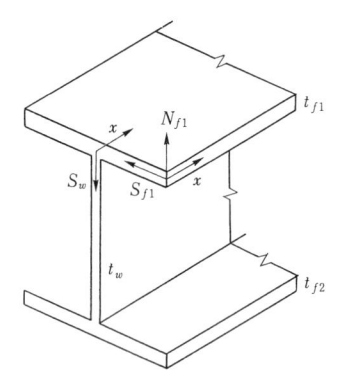

9.5 薄肉断面の梁中のせん断応力

図 9.10 薄板構造の解析のための座標系

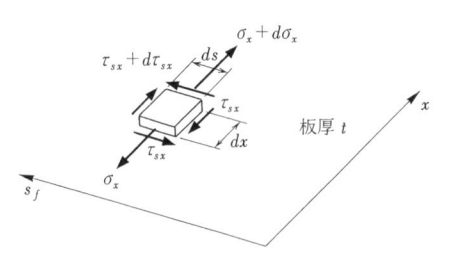

t_{f1}：フランジ1の板厚
t_{f2}：フランジ2の板厚
t_w：ウェブの板厚

は作用せず，薄板では板厚方向の応力分布を無視することができる．

ここでは図 9.10 に示すような座標系をとる．せん断応力は板厚中心に移動 S 軸の方向に作用にすると考える．すなわち，部材軸を x 軸とし，板厚中心線に沿って S 軸をとり，S と x に直角に N 軸をとる．

図 9.11 微小要素と応力の成分

図 9.11 の微小要素 $tdxds$ を考える．
微小要素に作用する x 方向の力の釣合い式は

$$\frac{\partial \sigma_x}{\partial x} t + \frac{\partial \tau_{sx}}{\partial s} t = 0 \tag{9.15}$$

s について s_e を起点として積分すると

$$\tau_{sx} t = [\tau_{sx} t]_{s=s_e} - \int_{s_e}^{s} t \frac{\partial \sigma_x}{\partial x} ds \tag{9.16}$$

この式に直応力分布 $\sigma_x = (M/I)z$ を代入すると

$$\tau_{sx} t = [\tau_{sx} t]_{s=s_e} - \frac{dM}{dx} \frac{1}{I} \int_{s_e}^{s} z(tds) \tag{9.17}$$

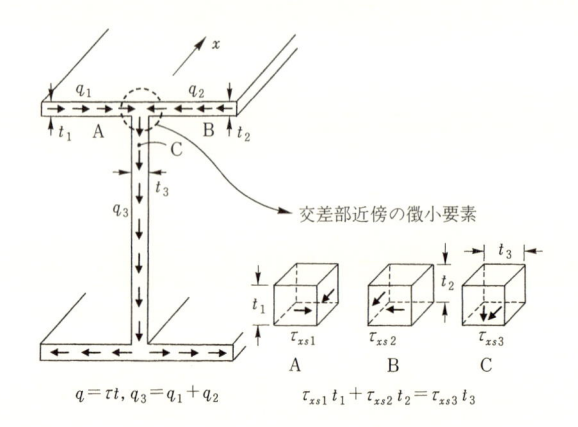

図 9.12 2枚以上の板が集まる断面

となる．dM/dx はせん断力 V であり，$\int_{s_e}^{s} z(tds)$ を Q とすると

$$\tau_{sx} t = [\tau_{sx} t]_{s=s_e} - \frac{VQ}{I} \tag{9.18}$$

となる．板厚は位置により異なると考えると，$t = t(s)$ であり

$$\tau_{sx} = \tau_{xs} = \frac{1}{t(s)}[\tau_{xs} t]_{s=s_e} - \frac{VQ}{It(s)} \tag{9.19}$$

ここに，開断面の端部は x 方向の表面力は 0 のため

$$\tau_{sx} = \tau_{xs} = 0 \tag{9.20}$$

である．
s についての積分の起点 s_e を断面の端部を選ぶと

$$[\tau_{xs} \cdot t]_{s=s_e} = 0 \tag{9.21}$$

したがって

$$\tau_{xs} = -\frac{VQ}{It} \tag{9.22}$$

となる．

図 9.12 に示すように，断面形によっては2枚以上の板の要素が集まるところが存在する．図のごとく交差部を取り出して x 方向に関する釣合い式を立てる．

9.5 薄肉断面の梁中のせん断応力

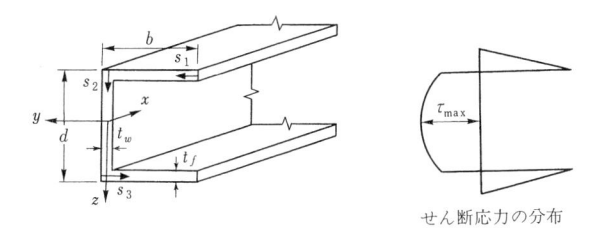

図 9.13 チャンネル材に生じるせん断応力分布

$$(\tau_{xs_3}t_3 - \tau_{xs_1}t_1 - \tau_{xs_2}t_2)dx = 0 \rightarrow \tau_{xs_3}t_3 = \tau_{xs_1}t_1 + \tau_{xs_2}t_2 \tag{9.23}$$

せん断応力と板厚を掛けた量 $\tau_{xs}t$ をせん断流 q という。q については流体力学で考える連続の定理が成り立つ。

例として図 9.13 に示すチャンネルでできた梁中のせん断応力分布を計算する。考えている断面でのせん断力が $V = dM/dx$ となっているときの断面内の τ_{xs} を求める。

$$\tau_{sx} = \frac{1}{t}[\tau_{sx}t]_{s=s_e} - \frac{VQ}{It}, \quad I = \int_A z^2 dA \cong \underbrace{2bt_f\left(\frac{d}{2}\right)^2}_{(フランジ)} + \underbrace{\frac{t_w d^3}{12}}_{(ウェブ)} \tag{9.24}$$

ここにチャンネルは薄肉構造のため近似的な値を用いている。

a) $0 \leq s_1 \leq b$, $s_1 = y + b$

端部での条件により

$$[\tau_{xs_1}]_{s_1=0} = 0 \tag{9.25}$$

$$\tau_{xs_1}t_f = [\tau_{xs_1}t_f]_{s_1=0} - \frac{VQ}{I} \tag{9.26}$$

$$= \frac{V}{I}\int_0^{s_1}\left(-\frac{d}{2}\right)t_f \cdot ds_1 = \frac{V}{I}\int_{-b}^{y}\left(-\frac{d}{2}\right)t_f dy = \frac{V}{I}\frac{d}{2}t_f(y+b)$$

$s_1 = b$ ($y = 0$) での値

$$\tau_{xs_1}t_f = \frac{V}{I} \cdot \frac{d}{2} \cdot t_f b \tag{9.27}$$

b) $0 \leq s_2 \leq d$ ウェブ ($s_2 = z + d/2$)

$$\tau_{xs_2}t_w = [\tau_{xs_2}t_w]_{s_1=b} - \frac{VQ}{I} \tag{9.28}$$

フランジとウェブの交点での釣合い式

$$[\tau_{xs_2}t_w]_{s_2=0} = [\tau_{xs_1}t_f]_{s_1=b} = \frac{V}{I}\frac{d}{2}t_f b \tag{9.29}$$

したがって

$$\tau_{xs_2}t_w = \frac{V}{I}\frac{d}{2}t_f b - \frac{V}{I}\int_{-d/2}^{z} z t_w dz = \frac{V}{I}\frac{d}{2}t_f b - \frac{V}{I}\frac{t_w}{2}\left(z^2 - \frac{d^2}{4}\right) \tag{9.30}$$

9.6 せん断中心

図9.14に示すように，いま対象としている構造物は x-z 面内に作用する荷重を受け，x-z 面内で変位する．

そのときの直応力分布は $\sigma_x = (M/I)z$ であり，せん断応力分布は

$$\tau_{xs} = \frac{1}{t}\left([\tau_{xs}t]_{s_e} - \frac{VQ}{I}\right) \tag{9.31}$$

である．

外力は x-z 面内成分のみであり，断面力も F_x, F_z, M_{xz} のみであり，それ以外の成分は 0 である．したがって，x-y 面内のモーメント成分 $M_{xy=z}$，y-z 面内のモーメント成分 $M_{yz=x}$ も 0 でなければならない．

σ_x, τ_{xs} の成分がこの条件を満たすかどうかを照査する．

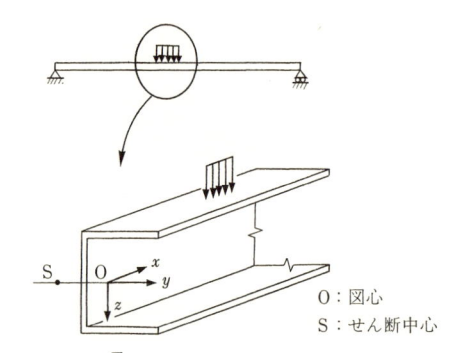

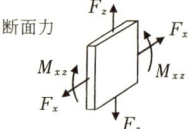

O：図心
S：せん断中心

断面力

左の断面力のみが働く，つまり，M_{yz}, M_{xy} といったねじりモーメントが働かないためには，荷重はせん断中心に作用しなければならない

図 9.14 せん断中心

$$M_{xy} = \int_A y\sigma_x dA = \frac{M}{I}\int_A yz dA = 0 \tag{9.32}$$

$$M_{yz} = \int_0^b \frac{d}{2}\tau_{xs_1}t_f ds_1 + \int_0^b \frac{d}{2}\tau_{xs_3}t_f ds_3 = \frac{V}{I}\frac{b^2 d^2 t_f}{4} \neq 0 \tag{9.33}$$

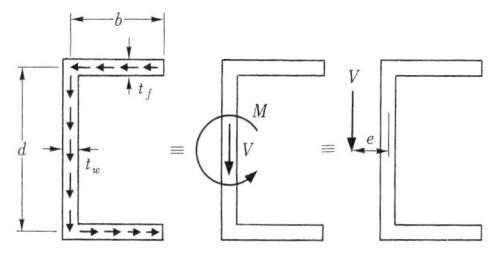

図 9.15 せん断中心

原点 $y=0$ まわりのねじりモーメントは 0 とならず釣合いが満たされない．すなわち荷重がウェブ軸上に作用した場合はその面内で釣合わず，ねじれ変形が生じる．ねじれ変形を生じさせないためには荷重をウェブ軸上ではなく，図9.15 に示すようにウェブ軸から一定距離離れた垂直線上に加える必要がある．この位置をせん断中心と呼び，ウェブからの距離は次式で求められる．

$$e = \frac{M}{V} = \frac{b^2 d^2 t_f}{4I} \tag{9.34}$$

9.7 横 座 屈

曲げモーメントに対して効率の良い断面とは，ウェブをできるだけ薄くして桁高を高くしていけばよい．しかし図 9.16 の圧縮力を受ける上フランジを取り出してみると，桁高方向（z 方向）への移動についてはウェブが抵抗しているが，水平方向（y 方向）への移動はフランジ自身の z 軸まわりの曲げ剛性とウェブの面外方向への曲げ剛性で抵抗しているのみである．したがって断面のプロポーションによっては曲げを受けたときに，圧縮側フランジに座屈が生じて水平方向へたわみ出し，全体としてはねじれた形で崩壊することがある．このような座屈を横座屈，横ねじれ座屈，あるいは横倒れ座屈と呼ぶ．わが国では架設中の箱断面桁で横座屈の事故が発生したことがある[8]．

いま，単純化するために，ウェブの面外方向への曲げ剛性および引張フランジのねじれおよび曲げに対する寄与を無視すると，圧縮フランジ単独の柱として座屈することになり，限界応力 σ_{cr} は次式で与えられる．

図 9.16 はりの横座屈

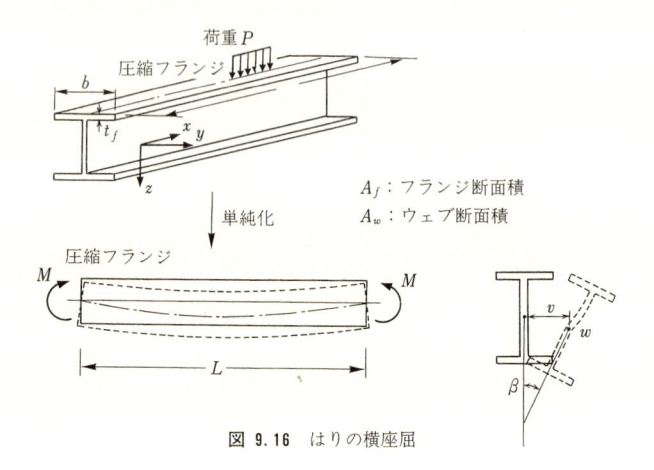

$$\sigma_{cr} = \frac{\pi^2 E I_z}{A_f L^2} \tag{9.35}$$

ただし，$I_z = \dfrac{t_f b^3}{12}$，$A_f = t_f b$．

ねじり剛性が無視できない場合，両端単純支持の2軸対称断面に等曲げが加わったときの横ねじれ座屈モーメントは $I_z \ll I_y$ のとき

$$M_0 = \left(\frac{\pi}{L}\right)\sqrt{EI_z GJ}\sqrt{1 + \frac{\pi^2 EI_w}{L^2 GJ}} \tag{9.36}$$

となる．ただし EI_w は反りねじり剛性，GJ はサン・ブナンのねじり剛性と呼ばれる値である．

9.7 横座屈

表 9.5 許容曲げ圧縮応力度（N/mm²）（道路橋示方書 表 2.2.3(b)）

	板厚 (mm)	SS400, SM400 SMA400W	SM490	SM490Y, SM520 SMA490W	SM570 SMA570W
$\dfrac{A_w}{A_c} \leq 2$	40以下	$140 : \dfrac{l}{b} \leq 4.5$ 140 $-2.4\left(\dfrac{l}{b}-4.5\right) :$ $4.5 < \dfrac{l}{b} \leq 30$	$185 : \dfrac{l}{b} \leq 4.0$ 185 $-3.8\left(\dfrac{l}{b}-4.0\right) :$ $4.0 < \dfrac{l}{b} \leq 30$	$210 : \dfrac{l}{b} \leq 3.5$ 210 $-4.6\left(\dfrac{l}{b}-3.5\right) :$ $3.5 < \dfrac{l}{b} \leq 27$	$255 : \dfrac{l}{b} \leq 5.0$ 255 $-6.6\left(\dfrac{l}{b}-5.0\right) :$ $5.0 < \dfrac{l}{b} \leq 25$
	40をこえ75以下	$125 : \dfrac{l}{b} \leq 5.0$ 125 $-2.2\left(\dfrac{l}{b}-5.0\right) :$ $5.0 < \dfrac{l}{b} \leq 30$	$175 : \dfrac{l}{b} \leq 4.0$ 175 $-3.6\left(\dfrac{l}{b}-4.0\right) :$ $4.0 < \dfrac{l}{b} \leq 30$	$195 : \dfrac{l}{b} \leq 4.0$ 195 $-4.2\left(\dfrac{l}{b}-4.0\right) :$ $4.0 < \dfrac{l}{b} \leq 27$	$245 : \dfrac{l}{b} \leq 4.5$ 245 $-6.2\left(\dfrac{l}{b}-4.5\right) :$ $4.5 < \dfrac{l}{b} \leq 25$
	75をこえ100以下			$190 : \dfrac{l}{b} \leq 4.0$ 190 $-4.0\left(\dfrac{l}{b}-4.0\right) :$ $4.0 < \dfrac{l}{b} \leq 27$	$240 : \dfrac{l}{b} \leq 4.5$ 240 $-6.0\left(\dfrac{l}{b}-4.5\right) :$ $4.5 < \dfrac{l}{b} \leq 25$
$\dfrac{A_w}{A_c} > 2$	40以下	$140 : \dfrac{l}{b} \leq \dfrac{9}{K}$ 140 $-1.2\left(K\dfrac{l}{b}-9\right) :$ $\dfrac{9}{K} < \dfrac{l}{b} \leq 30$	$185 : \dfrac{l}{b} \leq \dfrac{8}{K}$ 185 $-1.9\left(K\dfrac{l}{b}-8\right) :$ $\dfrac{8}{K} < \dfrac{l}{b} \leq 30$	$210 : \dfrac{l}{b} \leq \dfrac{7}{K}$ 210 $-2.3\left(K\dfrac{l}{b}-7\right) :$ $\dfrac{7}{K} < \dfrac{l}{b} \leq 27$	$255 : \dfrac{l}{b} \leq \dfrac{10}{K}$ 255 $-3.3\left(K\dfrac{l}{b}-10\right) :$ $\dfrac{10}{K} < \dfrac{l}{b} \leq 25$
	40をこえ75以下	$125 : \dfrac{l}{b} \leq \dfrac{10}{K}$ 125 $-1.1\left(K\dfrac{l}{b}-10\right) :$ $\dfrac{10}{K} < \dfrac{l}{b} \leq 30$	$175 : \dfrac{l}{b} \leq \dfrac{8}{K}$ 175 $-1.8\left(K\dfrac{l}{b}-8\right) :$ $\dfrac{8}{K} < \dfrac{l}{b} \leq 30$	$195 : \dfrac{l}{b} \leq \dfrac{8}{K}$ 195 $-2.1\left(K\dfrac{l}{b}-8\right) :$ $\dfrac{8}{K} < \dfrac{l}{b} \leq 27$	$245 : \dfrac{l}{b} \leq \dfrac{9}{K}$ 245 $-3.1\left(K\dfrac{l}{b}-9\right) :$ $\dfrac{9}{K} < \dfrac{l}{b} \leq 25$

			$190: \dfrac{l}{b} \leqq \dfrac{8}{K}$	$240: \dfrac{l}{b} \leqq \dfrac{9}{K}$
75をこえ100以下			190 $-2.0\left(K\dfrac{l}{b}-8\right):$ $\dfrac{8}{K} < \dfrac{l}{b} \leqq 27$	240 $-3.0\left(K\dfrac{l}{b}-9\right):$ $\dfrac{9}{K} < \dfrac{l}{b} \leqq 25$
備考	\multicolumn{4}{l	}{ A_w：腹板の総断面積（cm²） A_c：圧縮フランジの総断面積（cm²） l：圧縮フランジの固定点間距離（cm） b：圧縮フランジ幅（cm） $K = \sqrt{3 + \dfrac{A_w}{2A_c}}$ }

道路橋示方書では，横倒れ座屈に対する許容曲げ圧縮応力度を表9.5のように規定している．許容応力度はほぼ1.7の安全率で設定されている．

圧縮フランジが直接コンクリート床版の固定されている場合や箱型断面，π形断面では横座屈は生じにくいため，最大の許容応力度を用いることになっている．

[演 習 問 題]

9.1 図9.17に示す単純支持された梁の全長にわたって等分布荷重5kN/mが作用している．上，下フランジの応力が道路橋示方書の許容応力度を満たすように，JIS規格（JIS G 3192）のH形鋼から最適な寸法を選べ．鋼種はSS400とする．

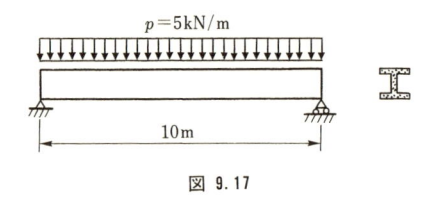

図 9.17

9.2 図9.18に示すように支間2.5mで単純支持された山形鋼が2kN/mの分布力を受

演習問題　　　　　　　　　　　　　185

けている．支間中央部の山形鋼内の応力分布を計算せよ．ただし横座屈等の不安定現象は生じないように拘束されている．

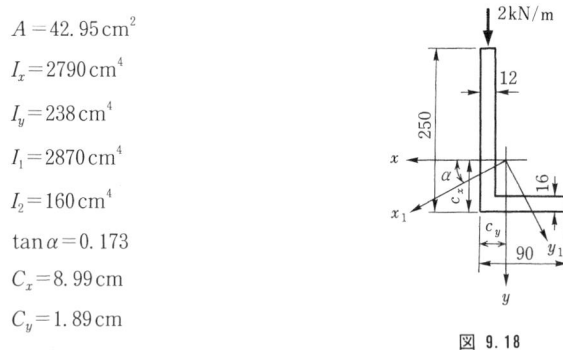

$A = 42.95\,\text{cm}^2$

$I_x = 2790\,\text{cm}^4$

$I_y = 238\,\text{cm}^4$

$I_1 = 2870\,\text{cm}^4$

$I_2 = 160\,\text{cm}^4$

$\tan\alpha = 0.173$

$C_x = 8.99\,\text{cm}$

$C_y = 1.89\,\text{cm}$

図 9.18

9.3 図 9.19 の I 形断面梁にせん断力 $V = 100\,\text{kN}$ が作用したとき，梁内のせん断応力分布を求めよ．また梁内に生じる最大せん断応力と平均せん断応力を比較せよ．

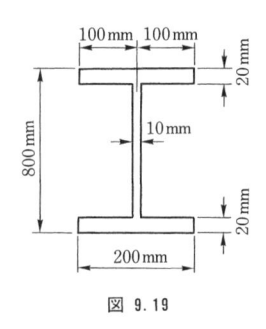

図 9.19

9.4 図 9.20 に示す溝形断面梁に対して，ウェブに平行方向に力 P が作用する場合，梁にねじりが生じないようにするにはどの位置を載荷点とすればよいか．

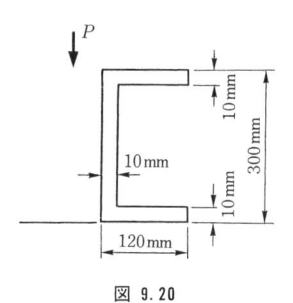

図 9.20

[参考文献]

1) ティモシェンコ著，最上武雄監訳，川口昌宏訳：材料力学史，pp. 7-94, 鹿島出版会, 1973
2) 日本鋼構造協会：接合資料集成［溶接接合，鋼橋］, p. 2, 45, 技報堂出版, 1983
3) 小西一郎，横尾義貫，成岡昌夫：構造力学第二巻，丸善, p. 274, 1963
4) 構造力学公式集, p. 44, 土木学会, 1996
5) AASHTO, LRFD Bridge Design Specifications, American Association of State Highway and Transportation Officials, pp. 6・65-74, 1998
6) L. Tall: Structural Steel Design, 2nd Edition, Robert E. Krieger Publishing Company, pp. 183-186, 1983
7) 西野文雄，長谷川彰夫：構造物の弾性解析, pp. 91-98, 技報堂出版, 1979
8) 岡本舜三編：鋼構造の研究，第9章，鋼橋の設計計算方法について, p. 561, 奥村敏恵教授還暦記念会, 1977
9) 道路橋示方書・同解説，Ⅱ鋼橋編, 日本道路協会, 1996
10) 道路橋示方書・同解説，SI単位系移行に関する参考資料, 日本道路協会, 1998

10

加　　工

　　加工は鋼構造物の製作の最初の工程であり，比較的単純な作業ではあるが，ここでの精度が全体の性能にも影響するので，設計の段階から十分な配慮が必要である．本章では，構造部材の加工法について述べる．

　鋼板は鋼材メーカから大切りされた状態で供給される．このような鋼板を設計図に従って切断し，必要な場合は曲げ加工され，さらに溶接などにより集成，組み立てられて構造部材が形成されていく．また，高力ボルト接合などのための孔あけ作業も必要となる．工場ではその後の輸送が可能な寸法まで製作され，その後は現場で組み立てられる．必要な場合は現場に輸送する前に仮に組み立てて（仮組みと呼ぶ），寸法などのチェックを行う．

10.1　切　　断

　鋼板の切断は通常，ガス切断により行われる（図 10.1）．最近では，切断作業にプラズマ（図 10.2）やレーザ（図 10.3）も用いられている．

　ガス切断は切断部分をアセチレンで加熱し，高圧の酸素をその部分に吹き付けることにより鋼中の炭素成分を燃やして切断するものである．切断面には，ドラグラインと呼ばれる条痕が残される（図 10.4）．ガスの圧力などの条件の設定がよくない場合には，条痕がかなり深くなることがあり，見た目が悪いばかりではなく，塗装の早期劣化や溶接欠陥の発生原因になることがあるから注意を要する．

(a) 手動切断　　　　　　　　　(b) 自動切断（開先加工）

図 10.1　ガス切断作業

図 10.2　プラズマ切断作業

図 10.3　レーザ切断作業

道路橋示方書では，表 10.1 のように，切断面の品質を規定している．

切断部の鋼材は高温になって溶け落ちるため，その周辺はその熱影響を受けて変質する．図 10.5 は，ガス切断に対して直角方向に切断してエッチング（11.7 節参照）したものである．縁から 1mm 程度の部分が熱影響を受けて組織が変化していることが認められる．図 10.6 は，ガス切断縁近傍の残留応力の分布状況であり，切断表面には非常に高い引張残留応力が生じている．この残留応力の存在は，思わぬ疲労き裂の発生や疲労強度の低下につながることがあ

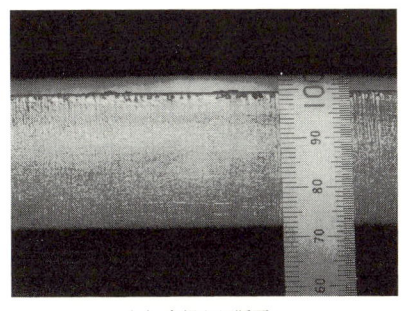

10.1 切　　断

(a) 良好な切断面　　　　　(b) 悪い切断面（深いドラグライン）

図 10.4　切断面

表 10.1　切断面の品質（道路橋示方書　表 15.3.1)[3]

部材の種類	主要部材	二次部材
表面あらさ[*1]	50 S 以下	100 S 以下
ノッチ深さ[*2]	ノッチがあってはならない.	1mm 以下
ス　ラ　グ	塊状のスラグが点在し，付着しているが，こん跡を残さず容易にはく離するもの.	
上 縁 の 溶 け	わずかに丸味を帯びているが，滑らかな状態のもの.	

*1　表面あらさとは，JIS B 0601 に規定する表面の粗度を表し，50 S とは表面あらさ 50/1,000mm の凹凸を示す.
*2　ノッチ深さは，ノッチ上縁から谷までの深さを示す.

図 10.5　ガス切断縁（ミクロ写真）

る．熱影響部の深さ，残留応力の高さはガス切断の条件によるが，いずれも疲労強度に影響する．

　切断縁のコーナーは，示方書によっては 1～2mm の面取りあるいは丸みを

つけることを要求している．これは板端のコーナーは塗装の膜厚が薄くなりがちであり，そのため塗膜劣化の起点となり全体の塗装の劣化につながることが多く，そのようなことを防止するための対策である．

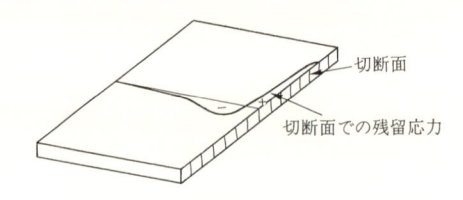

図 10.6 ガス切断縁近傍の残留応力分布

10.2 冷間曲げ加工とひずみ時効

構造ディテールによっては鋼板に曲げ加工を施す必要が生じる（図 10.7）．

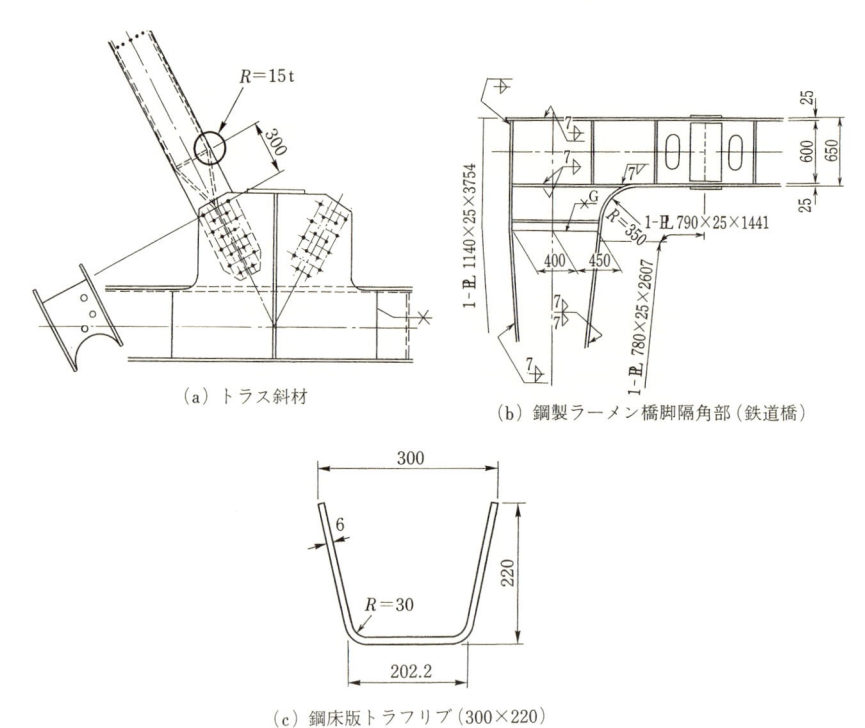

(a) トラス斜材

(b) 鋼製ラーメン橋脚隅角部（鉄道橋）

(c) 鋼床版トラフリブ（300×220）

図 10.7 冷間加工が必要となる構造ディテールの例

10.2 冷間曲げ加工とひずみ時効

図 10.8 羽田空港内エアサイド橋

また，景観上の理由から曲げ加工を採用したくなることもある（図 10.8）．曲げ加工には，冷間加工と熱間加工の 2 つの方法がある．熱間加工は鋼材を高熱にして曲げるものであるが，材質を変えてしまう恐れがあるので，加熱速度や冷却速度に十分な注意が必要である．とくに調質鋼については熱間加工は行わない方がよい．

冷間曲げ加工を行う場合，道路橋示方書には，その曲げ半径は原則として内側で板厚の 15 倍以上（$R \geqq 15t$）としなければいけないと規定している（図 10.9）．鋼材を曲げたときの内側の半径 R とひずみ値はおよそ式（10.1）で与えられる．

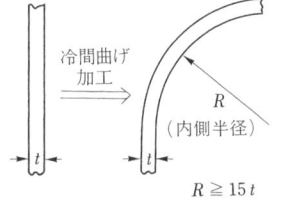

図 10.9 冷間曲げ半径の規定

$$\varepsilon = \frac{50t}{R} \tag{10.1}$$

ここで，t：板厚，R：半径，ε：ひずみ（％）．

表 10.2 シャルピー吸収エネルギーに対する冷間曲げ加工半径の許容値（道路橋示方書 表 15.3.4）[3]

シャルピー吸収エネルギー（J）	冷間曲げ加工の内側半径
150 以上	板厚の 7 倍以上
200 以上	板圧の 5 倍以上

ただし，鋼材の化学成分中の窒素が 0.006％をこえないこと．

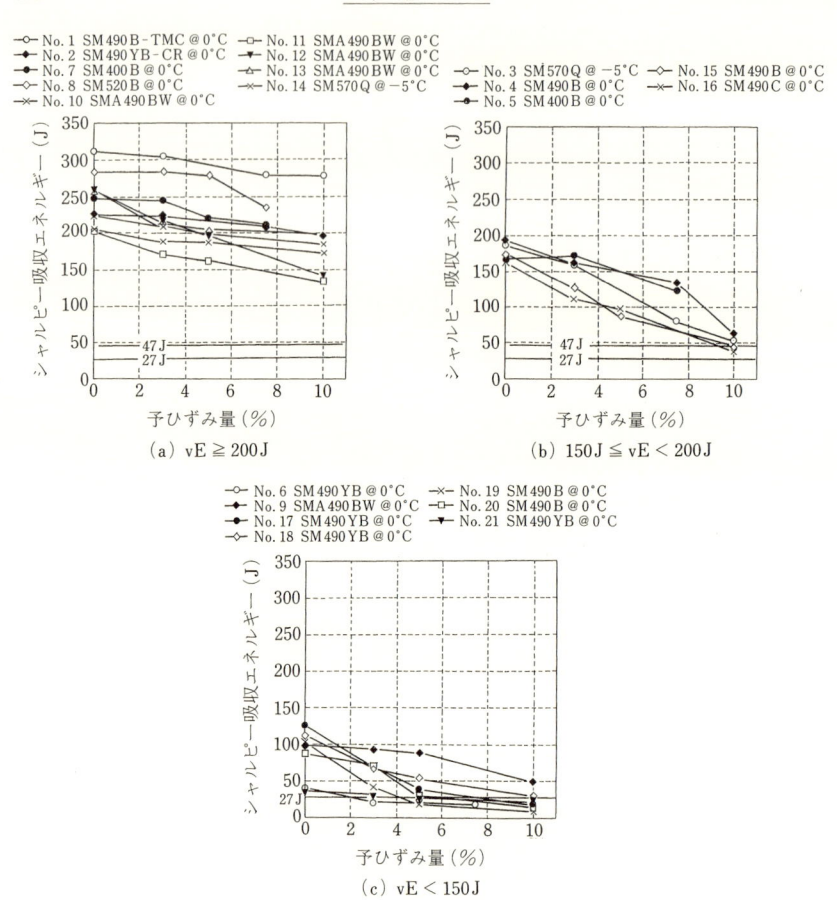

```
-o- No. 1  SM490B-TMC @ 0°C    -□- No. 11  SMA490BW @ 0°C
-●- No. 2  SM490YB-CR @ 0°C    -▲- No. 12  SMA490BW @ 0°C
-♦- No. 7  SM400B @ 0°C         -△- No. 13  SM490BW @ 0°C      -◇- No. 3  SM570Q @ -5°C    -+- No. 15  SM490B @ 0°C
-◆- No. 8  SM520B @ 0°C         -☆- No. 14  SM570Q @ -5°C      -●- No. 4  SM490B @ 0°C     -×- No. 16  SM490C @ 0°C
-※- No. 10 SMA490BW @ 0°C                                       -○- No. 5  SM400B @ 0°C
```

図 10.10 (a) vE ≧ 200J   (b) 150J ≦ vE < 200J

```
-o- No. 6   SM490YB @ 0°C     -×- No. 19  SM490B @ 0°C
-●- No. 9   SMA490BW @ 0°C    -□- No. 20  SM490B @ 0°C
-▲- No. 17  SM490YB @ 0°C     -▼- No. 21  SM490YB @ 0°C
-△- No. 18  SM490YB @ 0°C
```

(c) vE < 150J

図 10.10 冷間加工（予ひずみ）によるシャルピー吸収エネルギーの変化[1]

これはひずみ時効 (strain aging) による鋼材のじん性の劣化を防止するための規定である．ひずみ時効とは，鋼材が塑性ひずみ履歴を受けたとき，そのために長期間のうちに徐々にそのじん性が低下する現象である．道路橋示方書の $R=15t$ は約 3% の塑性ひずみに対応している．

平成 8 年の道路橋示方書の改訂においては，表 10.2 に示すように，高い切欠きじん性を有する鋼材については $15t$ を超える冷間加工もできるように規定が加えられた．これにより，構造部材の形の自由度が増した．

ひずみ時効を考慮するには，たとえば構造物に期待する寿命が100年なら100年経ったときのじん性値の劣化を確認する必要がある．しかし，試験を100年間待たなければ実施できないのでは意味がないので，ひずみ時効を促進させてその影響を調べる．促進の方法はいくつか提案されているが，通常，塑性ひずみを与えた後250°Cで1時間保持している．図10.10に冷間加工と時効によるシャルピー吸収エネルギー値の変化を示す．

10.3 孔あけ

高力ボルト継手やリベット継手のための孔あけはドリル（図10.11）またはパンチ（図10.12）により行われる．ドリルによる孔あけ作業は，最近はコンピュータを利用して数値制御化（NC化）されており，高能率でしかも精度の高い孔あけ作業ができるようになった．

パンチ孔はポンチを押し込むことで加工する．この方法は能率が良いが，その孔壁やエッジにまくれやだれが生じることがある（図10.13）．これは高力ボルト摩擦接合（13章参照）の摩擦耐荷力や疲労強度を低下する恐れがあるため，道路橋示方書ではパンチ孔の使用は板厚が12mm以下の鋼板に制限している[2]．

図 10.11 ドリルによる孔あけ作業

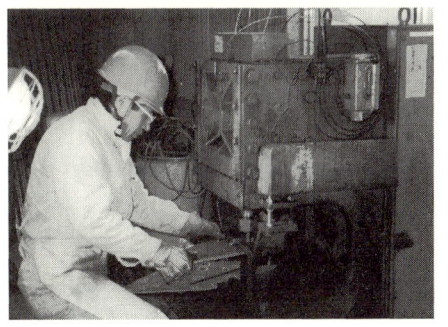

図 10.12 パンチによる孔あけ作業

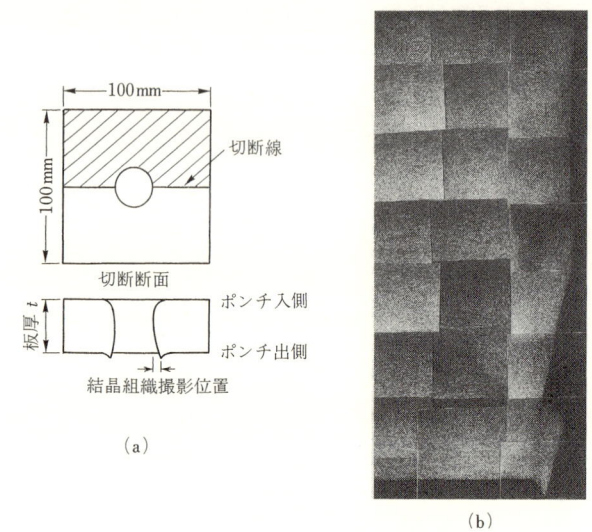

図 10.13 パンチ孔周辺の組織[2]

［演習問題］

10.1 鋼板の切断はどのような方法で行われるのか説明せよ．
10.2 鋼板の切断縁について注意すべき事項を述べよ．
10.3 孔あけはどのような方法で行われるのか説明せよ．
10.4 ひずみ時効とはどのような現象であるか説明せよ．
10.5 冷間加工による曲げ半径が板厚の 15 倍以上であることの意味するところを述べよ．

［参 考 文 献］

1) 本間宏二，三木千壽ほか：冷間加工を受けた構造用鋼材の歪み時効と冷間曲げ加工の許容値に関する研究，土木学会論文集，No. 570/I-40, pp. 153-162, 1997-7
2) 三木千壽，森猛，稲沢秀行，中村賢造：押し抜きせん断加工孔を用いた高力ボルト摩擦接合継手の疲労強度，土木学会論文集，No. 410/I-12, pp. 345-350, 1989-10
3) 道路橋示方書・同解説，II鋼橋編，日本道路協会，1996

11

溶 接 継 手

本章では溶接材料，溶接施工，溶接部の組織，溶接残留応力，溶接変形などの溶接に関係する基本事項および溶接部の品質管理のための非破壊検査について記述した．

鋼構造物中には，さまざまな継手（joints）がある．これらのうち部材内の接合を添接（splice），部材と部材の接合を連結（connection）と区別することがある．わが国の鋼橋においては工場での継手は溶接で行い，現場での継手は高力ボルト接合を用いることが原則となっている．これは溶接の施工性や品質管理を考えた上のことである．ただし，最近は景観上の配慮から現場継手にも溶接が採用されることが多くなっている（図11.1）．溶接は鋼構造物の設計，製作上，最も重要な項目の1つといえよう．

図 11.1 たつみ新橋
アーチリブへの現場溶接の採用により，スムースな形状が実現された

11.1 溶接の種類

溶接とは金属を熱または圧力の作用または熱と圧力の両方の作用によって溶かして接合することであり，その方法から，融接（fusion welding），圧接（pressure welding）およびろう接（brazing）に分類される（図11.2）．

11章 溶接継手

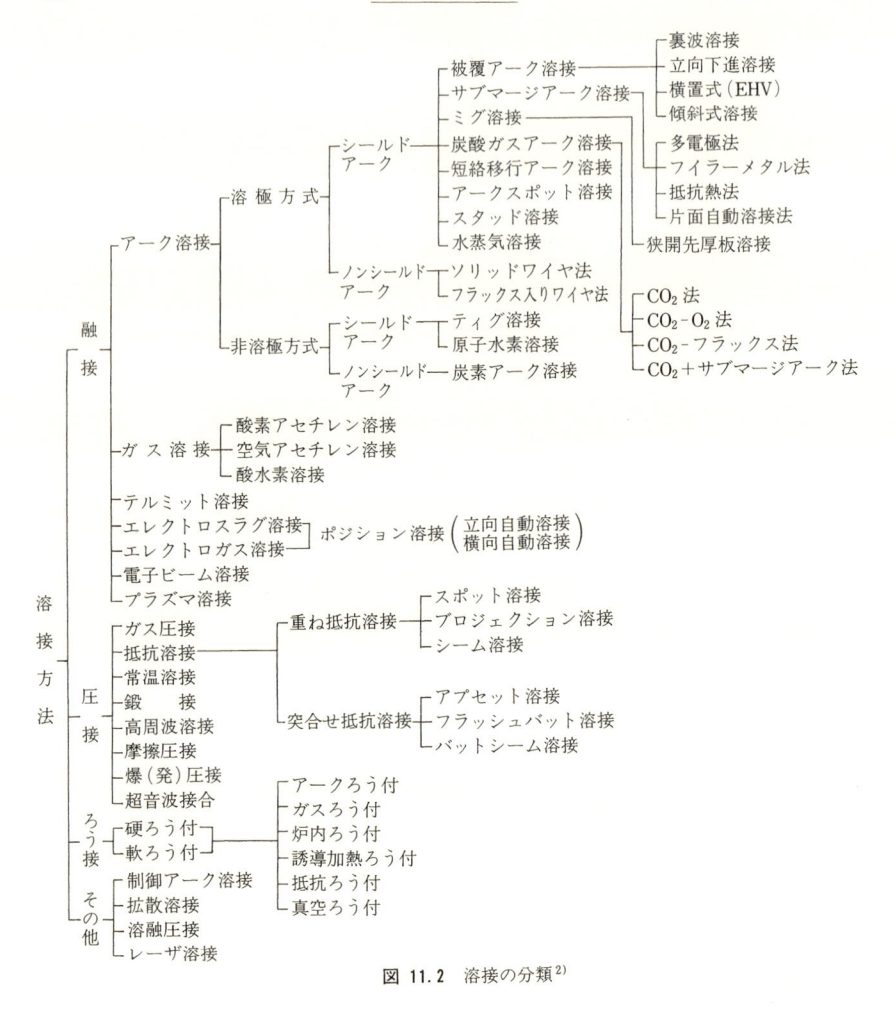

図 11.2 溶接の分類[2]

溶接方法
- 融接
  - アーク溶接
    - 溶極方式
      - シールドアーク
        - 被覆アーク溶接
          - 裏波溶接
          - 立向下進溶接
          - 横置式（EHV）
          - 傾斜式溶接
        - サブマージアーク溶接
          - 多電極法
          - フィラーメタル法
          - 抵抗熱法
          - 片面自動溶接法
          - 狭開先厚板溶接
        - ミグ溶接
        - 炭酸ガスアーク溶接
          - CO_2法
          - CO_2-O_2法
          - CO_2-フラックス法
          - CO_2+サブマージアーク法
        - 短絡移行アーク溶接
        - アークスポット溶接
        - スタッド溶接
        - 水蒸気溶接
      - ノンシールドアーク
        - ソリッドワイヤ法
        - フラックス入りワイヤ法
    - 非溶極方式
      - シールドアーク
        - ティグ溶接
        - 原子水素溶接
      - ノンシールドアーク
        - 炭素アーク溶接
  - ガス溶接
    - 酸素アセチレン溶接
    - 空気アセチレン溶接
    - 酸水素溶接
  - テルミット溶接
  - エレクトロスラグ溶接
  - エレクトロガス溶接
    - ポジション溶接（立向自動溶接／横向自動溶接）
  - 電子ビーム溶接
  - プラズマ溶接
- 圧接
  - ガス圧接
  - 抵抗溶接
    - 重ね抵抗溶接
      - スポット溶接
      - プロジェクション溶接
      - シーム溶接
    - 突合せ抵抗溶接
      - アプセット溶接
      - フラッシュバット溶接
      - バットシーム溶接
  - 常温溶接
  - 鍛接
  - 高周波溶接
  - 摩擦圧接
  - 爆(発)圧接
  - 超音波接合
- ろう接
  - 硬ろう付
    - アークろう付
    - ガスろう付
    - 炉内ろう付
    - 誘導加熱ろう付
    - 抵抗ろう付
    - 真空ろう付
  - 軟ろう付
- その他
  - 制御アーク溶接
  - 拡散溶接
  - 溶融圧接
  - レーザ溶接

構造物に最も多く適用されている電気アーク溶接は，電気アーク現象が発見されて初めて可能になったものであり，1881 年以前には使用された記録はない．溶接構造を採用することにより，ボルトやリベットのための孔をあけなくてもすむ，添接板が不要なために軽量化できる，美観に優れている，また細部構造上の制約が少なくなるなどの利点がある．その反面，溶接のプロセスは一種の電気製鋼あるいは鋳造のため，各種の欠陥が生じやすい，残留応力が導入

される，変形が生じるなどの欠点もある．

鋼構造物には以下の溶接法が一般的に用いられる．

（1） 被覆アーク溶接（shielded metal arc welding）

図 11.3 に電気アーク溶接の概念を示す．わずかに離れた電極間（図 11.3 では溶接棒と鋼板の間）に電位差を与えるとアークが発生して電流が流れ，そのために高熱が発生する．このアークによる高熱で金属を溶かすことにより接合するのが，電気アーク溶接の原理である．溶接棒を電極とし，それがアークにより溶融して母材とともに溶接金属となる溶極タイプの溶接と，電極は溶融せず，溶接材料（溶加棒）をアーク部に供給していく非溶極タイプの溶接がある．

被覆アーク溶接は一般に手溶接と呼ばれるものであり，電極として溶接棒を用い，溶接棒は溶接工により安定したアークが発生するような間隔で保持され，溶接方向に移動される（図 11.4）．

溶接棒は鋼の心線とそのまわりにつけられた被覆剤とからなっている（図

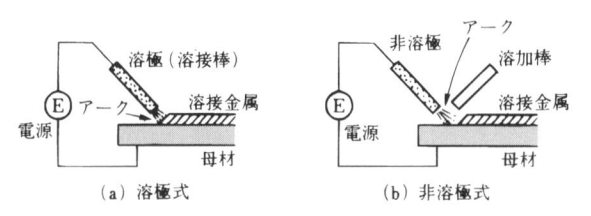

     (a) 溶極式   (b) 非溶極式

図 11.3　電気アーク溶接の原理[2]

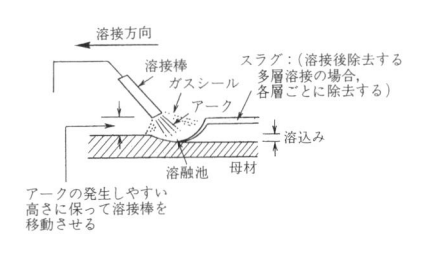

     (a)   (b)

図 11.4　被覆アーク溶接

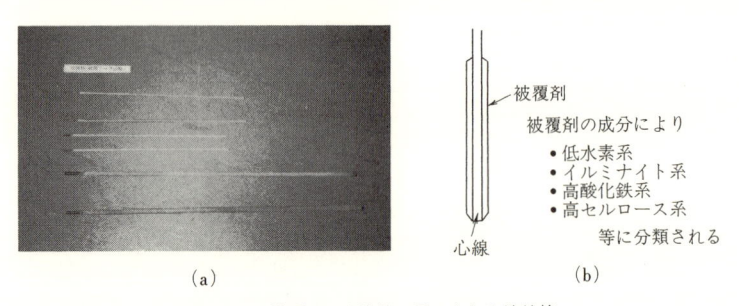

図 11.5 被覆アーク溶接に用いられる溶接棒

11.5).被覆剤は溶接アークの安定した発生を容易にし,さらに,それが燃えることにより,中性あるいは還元性のガスを発生して,溶融金属を大気中の酸素や窒素から遮蔽するなどの役割を果たしている.被覆剤の成分により溶接棒は低水素系,イルミナイト系,高酸化鉄系,高セルロース系等に分けられる.それぞれの棒で耐割れ性や作業性が異なるため,適切な溶接棒を選定する必要がある.

電源は低電圧でかつ高電流が得られるものが使用される.通常,電圧は30V程度,電流は200~300Aが用いられる.

(2) サブマージアーク溶接 (submerged arc welding)

裸の溶接棒と溶接部分を被覆するためのフラックスの組合せによる溶接方法であり(図11.6),アークが見えないためサブマージという呼び方がつけられている.電気回路系は図11.3とまったく同じである.フラックスは粒状の低

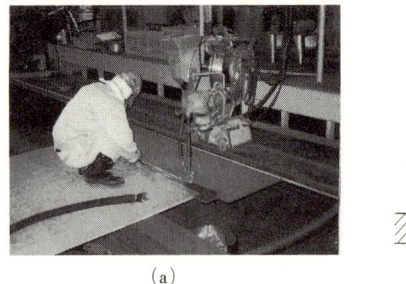

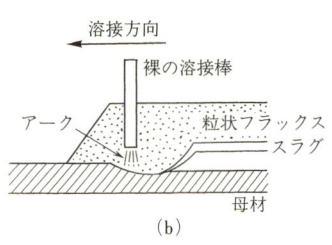

図 11.6 サブマージアーク溶接

水素系の鉱物性物質であり,アークを被覆することによりその発生を安定化する.サブマージアーク溶接は溶接棒の供給,アークの移動およびフラックスの供給を自動化したいわゆる自動溶接として使用されている.この方法は大電流の使用により,また同時に複数の溶接棒を用いるタンデム化により高能率な溶接施工が可能となる.

(3) ガスアーク溶接(gas metal arc welding)

裸の溶接棒とその周囲を包み込む不活性のガスの組合せによる溶接方法である(図 11.7).不活性ガスとしては炭酸ガス,アルゴン,ヘリウムがよく用いられ,とくに炭酸ガスを用いたものを CO_2 溶接と呼ぶ. CO_2 溶接は近年その使用が増加している.また, CO_2 とアルゴンの混合ガスを用いた MAG 溶接も

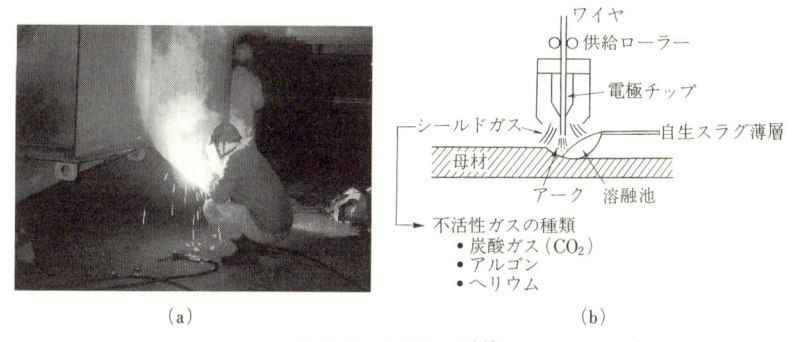

(a) (b)

図 11.7 ガスアーク溶接

図 11.8 ロボットによる溶接作業(CO_2 溶接)

鋼構造物にしばしば用いられる溶接法である．これはアークの調節を自動化し，移動は手動とした半自動溶接法が開発されたこと，またそれに適した多くの溶接棒が開発されたことによる．いわゆる溶接のロボット化にはこの方法が用いられるケースが多い（図 11.8）．

(4) そ の 他

上述の溶接法のほかに溶接作業の高効率化や自動化，さらにはロボット化を行っていく上でさまざまな溶接方法の改善が行われている．エレクトロスラグ溶接，エレクトロガス溶接，グラビティ溶接なども鋼構造物の製作に使用されることがある．また，将来にはレーザ溶接や電子ビーム溶接なども使用される可能性もある．

11.2 溶接材料と溶接性

溶接棒の心線には純度の高い鋼線が用いられている．通常，溶接棒の静的強度は接合しようとする鋼母材のそれと同等以上とされており，溶接棒の方が高い場合が多い．このような継手構成を over matching と呼ぶことがある．しかし，場合によっては溶接性の改善などを目的として，母材より低い強度の溶接棒を用いることがある．これを軟質化（under matching），それによってつくられた継手を軟質継手と呼ぶことがある．よい溶接を得るには，適切な鋼材と溶接材料の選定が必要条件である．もちろんどのような鋼でも溶接することはできるが，所要の品質や性能を得ることは難しい．

鋼材についてはしばしば溶接性（weldability）という言葉が用いられる．溶接性のうち最も重要なものは対溶接割れ性である．図 11.9 に溶接割れの種類を示す．溶接割れはその発生温度と時期および位置によって分類される．溶接時の溶融凝固によって起こる割れを高温割れあるいは凝固割れと呼び，溶接後ある時間経過した後，室温付近で起こるものを低温割れあるいは遅れ割れと呼んでいる．

鋼材の溶接性の確保とは熱影響部（11.6 節）に生じる割れを防止することを目的としており，主として鋼材の化学成分によって決まる性質である．鋼の

11.2 溶接材料と溶接性

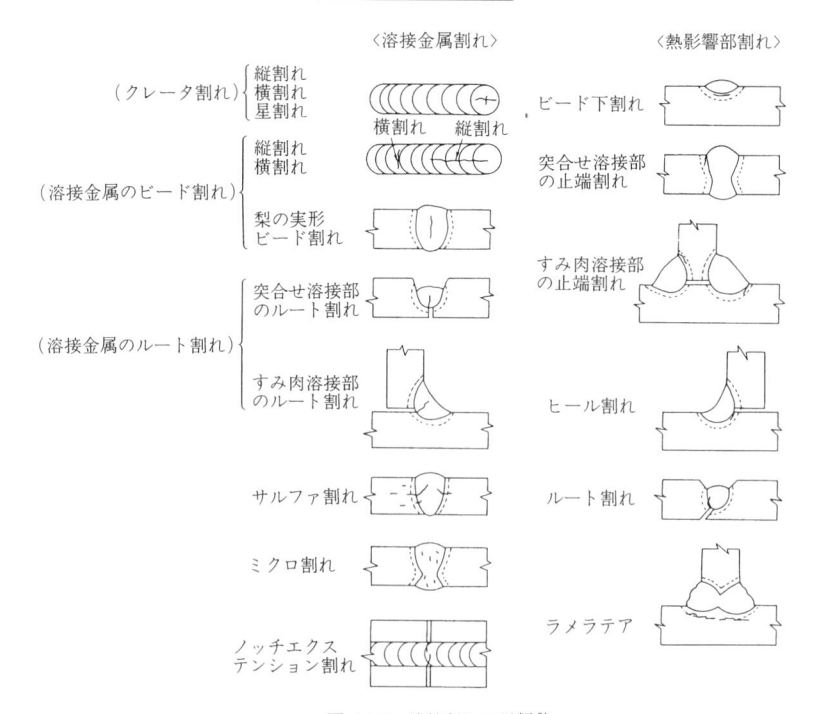

〈溶接金属割れ〉　　　　　　〈熱影響部割れ〉

(クレータ割れ) ｛縦割れ／横割れ／星割れ｝　横割れ　縦割れ　　ビード下割れ

(溶接金属のビード割れ) ｛縦割れ／横割れ｝　　突合せ溶接部の止端割れ

梨の実形ビード割れ

(溶接金属のルート割れ) ｛突合せ溶接部のルート割れ／すみ肉溶接部のルート割れ｝　　すみ肉溶接部の止端割れ

ヒール割れ

サルファ割れ　　　　　　ルート割れ

ミクロ割れ　　　　　　　ラメラテア

ノッチエクステンション割れ

図 11.9 溶接割れの種類 [3]

成分で最も溶接性に悪い影響するのは炭素量である．炭素は鋼の強度を高めるのに必要な成分であり，したがって必然的に炭素量の多くなる高強度鋼ほど溶接性が悪いといえる．また，リンや硫黄は溶接性を著しく悪くする成分である．その他の合金元素や残留元素も溶接性に影響を及ぼすが，それらを総合的に示す指標として炭素当量（C_{eq}）（式 (2.1)）および P_{CM}（式 (2.2)）が用いられる．2章で述べたように，C_{eq} あるいは P_{CM} が高くなると溶接熱影響部が硬くなり，割れなどが生じやすくなる．

溶接欠陥のうち，溶接冷間割れの発生は確実に防止しなければならないが[5]，この溶接冷間割れ性を直接調べる手段として，斜め Y 形溶接割れ試験がしばしば用いられる（図 11.10 (a)）．溶接割れ感受性組成 P_{CM} は，この斜め Y 形割れ試験から確立された概念であり，C_{eq} とともにしばしば用いられている．

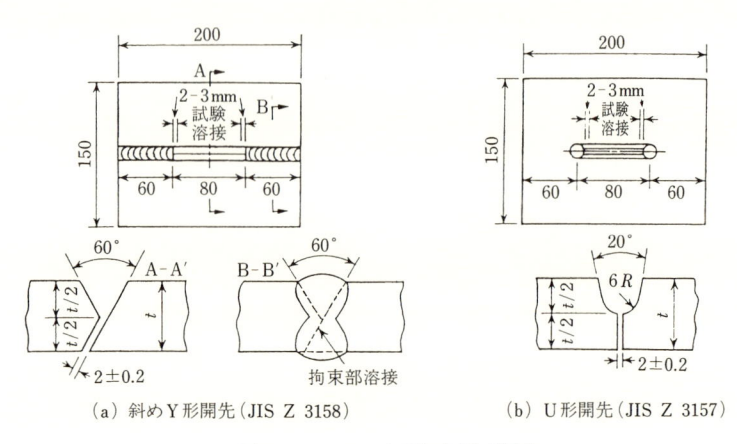

(a) 斜め Y 形開先（JIS Z 3158）　　(b) U 形開先（JIS Z 3157）

図 11.10　スリット形拘束割れ試験片

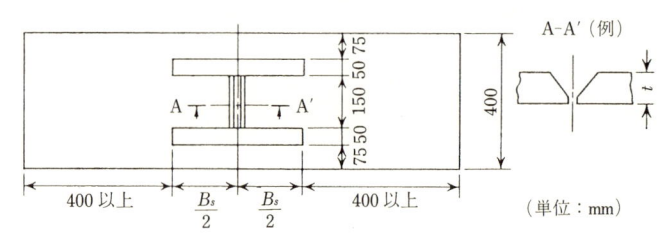

(a) 標準継手の場合

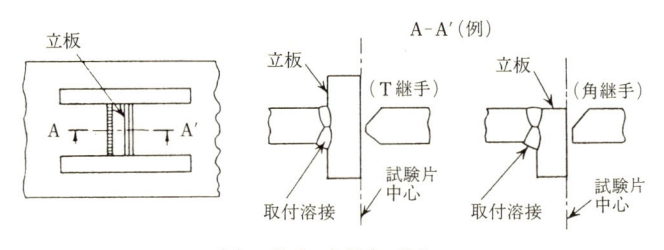

（単位：mm）

(b) T 継手，角継手の場合

図 11.11　H 形拘束割れ試験

U 型開先拘束割れ試験は溶接割れを評価する試験といわれている．突合せ溶接継手の多層盛溶接を対象としては図 11.11 の H 形拘束溶接割れ試験が行われる．スリットの幅 B_s を変化することにより拘束度を変えることができ，開

図 11.12 電気ヒータを用いた予熱
（780MPa級鋼を用いたトラス弦材）

先部に立板を取り付けることによりT継手や角継手の割れ感受性を評価できる．

　高強度鋼や極厚の鋼板では，その化学成分から健全な溶接を得るためには何らかの前処理が必要となることが多い．しばしば行われるのが予熱処理（preheating）である（図 11.12）．予熱にはガスバーナーや電気ヒーターが用いられる．

　どの程度の温度まで予熱するかについては化学成分と板厚により異なるが，予熱によって溶接後の冷却速度が低減され，また溶接部の溶融金属と母材部の間の温度勾配が低減されることから，溶接割れ発生の防止につながる．予熱温度については示方書類に規定があり，また各種のハンドブックにも化学成分と必要な温度の関係が示されている．道路橋示方書では，表 11.1 の条件を満たす場合には，表 11.2 に示すように予熱することを標準にしている．ただし，最近開発された低予熱型高張力鋼など，鋼の成分や組織によっては，予熱なしで健全な溶接を行うことができる場合もある．

11.3　溶 接 条 件

　良好な溶接を得るためには，適切な溶接条件を設定しなければならない．溶接条件は予熱温度，電流，電圧などが含まれるが，使用する溶接方法と溶接棒などの材料によって，ほぼ適切な範囲が決まり，それに開先形状，すみ肉溶接

11章 溶接継手

表11.1 予熱温度の標準を適用する場合の P_{CM} の条件（％）（道路橋示方書 表15.3.9）

鋼材の板厚(mm) \ 鋼種	SM400	SMA400W	SM490 SM490Y	SM520 SM570	SMA490W SMA570W
25 以下	0.24 以下	0.24 以下	0.26 以下	0.26 以下	0.26 以下
25 をこえ 50 以下	0.24 以下	0.24 以下	0.26 以下	0.27 以下	0.27 以下
50 をこえ 100 以下	0.24 以下	—	0.27 以下	0.29 以下	—

表11.2 予熱温度の標準（道路橋示方書 表15.3.10）

鋼種	溶接方法	予熱温度 (℃) 板厚区分 (mm)				
		25 以下	25をこえ40以下	40をこえ50以下	50をこえ75以下	75をこえ100以下
SM400	低水素系以外の溶接棒による被覆アーク溶接	予熱なし	40〜60	—	—	—
SM400	低水素系の溶接棒による被覆アーク溶接	予熱なし	20	20〜40	40〜60	60〜80
SM400	サブマージアーク溶接 ガスシールドアーク溶接	予熱なし	予熱なし	20	20〜40	40〜60
SMA400W	低水素系の溶接棒による被覆アーク溶接	予熱なし	20	20〜40	—	—
SMA400W	サブマージアーク溶接 ガスシールドアーク溶接	予熱なし	予熱なし	20		
SM490 SM490Y	低水素系の溶接棒による被覆アーク溶接	20〜40	40〜60	60〜80	80〜100	100〜120
SM490 SM490Y	サブマージアーク溶接 ガスシールドアーク溶接	予熱なし	20	20〜40	60〜80	80〜100
SM520 SM570	低水素系の溶接棒による被覆アーク溶接	20〜40	60〜80	60〜80	100〜120	120〜140
SM520 SM570	サブマージアーク溶接 ガスシールドアーク溶接	予熱なし	40〜60	40〜60	80〜100	100〜120
SMA490W SMA570W	低水素系の溶接棒による被覆アーク溶接	20〜40	60〜80	60〜80	—	—
SMA490W SMA570W	サブマージアーク溶接 ガスシールドアーク溶接	予熱なし	40〜60	40〜60	—	—

注 1) "予熱なし"については，気温（室内の場合は室温）が5℃以下の場合は20℃以上に予熱する．

2) P_{CM} の算定式　　$P_{CM} = C + \dfrac{Si}{30} + \dfrac{Mn}{20} + \dfrac{Cu}{20} + \dfrac{Ni}{60} + \dfrac{Cr}{20} + \dfrac{Mo}{15} + \dfrac{V}{10} + 5B$　（％）

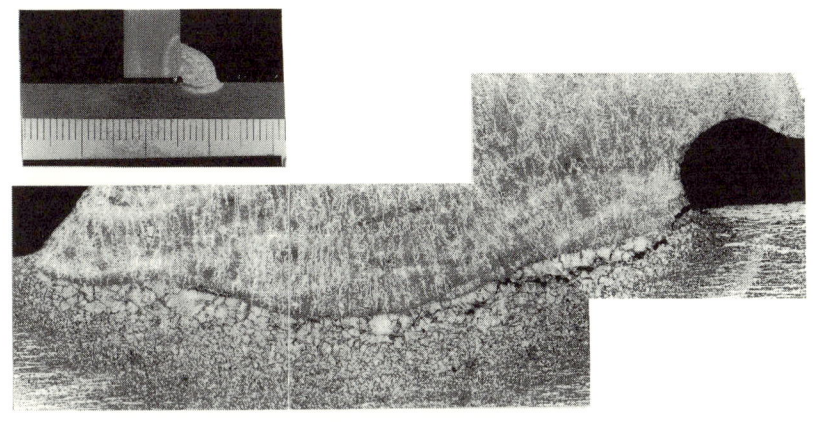

図 11.13 すみ肉溶接部に発生したヒールクラック

のサイズ，ポジションなどを考慮して条件が決定される．

次式で求められる溶接入熱量 Q（Joules/cm）がしばしば溶接条件の代表値に用いられる．

$$Q = \frac{VI}{v} \tag{11.1}$$

ここで V：電圧（V），I：電流（A），v：溶接速度（cm/sec）．

溶接入熱量が大きすぎると溶接金属部，熱影響部のじん性値が低下するなどの問題が生じるため，入熱量を制限することが多い．道路橋示方書では調質高張力鋼である SM570 および SMA570W において，1 パスの入熱量が 70000 Joule/cm を超える場合は，溶接施工試験を行うことを原則とするとされている．

短い溶接ビートも溶接部が急冷されることから割れの発生につながりやすい．道路橋示方書では，すみ肉溶接ルート部に発生するヒールクラック（図 11.13）を防止する目的で仮付け溶接のすみ肉溶接の長さは 80 mm 以上であり，C_{eq} が 0.36% 以下に限り，50 mm 以上にできるとしている．

11.4 溶接継手の型式

溶接継手は，その主な目的から，力を伝えるための継手と部材を組み立てる

11章 溶接継手

表 11.3 溶接継手の分類

	突合せ溶接	すみ肉溶接	せん溶接	スロット溶接
突合せ継手	○			
T継手・十字継手	○	○		
角継手	○	○		
当て金継手		○	○	○
重ね継手		○	○	○
へり継手	○			

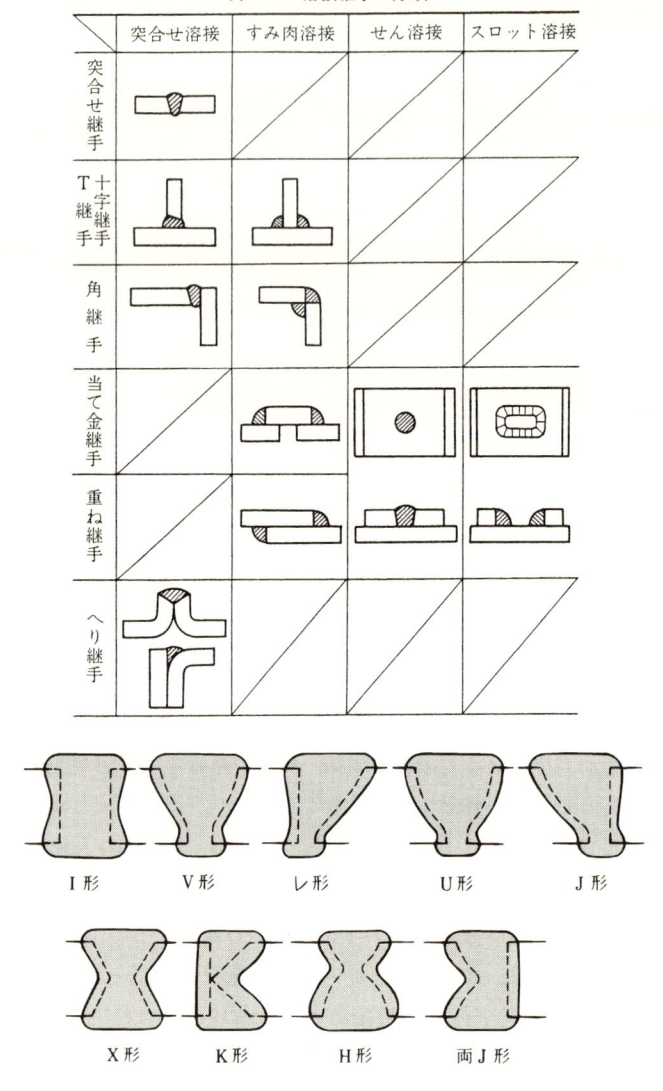

図 11.14 突合せ溶接での開先の例

I形　V形　レ形　U形　J形

X形　K形　H形　両J形

ための継手に大別される（表11.3）．土木構造物では，通常，せん（プラグ）溶接，スロット溶接は用いられない．

　溶接継手の最も基本的な分類としては，溶接部に開先をとるかとらないかで

11.4 溶接継手の型式

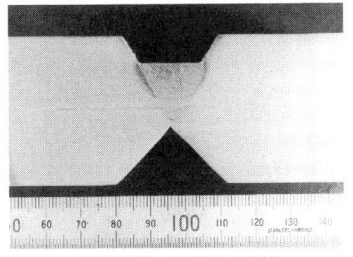

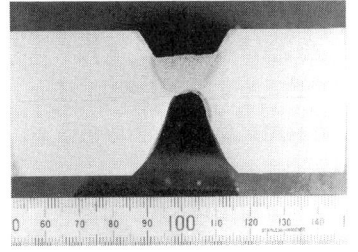

(a) 初層, 2層目の溶接 (b) 初層裏側のガウジングによる除去

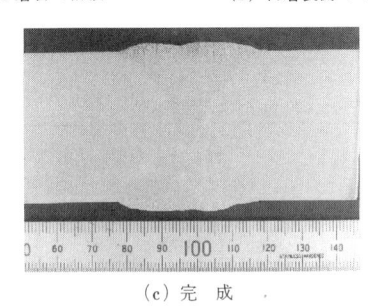

(c) 完　成

図 11.15　完全溶込み溶接の施工例

あり，開先をとった溶接継手を開先溶接，あるいはグルーブ溶接（groove welding），開先をとらない溶接継手をすみ肉溶接（fillet welding）と呼ぶ．図 11.14 に開先の形状の例を示すが，継手に作用する力，板厚，施工法，および検査法などによってどのような開先にするのかが決められる．

溶接線に直角な方向に引張力を受ける継手は全断面溶込みグルーブ溶接を用いることが原則である．全断面溶込み溶接では両面から溶接されることが多く，その際第1層（初層）は欠陥が残りやすいため裏側からガウジングするのが原則である（図 11.15）．

最近では片側からのみの溶接で全断面溶込みを期待するような溶

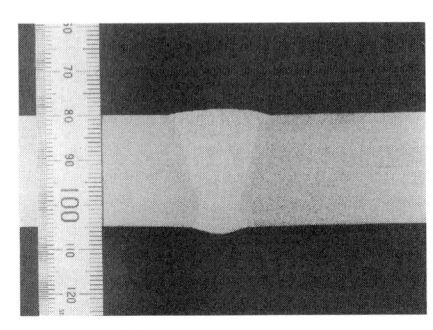

図 11.16　裏波溶接の例
（開先角度 30°，ルートギャップ 7 mm，CO_2 半自動溶接）

接も行われることがあり，良好な裏ビード（溶接の反対側）を得ることを目的として特殊な裏当て材を用いた裏波溶接と呼ばれる溶接が行われる（図11.16）．

裏当て金を用いた全断面溶接では初層に欠陥が残りやすいことや裏当て金そのものが応力集中の原因となるため（図11.17），橋梁部材では鋼床版トラフリブの現場溶接を除いては用いていない．とくに疲労が問題となる継手では十分な注意が必要である．

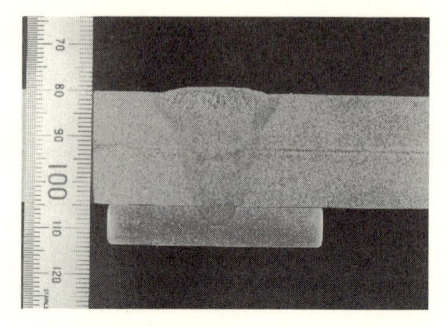

図11.17 裏当金付溶接
（開先角度30°，ルートギャップ6mm，CO_2半自動溶接）

溶接継手の設計においてはその必要な性能を考えて，全面溶込み溶接，部分溶込み溶接，部分溶込み溶接とすみ肉溶接の組合せ，すみ肉溶接を使い分ける必要がある．溶接変形や溶接残留応力あるいは溶接欠陥のことを考えると，不必要に開先溶接など入熱の大きな溶接を施すことは避けなければならない．橋梁構造中の継手ではすみ肉溶接の割合が非常に高い．

11.5 溶接記号

設計者は製作担当者に溶接に関する詳細な情報を正確に伝達する必要がある．溶接法，継手の形式，開先形状，溶接サイズなどを設計図に表示するため溶接記号と図示方法はJIS Z 3021（1987）で決められている．図11.18に記入の原則とその例を示す．これらの表示方法は世界中で共通的に用いられている．

11.6 溶接のポジション

溶接金属は一時的に液体となるため，どの方向に向いて溶接するかといういわゆる溶接ポジション（図11.19）は適切な溶接を得るため重要となる．ほと

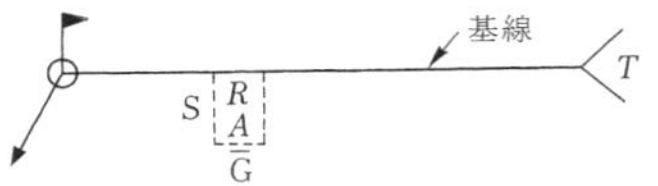

11.6 溶接のポジション

溶接の種類		記号	作図法	記入例
突合せ(グルーブ)溶接	I形	‖	角度は90度	矢の反対側に溶接
	V形	∨	交角は90度	矢の側から溶接
	X形	✕		両側から開先
	U形	∪	半円とし足は半径の約1/2	矢の側にV開先
	H形	⊃⊂		矢の反対側にV開先
	レ形	∨	垂直線とそれに45度に交わる直線とし頭をそろえる	両側にU開先
	K形	K		矢の反対側にレ開先
	J形	⌐	1/4円をかき足は半径の約1/2	両側にレ開先
	両面J形	⌐⌐		矢の反対側にJ開先
すみ肉溶接	連続	△	直角二等辺三角形不等脚の場合にも使用し寸法を記入する	矢の反対側から溶接
	片面のみ溶接	△		矢の側に溶接
	並列			両側に溶接
断続溶接	千鳥			両側のすみ肉が相等しいときはこの記号を用いてもよい

図11.18 溶接の記号と表示方法[2]

(a) 溶接する側が矢の側または手前側のとき

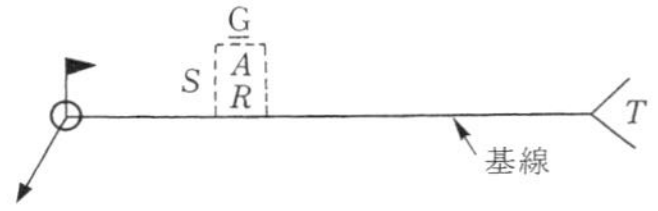

(b) 溶接する側が矢の側の反対側または向こう側のとき

溶接施工内容の記号例示

□:基本記号

S:溶接部の断面寸法または強さ(開先深さ、すみ肉の脚長)
R:ルート間隔
A:開先角度
T:特別指示事項(J形・U形等のルート半径、溶接方法、その他)
—:表面形状の補助記号
G:仕上方法の補助記号
⌒:全周現場溶接の補助記号
○:全周溶接の補助記号

溶接施工内容の記載方法の原則

んどのアーク溶接法で好ましいポジションは下向きであり，好ましくないのは上向きである．したがって，重要な継手は下向きで溶接できるように工場内ではさまざまな装置が用いられている．

溶接継手によっては好ましいポジションがとれないことがある．工場の設備，溶接の順序などを工夫して，できるだけ好ましいポジションがとれるように施工計画をつくらなければならない．また現場溶接でのポジションの選択は限定され，工場よりさらに十分な検討が必要となる．やむを得ず上向きなどの好ましくないポジションで溶接を行う場合は，溶接材料の選択や入熱量，電流，電圧などについて十分な検討が必要である．立ち向きについては，上進か下進かによってその条件や品質が大きく異なるので注意をする．

不適切なポジションによる溶接は割れや融合不良などの欠陥発生につながりやすく，また溶接ビートの形状が悪くなる．これらは疲労強度の急激な低下や思わぬ破損の原因になるので十分な注意が必要である．

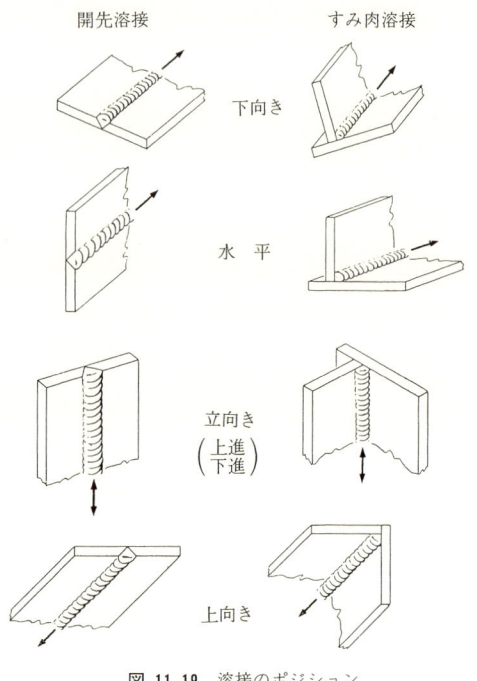

図 11.19 溶接のポジション

11.7 溶接部の組織

溶接条件が適切かどうか，また施工性を確認するために，溶接断面を観察する．その際に，金属組織をエッチング（腐食）して観察を容易とする（図 11.20）．全体的な溶接の溶込み状況など，全体的な観察を目的としたものをマ

11.7 溶接部の組織

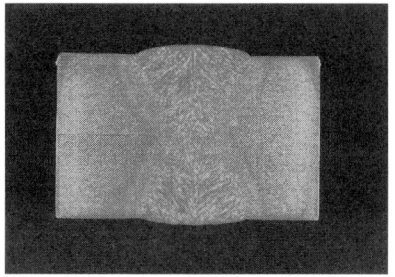

図 11.20 ミクロ試験の例
(a)
(b) 切断→研磨→腐食

クロ試験，結晶組織などの微細な観察を目的としたものをミクロ試験と呼んでおり，それぞれ適切な腐食液が用いられている．最も一般的に用いられているのがナイタールと呼ばれる硝酸とメチルアルコールを混合（硝酸2%程度）した腐食液である．

溶接継手部の金属組織は，溶接金属部，母材が溶接による熱の影響を受けた領域（熱影響部）および母材部に分けることができる（図11.21）．溶接金属部と熱影響部の境界はボンド部と呼ばれる．溶接金属部は溶接棒と母材の成分が混じり合って形成されたものであり，その化学成分は溶接金属の中央部からボンド部で変化しており，力学的性質もそのようになっている．熱影響部は母材が熱影響により変質したものである．熱影響部ではそれぞれの位置での熱サ

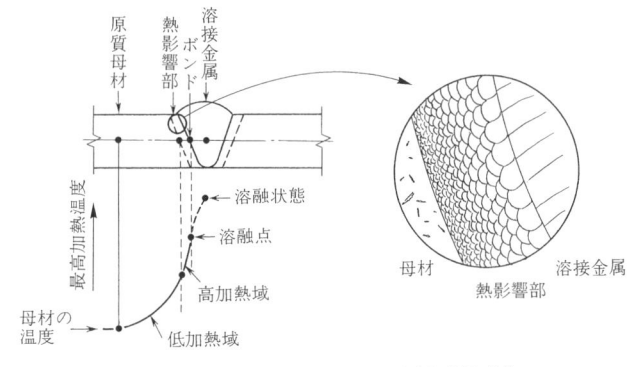

図 11.21 溶接部の組織と最高加熱温度[4]

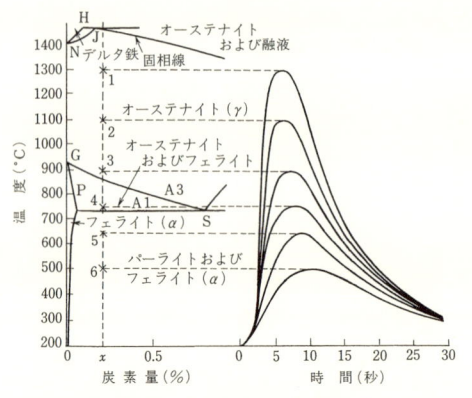

(a) 鋼の状態図と溶接熱サイクルの関係[4]

名 称	加熱温度範囲(約)	摘 要
① 溶 接 金 属	溶融温度(1500°C)以上	溶融凝固した範囲，デンドライト組織を呈する
② 粗 粒 域	>1250°C	粗大化した部分，硬化しやすく割れなどを生じる
③ 混 粒 域 (中間粒域)	1250〜1100°C	粗粒と細粒の中間で，性質もその間程度
④ 細 粒 域	1100〜900°C	再結晶で微細化，じん性など機械性質良好
⑤ 一部溶解域	900〜750°C	パーライトのみが溶解，球状化，しばしば高Cマルテンサイトを生じ，じん性劣下
⑥ ぜ い 化 域	750〜200°C	熱応力によりぜい化を示すことがある顕微鏡的に変化なし
⑦ 母材原質域	200°C〜室温	熱影響を受けない母材部分

(b) 鋼の溶接熱影響部の組織

図 11.22 溶接熱影響部の熱サイクルと組織[4]

イクルによりさまざまな組織となっており（図 11.22），図 11.20 においてもボンド部に近い位置での粗粒域から，若干離れた位置での細粒域が認められる．多層溶接において，複数回の熱影響を受けた組織ではじん性値が低下することもある．

　溶接部の組織の変化は硬さの変化として現れ，軟化する部分と硬化する部分が生じる．母材の種類，溶接条件によってはかなり軟化することがあり，強度上問題となる場合がある．一方，硬化は割れなどの原因となる．著しい軟化や硬化が生じる場合には，溶接材料や溶接条件の見直しが必要である．

11.8 溶接欠陥

　溶接部には11.2節で述べた割れ以外にもさまざまな欠陥が発生する可能性がある．結晶寸法程度のミクロな欠陥までを含めれば，溶接部において無欠陥というようなことは非常に難しい要求になってくる．継手部に要求される性能とのバランスで欠陥の有害性を判断し，必要な品質を要求しなければならない．

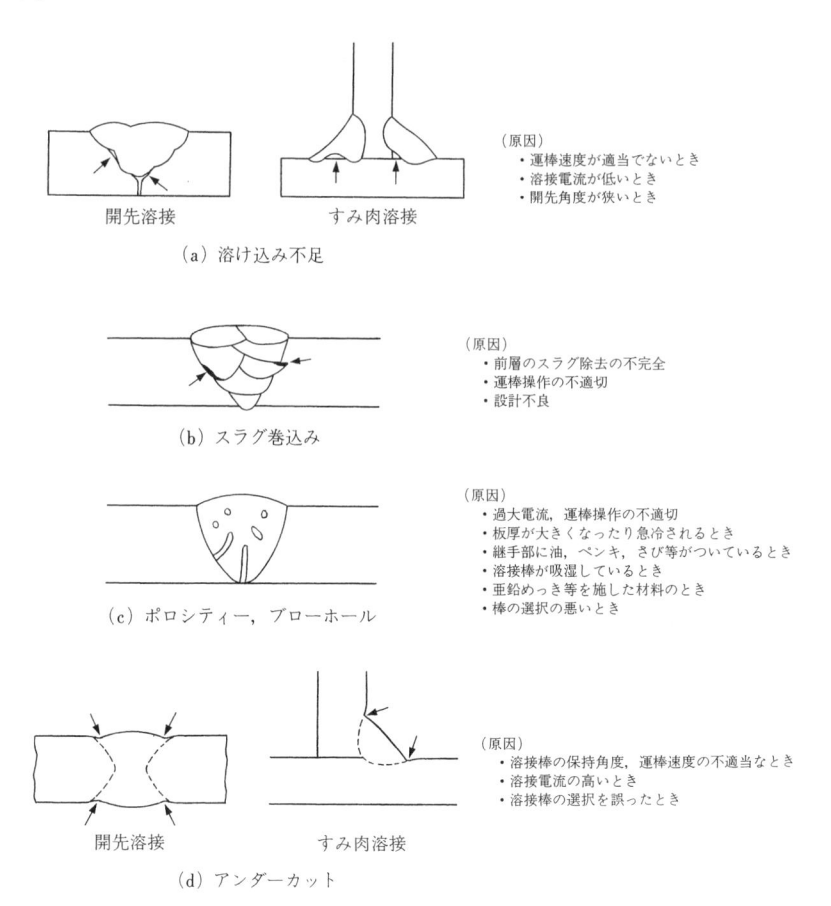

(a) 溶け込み不足

開先溶接　　すみ肉溶接

(原因)
・運棒速度が適当でないとき
・溶接電流が低いとき
・開先角度が狭いとき

(b) スラグ巻込み

(原因)
・前層のスラグ除去の不完全
・運棒操作の不適切
・設計不良

(c) ポロシティー，ブローホール

(原因)
・過大電流，運棒操作の不適切
・板厚が大きくなったり急冷されるとき
・継手部に油，ペンキ，さび等がついているとき
・溶接棒が吸湿しているとき
・亜鉛めっき等を施した材料のとき
・棒の選択の悪いとき

(d) アンダーカット

開先溶接　　すみ肉溶接

(原因)
・溶接棒の保持角度，運棒速度の不適当なとき
・溶接電流の高いとき
・溶接棒の選択を誤ったとき

図 11.23　溶接欠陥と主な原因

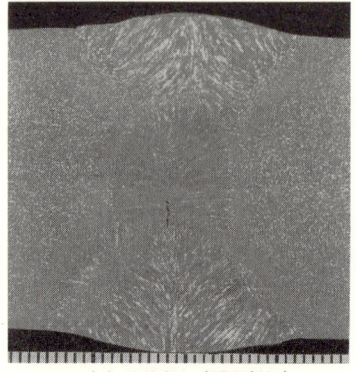

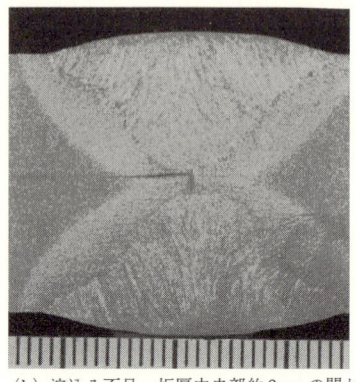

(a) 溶接割れ（凝固割れ）　　　(b) 溶込み不足，板厚中央部約2mmの間が溶接されていない

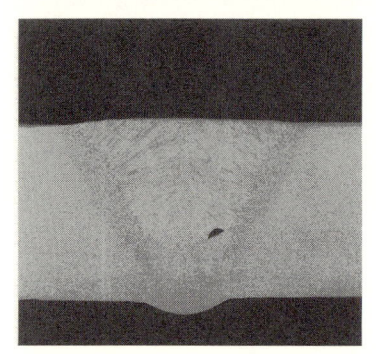

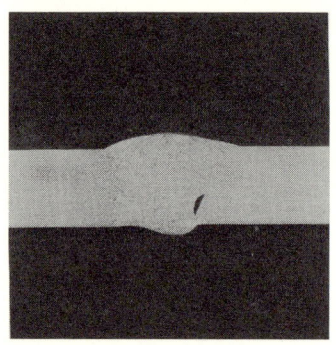

(1) 層間　　　(2) 開先面

(c) スラグ巻込み（スラグがない場合，融合不良と呼ぶケースが多い）

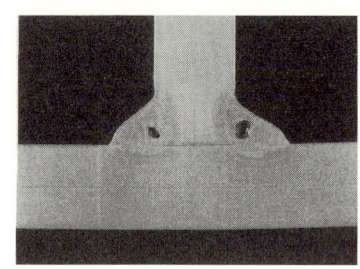

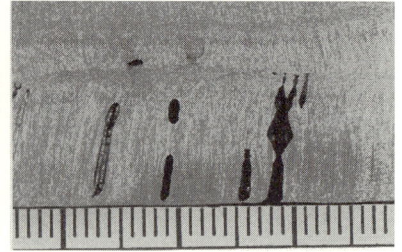

(1) 断面　　　(2) 溶接線方向に切断．溶接金属の凝固前にブローホールが発生したことがわかる

(d) ブローホール，ポロシティー，長いものをウォームホールと呼ぶ

図 11.24　溶接欠陥の例

図 11.23 に溶接継手部に生じる代表的な溶接欠陥を示す．溶接の開先と溶接条件が不適切なために必然的に生じる溶込み不足のような欠陥，溶接を行っている間に生じるブローホールやスラグ巻込みあるいは融合不良のような欠陥，凝固する過程で生じる割れ，冷却された後に水素の侵入により生じる割れなど原因，位置，発生する時期はさまざまである．図 11.24 に溶接欠陥の例を示す．

溶接欠陥を防止するには，①溶接方法や材料の適切な選定　②電流・入熱等の溶接条件　③開先・ねらい位置・積層法などの施工条件　④温度，湿度などの環境　⑤溶接棒やフラックスの乾燥などの管理　⑥溶接開先面の清浄度などについての十分な管理が必要である．

11.9　溶接部の非破壊検査

溶接継手部の健全性を検査するために，非破壊検査が行われる．最も基本的な非破壊検査は目視である．ブローホールなどが溶接表面まで抜けた場合や，開口した割れあるいは溶接止端のアンダーカットなどの欠陥については目視で検出される．

板継ぎ溶接などの完全溶込み開先溶接部の健全度の検査には，しばしば放射線透過試験（RT と略称されることが多い）が適用される（図 11.25）．これは試験部に X 線等の放射線を透過させて，密度の変化から欠陥を検出しようとするものである．通常図 11.26 のような写真として結果が得られるが，欠陥の透過させた方向（通常，板厚方向）の欠陥の位置についての情報は得られない．また密度の変化を検出しているため，割れなどの面状欠陥が X 線の方向に対して傾斜している場合など

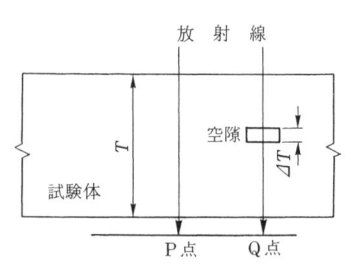

厚さ（T）により減衰してP点に到達する放射線の線量率をIとすると，微小な空隙の存在する部分の厚さ（$T-\varDelta T$）で減弱されてQ点に到達する放射線の線量率は$I+\varDelta I$となる．
フィルムはそれぞれの点に到達する放射線の線量率に対応して感光することになる．

図 11.25　放射線透過試験概念図

(a) X線写真　　　　　　　　　(b) 溶接部の観察

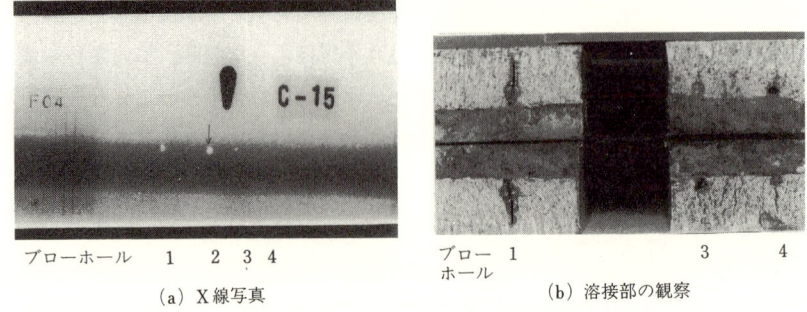

図 11.26　ブローホールが存在する部分溶込み溶接部の放射線透過試験写真と，実際の欠陥との対応[9]

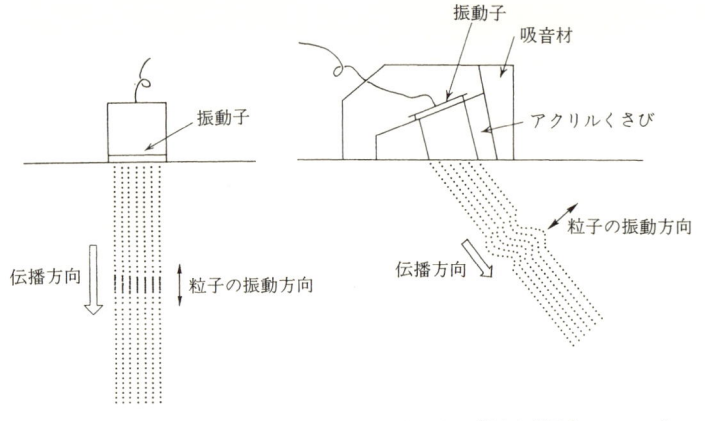

(a) 垂直探傷　　　　　　　　　(b) 斜角探傷

図 11.27　超音波探傷

について検出能力が低下することがある．

　超音波探傷試験（UT と略称されることが多い）もしばしば用いられる非破壊試験である．鋼構造物に対しては，通常周波数が 2～10 MHz（5 MHz がよく使われる）の超音波が用いられる．探傷表面から垂直な超音波を発信する垂直探傷と，角度をもった超音波を発信する斜角探傷とがある（図 11.27）．斜角としては 45°～70° が用いられる．斜角探傷における反射域位置の推定原理は図 11.28 に示すとおりである．また，1 つの探触子で発信と受信を行う 1 探触子法と，発信と受信を別の探触子で行う 2 探触子法がある（図 11.29）．欠

11.9 溶接部の非破壊検査

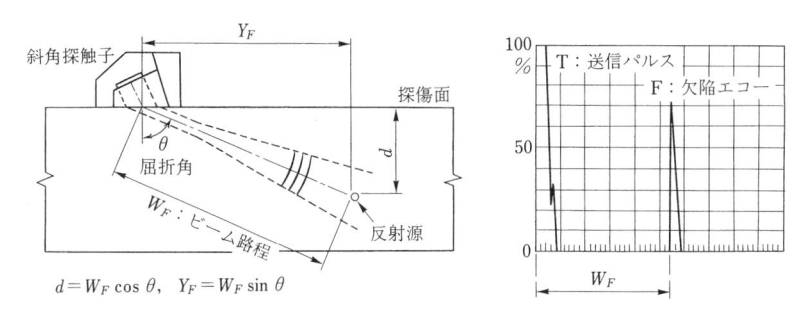

図 11.28 斜角探傷における反射源位置の推定

$$d = W_F \cos\theta, \quad Y_F = W_F \sin\theta$$

(1) 1探触子斜角探傷法　　(2) 2探触子斜角探傷法

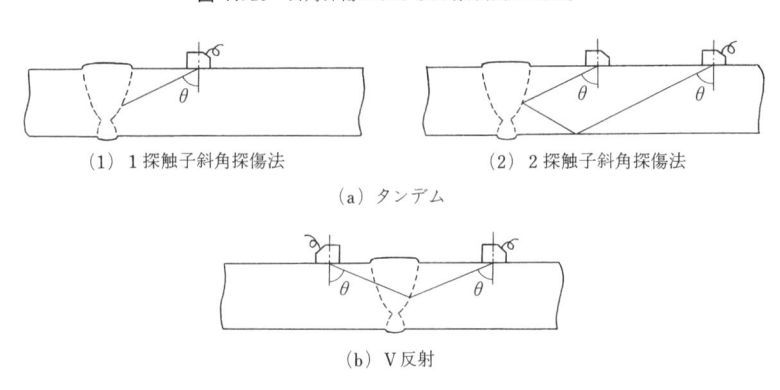

（a）タンデム

（b）V反射

図 11.29 斜角探傷法

陥などの反射源からの反射エコーあるいは反射源のシャープな端部からの散乱エコー（端部エコー）反射源のコーナーからのエコー（コーナーエコー）を検出することから欠陥の存在およびその寸法を推定する（図11.30）．探傷結果はCRT上に超音波の伝播時間（距離に対応）とエコーの強度との関係を表すAスコープ（図11.31）が一般的である．

図11.32に斜角探傷により欠陥の長さを測定する原理を示す．探触子を溶接線に沿って移動したとき，エコーがあるレベルを超えて現れている範囲を欠陥指示長さと呼び，欠陥の判定の基準とする．そのときのエコーの基準レベル（図中のL線）はJIS Z 3060に規定されている標準試験片を用いて行う感度調整で決定される．その感度レベルにより，H線，M線，L線と呼ばれる．欠陥指示長さはエコーのレベルが設定した感度レベルを超えている領域であり，

11章 溶接継手

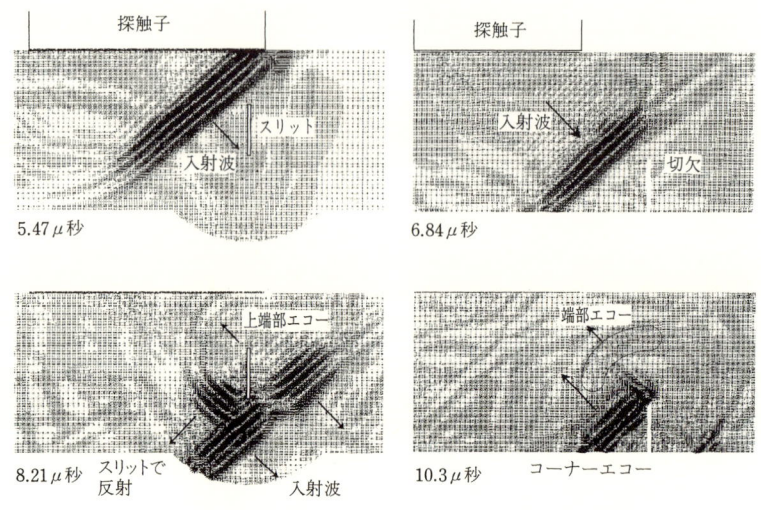

図 11.30の上段左: 探触子／入射波／スリット　5.47μ秒
図 11.30の上段右: 探触子／入射波／切欠　6.84μ秒
図 11.30の下段左: 上端部エコー／スリットで反射／入射波　8.21μ秒
図 11.30の下段右: 端部エコー／コーナーエコー　10.3μ秒

端部エコー：シャープな端部から出る散乱波　　コーナーエコー：コーナーから出る強いエコ

図 11.30　超音波波動のシミュレーション．2MHz 45°の波を入射．スリットや底面からさまざまな波が反射する[10]

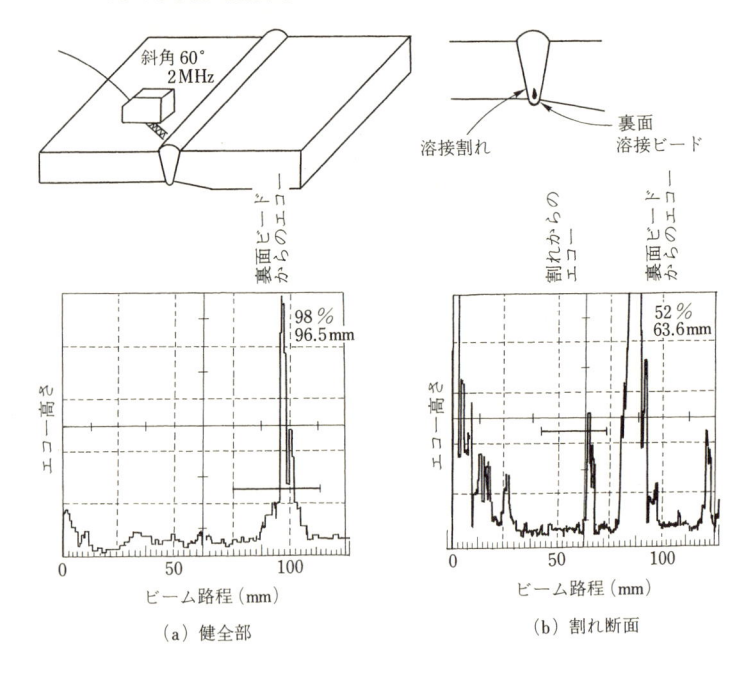

斜角 60°　2MHz
溶接割れ　裏面溶接ビード

(a) 健全部　98%　96.5mm　裏面ビードからのエコー
(b) 割れ断面　52%　63.6mm　割れからのエコー／裏面ビードからのエコー

横軸：ビーム路程（mm）　縦軸：エコー高さ

図 11.31　溶接部から得られるAスコープ像[10]

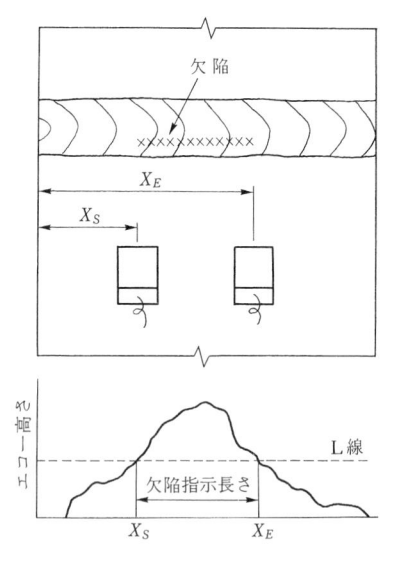

図 11.32 斜角探傷試験での欠陥長さの推定方法

実際の長さではないことに注意が必要である．最近は自動あるいは半自動超音波探傷システムにより，探触子の位置とエコーの関係を用いて得られるBスコープ表示およびCスコープ表示もしばしば用いられる（図 11.33）．

欠陥の深さ方向の寸法推定には図 11.34 に示す端部エコーが使われる．これは欠陥の上端および下端から出る散乱波を検出し，そのときの探触子の移動距離から欠陥の寸法を推定する方法である．

浸透損傷（PT と略称される）は表面に開口した欠陥を検出するのにしばしば使用される方法である．損傷表面の洗浄，染料の浸透，現像の 3 段階から成り立っている（図 11.35）．特別な装置を必要とせず簡便な非破壊検査であるが，欠陥の中に染料をしみ込ませ，それを現像材で引き出すことにより欠陥を検出するため，それぞれの段階できちんとした作業を行わないと欠陥などを見落とす恐れもある．また疲労き裂のようなきわめてシャープで開口が小さいき裂に対しては染料が入り込まないため，検出性能が悪いことがある．

磁粉探傷試験（MT と略称される）は探傷したい表面に電磁石で磁場をつくり，そこに微細な鉄粉を配することにより欠陥を磁場の乱れとして検出しよう

(a) Aスコープ表示

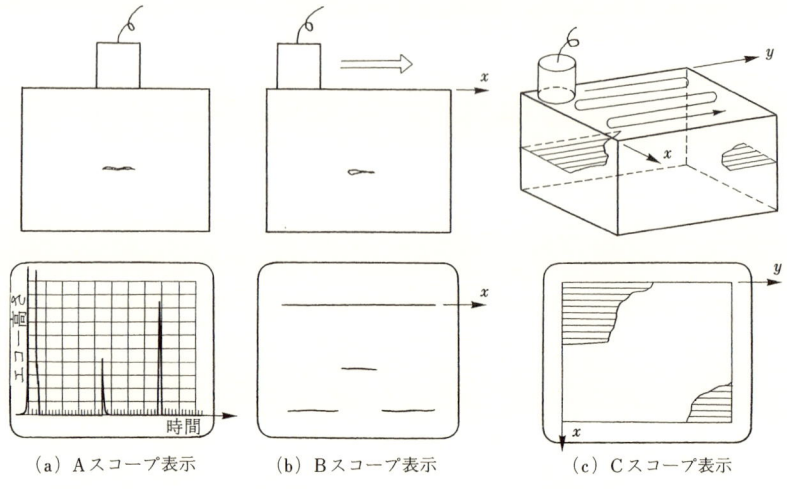

(b) Bスコープ表示

(c) Cスコープ表示

探触子を移動し，Aスコープで設定した基準レベルを超えるエコーが出る位置を探触子の位置 (x) とビーム路程で表示したもの

探触子を x, y 方向に移動し，設定した基準レベルを超えるエコーが出る位置を (x, y) 表示したもの

図 11.33 超音波探傷試験での表示方法[3]

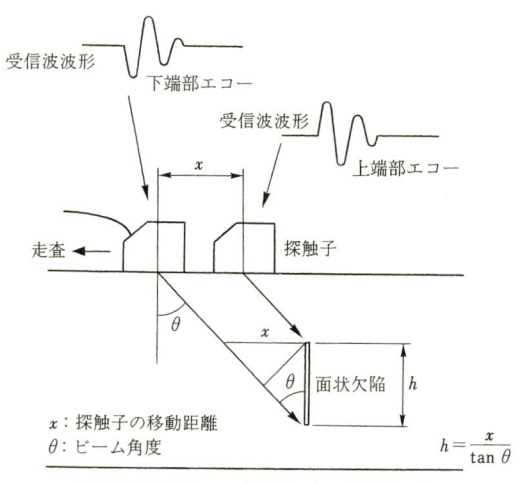

x：探触子の移動距離
θ：ビーム角度

$$h = \frac{x}{\tan \theta}$$

探触子を移動させ，上端部および下端部からの最大エコーが得られる位置をさがす．

図 11.34 端部エコー法

11.9 溶接部の非破壊検査

前処理	試験面／欠陥	表面の異物を取り除く．(洗浄液)
浸透処理	浸透液	浸透性の高い塗料を欠陥内に浸透させる．浸透時間が重要．(浸透液)
洗浄処理	(a) 水洗浄　(b) 溶剤洗浄	欠陥の中の浸透液を洗い流すことなく試験体表面の余剰浸透液を洗浄する．水で洗浄する場合と溶剤で洗浄する場合がある．
現像処理	現像剤（白色の微粉末）	欠陥の指示模様をつくり，識別性を高める．(現像剤)

図 11.35　浸透探傷試験 [3)]

磁極の配置
① 縦割れなどの検出
② 横割れなどの検出

磁束の流れ

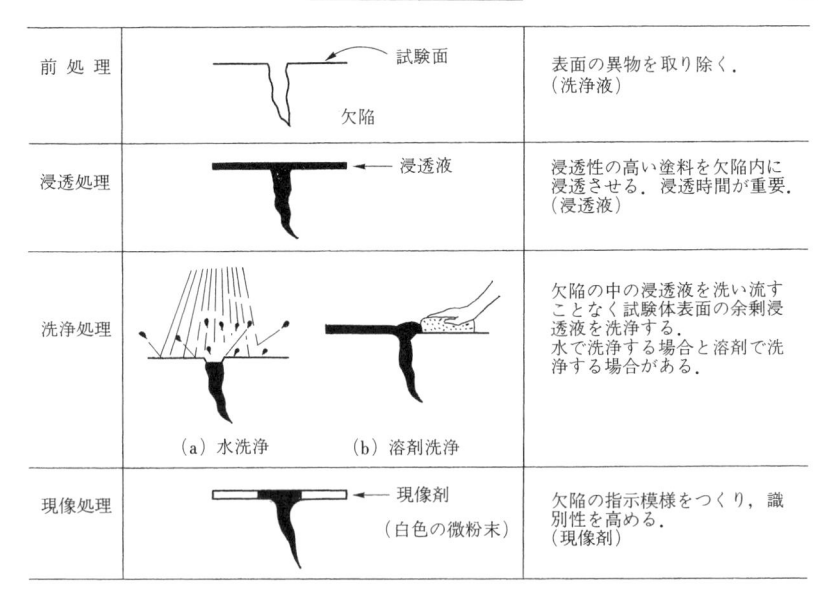

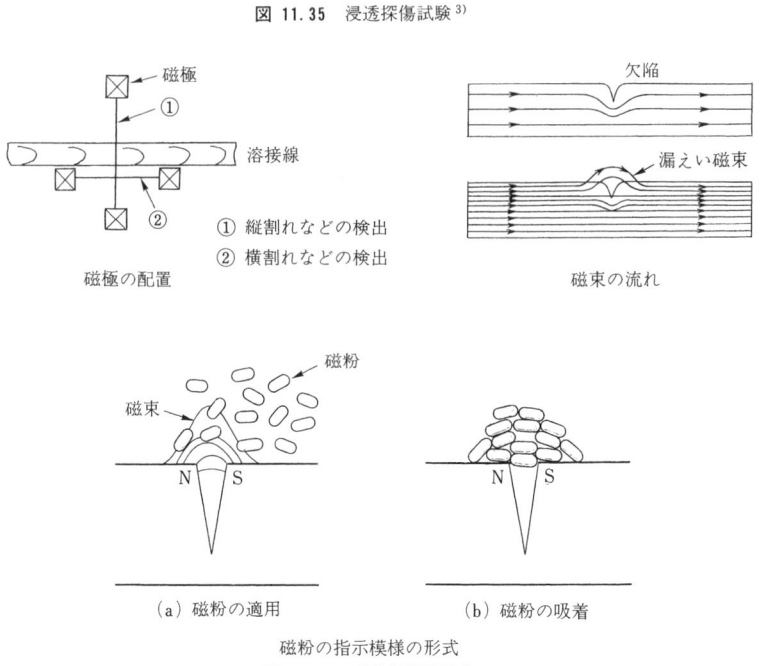

(a) 磁粉の適用　　(b) 磁粉の吸着

磁粉の指示模様の形式

図 11.36　磁粉探傷試験 [3)]

とするものである(図11.36).これは磁化のより生ずる磁束の流れを妨げるような欠陥が表面あるいは表面近傍に存在すると,この欠陥の両端部に磁性が生じる性質を利用するものである.浸透探傷と異なり,欠陥内に物質浸透させる必要がないため,き裂等の検出能についてはPTよりも高いといわれている(図11.26).

11.10 溶接残留応力

溶接金属は溶接直後は液体であり,それが固体へと変化し,その際著しい体積の収縮を生じる.この体積変化が残留応力を生じる原因である.

材料力学で勉強した温度応力を思い出してみよう.図11.37に示すように,線膨張係数 α,ヤング率 E の材料でできている長さ l の棒が $T°C$ の温度変化を受けたときの,棒の長さの変化は

$$\Delta l = \alpha l T \tag{11.2}$$

もしこの棒の両端を固定して温度変化 $-T$ を受けると,この長さの変化が阻止されるため,温度応力が生じることになる.

$$\Delta \sigma = E \cdot (-\Delta l / l) = -E \alpha T \tag{11.3}$$

鋼の線膨張係数は $\alpha = 2 \times 10^{-6}/C°$,弾性係数は $E = 200\,\text{GPa}$ であるため,100°Cの温度変化を受けると240MPaの温度応力が生じる.これはほぼ軟鋼の降伏応力に対応する.

図11.38は溶接されている周辺の温度分布の例である.溶接の入熱量が高いほど当然液体となる領域は広く,また高温となる領域も広がる.図11.39に示すように,温度が上昇するとともに降伏点および弾性係数とも低下する.溶接

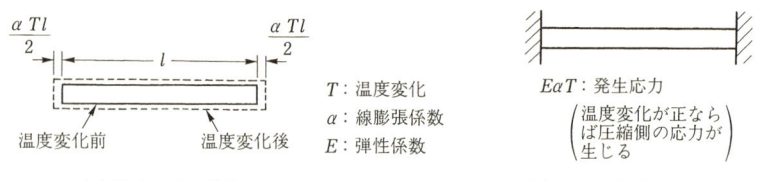

(a) 拘束がない場合

T:温度変化
α:線膨張係数
E:弾性係数

(b) 両端が拘束された場合

$E\alpha T$:発生応力
(温度変化が正ならば圧縮側の応力が生じる)

図 11.37 温度変化を受ける鋼棒

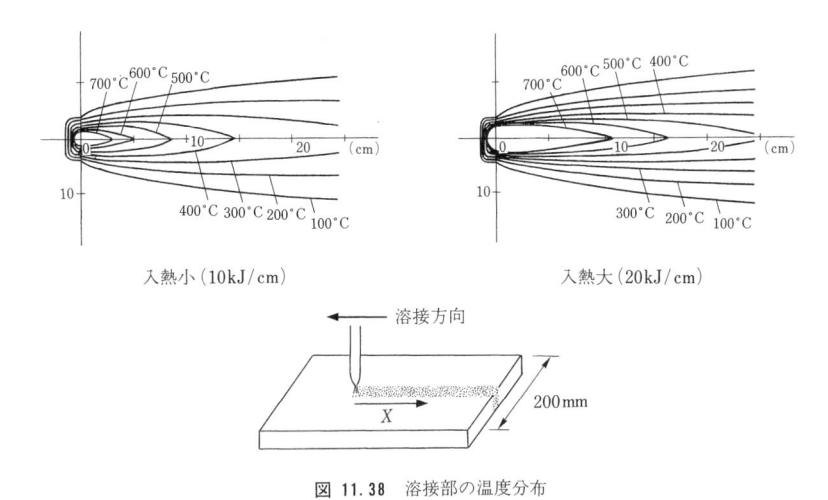

11.10 溶接残留応力

入熱小(10kJ/cm)　　　　入熱大(20kJ/cm)

図 11.38 溶接部の温度分布

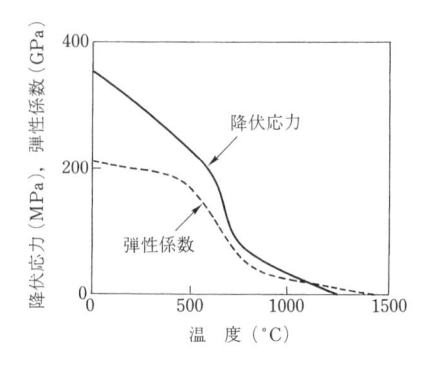

金属が液体から固体となり，常温に至るまでの体積変化および残留応力の導入過程は降伏応力を超える複雑な現象であるが，その過程で溶接金属部では応力が継続的に生じ，その結果連続的に塑性変形が引き起こされる．そのために常温状態となったときに，通常の鋼材の溶接金属部には引張の降伏点応力レベルの残留応力が残されている．しかし，調質高

図 11.39 降伏応力，弾性係数の温度依存性

張力鋼などの鋼材ではその製造過程に受けた熱処理により結晶組織の構成が変化，高温から低温への過程で膨張する変態点温度が低くなっている鋼材もあり，そのような場合は引張残留応力のレベルは降伏点の 60〜80% と低くなることがある．圧縮残留応力の高さは部材の寸法，板厚などの影響を大きく受けるが，通常，降伏点の 1/2 以下である．

残留応力が生じるメカニズムを理解するために，図 11.40 (a) に示すような同じ断面積，長さの鋼棒の両端が剛なブロックで拘束されているモデルを考える[7]．両側の棒を室温に保った状態で中央の棒を60°Cまで上昇させ，その後

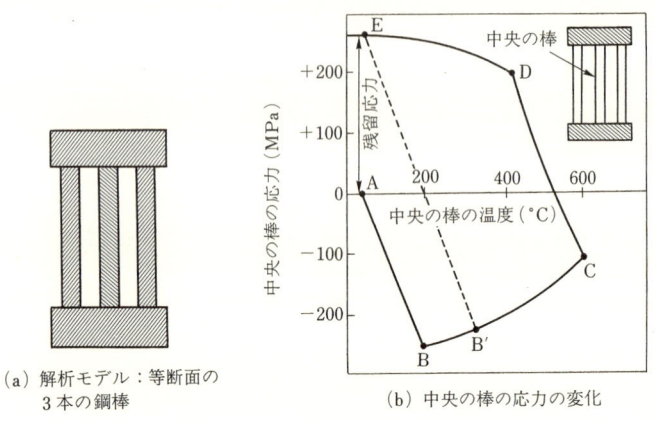

図 11.40 残留応力の発生メカニズムの一例[7]

に室温まで下げたときの棒中の応力の変化を考える．図11.40（b）は中央の棒の応力の変化である．両側の棒の応力 σ_s と中央の棒の応力は σ_m は

$$\sigma_m + 2\sigma_s = 0 \tag{11.4}$$

中央の棒と両側の棒の長さは等しいため，系の実際のひずみ量を ε とすると

$$\sigma_m = E_t(\varepsilon - \alpha \Delta T), \quad \sigma_s = \varepsilon E$$

となるから

$$\frac{\sigma_m}{E_t} - \frac{\sigma_s}{E} = -\alpha \Delta T$$

したがって，

$$\frac{\sigma_m}{E_t} + \alpha \Delta T - \frac{\sigma_s}{E} = 0 \tag{11.5}$$

ここに E：室温での弾性係数（室温を T_0），E_t：温度 T での弾性係数，$\Delta T = T - T_0$．温度上昇，α：線膨張係数．ここでは温度に依存しないと考える．

したがって

$$\sigma_m = -\alpha \Delta T \frac{2E}{1 + 2E/E_t} \tag{11.6}$$

中央の棒中の応力は式（11.5），（11.6）を用いて求めることができる．棒中の応力は中央の棒の温度が上昇するに従って変化し，温度が約 171℃ になっ

11.10 溶接残留応力

(a)

(b) Y-Y に沿った σ_y の分布

(c) X-X に沿った σ_x の分布

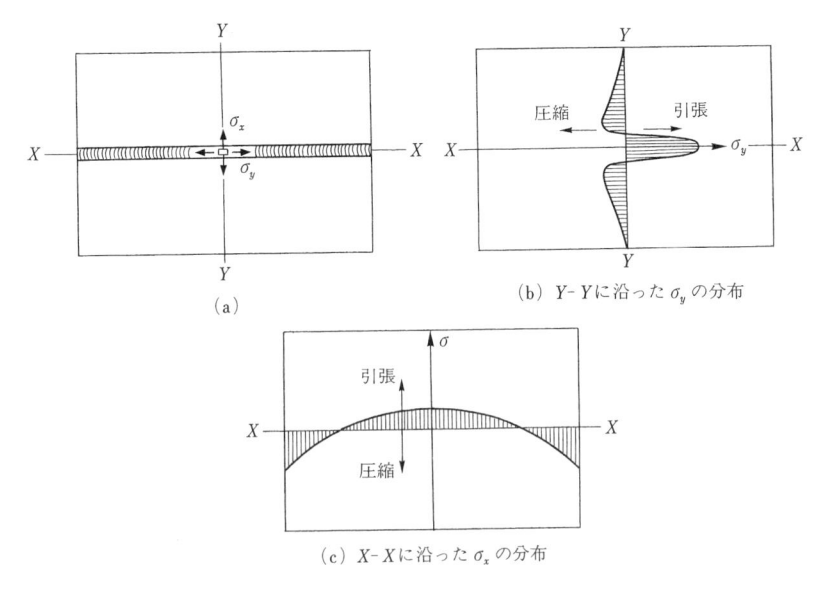

図 11.41 周辺自由板の突合せ溶接部の残留応力分布

たところで（B点）で棒は降伏する．棒中の応力はB点より先においては曲線 BC に示すようにそれぞれの温度での降伏点応力となる．

温度が 600°C に達した後（C点），下げ始めると中央の棒は弾性的な挙動を示し，その応力はすぐに引張応力に変わり，引張側の降伏点（D点）に達する．中央の棒の応力は曲線 DE に示すように再び温度に対応した降伏点応力となる．このようなプロセスで中央の鋼棒中に引張降伏応力に対応する残留応力が導入される．

溶接残留応力の分布は部材の寸法，形状，継手の形状，溶接開先形状，入熱量，溶接順序，溶接パス数などにより変わる．図 11.41 に周辺自由な板の突合せ継手内のおよその残留応力分布を示す．残留応力は内部応力であるから，ある切断面で応力は釣合っている．したがって，たとえば図 11.41 における σ_x の分布の引張と，圧縮側の応力分布における面積の代数和は 0 となる．

図 11.42 に H 断面および箱型断面溶接部材での残留応力分布を示す．板厚，部材の大きさ，溶接条件等により分布は変わる．残留応力は構造部材の強度や

H 断面　　　　　　　箱断面

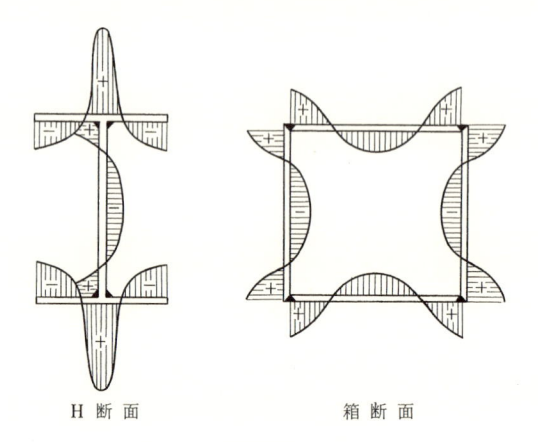

図 11.42　溶接残留応力の分布

変形にさまざまな影響を及ぼす．圧力容器などでは，溶接が終了した段階で電気炉などに入れて高温にし，残留応力除去を行うことがある（残留応力除去焼純）．しかし土木構造物は通常は溶接のまま（as weld）で使われるのがほとんどであり，その力学的挙動を考える際は残留応力を無視することはできない．

引張残留応力によりぜい性破壊強度および疲労強度が，また圧縮残留応力により座屈強度がきわめて大きな影響を受ける．それぞれの章を参照されたい．

11.11　溶接変形

板に溶接を行ったとき，溶接金属の液体から固体への過程で生じる収縮により残留応力が生じるとともに，変形も生じる．当然，部材の長さも変化する．図 11.43 に溶接部に生じる変形の例を示す．鋼構造物の製作においては完成後に所定の形状寸法になるように，このような溶接変形を見越して行わなければならない．

溶接変形はできるだけ小さくおさえる方が好ましいが，そのためには次のような方法がとられる．

① 最小の溶接金属量とする．開先はできるだけ小さくする．

11.11 溶接変形

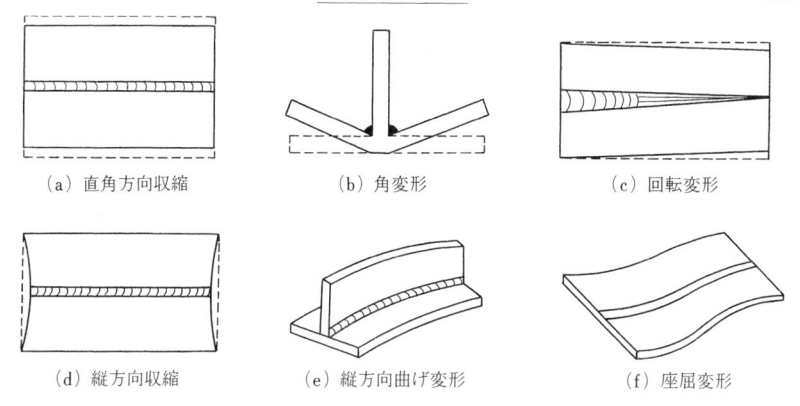

- (a) 直角方向収縮
- (b) 角変形
- (c) 回転変形
- (d) 縦方向収縮
- (e) 縦方向曲げ変形
- (f) 座屈変形

図 11.43 溶接部に生じる変形[7]

② できるだけ少ない溶接パス数とする．
③ 適切な開先加工を行う
④ 断続すみ肉溶接を採用する．

座屈などの強度から構造部材で許容しうる変形量（初期不整量）が決められている．道路橋示方書ではプレートガーダのウェブの面外方向へ変形量（初期不整と呼ぶ）をウェブ高さ H の 1/250 とすることを規定している．

溶接変形の発生は板厚，溶接条件や継手の型式，製造過程などによって異なる溶接により生じた変形はさまざまな方法で矯正される．鋼プレートガーダ橋のウェブ等に生じる変形は加熱と水冷により矯正（加熱矯正）される（図 11.44）．プレート

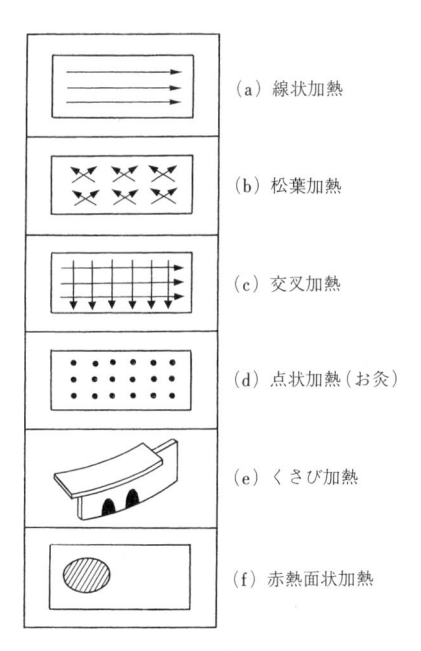

- (a) 線状加熱
- (b) 松葉加熱
- (c) 交叉加熱
- (d) 点状加熱（お灸）
- (e) くさび加熱
- (f) 赤熱面状加熱

図 11.44 加熱矯正の方法[5]

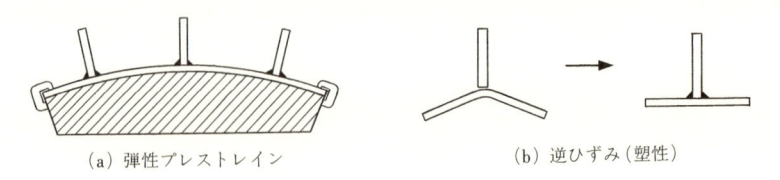

(a) 弾性プレストレイン　　　　　(b) 逆ひずみ（塑性）

図 11.45　溶接変形の軽減策[7]

ガーダのフランジでは，あらかじめ予想される曲げ変形をフランジに与えておき，溶接後にフラットとなるようにすることもある（図 11.45）．

[演習問題]

11.1　電気アーク溶接の原理を簡単に説明せよ．
11.2　被覆アーク溶接用の溶接棒の被覆剤とは何か．またその役割を説明せよ．
11.3　軟質継手とは何か．
11.4　鋼材の化学成分と溶接性について説明せよ．
11.5　予熱とはなにか．またその目的について説明せよ．
11.6　溶接入熱量とは何の指標として用いられるのか．
11.7　開先溶接とすみ肉溶接について説明せよ．

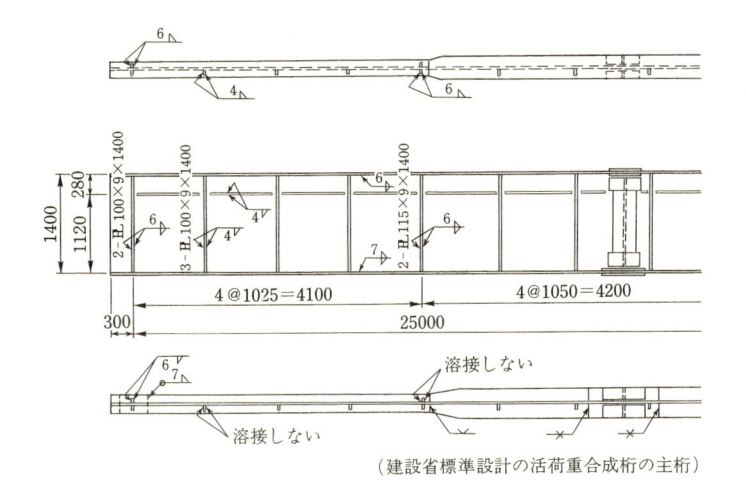

（建設省標準設計の活荷重合成桁の主桁）

図 11.46

11.8 図11.46の各溶接部に示される溶接記号はどのような溶接を表しているか．スケッチ等を用いて説明せよ．

11.9 溶接部の検査に用いられる非破壊検査法を示し，それぞれの特性について説明せよ．

11.10 溶接残留応力の発生のメカニズムについて説明せよ．

11.11 図11.47のような，溶接された鋼板内（SM490）の残留応力のうち，I断面およびⅡ断面でのσ_x，σ_y成分のおおよその分布を描け．

11.12 図11.48のような鋼板の上に溶接ビードをおいたとき，鋼板にはどのような変形が生じるか．スケッチせよ．

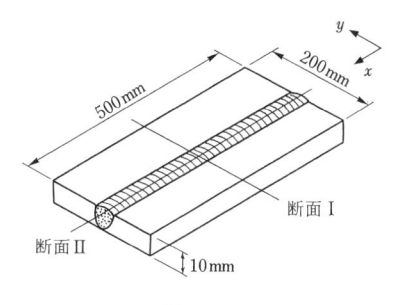

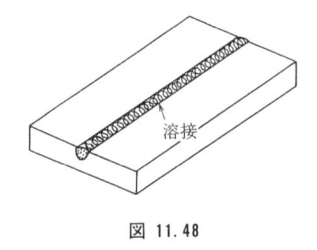

図 11.47

図 11.48

[参 考 文 献]

1) 木原博：新しい溶接工学，オーム社，1965
2) 日本鋼構造協会編：鋼材溶接の基礎知識，1980
3) 溶接学会：溶接・接合便覧，p. 1262, 1273, 1277, 丸善，1990
4) 石井勇五郎，田村博：溶接工学概論，改訂版，p. 78, 82, 共立出版，1976
5) 百合岡信孝，大北茂：鉄鋼材料の溶接，pp. 93-104, 産報出版，1998
6) 道路橋示方書，Ⅱ鋼橋編，日本道路協会，1996
7) K. Masubuchi : Analysis of Welded Structures, pp. 92-108, 236, 290, 323, Pergamon Press, 1980
8) 三木千壽他：仮付け溶接の長さとヒール・クラックの発生について，土木学会論文集，No. 404, I-11, pp. 259-265, 1989-4

9) C. Miki, et al.: Fatigue Strength of Longitudinal Welded Joints Containing Blowholes, Proc. of JSCE, No. 325, pp. 155-165, 1982-9
10) 三木千壽,白旗弘実,塩崎匡克:厚板突合せ溶接部に存在する面状欠陥の超音波非破壊評価に対する基礎的検討,土木学会論文集,No. 598, I-44, pp. 323-332, 1998-7

12

溶接継手の強度と設計

橋梁で自動車や列車などの活荷重により生じる応力が大きい場合は疲労設計が重要となる．本章では溶接継手部の強度設計の基本的な事項について解説する．

構造物中にはさまざまな継手があり，それぞれに必要な性能が異なる．前章で示した残留応力，変形，欠陥の発生などの溶接の特性から，溶接の量は必要最小限がベストといえる．橋梁における活荷重，海洋構造物における波浪荷重のように断面設計において変動する荷重が支配的になる場合は疲労設計が重要となる．

12.1　溶接の有効断面積

（1）　グルーブ溶接

溶接継手部は"溶接まま（as weld）"では通常溶接部が盛り上がっている（図 12.1）．この盛り上がりを余盛（reinforcement）と呼ぶ．溶接継手部の静

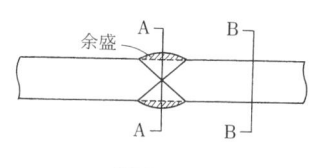

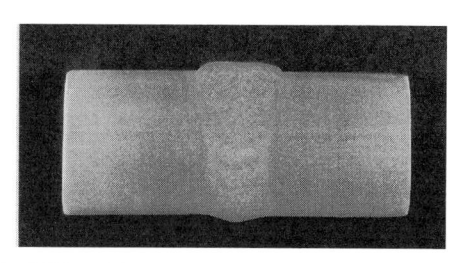

図 12.1　溶接部の余盛

的な強度は余盛のある方が断面の増加の分だけ高いが，疲労強度は余盛による応力集中により急激に低下する（12.3節参照）．溶接継手において，有効に応力を伝達する最小断面の厚さを理論のど厚あるいは有効厚（a）と呼ぶ．図12.2はグルーブの例であるが，板厚差がある場合は薄い方の板厚が有効厚となる．

（2）すみ肉溶接

すみ肉溶接の寸法を代表する値として図12.3に示すのど厚，サイズあるいは脚長と呼ばれる値が用いられる．サイズとはルートを頂点とする内接三角形の各辺に沿った長さである．道路橋示方書[1]ではすみ肉溶接は等脚長を原則としている．

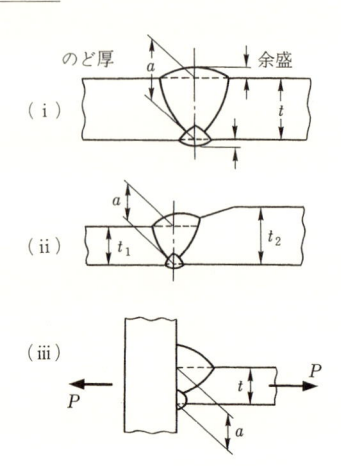

図 12.2 グルーブ溶接での理論のど厚

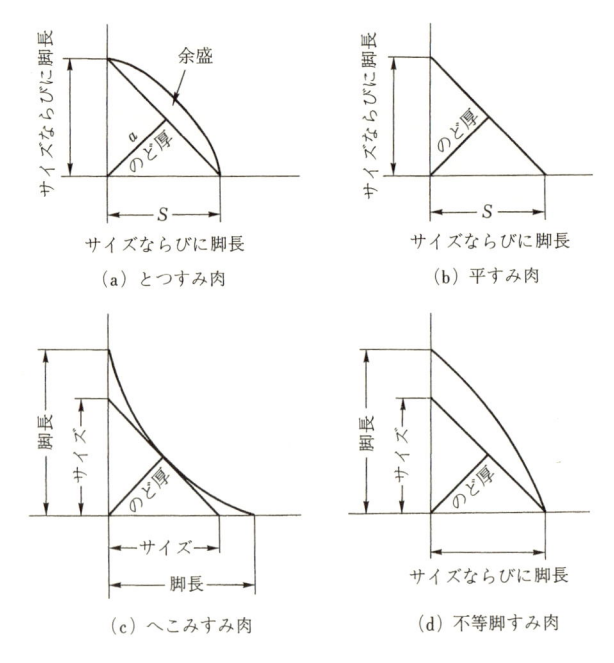

(a) とつすみ肉
(b) 平すみ肉
(c) へこみすみ肉
(d) 不等脚すみ肉

図 12.3 すみ肉溶接ののど厚，サイズおよび脚長

すみ肉溶接の有効厚はルートから溶接表面までの最小距離となる．したがって図 12.3 に示す理論のど厚が有効厚となる．すなわちサイズ a の等脚すみ肉溶接では，のど厚 a は $0.707S$ となる．溶接の始点および終点近傍では欠陥が生じやすいことや所定の溶け込みが得にくいことにより，エンドタブと呼ばれる板を取り付け，溶接の始点と終点を部材の外にもってくることが行われる．

（3）有効長

計画どおりの理論のど厚を有し，十分質の高い溶接が行われている長さを有効長と呼ぶ．図 12.4 に示すように，すみ肉溶接ではまわし溶接部を含まない長さが有効長となる．

(a) 突合せ溶接の有効長 (b) すみ肉溶接の有効長

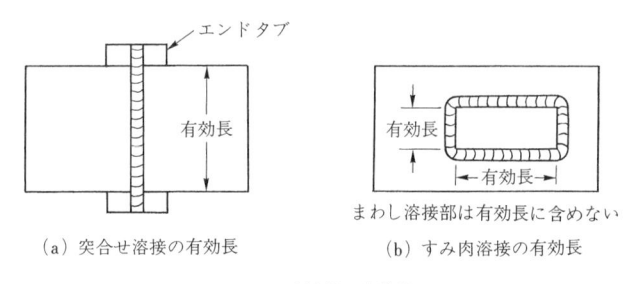

図 12.4 溶接部の有効長

12.2 すみ肉溶接のサイズおよび長さに関する制限

（1）サ イ ズ

健全な溶接を得るためには，急激な冷却を避けなければならない．すみ肉溶接を考えると，溶接による熱は上板，下板に伝わるため，急激に溶接部が冷却されることになる．溶接により母板を溶融するためには必要な最低温度があり，このような冷却に対して十分な熱量を供給するだけの溶接量（サイズ）が必要となる．必要な温度が継続的に供給されない場合，溶込み不良などの欠陥が生じる．このようなことを防ぐため，すみ肉溶接のサイズの最小寸法が決められている．

橋梁では主要部材のすみ肉溶接のサイズは6mm以上とし，式 (12.1) を満足する大きさを標準としている．

$$t_1 > S \quad \text{かつ} \quad S > \sqrt{t_2} \qquad (12.1)$$

ここで，S：サイズ (mm)，t_1：薄い方の母材の厚さ (mm)，t_2：厚い方の母材の厚さ (mm)．

(2) 最小寸法（長さ）

いわゆるショートビードに対する規定であり，道路橋示方書では，すみ肉溶接の有効長さはサイズの10倍以上かつ80mm以上とすることを規定している．ただし，炭素当量が0.36以下の場合および板厚が12mm以下の場合は50mmとしている．これはすみ肉溶接のヒールクラック[2]（図11.13参照）の発生防止のための規定である．ヒールクラックの発生は鋼材の化学成分，溶接法，冷却速度および拘束度に影響される．当然この規定は仮付け溶接にも適用されるものである．

12.3 静的強度の照査

設計における静的な強度の照査は溶接部に対して定められた許容応力度（引張，圧縮，せん断）と溶接部の有効厚，および有効長を計算される有効断面積を用いて求められる．表12.1に道路橋示方書に示されている溶接部に対する許容応力度を示すが，鋼材と同じ値になっている．

強度の異なる鋼板を接合する場合には低い方の値を用いることとする．道路橋示方書では，現場溶接部についても平成8年から工場溶接部と同等の許容応力度としている．平成2年以前は現場溶接の許容応力度は工場溶接の90%としていた．平成2年より，検査を行った場合には工場溶接と同等な許容応力度とできるとしている．これは現場における施工管理や品質管理が充実してきたことを反映したものである．

図12.5に引張，圧縮およびせん断を受ける場合の溶接部の応力の計算方法の例を示す．いずれも有効厚，有効長を用いて，次式から計算される平均的な

12.3 静的強度の照査

表 12.1 溶接部の許容応力度（N/mm²）（道路橋示方書 表2.2.6）

鋼種			SM 400 SMA 400 W		SM 490		SM 490 Y SM 520 SMA 490 W			SM 570 SMA 570 W		
鋼材の板厚 （mm）			40以下	40をこ え 100以下	40以下	40をこ え 100以下	40以下	40をこ え 75以下	75をこ え 100以下	40以下	40をこ え 75以下	75をこ え 100以下
工場溶接	全断面溶込みグルーブ溶接	圧縮応力度	140	125	185	175	210	195	190	255	245	240
		引張応力度	140	125	185	175	210	195	190	255	245	240
		せん断応力度	80	75	105	100	120	115	110	145	140	135
	すみ肉溶接部分溶込みグルーブ溶接	せん断応力度	80	75	105	100	120	115	110	145	140	135
現場溶接		原則として工場溶接と同じ値とする										

(a) 全断面溶け込み溶接の場合

（引張・圧縮） $\sigma = \dfrac{P}{al}$

（引張・圧縮） $\sigma = \dfrac{P}{al}$

（せん断） $\tau = \dfrac{S}{al}$

(b) すみ肉溶接の場合

$\tau = \dfrac{P}{2a(l_1 + l_2)}$

$\tau = \dfrac{P}{\Sigma al}$

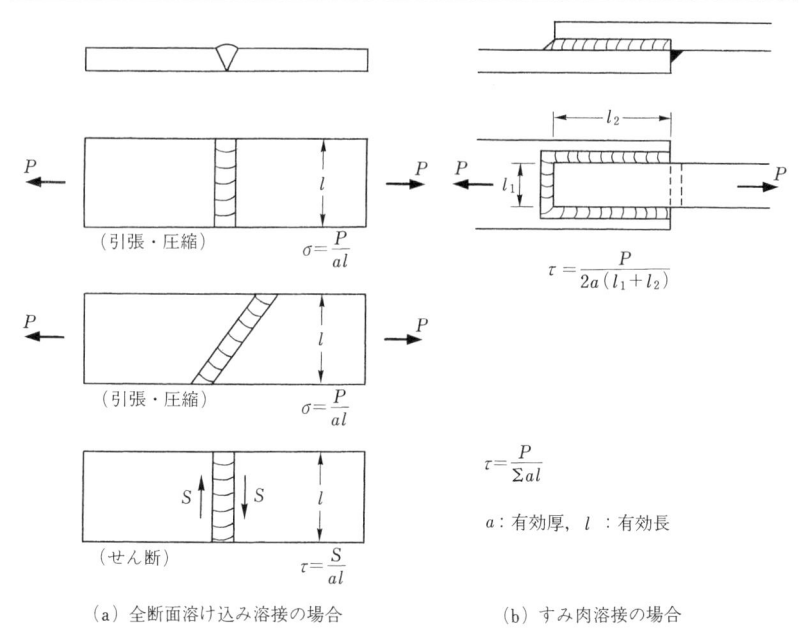

a：有効厚, l：有効長

図 12.5 溶接部の応力の計算

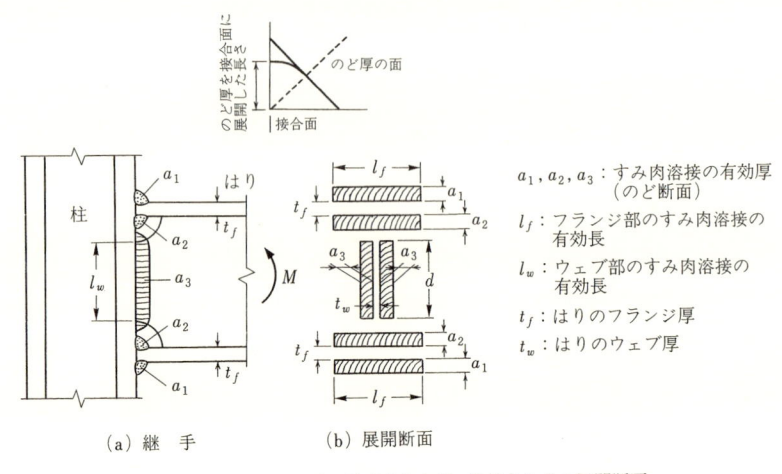

図 12.6 すみ肉溶接で構成された梁-柱接合とその展開断面

応力が用いられる.

$$\sigma = \frac{P}{\Sigma al} \tag{12.2}$$

$$\tau = \frac{P}{\Sigma al} \tag{12.3}$$

ここでσ:溶接部に生じる垂直応力度（N/mm²），τ:溶接部に生じるせん断応力度（N/mm²），P:継手に作用する力（N），a:溶接の有効厚，l:溶接の有効長.

曲げモーメントに対しては図12.6に示すようにのど厚と有効長を展開してできる断面を用いて断面定数を算定し，それに基づいて曲げ応力が計算される．展開断面と部材断面では断面二次モーメントおよび中立軸位置が異なることがあるが，展開断面を用いる．

全断面溶込みグルーブ溶接

$$\sigma = \frac{M}{I} y \tag{12.4}$$

すみ肉溶接

$$\tau = \frac{M}{I} y \tag{12.5}$$

ここでσ:溶接部に生じる垂直応力度，τ:溶接部に生じるせん断応力度，M:継手に作用する曲げモーメント，I:のど厚を接合面に展開した断面のその中立軸まわりの断面二次モーメント，y:展開図形の中立軸から応力度を算出する位置までの距離．

曲げモーメントとせん断力を同時に受ける継手の強度の照査は，von Misesにより提案された最大せん断ひずみエネルギー説によって計算される相当応力σ_{eq}を用いて行われる．すなわち，曲げモーメントから計算される直応力σとせん断力から計算されるせん断応力τが共存する状態は

$$\sigma_{eq}=\sqrt{\sigma^2+3\tau^2} \qquad (12.6)$$

が存在するのと同等と考える．直応力σとせん断応力の両方を考える場合については，このように求められたσ_{eq}に対して，経験的に直応力に対する許容応力度σ_aを10%割増して強度照査しても安全と判断し，すなわち

$$\sqrt{\sigma^2+3\tau^2} \leq 1.1\sigma_a \qquad (12.7)$$

いまσ_aとτ_aの比を近似的に$\sqrt{3}:1$とすると，次式が求められる．

$$\left(\frac{\sigma}{\sigma_a}\right)^2+\left(\frac{\tau}{\tau_a}\right)^2 \leq 1.21 \qquad (12.8)$$

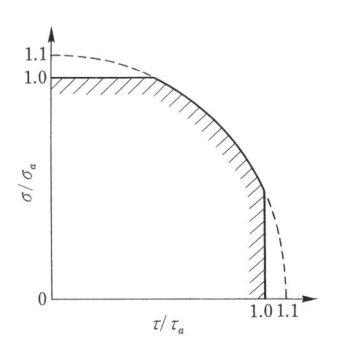

図 12.7 合成応力の照査

道路橋示方書では，全断面溶込みグルーブ溶接の場合，式 (12.8) の1.21を丸めて1.2としている（図12.7）．また，すみ肉溶接の場合は曲げモーメントによるせん断応力τ_bとせん断力によるせん断応力τ_sは単純に合成されると考えて，次式を用いている．

$$\left(\frac{\tau_b}{\tau_a}\right)^2+\left(\frac{\tau_s}{\tau_a}\right)^2 \leq 1.0 \qquad (12.9)$$

12.4 溶接継手部の疲労強度

溶接部の疲労特性は継手の形状，溶接部の形状，溶接残留応力の存在などに

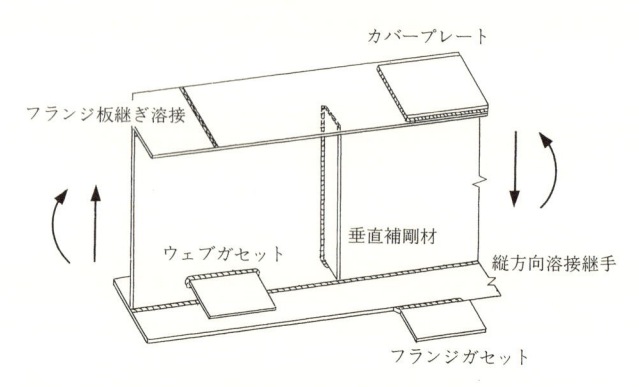

図 12.8 鋼構造物中の溶接継手の例（I断面桁）

より，鋼素材のそれとはかなり異なる．鋼構造物にはさまざまな溶接継手が含まれるが（図 12.8），疲労強度は各継手ごとに異なる．したがって，溶接継手部の疲労安全性の検討は溶接部に作用する力が溶接線に直角か，平行かあるいは，そこに生じる応力が直応力かせん断応力かというように，溶接継手の型式とそこに作用する荷重のモードごとに行う．

(1) 板継ぎ溶接部

図 12.9 に板継ぎ溶接部の疲労試験の結果の例を示す．図中の直線 D は後述の JSSC 設計指針[3]のこの継手に対する設計線（図 12.33）である．最も基本的な溶接継手である突合せによる完全溶込みの板継ぎ溶接部の疲労強度は，継

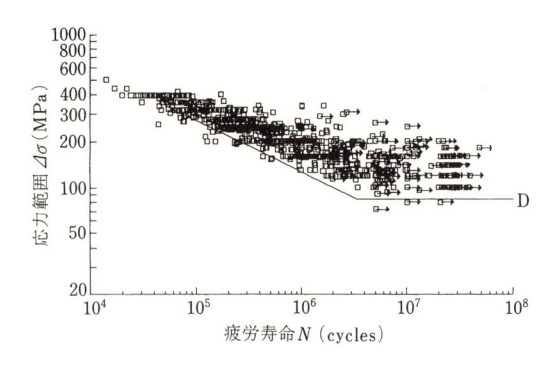

図 12.9 完全溶込み突合せ溶接部（非仕上げ）の疲労強度[3]

12.4 溶接継手部の疲労強度

図 12.10 余盛付突合せ溶接継手の疲労破壊

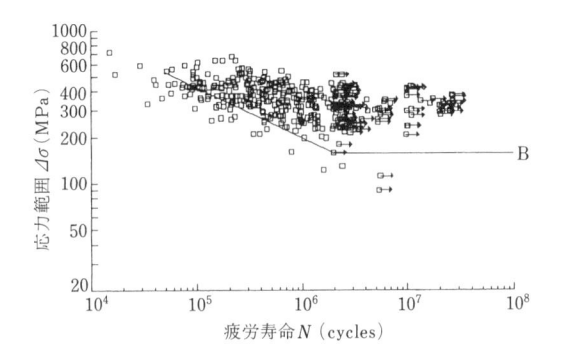

図 12.11 完全溶込み突合せ溶接部（余盛削除）の疲労強度 [3]

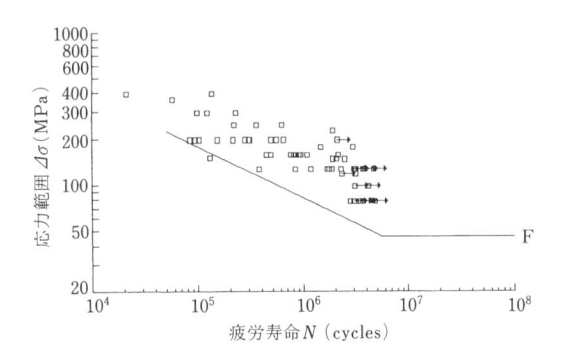

図 12.12 裏当金付片面突合せ溶接部の疲労強度 [3]

手部の表面の仕上げ状態に依存する．すなわち，余盛を残したままの継手では余盛による応力集中により，溶接止端から疲労き裂が発生し，破断に至る（図12.10）．したがって溶接余盛止端部の形状が継手部の疲労強度を支配するパラメータとなる．この止端部を仕上げることにより疲労強度は向上し，余盛を完

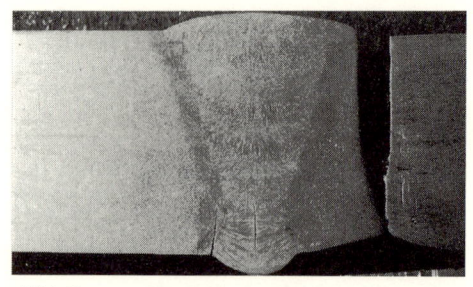

疲労き裂は3ヵ所から発生している
① 上側止端から発生した疲労き裂により試験体は破断
② 下側止端からも疲労き裂が発生し，約5mm進展
③ 溶接初層に残されていた溶接割れからも疲労き裂が発生し，上向および下向に進展

図 12.13　溶接割れを含む突合せ溶接継手

全に除去すると，ほぼ母材に近い疲労強度を得ることができる（図 12.11）．裏当金をつけた片側からの突合せ溶接（図 11.17）では，裏当金の存在による高い応力集中のため，その疲労強度は著しく低下する（図 12.12）．また，ブローホールやスラグ巻き込みなどの溶接欠陥が存在した場合でも，それがさほど著しいものではない限り，余盛を残した継手では余盛の方の影響が強く，したがって欠陥は疲労強度に影響しない（図 12.13）．それに対して余盛を削除して仕上げた継手では欠陥が疲労強度を支配するようになる．

(2) 縦方向継手部

縦方向継手とは作用する力に対して平行に溶接された継手であり，I断面のフランジ-ウェブ間の継手や箱断面の角継手のような構造部材を組み立てるための溶接である（図 12.14）．この継手の疲労強度は開先などの溶接ディテールと表面およびルート部の状況に依存する．完全溶込みで，しかも表面を仕上げた縦方向継手の疲労強度は非常に高い（図 12.15）．しかし余盛を残したままにすると，余盛表面の凹凸による応力集中により疲労強度は低下する（図 12.16）．

箱断面部材の角溶接やI断面部材のフランジ-ウェブ間の継手では，それが柱やトラス部材のような軸力部材の場合には荷重伝達はなく，曲げ部材ではわ

12.4 溶接継手部の疲労強度

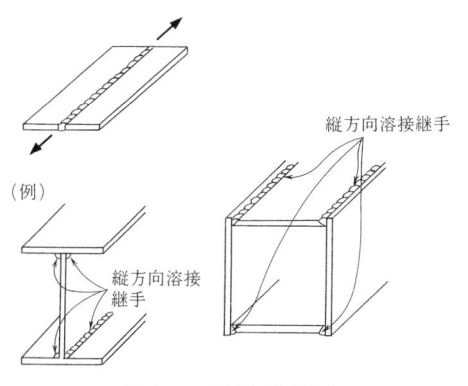

図 12.14 縦方向溶接継手

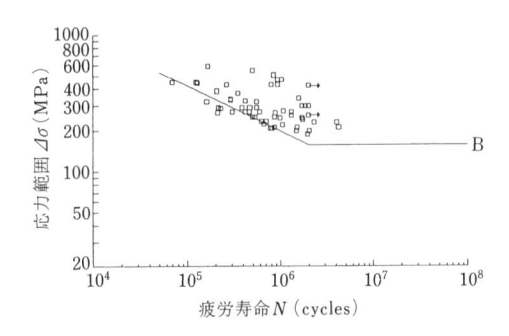

図 12.15 縦方向溶接継手試験体（完全溶込み余盛削除）の疲労強度[3]

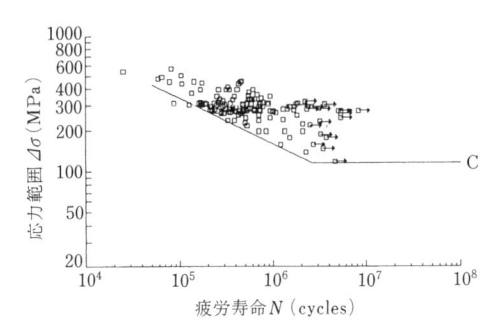

図 12.16 縦方向溶接継手試験体（完全溶込み，非仕上げ）の疲労強度[3]

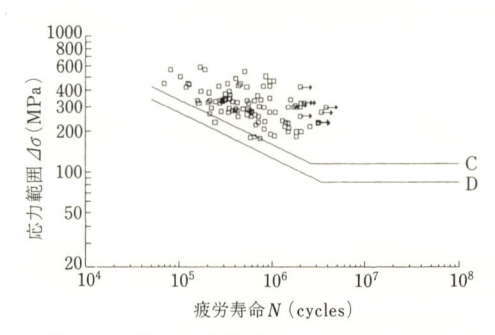

図 12.17 縦方向溶接継手試験体（部分溶込み，非仕上げ）の疲労強度[3]

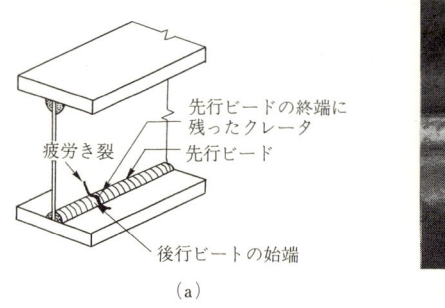

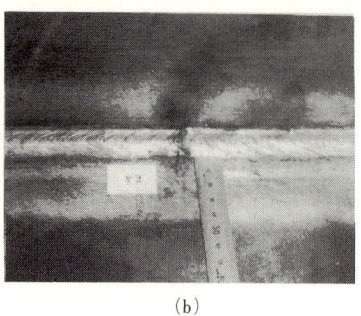

図 12.18 溶接棒継ぎ部に残されたクレータを起点として発生した疲労き裂

ずかなせん断力を伝える程度である．したがって所要の溶接断面はわずかであり，しばしばすみ肉溶接や部分溶込みグルーブ溶接が採用される．そのような場合でも，この部分には継手に隣接する母材と同じ応力が生じており，疲労破壊の可能性がある．したがって構造物の疲労照査をする際に基本となる疲労強度は母材ではなくて，この縦方向溶接の疲労強度となる（図 12.17）．

縦方向のすみ肉溶接あるいは部分溶込み溶接の疲労強度はビード表面の形状およびルート部の溶込みおよび欠陥によって支配される．すなわちビード表面に残されるクレータやリップルなどの凸凹と[4]（図 12.18），ルート部に残されるブローホール（図 12.19）や溶接金属の溶接フェース面への溶け落ちによる凸凹あるいは手溶接のときに残される未溶接部などの欠陥の厳しい方から疲労き裂が生じるのである．とくにルート部にしばしばかなり大きい寸法のブロー

12.4 溶接継手部の疲労強度

(a) 部分溶け込み角溶接／残留応力／ブローホール
(b)

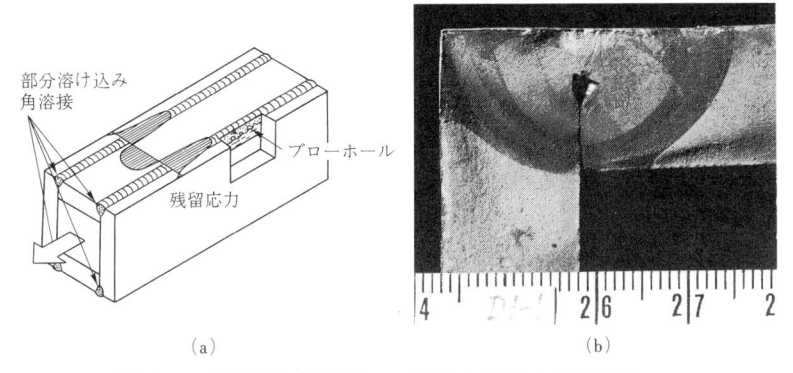

図 12.19 部分溶込み角溶接のルート部から発生した疲労き裂[5]

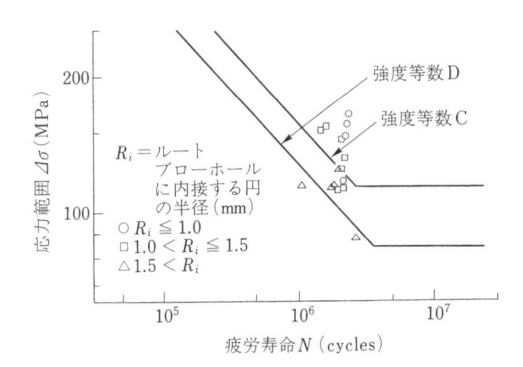

図 12.20 ルートブローホールが部分溶込み縦方向溶接継手の疲労強度に及ぼす影響[3]（箱断面モデルの試験結果）

グラフ凡例：
- 強度等数 D
- 強度等数 C
- R_i = ルートブローホールに内接する円の半径(mm)
- ○ $R_i \leq 1.0$
- □ $1.0 < R_i \leq 1.5$
- △ $1.5 < R_i$

縦軸：応力範囲 $\Delta\sigma$ (MPa)
横軸：疲労寿命 N (cycles)

ホールが発生し，これが継手部の疲労強度に大きく影響する[5]（図 12.20）．

（3） 付属物の取付溶接

鋼構造部材には，たとえば補剛材やガセットプレートなど，さまざまな部材（ここでは付属物と呼ぶ）がすみ肉溶接あるは開先溶接で取り付けられている．これらは応力集中の原因とな

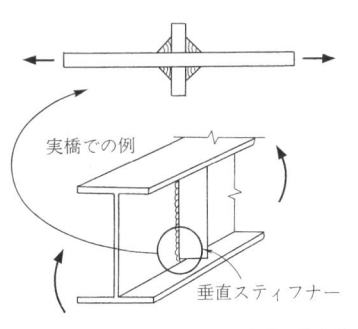

図 12.21 荷重非伝達リブ十字すみ肉溶接（実橋での例／垂直スティフナー）

り，疲労強度を低下させることになる．

主な力の方向に対して直角方向につくものとして垂直スティフナーやダイアフラムなどがある．これらは通常すみ肉溶接で取り付けられるが，その取付溶接部はしばしばその形と力の流れから荷重非伝達リブ十字すみ肉溶接と呼ばれる（図 12.21）．図 12.22 に疲労試験結果の例を示す．この溶接部においてもすみ肉から付属物に力が流れ，その結果，引張力の場合にはすみ肉溶接部の止端部およびルート部に応力集中が生じ，疲労強度の低下の原因となる．このような局部的な応力分布に加えて，溶接残留応力が疲労挙動に影響を及ぼすが，

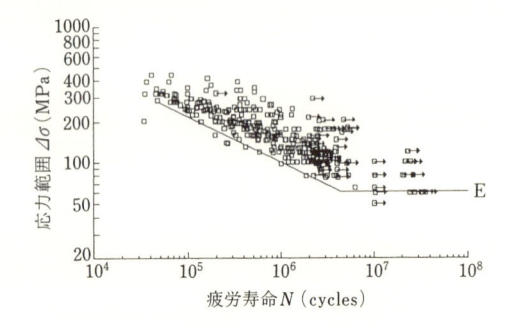

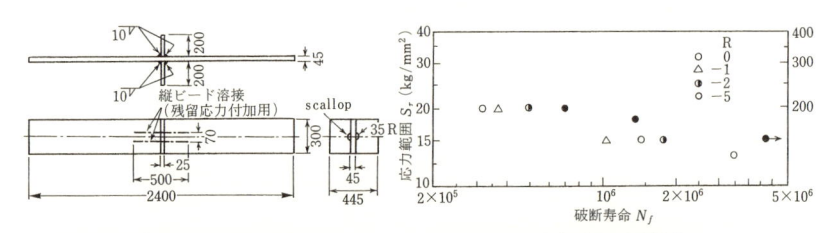

図 12.22 荷重非伝達リブ十字すみ肉溶接継手（止端部非仕上げ）の疲労強度 [3]

(a) 試験片の形状寸法

(b) 疲労試験結果

(c) $R=-1$, $N_f=102.8$ 万回，溶接止端部から疲労き裂が発生

(b) $R=-5$, $N_f=136.1$ 万回，左側は上側の溶接止端部から，右側は下側の溶接ルート部から疲労き裂が発生

図 12.23 荷重非伝達リブ十字すみ肉溶接継手部の疲労試験結果 [6]

12.4 溶接継手部の疲労強度

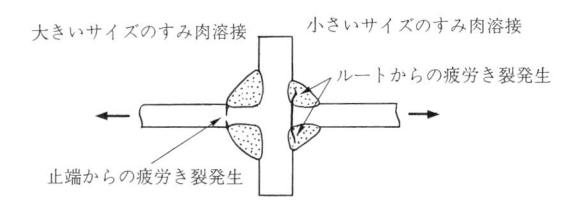

図 12.24 荷重伝達リブ十字溶接部の疲労

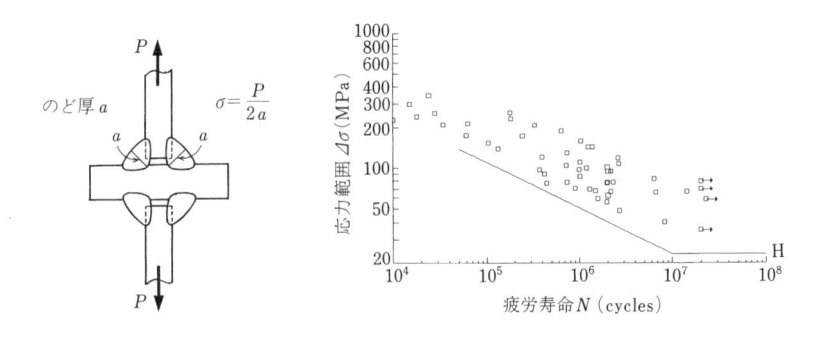

図 12.25 荷重伝達型すみ肉溶接継手の疲労強度[3]
（ルート破壊の結果）

引張応力の繰返しが支配的な場合はすみ肉溶接の止端から，圧縮応力の繰返しが支配的な場合はルート部から疲労き裂が発生することが多い（図 12.23）．

付加板（リブ）に荷重が作用すると力はリブ十字溶接を介して伝達される．このような場合の継手は荷重伝達型リブ十字すみ肉溶接と呼ばれる．その疲労強度は溶接のサイズが十分に大きく，溶接近傍で疲労破壊する場合は荷重非伝達の場合と同等あるいは若干低い程度であるが，すみ肉溶接の小さい場合はのど断面でルート部から発生した疲労き裂の進展により破断し，したがって疲労強度はすみ肉サイズに依存することになる（図 12.24, 12.25）．

引張部材における継手部の疲労強度は止端形状を改善することにより向上させることができる．止端をグラインダで仕上げる，TIG ドレッシングを行う，ピーニングを行う，良好な形状の得られる特殊溶接棒を使用するなどの対策がとられることがある[8]（図 11.26）．TIG ドレッシングとはタングステン電極により局所的に金属を溶融し，形状を改善することであり，残留応力も局所的に圧縮に変われるといわれている．ピーニングとは表面を強い力で打撃して圧縮

(a) グラインダー処理

(b) ハンマーピーニング処理

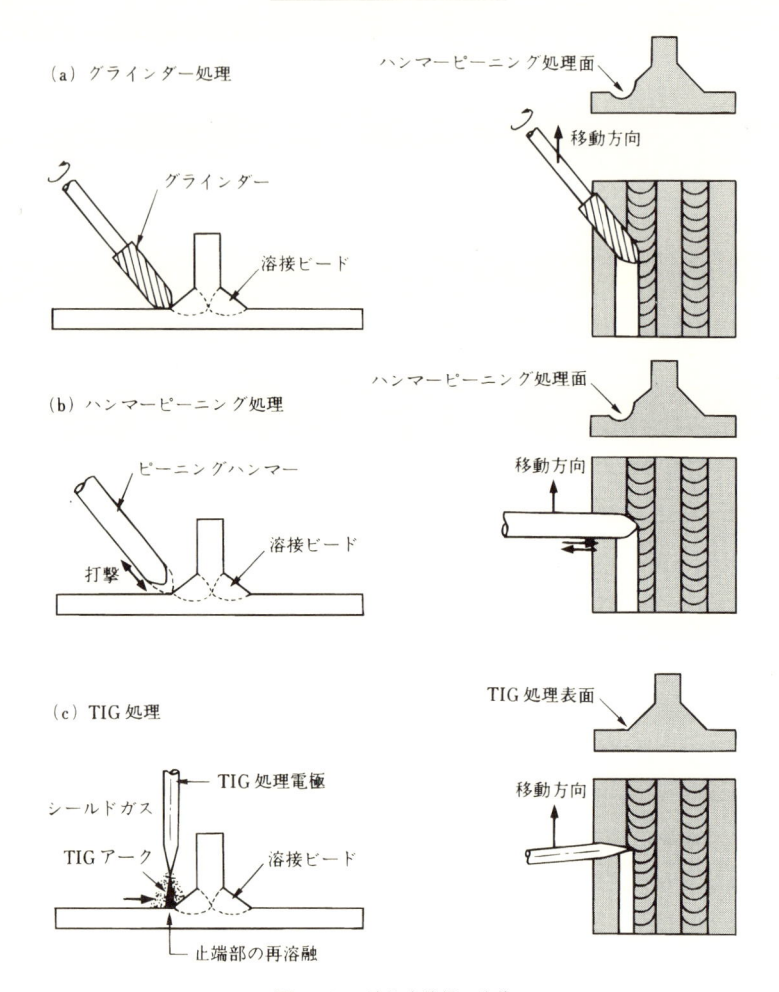

(c) TIG処理

図 12.26 溶接止端部の改善

残留応力を発生させる処理であり，ハンマーを用いるハンマーピーニングと針を用いるニードルピーニング，および小さい鋼球をぶっつけるショットピーニングがあるが，鋼構造物に使用されるのはハンマーピーニングあるいはニードルピーニングである．しかし，圧縮応力の繰返しが支配的な部材のすみ肉溶接では，ルート部から疲労き裂が発生する可能性があり，そのような場合，これらの対策は効果が低くなる可能性がある．したがって，もし疲労強度の改善が

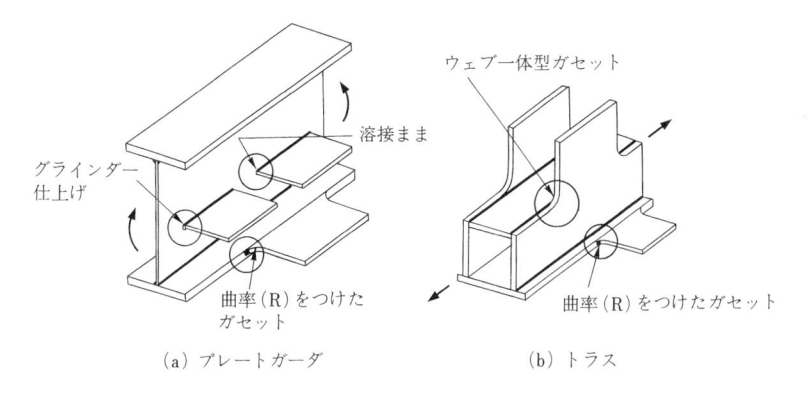

図 12.27　各種のガセット板とその取付け[7]

必要な場合は完全溶込みにした上で止端部を仕上げる必要がある．

　部材の長手方向に取り付けられる付属物としては，ガセット板の取付継手（図 12.27）やカバープレートが代表的である．このような継手部では，応力がガセットなどの付属物の方に流れ込むため応力集中はきわめて高く，疲労強度は低い（図 12.28）．したがって，そのようなものをつけた場合，その位置によっては部材の疲労強度を支配することになる．このような長手方向に付属物をつけるディテールでは，応力集中の程度が取り付けられ付属物の長さに依存するため，疲労強度も長さに依存する．ガセット板取付部ではその端部の応力集中を緩和させるために曲率をつけたフィレットを設けることや，止端を仕上げることが行われる．また，ウェブに取り付けられるガセットのように，主板に対して直角方向（面外方向）に付属物を取り付ける場合，しばしばすみ肉溶接が採用されるが，疲労き裂はルート部から生じることがあり（図 12.29），注意を要する．カバープレートも疲労強度が低いディテールであり，その端部の形や溶接部の形状によっては疲労強度が極度に低下することがある．

12章 溶接継手の強度と設計

(a) 試験片の形状寸法

(b) 溶接取付ガセットの結果

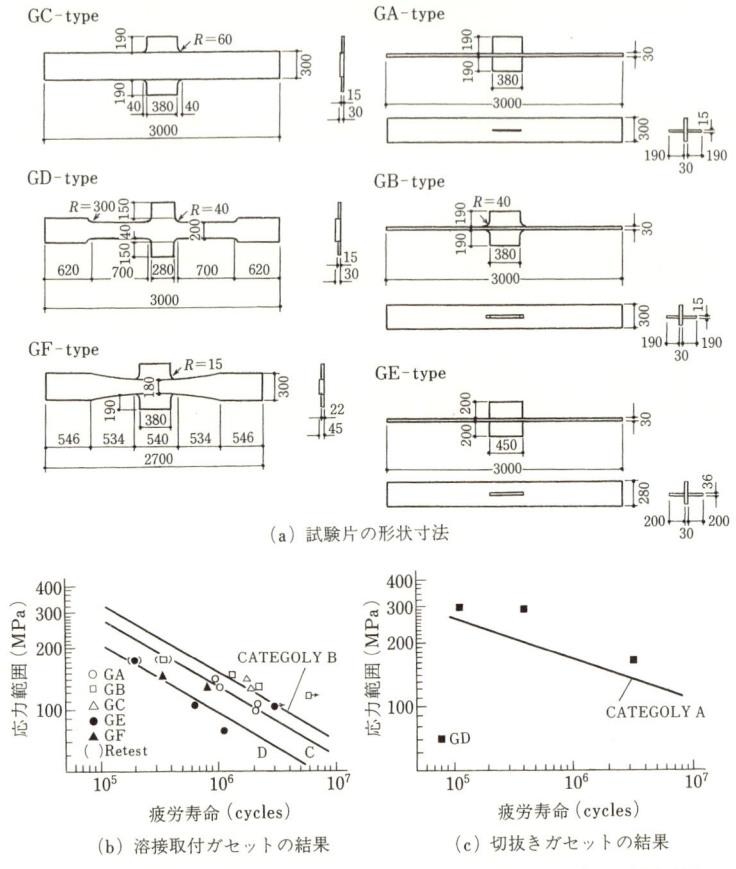

(c) 切抜きガセットの結果

図 12.28 ガセット継手部の疲労強度(S-N線中の設計寿命線は本州四国連絡橋の疲労設計用であり，後述のJSSC疲労設計指針の設計線とは異なる)[7]

(a) 溶接止端からの疲労き裂発生

(b) 溶接ルートからの疲労き裂発生

図 12.29 ガセット継手部の疲労破壊様式(図 12.27 GE試験片). (a)と(b)との間で，S-N関係には差は認められない.

12.5 疲労強度に影響を及ぼす諸因子

（1） 鋼　種

鋼素材の疲労強度は鋼素材引張強さが強いほど高い．しかし溶接部については表面を入念に仕上げた完全溶込み溶接を除いては引張強さが高い鋼材でも疲労強度は変わらない（図12.30）．反対に高張力鋼になればなるほど溶接性が悪くなり，欠陥が生じやすくなることや，外力により繰り返し生じる応力に比べて継手部の残留応力が相対的に高くなることから，高張力鋼の方が軟鋼材に比べて疲労強度が低くなることもあるので注意を要する（図12.31）．

（2） 応　力　比

溶接継手部には高い残留応力が生じているため，外力により繰り返し生じる応力が引張であるか圧縮であるかについては，最終的な部材の破断を除いては関係しない．すなわち，応力比に対して非依存となる．また繰り返し生じている応力がすべて圧縮成分であっても溶接部には引張の降伏点応力に近い残留応

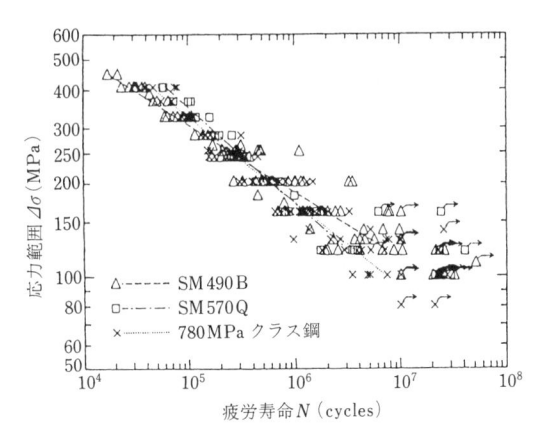

図 12.30 完全溶込み突合せ溶接継手（SAW，余盛付）の $S-N$ 線図についての鋼種比較（$t=20\mathrm{mm}$，溶接まま，軸荷重，$R\fallingdotseq 0$）[3]

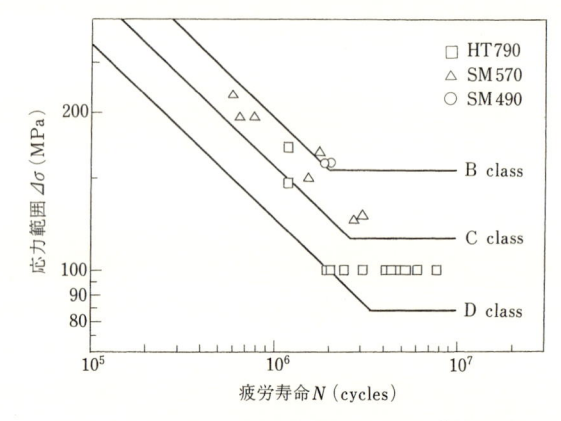

図 12.31 疲労強度の材料強度逆依存性の例,箱断面部材の角継手部(部分溶込み縦方向溶接)

図 12.32 箱断面ばりの曲げ疲労 [9]

力が存在することから，局部の応力は引張領域の繰返しとなるため疲労破壊は生じる．すなわち，図12.32に対する曲げを受ける梁において，圧縮フランジにおいても引張フランジと同等に疲労き裂が発生する．

12.6 疲労設計

(1) 疲労設計曲線

溶接構造物の疲労設計は S-N 線図を用いて行われることが多い．図12.33,12.34は，日本鋼構造協会（JSSC）疲労設計指針（1993）での溶接継手部に対する設計 S-N 線である．通常の設計計算で求められる公称応力の変動範囲を基準にして，溶接継手部については，直応力に対して8本，せん断応力に対して1本の設計線を用いている．設計 S-N 線の勾配（m）は3としている．各設計 S-N 線は応力範囲が一定の場合の疲労限と直応力に対して3，せん断応力に対して5，さまざまな大きさの応力範囲成分を有する変動応力範囲に適用する打切り限界を有している．一定応力範囲に対する疲労限は疲労試験を行って得られる疲労限に対応しており，もし対象としている継手部の応力範囲の成分のすべてがこれ以下ならば安全ということになる．変動応力範囲に対する打切り限界は，変動応力に対してレインフロー法で応力範囲の頻度解析を行った結果に対してマイナー則を用いる際に使用する．この打切り限界以上の応力範囲の成分が疲労損傷に寄与すると考え，マイナー和 D が1を超えると非安全とする．

(2) 継手分類

表12.2にJSSC疲労設計指針[3]での継手等級分類を示す．継手分類は過去の疲労実験結果の集積から決められるものである．すなわち図12.33，12.34の設計曲線群と過去の試験結果を比較検討して，適切な安全性を有するようにそれぞれの継手型式に対して等級を与えている．通常，溶接継手部の疲労試験結果は広くばらつくが，構造モデルや大型の継手の試験結果は多くの小型の継手の試験結果の下限付近に分布する（図12.35）．これは構造物になったときの

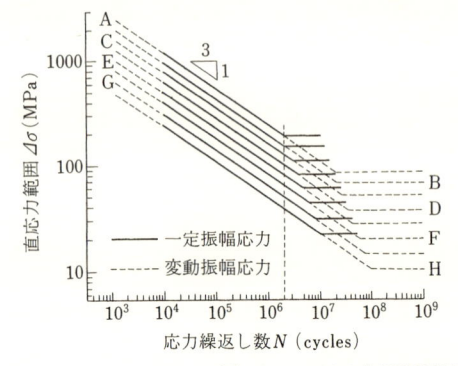

強度等級	2×10⁶回基本許容応力範囲 $\Delta\sigma_f$ (MPa)	応力範囲の打切り限界 (MPa)	
名称		一定振幅応力 $\Delta\sigma_{ce}$ (N)	変動振幅応力 $\Delta\sigma_{ve}$ (N)
A	190	190 (2.0×10⁶)	88 (2.0×10⁷)
B	155	155 (2.0×10⁶)	72 (2.0×10⁷)
C	125	115 (2.6×10⁶)	53 (2.6×10⁷)
D	100	84 (3.4×10⁶)	39 (3.4×10⁷)
E	80	62 (4.4×10⁶)	29 (4.4×10⁷)
F	65	46 (5.6×10⁶)	21 (5.6×10⁷)
G	50	32 (7.7×10⁶)	15 (7.7×10⁷)
H	40	23 (1.0×10⁷)	11 (1.0×10⁸)

図 12.33 JSSC 疲労設計指針[3]
疲労設計曲線（直応力を受ける継手）

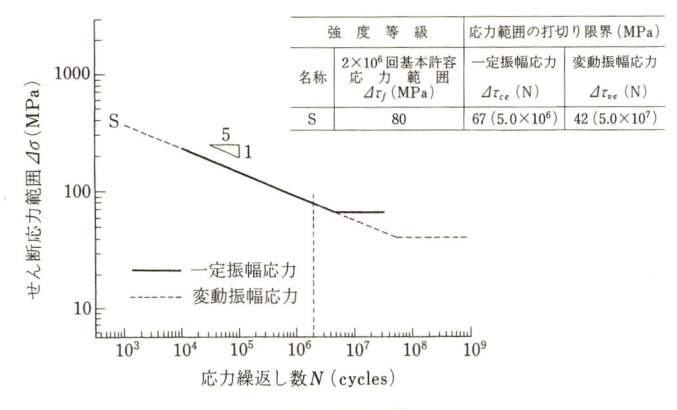

強度等級	2×10⁶回基本許容応力範囲 $\Delta\tau_f$ (MPa)	応力範囲の打切り限界 (MPa)	
名称		一定振幅応力 $\Delta\tau_{ce}$ (N)	変動振幅応力 $\Delta\tau_{ve}$ (N)
S	80	67 (5.0×10⁶)	42 (5.0×10⁷)

図 12.34 JSSC 疲労設計指針[3]
疲労設計曲線（せん断応力を受ける継手）

応力の多軸性や拘束度の差による溶接継手部近傍の局所応力の差や，残留応力のレベルの差などに起因する．したがって，設計における継手分類を考える上で，疲労試験における寸法効果やばらつきについて十分な注意が必要である．

12.6 疲労設計

表 12.2 継手の強度等級分類[3]

(a) 非溶接継手

継手の種類		強度等級 ($\Delta\sigma_f$)	備　考
1. 帯　板	(1) 表面および端面，機械仕上げ（あらさ 50s 以下）	A (190)	
	(2) 黒皮付き，ガス切断縁（あらさ 100s 以下）	B (155)	
	(3) 黒皮付き，ガス切断縁（著しい条痕は除去）	C (125)	
2. 形　鋼	(1) 黒皮付き	B (155)	
	(2) 黒皮付き，ガス切断縁（あらさ 100s 以下）	B (155)	
	(3) 黒皮付き，ガス切断縁（著しい条痕は除去）	C (125)	
3. シームレス管		B (155)	
4. 円孔を有する母材（純断面応力，実断面応力）		C (125)	
5. フィレット付きの切抜きガセットを有する母材	(1) $1/5 \leq r/d$ 切断面のあらさ 50s 以下	B (155)	
	(2) $1/10 \leq r/d < 1/5$ 切断面のあらさ 50s 以下	C (125)	
	(3) $1/5 \leq r/d$ 切断面のあらさ 100s 以下	C (125)	
	(4) $1/10 \leq r/d < 1/5$ 切断面のあらさ 100s 以下	D (100)	
6. 高力ボルト摩擦接合継手の母材（総断面応力）	(1) $1 < n_b < 4$	B (155)	
	(2) $5 \leq n_b \leq 15$	C (125)	
	(3) $16 \leq n_b$	D (100)	
7. 高力ボルト支圧接合継手の母材（$n_b \leq 4$，純断面応力）		B (155)	n_b：応力方向のボルト本数
8. 検算対象方向の応力を伝えない高力ボルト締め孔を有する母材（純断面応力）		B (155)	※ (4, 6, 7, 8) 孔を押抜きせん断で加工した場合には強度等級を 1 ランク下げる.

(b) 横突合せ溶接継手

継手の種類			強度等級 ($\Delta\sigma_f$)	備　考
1. 余盛削除した継手			B (155)	※ 完全溶込み溶接で，溶接部が健全であることを前提とする． ※ 継手部にテーパが付く場合には，その勾配を 1/5 以下とする． ※ 深さ 0.5mm 以上のアンダーカットは除去する． ※ (1., 2.) 仕上げはアンダーカットが残らないように行う．仕上げの方向は応力の方向と平行とする．
2. 止端仕上げした継手			C (125)	
3. 非仕上げ継手	(1)	両面溶接	D (100)	
	(2)	良好な形状の裏波を有する片面溶接	D (100)	
	(3)	裏当て金付き片面溶接	F (65)	
	(4)	裏面の形状を確かめることのできない片面溶接	F (65)	

(c) 縦方向溶接継手

継手の種類			強度等級 ($\Delta\sigma_f$)	備　考
1. 完全溶込み溶接継手（溶接部が健全であることを前提とする）	(1)	余盛削除	B (155)	※ (1.(2), 2., 3.) 棒継ぎにより生じたビード表面の著しい凸凹は除去する． ※ (2., 3.) 内在する欠陥（ブローホールなどの丸味を帯びたもの）の幅が 1.5mm，高さが 4mm を超えないことが確かめられた場合には，強度等級をCとすることができる．
	(2)	非仕上げ	C (125)	
2. 部分溶込み溶接継手			D (100)	
3. すみ肉溶接継手			D (100)	
4. 裏当て金付き溶接継手			E (80)	
5. 断続する溶接継手			E (80)	
6. スカラップを含む溶接継手			G (50)	
7. 切抜きガセットのフィレット部に接する溶接	(1)	$1/5 \leq r/d$	D (100)	
	(2)	$1/10 \leq r/d < 1/5$	E (80)	

12.6 疲労設計

(d) 十字溶接継手

継手の種類				強度等級 ($\Delta\sigma_f$)	備考
荷重非伝達型	1. 滑らかな止端を有するすみ肉溶接継手			D (100)	
	2. 止端仕上げしたすみ肉溶接継手			D (100)	
	3. 非仕上げのすみ肉溶接継手			E (80)	
	4. 溶接の始終点を含むすみ肉溶接継手			E (80)	
	5. 中空断面部材をすみ肉溶接した継手	(1) $d_0 \leq 100$mm		F (65)	
		(2) $d_0 > 100$mm		G (50)	
荷重伝達型	すみ肉および部分溶込みすみ肉溶接	6. 完全溶込み溶接	(1) 滑らかな止端を有する継手	D (100)	
			(2) 止端仕上げした継手	D (100)	
			(3) 非仕上げの継手	E (80)	
			(4) 中空断面部材（片面溶接）	F (65)	
		7. 止端破壊	(1) 滑らかな止端を有する継手	E (80)	
			(2) 止端仕上げした継手	E (80)	
			(3) 非仕上げの継手	F (65)	
			(4) 溶接の始終点を含む継手	F (65)	
		8. ルート破壊（のど断面）		H (40)	
		9. 中空断面部材（片面溶接）	(1) 止端破壊	H (40)	
			(2) ルート破壊（のど断面）	H (40)	

※ (2., 6.(2), 7.(2)) 仕上げはアンダーカットが残らないように行う．グラインダーで仕上げる場合には仕上げの方向を応力の方向と平行にする．

※ (1., 6.(1), 7.(1)) アンダーカットは除去する．

※ (3., 4., 5., 6.(3)(4), 7.(3)(4), 9.(1)) 深さ0.5mm以上のアンダーカットは除去する．

※ (8., 9.(2)) のど断面積は（のど厚）×（溶接長）より求める．

のど厚は $s/\sqrt{2}$ より求める．開先をとり，部分溶込みすみ肉溶接とした場合ののど厚は $(s^+ 開先深さ)/\sqrt{2}$ とする．

※ (8., 9.(2)) 溶接の脚長（あるいはサイズ）s が板厚の0.4未満の継手については適用範囲外とする．

(e) ガセット溶接継手（付加板を溶接した継手を含む）

	継手の種類		強度等級 ($\Delta\sigma_f$)	備　考
面外ガセット	1. ガセットをすみ肉あるいは開先溶接した継手 ($l \leq 100$ mm)	(1) 止端仕上げ	E (80)	
		(2) 非仕上げ	F (65)	
	2. フィレットを有するガセットを開先溶接した継手（フィレット部仕上げ）		E (80)	
	3. ガセットをすみ肉溶接した継手 ($l > 100$mm)		G (50)	
	4. ガセットを開先溶接した継手 ($l > 100$ mm)	(1) 止端仕上げ	F (65)	
		(2) 非仕上げ	G (50)	
面内ガセット	5. フィレットを有するガセットを開先溶接した継手（フィレット部仕上げ）	(1) $1/3 \leq r/d$	D (100)	
		(2) $1/5 \leq r/d < 1/3$	E (80)	
		(3) $1/10 \leq r/d < 1/5$	F (65)	
	6. ガセットを開先溶接した継手	(1) 止端仕上げ	G (50)	
		(2) 非仕上げ	H (40)	
7. 重ねガセット継手の母材			H (40)	

※ (1.(1), 2., 4.(1), 5., 6.(1)) 仕上げはアンダーカットが残らないように行う．グラインダーで仕上げる場合には仕上げの方向を応力の方向と平行とする．

※ (1.(2), 3., 4.(2), 6.(2), 7.) 深さ0.5mm以上のアンダーカットは除去する．

12.6 疲労設計

(f) その他の溶接継手

継手の種類		強度等級 ($\Delta\sigma_f$)	備考
1. カバープレートをすみ肉溶接で取り付けた継手 ($l \leq 300\,\mathrm{mm}$)	(1) 止端仕上げ	E (80)	
	(2) 非仕上げ	F (65)	
2. カバープレートをすみ肉溶接で取り付けた継手 ($l > 300\,\mathrm{mm}$)	(1) 溶接部仕上げ	D (100)	
	(2) 非仕上げ	G (50)	
3. スタッドを溶接した継手	(1) 主板断面	E (80)	
	(2) スタッド断面	S (80)	
4. 重ね継手	(1) 主板断面	H (40)	
	(2) 添接板断面	H (40)	
	(3) 前面すみ肉溶接のど断面	H (40)	
	(4) 側面すみ肉溶接のど断面	S (80)	

※ (1.(1), 2.(1)) 仕上げはアンダーカットが残らないように行う．グラインダーで仕上げる場合には仕上げの方向を応力の方向と平行とする．

※ (1.(2), 2.(2)) 深さ 0.5mm 以上のアンダーカットは除去する．

※ (2.(1)) 脚長 s_h, s_b は $s_h \geq 0.8 t_c$, $s_b \geq 2 s_h$ とする．

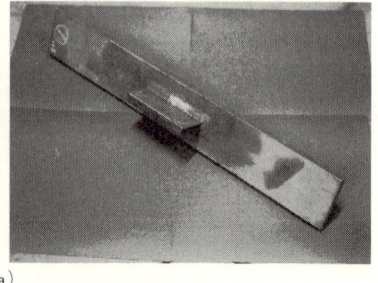

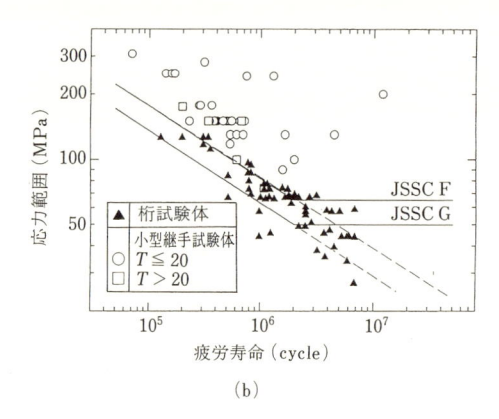

図 12.35 縦リブ継手の疲労強度，大型構造モデルと小型試験体の比較[10]

　図12.36に道路橋合成桁橋における疲労照査位置，その継手の種類と等級分類を示す．疲労の照査は活荷重により各継手に生じる応力と繰返し数をそれぞれの継手の許容応力と比較することにより行われる．疲労照査に用いる荷重の型式と大きさはそれぞれの構造物の設計基準等で定めることが多いが，静的強度の照査とは別の疲労設計用の荷重を決めている基準類が多い．
　鋼管継手部のように構造が複雑で公称応力が容易に求められない場合には，有限要素法や実験により求めた疲労き裂の発生が予想される位置の応力（これをホットスポット応力と呼ぶ）で疲労照査を行う．図12.37にこのホットスポット応力の求め方を示すが，き裂発生部の局部応力というよりは，継手形状による応力の増加を取り入れたものといえ，溶接止端の局部的応力集中は含まない．図中に示した A～G のホットスポット応力の求め方のうち，どれが最も

12.6 疲労設計

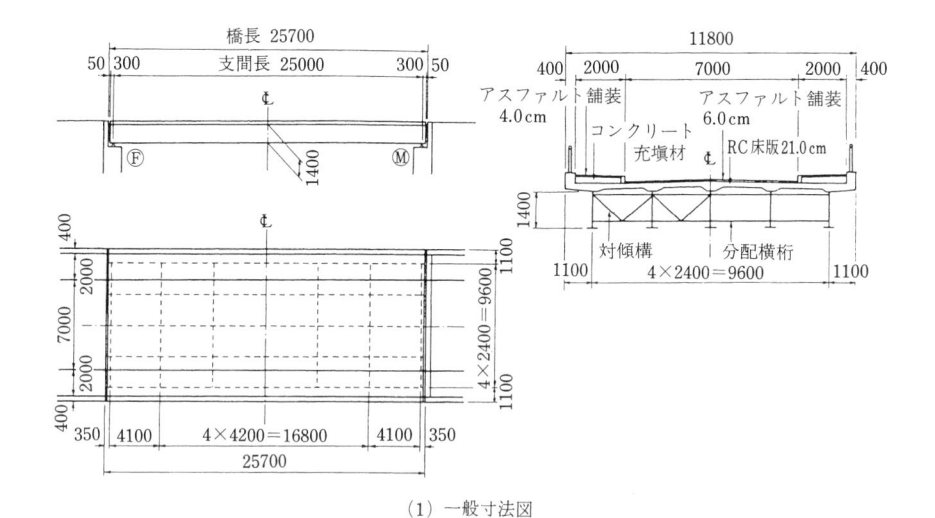

(1) 一般寸法図

(2) 照査位置の疲労強度等級, 継手の種類

照査位置	強度等級(MPa)	継手の種類
フランジ首溶接部 ①, ②	D (100)	縦方向溶接継手 - すみ肉溶接継手
垂直スチフナー下端 ③	E (80)	十字溶接継手 - 荷重非伝達型 - 非仕上げのすみ肉溶接継手
水平スチフナー端 ④	G (50)	ガセット溶接継手 - 面外ガセット - すみ肉溶接継手 ($l > 100$mm)
横桁連結ガセット端 ⑤	G (50)	同 上

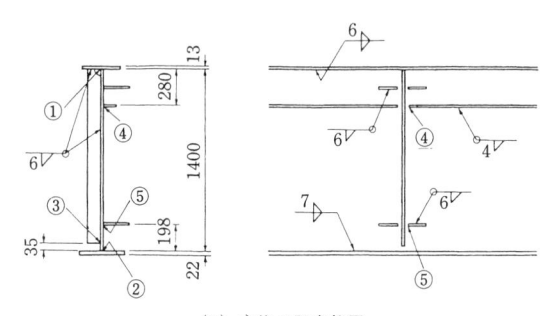

(3) 主桁の照査位置

図 12.36 合成桁の疲労照査位置, その疲労等級と継手の種類

(4) 照査位置の疲労強度等級，継手の種類

照査位置	強度等級 (MPa)	継手の種類
フランジ首溶接部 ①	D (100)	縦方向溶接継手-すみ肉溶接継手
垂直スチフナーフランジ溶接部 ②	E (80)	十字溶接継手-荷重非伝達型- 非仕上げのすみ肉溶接継手

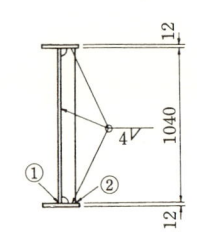

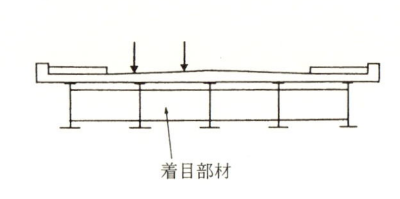

(5) 分配横桁の照査位置

(6) 照査位置の疲労強度等級，継手の種類

照査位置	強度等級 (MPa)	継手の種類
弦材重ね継手 (母材断面) ①	H (40)	その他の溶接継手-重ね継手 - 主板断面
同 上 (溶接断面) ②	G (50)	同 上 -前面すみ肉溶接のど断面
斜材重ね継手部 (母材断面) ③	H (40)	同 上 - 主板断面
同 上 (溶接断面) ④	G (50)	同 上 -前面すみ肉溶接のど断面

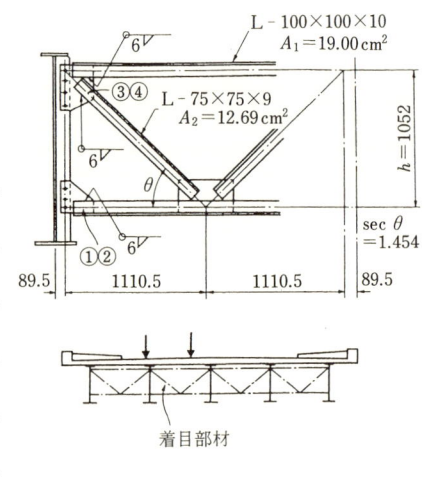

L - 100×100×10
$A_1 = 19.00 \text{ cm}^2$

L - 75×75×9
$A_2 = 12.69 \text{ cm}^2$

$h = 1052$

$\sec \theta = 1.454$

(7) 対傾構の照査位置

図 12.36 （つづき）

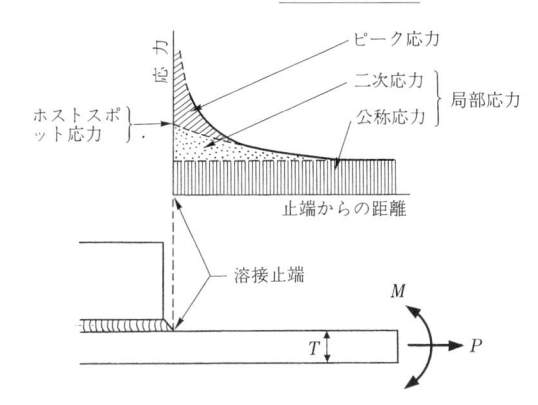

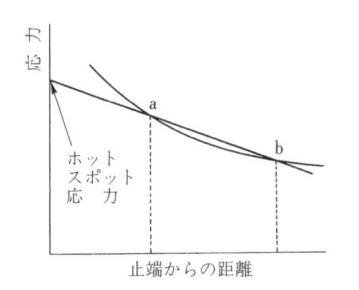

図 12.37 ホットスポットの定義とその求め方[11]

	a 点	b 点
A法	0.5 T	1.0 T
B法	0.5 T	1.5 T
C法	0.4 T	2.0 T
D法	1.0 T	3.0 T
E法	4.0 mm	10.0 mm
F法	$1.57\sqrt[4]{T^3}$	$4.9\sqrt[4]{T^3}$
G法	4.0 mm	6.0 mm

適切であるかについては未だ統一的な見解はない．JSSCの設計指針ではホットスポット応力に対して溶接のままの継手でE等級，仕上げた継手でD等級の設計線を用いることにしている．このことは荷重非伝達のリブ十字溶接に対応することからもわかるであろう．

(3) 疲労安全性の照査

疲労安全性の照査は，部材に生じる応力と繰返し数が対応する継手の疲労設計線に対して安全かどうかで行う．生じる応力の変動が一定ではないときには，レインフロー法で応力範囲の頻度解析を行い，マイナー則を適用して次式の等価応力範囲 $\varDelta\sigma_e$ を求めなければならない．

$$\varDelta\sigma_e = \sqrt[m]{\sum \sigma_i^m n_i / N}$$

ただし $m=3$ あるいは 5, $N=\sum n_i$.

疲労安全性の照査は次のようになる.

$$\varDelta\sigma_d \leqq \varDelta\sigma_k$$

$\varDelta\sigma_d$ は設計荷重による作用応力範囲であり，通常は $\varDelta\sigma_e$ と等しい. $\varDelta\sigma_k$ は許容応力範囲であり，繰返し数 N に対して設計寿命曲線から認められる.

JSSC 設計指針では部分安全係数として，γ_b, γ_w, γ_i の3つを用いている. γ_b は冗長度係数であり，対象とする部材あるいは継手に疲労損傷が生じたときに，それが構造物全体の強度あるいは機能に及ぼす影響を考慮する係数である. $1.00 \sim 1.10$ の値をとる. γ_w は重要度係数であり，構造物が疲労限界に達したときの社会的影響を考慮する係数である. $0.80 \sim 1.10$ とする. γ_i はメンテナンス係数であり，メンテナンスの程度により $0.90 \sim 1.10$ とする. またすべての係数を乗じた値の下限と上限はそれぞれ 0.80, 1.25 としている.

これらの安全係数を導入すると，疲労照査は

$$\gamma_b \cdot \gamma_w \cdot \gamma_i \ \varDelta\sigma_d \leqq \varDelta\sigma_k$$

となる. JSSC 疲労設計指針では $\varDelta\sigma_k$ に対して板厚，平均応力の影響を考慮するようになっている.

このような疲労設計指針はすべて溶接部は所定の品質以上であることが前提である. 疲労強度は溶接欠陥に対してきわめて敏感であるために，疲労が問題となる構造物ではとくに品質管理に注意を要する. また疲労は継手部の局部的な応力状態が重要なため，継手の位置を工夫するとか，構造ディテールを改善するといった対策も疲労設計上重要な項目となる.

[演習問題]

12.1 図12.38の重ね継手の荷重伝達能力 T を計算せよ. すみ肉溶接のサイズは道路橋示方書に規定の最小サイズとする.

12.2 図12.39のブラケット構造を支えるすみ肉溶接に生じる応力を

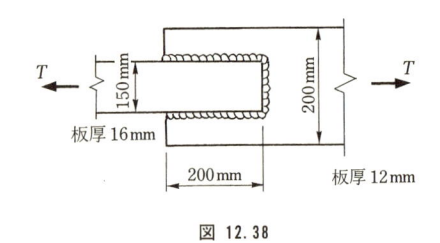

図 12.38

参 考 文 献

図 12.39

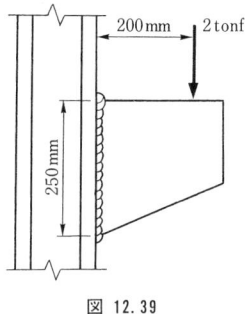

計算せよ．すみ肉溶接はブラケット板の両側に施されている．ただしすみ肉溶接ののど厚は6mmとする．

12.3 図12.40はプレートガーダ橋の主桁の一部である．図中の①〜⑤の継手について，JSSC疲労設計指針の継手等級と，2×10^6回強度を示せ．

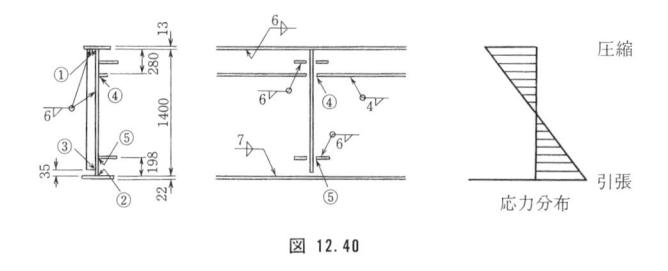

図 12.40

12.4 板継ぎ溶接部の溶接ビード形状がその疲労強度に及ぼす影響について200字程度で説明せよ．

12.5 フランジガセット継手の疲労強度を改善する方法について説明せよ．

[参 考 文 献]

1) 道路橋示方書・同解説，II鋼橋編，日本道路協会，1996
2) 三木千壽，中村勝樹，遠藤秀臣，等農克巳：仮付溶接の長さとヒールクラックの発生について，土木学会論文集，第404号，I-11，pp.259〜265，1989-4
3) 日本鋼構造協会：鋼構造物の疲労設計指針・同解説，技報堂出版，1993
4) H. Shimokawa, C. Miki, et al.: A Fatigue Test on the Full-Size Truss

Chord, Proc. of JSCE, No. 344/I-1, Structural Eng./Earthquake Eng., pp. 95-102, 1984-4
5) J. Tajima, C. Miki, et al.: Fatigue Strengths of Truss Made of High Strength Steels, Proc. of JSCE, No. 341, pp. 1-11, 1984-1
6) H. Shimokawa, C. Miki et al.: Effect of Stress Ratios on the Fatigue Strengths of Crusiform Fillet Welded Joints, Pro. of JSCE (Structural of Eng./Earthquake Eng.), I -1, 1984-4
7) H. Shimokawa, C. Miki, et al.: Fatigue Strengths of Large-Size Gasset Joints of 800 MPa Class Steels, Proc. of JSCE (Structural Eng./Earthquake Eng.) I -2, 1985-4.
8) K. Anami, C. Miki, et al.: Improving Fatigue Strength of Welded Joints by Hammer Peening and TIG-Dressing, Proc. of JSCE, No. 647, I-51, pp. 67-78, 2000-4
9) C. Miki, A. Okukawa, et al.: Fatigue Strength of Corner Welds of Truss Chords Containing Blowholes, Proc. of JSCE, No. 450, I-20, pp. 21-28
10) 穴見健吾，三木千壽：溶接継手部の疲労強度の寸法効果に関する研究，鋼構造論文集，第4巻，第14号，pp. 9-17, 1997-6
11) 三木千壽，舘石和雄，山本美博，宮内政信：局部応力を基準とした疲労評価手法に関する一考察，構造工学論文集，Vol. 38 A, 1992-3.

13

高力ボルト継手

本章では高力ボルト継手のうちとくに土木構造物で多用される摩擦接合について，そのメカニズム，強度設計，および施工上のポイントを記述する．

鋼構造物中に使用される継手型式のうち，高力ボルト継手は溶接継手とともに代表的な継手型式といえる．高力ボルト継手はリベット継手や通常のボルト継手およびピン継手とともに機械的継手（mechanical joints）と呼ばれる．高力ボルト継手はその性能の良さとともに施工性も良く，現在では現場継手（工場継手に対する用語であり，架設現場で施工される継手のこと）の代表である．

13.1　リベット継手

1960年代まではリベット継手が鋼構造物に用いられる継手型式の主流であった（図 13.1）．現在ではリベット継手は水密性を要求される水圧鉄管やゲートなどの特殊な構造物を除けば，ほとんど使われていない．しかし高力ボルト継手が当初リベット継手の代わりとして使われ始めたため，高力ボルト継手の設計方法はリベット継手のそれを踏襲した部分が多い．また，現在でも数多くのリベット構造物が存在しており，それらの維持・管理や補修などにおいてはリベット継手の知識が必要となることがある．

図 13.2 に示すように，リベット継手は赤熱された（550〜1000°C）リベットをリベット孔に通し，それをリベットハンマーでたたいてつぶすことにより形成される．したがってリベットは孔の空隙を満たし，しかも赤熱から常温へ

図 13.1 リベット継手(永代橋)

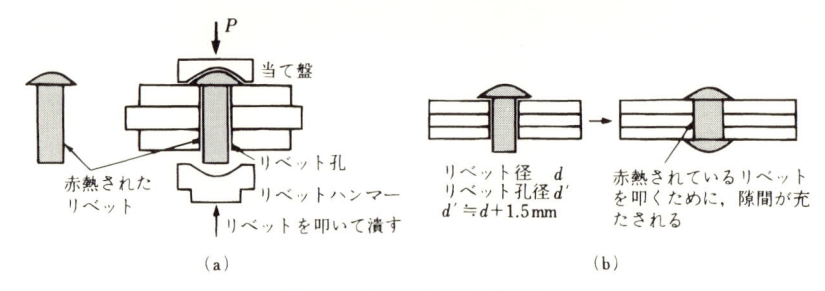

図 13.2 リベット継手の形成[1]

の過程による収縮により,その軸部にはかなりの引張の軸力が導入される.赤熱状態でたたかれるため,もしもリベット孔に若干のずれがあっても,それに沿って満たされるほどである.

図 13.3 はリベット継手に外力が作用したときの力の伝達の状況である.外力はまず板とリベットの間の支圧でリベットに伝達され,さらにリベットから添接板へと伝達される.したがってリベット継手部の強度は,リベット自身のせん断強度かあるいは鋼板の強度で決まる.継手部の破壊は板厚やリベットの配置により中板でも添接板でも生じる可能性があり,以下のようないろいろなモードで生じる可能性がある(図 13.4 参照).

モード ① 大きなせん断変形を

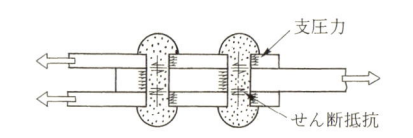

図 13.3 リベットによる力の伝達

13.1 リベット継手

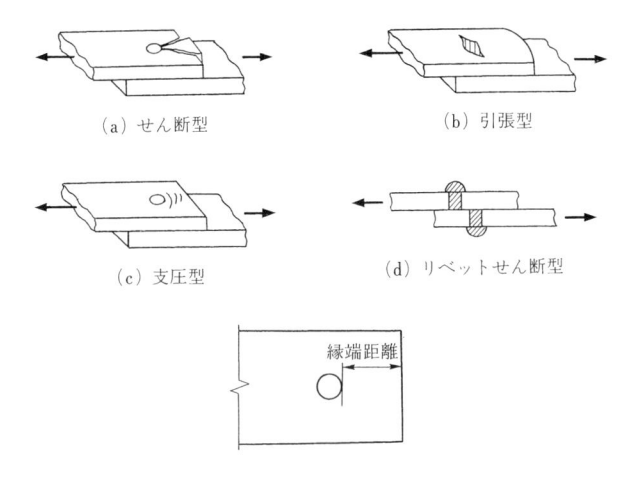

(a) せん断型 (b) 引張型
(c) 支圧型 (d) リベットせん断型

縁端距離

図 13.4 リベット継手部の破断のモード

生じている円孔縁からき裂が発生する．
② 最小断面の円孔縁からき裂が入る．
③ 板厚が薄く，縁端距離が大きいとき，リベット軸があたる孔付近がふくらみ，板が平面を保てなくなり，裂けるように破断する．
④ リベットの軸がせん断で破断する．

このような破壊モードを考え，継手が十分な強度を発揮するように，また施工性を考えて，リベット継手に関する基準類ではリベット孔の最小縁端距離，最大縁端距離，最小および最大リベット間隔などの幾何的な形状に関する規定が設けられていた．これらはほとんどそのまま高力ボルト継手の規定に踏襲されている．

リベット継手の強度を考える際に，1本のリベットが耐えられる応力を示す指標としてリベット値と呼ばれる量が使われる．リベット継手部の強度は鋼板の板厚がリベットのせん断強度に比して薄い場合は鋼板の支圧で，厚い場合はリベットのせん断で決まる．

いま，図13.5に示すような単せん断型および複せん断型のリベット継手を考えてみる．リベット軸のせん断で伝えうる力は

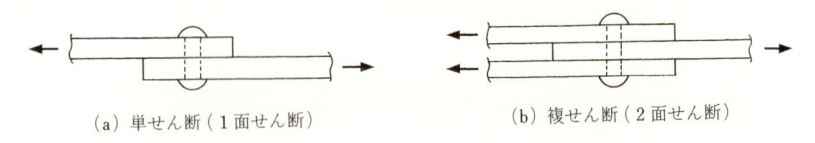

(a) 単せん断（1面せん断）　　　(b) 複せん断（2面せん断）

図 13.5　単せん断型および複せん断型のリベット継手

単せん断型では　　$\rho_s = \tau_{sa} \cdot \pi D^2/4$ 　　　　(13.1)

複せん断型では　　$\rho_s = 2\tau_{sa} \cdot \pi D^2/4$ 　　　　(13.2)

ここで τ_{sa}：リベットの許容せん断応力度，D：リベット軸の直径．
となる．一方，板の支圧強度は

$$\rho_e = \sigma_{ba} D t \tag{13.3}$$

ここで σ_{ba}：許容支圧応力度，t：板厚．
このリベットのせん断強度と板の支圧強度の小さい方で継手の強度が決まり，それらの小さい方の値がリベット値となる．

13.2　高力ボルト継手の接合の種類

　高力ボルト継手を用いた接合としては，図 13.6 に示すように応力の伝達のメカニズムから摩擦接合，支圧接合，および引張接合と分類される．
　高力ボルト摩擦接合は高力ボルト継手の原点となる継手型式であり，単に高力ボルト継手といった場合はこれを指すことが多い．高い軸力が導入できる高強度のボルト（これを高力ボルトと呼ぶ）で，継手部の鋼材片を締め付け，それにより生じた材間の摩擦力によって荷重を伝えるものである．
　高力ボルト支圧接合は高力ボルト摩擦接合とリベット継手の両方の荷重伝達メカニズムを用いるものであり，継手材間の摩擦力とボルト軸部のせん断抵抗およびボルト軸部とボルト孔壁との支圧によって抵抗する．ボルトには打込みボルトが用いられるが，施工性などの理由でその使用は特殊な部材の継手に限られている．
　引張接合はボルトの軸方向に引張力が作用するような接合であり，柱と梁の

(a) 摩擦接合 — 締付け力, 摩擦力, 力

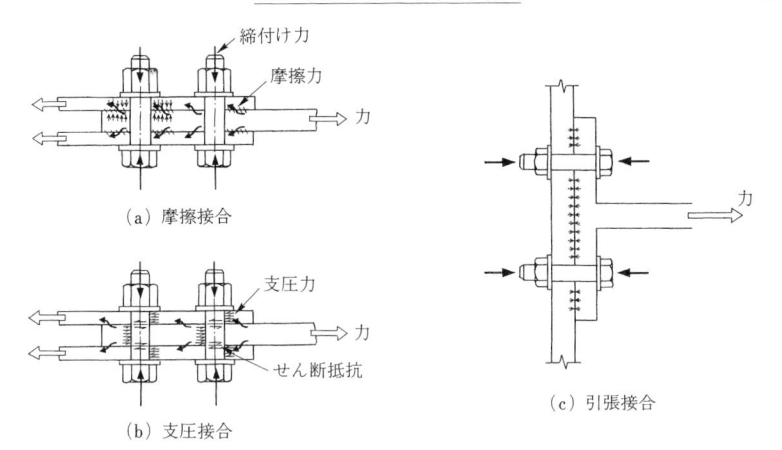

(b) 支圧接合 — 支圧力, せん断抵抗, 力

(c) 引張接合 — 力

図 13.6 高力ボルト接合の種類

接合，柱や梁同士の接合あるいは，アンカーフレームや支承の取付けなどに用いられている．

13.3 高力ボルト，ナット，座金

　高力ボルト，ナット，および座金はそのセット（図 13.7）として JIS に規定されている．その強度レベルで第 1 種（F8T）と第 2 種（F10T）に分けられる（表 13.1）．F に続く数値は高力ボルトに用いられる鋼材の強度レベルを表しており，8 は $80\,\mathrm{kgf/mm^2}$（$780\,\mathrm{MPa}$），10 は $100\,\mathrm{kgf/mm^2}$（$980\,\mathrm{MPz}$）を示している．わが国の高力ボルトの歴史は F9T から始まり，1 本のボルトで締め付けられる力が大きいほど，すなわちボルトが強いほど継手の効率が良いことから，一時期 F11T が標準的に使用され，F13T（引張強さが $130\,\mathrm{kgf/mm^2}$（$1270\,\mathrm{MPa}$）以上）もかなりの量使用されていた．しかし，一部のボルトに遅れ破壊（図 13.8）が生じたため，現在の強度レベルまでおさえられた．

　高力ボルトとそのナットは通常のボルト，ナットに比べて，強度が高いことや高い締付力を導入するために，通常の機械部品や建築金物のボルト，ナットとはねじの精度が異なっている．また安定して軸力を導入するためにねじ部に特殊な表面処理が施されており，締め付けたときのナットを回すトルク T_r と

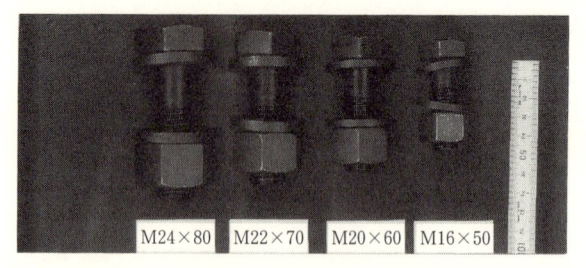

図 13.7 高力ボルトのセット

表 13.1 高力ボルトの規格（JIS B1186-1979)[10]

セットの種類		適用する構成部品の機械的性質による等級		
機械的性質による種類	トルク係数値による種類	ボルト	ナット	座金
1種	A	F8T	F10 (F8)	F35
	B			
2種	A	F10T	F10	
	B			
(3種)	A	(F11T)		
	B			

( ) 表中括弧をつけたものはなるべく使用しない．

(a) 不完全ねじ部．ここでの破断が最も多い

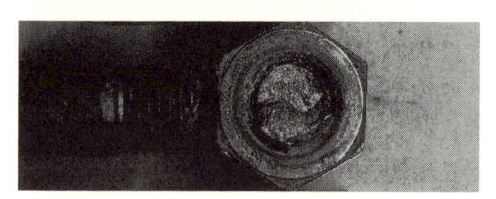

(b) ナットかかり部

図 13.8 高力ボルトの遅れ破壊

ボルトに導入される軸力の関係を示すトルク係数（k）も規定されている．

ボルトはナットとのセットとして試験され，セットとしての強度とトルク係数が製品につけられる．

13.4　高力ボルトの締付け

道路橋示方書では，摩擦接合および支圧接合のボルトは表 13.2 に示す設計ボルト軸力が得られるように締め付けなければならないとしている．また後述するように締付力のばらつきや締付後のリラクゼーション等を考えて，締付ボルト軸力は設計ボルト軸力の 10% 増を標準としている．

高力ボルトを締め付ける方法としては，トルクコントロール法とナット回転法が一般的である．トルクコントロール法は，ナットを回すトルクとボルトへの導入軸力が弾性領域で線形の関係であることに基づくものである．

すなわち，締付トルク T_r とボルト軸力 B とは

$$T_r = k \cdot d \cdot B \tag{13.4}$$

ここで k：トルク係数，d：ボルトの呼び径．

前節に述べたボルト・ナットのセットのトルク係数と所定の導入軸力からトルク値を計算し，これをコントロールする．トルク係数はボルトセットの保存状態が悪いと変化したり，温度によっても変わる可能性があるから注意しなければならない．また一度使用したボルトを再使用する場合はねじ部の表面状態が変わっており，したがってトルク値も異なっているので注意を要する．

ボルト軸力と締付トルクにボルトの変形を加えて模式的に示すと図 13.9 と

表 13.2　設計ボルト軸力（道路橋示方書　表 15.4.2)[9]　(tf)

セット	ねじの呼び	設計ボルト軸力
F 8 T B 8 T	M20	13.3
	M22	16.5
	M24	19.2
F10T S10T B10T	M20	16.5
	M22	20.5
	M24	23.8

F：摩擦接合用高力ボルト
B：支圧接合用打込み式高力ボルト
S：トルシア形高力ボルト

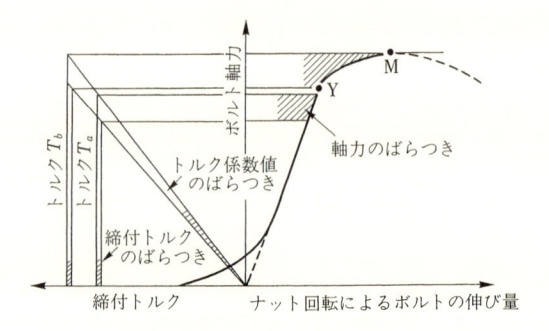

図 13.9 締付トルクと軸力の関係

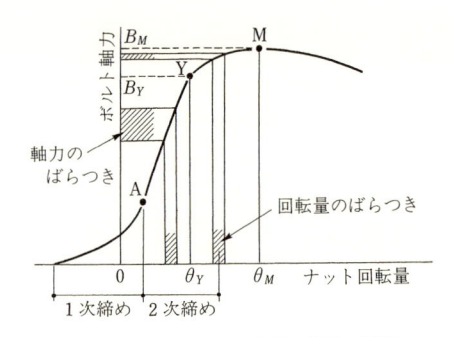

図 13.10 ナット回転量と軸力の関係

なる．締付トルクとボルトの伸び量とは直線範囲が限定される（図中のY点）．いま，締付トルクを T_a とした場合にはトルク係数のばらつきに応じた軸力のばらつきがあってもボルトの伸び量はほぼ一定で安定したボルト軸力は得られるが，トルク T_b の場合は，ボルトの伸び量は大幅に幅があり，極端な場合にはM点に達し，破断に至る．したがって，トルクコントロール法では，トルク係数のばらつきを考えるとY点を超えた軸力を目標とすることは無理である．トルクコントロール法による施工にはトルクレンチが用いられる．

ボルトの軸力とナット回転角の間には図 13.10 のような関係がある．したがって，ナット回転角をコントロールすることにより，所定の軸力を得ることができる．一次締めとはナット回転法の回転量測定の起点を設定することであり，二次締めではY点（降伏）を超えて塑性域まで締め付けることにより，

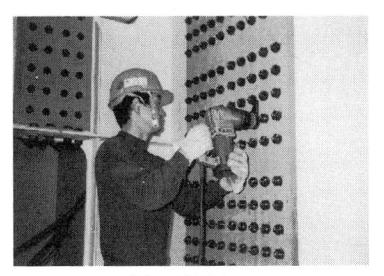

13.4 高力ボルトの締付け

(a) 一次締め後のマーキング　　　(b) 二次締め

図 13.11　ナット回転法による締付け

ナット回転量のばらつきの影響を少なくして必要なボルト軸力を得ることを考えている（図 13.11）．したがって，図 13.10 の θ_Y が最小の回転量となる．ナット回転量は 3% 単位で制御されることが多い．ナット回転角と導入軸力の関係は締付け板厚，ボルト径などにより変わることより，施工の前に十分なキャリブレーションが必要である．

最近ではトルクとナット回転角の関係をセンサで検出し，それが線形関係から変化し始めるところでコントロールする耐力点検出法もしばしば用いられる．この方法による導入軸力はトルク値の変化に敏感であり，所定のボルト軸力を定常的に得るためには，たとえば作業開始時，中間時，終了時などで十分なチェックが必要である．

特殊なボルトであるが，図 13.12 のトルシャーボルトもしばしば用いられる．これはボルトのカラー部にトルクをかけ，この部分をねじで切ることにより所定の軸力を得ようとするものである．この部分のねじ切り強度はばらつきが少ないため，かなり安定した導入軸力が得られ，また締め忘れの発見も容易である．

高力ボルトに導入された軸力は，図 13.13 のように時間の経過とともに減少するいわゆるリラクゼーションを生じる．したがって，継手の強度設計の基準に用いられるボルト軸力は導入軸力より若干低くしている．

ボルトの導入軸力は低いと摩擦接合にならないし，高すぎても軸力のリラクゼーションが多くなることや遅れ破壊の可能性が高まるなどの問題が生じることがある．したがって，その締付け方法の選択や現場での管理には十分な注意

13章 高力ボルト継手

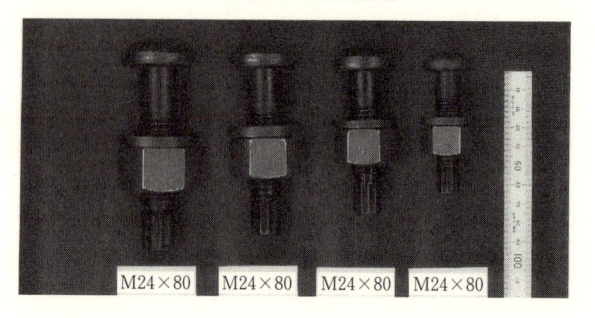

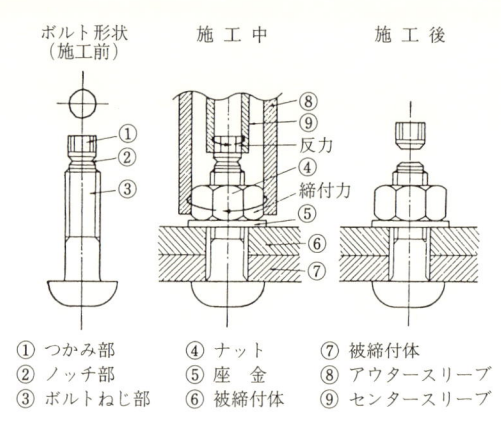

| M24×80 | M24×80 | M24×80 | M24×80 |

ボルト形状（施工前）　　施工中　　施工後

① つかみ部　　④ ナット　　⑦ 被締付体
② ノッチ部　　⑤ 座　金　　⑧ アウタースリーブ
③ ボルトねじ部　⑥ 被締付体　⑨ センタースリーブ

図 13.12　トルシャーボルトとその締付け

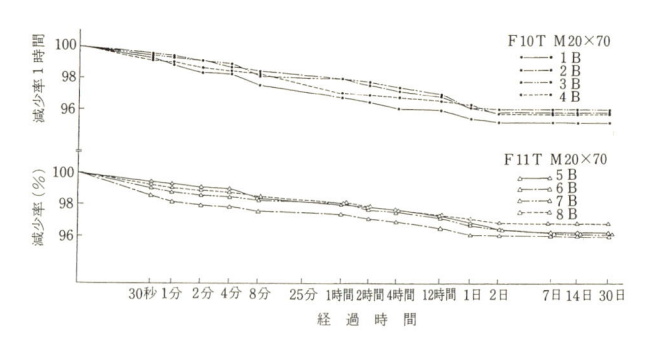

図 13.13　高力ボルトのリラクゼーションの実測例[1]

が必要である．

13.5 すべり面の処理

高い荷重伝達能力を得るにはすべり面に大きい，しかもばらつかないすべり係数を確保することが重要である．図 13.14 はさまざまな表面状態で測定されたすべり係数である．どのような表面状態を標準とするかは，構造物ごとにまた国によって異なっているが，さほど難しい管理をしなくても確実にあるレベ

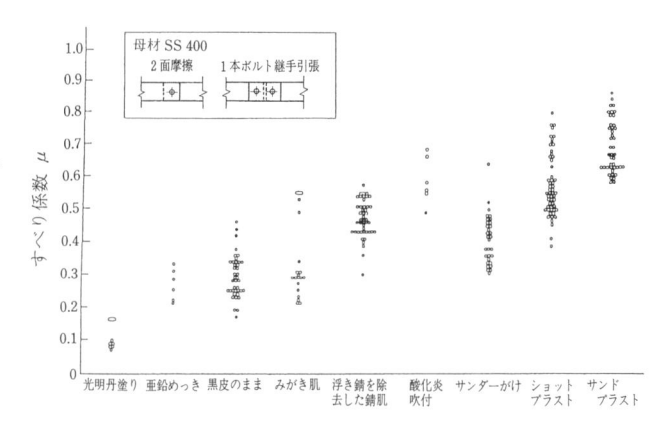

図 13.14 接触面の仕上げとすべり係数[1]

図 13.15 ブラスト処理されたすべり面

ル以上のすべり係数が確保できるような方法がよい．道路橋示方書では，ブラスト処理を標準（図13.15）としてすべり係数0.4を用いている．

13.6　ボルトの孔と純断面積

道路橋示方書で規定しているボルト孔の直径は表13.3に示すとおりであり，ボルトの呼び径に対して摩擦接合2.5mm，支圧接合1.5mmの余裕をもたせている．またその孔径の誤差は摩擦接合で+0.5mm，支圧接合で±0.3mmの許容差を与えている．ただし，摩擦接合の場合は1ボルト群の20%に対しては+1.0mmまで認めてよいとしている．高力ボルト継手部の純断面積を算定する際のボルト孔の径は，ボルトの呼び径に3mmを加えたものとし，千鳥孔については5.3節で示した方法による．

道路橋示方書では施工上やむを得ない場合には呼び径+4.5までの拡大孔をあけてよいとしている．この場合は設計の断面控除を拡大孔+0.5mmとして，継手の安全性を照査しなければならない．

表13.3　ボルト孔の径（道路橋示方書　表15.3.2）[9]

ボルトの呼び	ボルトの孔の径（mm）	
	摩擦接合	支圧接合
M20	22.5	21.5
M22	24.5	23.5
M24	26.5	25.5

13.7　高力ボルト摩擦接合の強度

(1)　すべり耐力

摩擦接合の原理は板の間の摩擦で荷重を伝達しようとするものであり，図13.6に示すように，接合したい板を通常は2枚の添接板ではさみ込み，孔に通した高力ボルトに引張軸力を導入する．その引張力の反力として板間に圧縮力（材間圧縮力）が生じ，継手に力が作用した場合はこの材間圧縮力により生じる摩擦力により力が伝達される．したがって，ボルト1本摩擦面1面当りの

伝達能力 P は

$$P = N\mu$$

ここで N：ボルト軸力，μ：すべり係数．

となる．したがって，図 13.5 に示したような通常用いられる複せん断型継手ではボルト 1 本当りの荷重の伝達能力は

$$P = 2N\mu$$

となる．したがって，2 本のボルトで締め付けたときの伝達能力は

$$P = 4N\mu$$

となる．このような荷重伝達能力をすべり耐力と呼び，継手強度の基準に用いる．

すべり耐力にはボルトの軸力，接触面の状態，継手の形状（寸法，ボルト配置），ボルトのグリップ，継手組立からの経過時間，荷重の種類（引張，圧縮，曲げ，せん断）などさまざま因子が影響する．

(2) 終局強度

高力ボルト摩擦接合部の荷重-変形曲線は図 13.16 のようになる．すべり耐力までは継手部は高い剛性を有した弾性体のように挙動し，局部的な微小すべりに起因する若干の非線形挙動が生じた後主すべりが生じる．図 13.17 に接触面に部分的なすべりが発生し，主すべりまでの変位およびすべり抵抗の分布を模式的に示した．

主すべり発生後はボルト軸部がせん断，継手の孔壁部が支圧となり，最終的な破断はリベット継手と同様に

　① 母材の有効断面での引張破断
　② ボルト軸部のせん断破断

あるいは

　③ ボルト孔から荷重方向への母材の支圧破断

のモードで生じる可能性がある．通常の寸法の継手で十分な縁端距離等をもたして設計した場合には，①のモードで純断面積を通る形で破断が生じる．これが純断面積を用いた強度照査に対応する．しかし，継手が大型になると破断モードは異なる可能性がある．

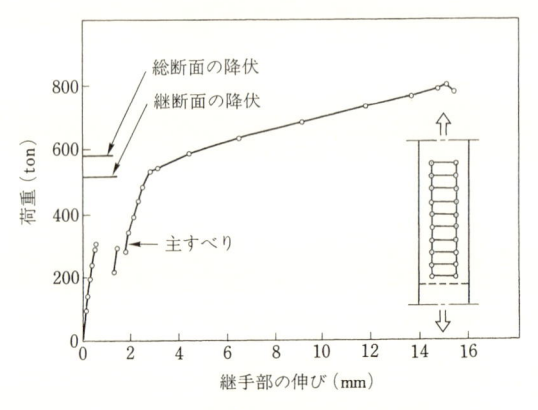

図 13.16 摩擦接合部の荷重-伸び曲線の例[2]

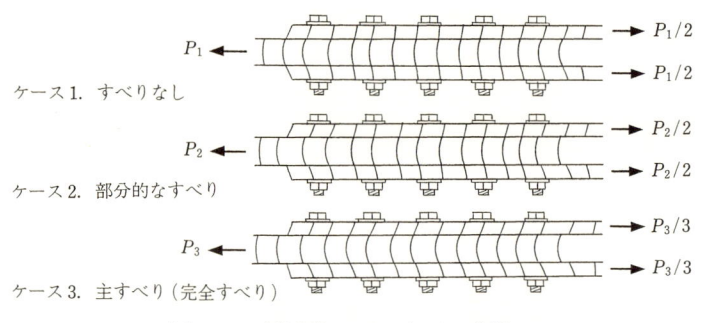

(a) 3つの変位状態におけるすべりの状況

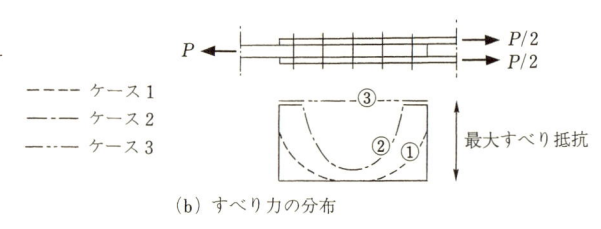

(b) すべり力の分布

図 13.17 すべりの発生[2]

　図 13.18 は，長い高力ボルト継手のすべり，荷重での応力分布を示したものである．先端部のボルトほど荷重伝達への寄与が大きく，したがって中板については端部ほど応力が高く，逆に添接板については継手中心部など応力が高くなっている．荷重方向のボルトの数が多い，いわゆる多列ボルト継手では各ボ

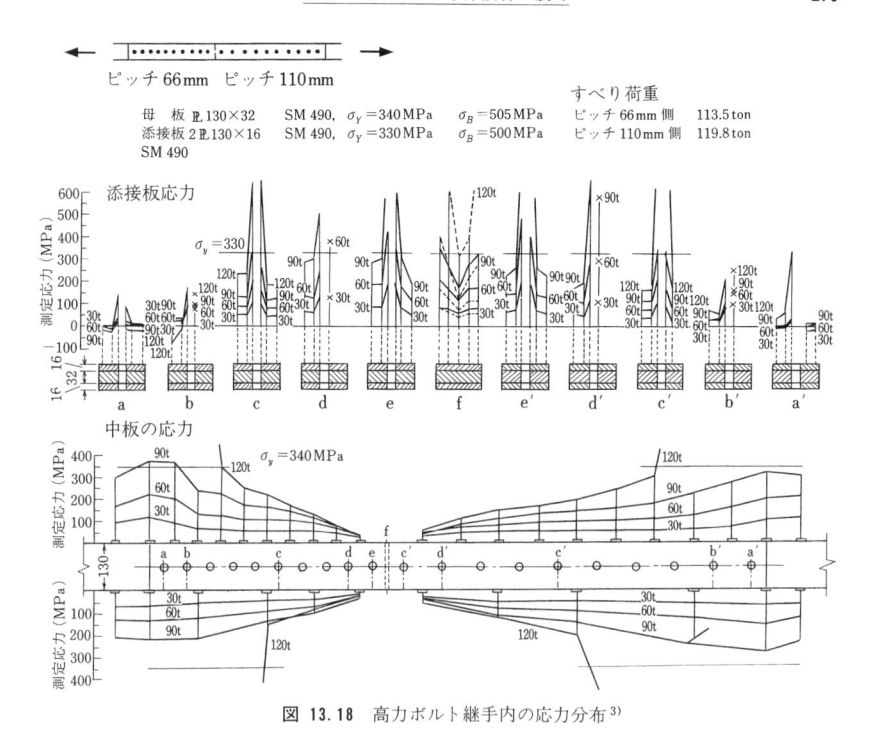

13.8 高力ボルト摩擦接合の設計

ピッチ 66 mm　ピッチ 110 mm

母　板　PL 130×32　SM 490,　$\sigma_Y=340\,\mathrm{MPa}$　$\sigma_B=505\,\mathrm{MPa}$
添接板 2 PL 130×16　SM 490,　$\sigma_Y=330\,\mathrm{MPa}$　$\sigma_B=500\,\mathrm{MPa}$
SM 490

すべり荷重
ピッチ 66 mm 側　113.5 ton
ピッチ 110 mm 側　119.8 ton

図 13.18　高力ボルト継手内の応力分布 [3]

ルトが全強を発揮する前に先端のボルトが限界になり，せん断破壊する可能性があるため注意を要する．

13.8　高力ボルト摩擦接合の設計

道路橋示方書では，設計ボルト軸力を表 13.4 のように規定している．この値は

$$\mathrm{F\,8\,T}:0.85\sigma_Y A_e$$

$$\mathrm{F10T}:0.75\sigma_Y A_e$$

ここで A_e : ボルトの有効断面積, σ_Y : ボルトの耐力規定最小値.
から決めたものである．前節で述べたように採用する締付け方法で導入される

表 13.4 設計ボルト軸力（道路橋示方書 表15.4.2)[9] （tf）

セット	ねじの呼び	設計ボルト軸力
F 8 T B 8 T	M20	13.3
	M22	16.5
	M24	19.2
F10T S10T B10T	M20	16.5
	M22	20.5
	M24	23.8

ボルト軸力はかなり変わる．しかしそのばらつきや軸力の減少，ボルトの降伏強度と破断強度などを考慮してこのような値を採用している．道路橋示方書では，トルシア型高力ボルトによる締付けや耐力点法による締付けに対しては管理値が示されている．

すべり係数は接触面の状況により大きく変化する．道路橋示方書では，ショットブラストなどの処理後の赤さび面を標準として，すべり係数を 0.40 としている．継手部の設計には，ボルト 1 本に摩擦面当りの許容せん断応力を用いる．

$$\rho_a = \frac{1}{\nu} \mu N_d n$$

ここで ρ_a：すべりに対する許容力，ν：すべりに対する安全率 $=1.7$，μ：すべり係数（0.4），N_d：設計ボルト軸力，n：摩擦面の数．

道路橋示方書などの設計基準類では，ボルト 1 本当りの許容力を示している場合が多い．表 13.5 に道路橋示方書での数値を示す．

継手の設計においては十分な継手の強度を発揮するために，最小中心間隔（表 13.6），最大中心間隔（表 13.7），最小縁端距離（表 13.8）を決めている．

表 13.5 摩擦接合用高力ボルトの許容力（道路橋示方書 表2.2.7)[9]
（1ボルト1摩擦面当り）　（kN）

ねじの呼び \ ボルトの等級	F 8 T	F10T	S10T
M20	31	39	39
M22	39	48	48
M24	45	56	56

13.8 高力ボルト摩擦接合の設計

表 13.6　ボルトの最小中心間隔（mm）[9]

ボルトの呼び	最小中心間隔
M24	85
M22	75
M20	65

ボルトの最小中心間隔は上表に示す値を原則とする．ただし，やむを得ない場合は，ボルト径の3倍まで小さくすることができる．

表 13.7　ボルトの最大中心間隔（mm）[9]

ボルトの呼び		最大中心間隔	
		p	g
M24	170	$12\,t$	$24\,t$
M22	150	千鳥の場合は，$15\,t - \dfrac{3}{8}\cdot g$	ただし，300以下
M20	130	ただし，$12\,t$ 以下	

(1) ボルトの最大中心間隔は上表に示す値のうち小さい方の値とする．
ここに，
t：外側の板または形鋼の厚さ（mm）
p：ボルトの応力方向の間隔（mm）
g：ボルトの応力直角方向の間隔（mm）

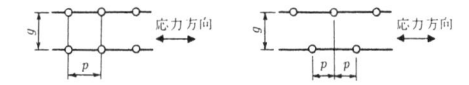

ボルトの配置と間隔のとり方

(2) 引張部材のとじ合せボルトの応力方向の最大中心間隔は，(1) の規定にかかわらず $24\,t$ とする．ただし，300mmをこえてはならない．

表 13.8　ボルト孔の中心から板の縁までの最小距離（mm）[9]

ボルトの呼び	最小縁端距離	
	せん断縁 手動ガス切断縁	圧延縁，仕上げ縁 自動ガス切断縁
M24	42	37
M22	37	32
M20	32	28

(1) ボルト孔の中心から板の縁までの最小距離は上表に示す値とする．
(2) ボルト孔の中心から材片の重なる部分の縁端までの最大距離は，外側の板厚の8倍とする．ただし，150mmをこえてはならない．

ボルトの最小中心間隔はボルトの締付け作業を考慮して定められたものである．ボルトの最大中心間隔はボルト間の局部座屈，材片の密着などを考慮して定められたものである．ボルトの縁端距離は，高力ボルト継手が十分その強度を発揮するように定められたものであり，端末リベット継手で用いられたものをそのまま高力ボルト継手についても適用している．

高力ボルト摩擦接合の設計は，各列のボルトがボルト線間に働いている応力を伝えるに十分なようにボルトの本数を決めることを基本としている（図13.19）．

すなわち

$$\rho_{p_i}=\frac{p_i}{n_i}\leqq\rho_a$$

ここに　ρ_{p_i}：i 列目のボルト 1 本にかかる作用する力
　　　　p_i：i 列目の接合線の片側にあるボルト群に作用する力
　　　　n_i：i 列目の接合線の片側にあるボルト群のボルト本数

ρ_a はボルトの 1 本当りの許容すべり強度であり，この値は複せん断型の継手の場合は，2 倍となることに注意しなければならない．なお，応力が一様な場合は単純に

$$n\geqq\frac{P}{\rho_a}$$

で所要ボルト数が求まる．せん断力を伝える場合は，各ボルトが一様に力を受け持つとして計算すればよい．したがって，所要ボルト本数は

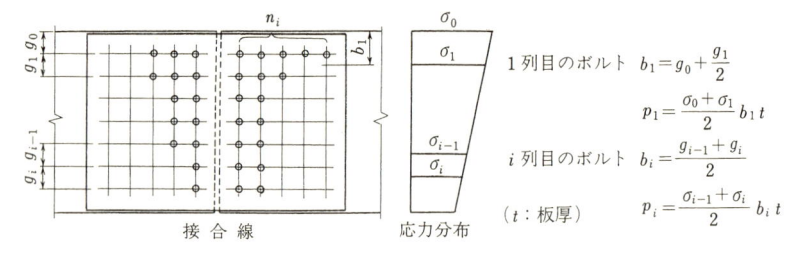

1 列目のボルト　$b_1=g_0+\dfrac{g_1}{2}$

$p_1=\dfrac{\sigma_0+\sigma_1}{2}b_1 t$

i 列目のボルト　$b_i=\dfrac{g_{i-1}+g_i}{2}$

（t：板厚）　$p_i=\dfrac{\sigma_{i-1}+\sigma_i}{2}b_i t$

図 13.19　継手部の応力分布とボルトに作用する力の算出

$$n \geq \frac{S}{\rho_a} \quad (S：せん断力)$$

となる．

　曲げモーメントが作用する板の設計をするには，応力分布の仮定が必要となってくる．道路橋示方書をはじめとした多くの基準では，各ボルトの伝達する力はボルトの中立軸までの距離に比例すると考えて設計を行っている．曲げモーメントを受ける部材において，それを構成する各板に作用する曲げモーメントなどは以下のように求めればよい．

　ウェブに作用する曲げモーメント M_w

$$M_w = M \cdot \frac{I_w}{I}$$

　フランジに作用する軸方向力 P_f

$$P_f = M \cdot \frac{A_{fg}\, y_f}{I}$$

　ここに　M：部材に作用する曲げモーメント
　　　　　I：部材の総断面の中立軸に関する部材の総断面の断面二次モーメント
　　　　　I_w：部材の総断面の中立軸に関するウェブの総断面の断面二次モーメント
　　　　　P_f：フランジに作用する軸方向応力
　　　　　y_f：部材の総断面の中立軸からのフランジ板厚中心線までの距離
　　　　　A_{fg}：フランジの総断面積

　図 13.20 に曲げを受ける梁のフランジとウェブのボルト継手の設計方法を示す．中立軸より遠いほど多くのボルトが必要となるが，通常は全列同じか，図のように 2 段階秩序としている．

　プレートガーダのウェブのように曲げモーメント，せん断力および軸方向力が同時に作用する板を連結する場合には次式を満足しなければならない．

$$\rho = \sqrt{\rho_p^2 + \rho_s^2} \leq \rho_a$$

　ここに　ρ：ボルト 1 本に作用する力

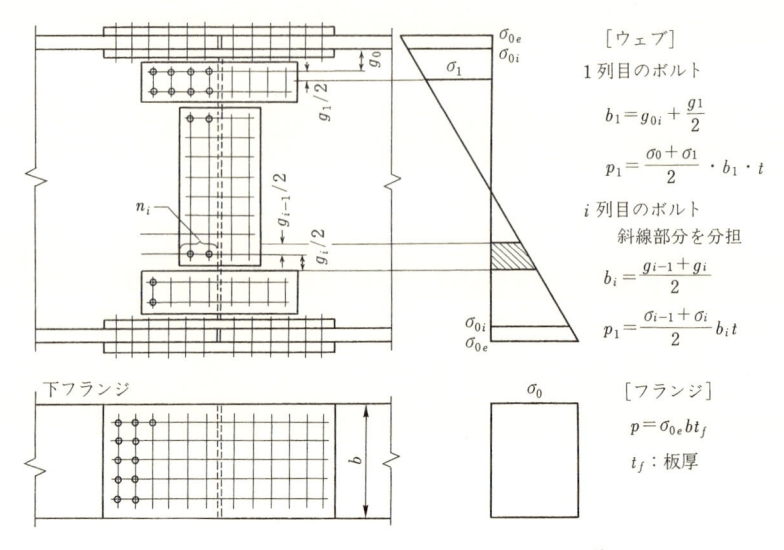

図 13.20 曲げを受ける梁の高力ボルト継手の設計

[ウェブ]
1 列目のボルト
$$b_1 = g_{0i} + \frac{g_1}{2}$$
$$p_1 = \frac{\sigma_0 + \sigma_1}{2} \cdot b_1 \cdot t$$

i 列目のボルト
斜線部分を分担
$$b_i = \frac{g_{i-1} + g_i}{2}$$
$$p_1 = \frac{\sigma_{i-1} + \sigma_i}{2} b_i t$$

[フランジ]
$$p = \sigma_{0e} b t_f$$
t_f：板厚

ρ_p：曲げモーメントおよび軸方向力による垂直応力によってボルト1本に作用する力

ρ_s：せん断力によってボルト1本に作用する力

ρ_a：ボルト1本当りの許容力

13.9　リベット接合部および高力ボルト接合部の疲労

　図 13.21 にリベット継手部の疲労試験結果を示す．リベット継手部での荷重伝達はリベット軸を介しての支圧とせん断の他にリベットがさめる際の収縮によってリベット軸に圧縮力が導入されることもあり，疲労強度は溶接継手部のそれに比べて非常に高くなる．また，1 つのリベット孔から疲労き裂が発生しても隣接の孔まで進展し，侵入したと同時にストップホールになり，疲労に対して有利な構造といえよう．

　高力ボルト摩擦接合部の疲労強度は，そのスムースな荷重伝達機構からも想像できるようにきわめて高い．図 13.22 は過去の疲労試験データを総断面応力

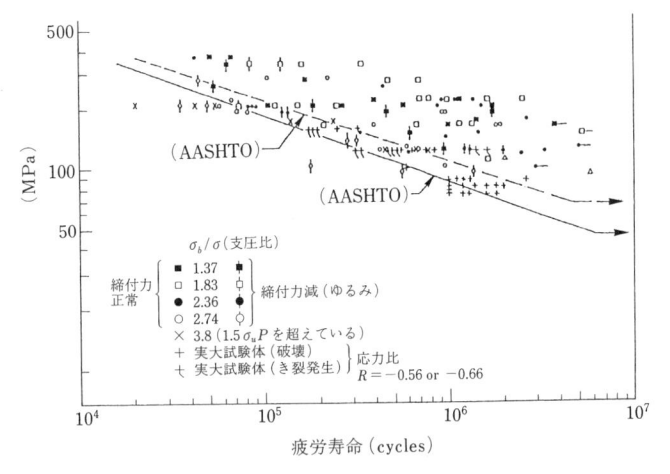

図 13.21 リベット継手部の疲労試験結果[7]

および純断面積の両方を用いて整理したものである．総断面積の方がばらつきが小さいことや，疲労き裂の発生点およびき裂の伝播経路が必ずしも静的強度を評価する際の純断面積と一致しないため，疲労設計においては総断面積を基準にする方が一般的である．

表13.9にJSSC疲労設計指針の非溶接継手に関する継手分類を示す．高力ボルト摩擦接合については，とくにボルト列数の影響が大きいとの実験結果（図13.23）に基づいて，許容応力度はボルト列数により変えている．

高力ボルト摩擦継手部の疲労強度は溶接継手部に比べて高いこと，および現場での施工について比較的信頼性が高いことから，疲労損傷の生じた構造物の補修，補強対策にきわめて有効な方法といえる．

(a) 純断面応力 $R=0$

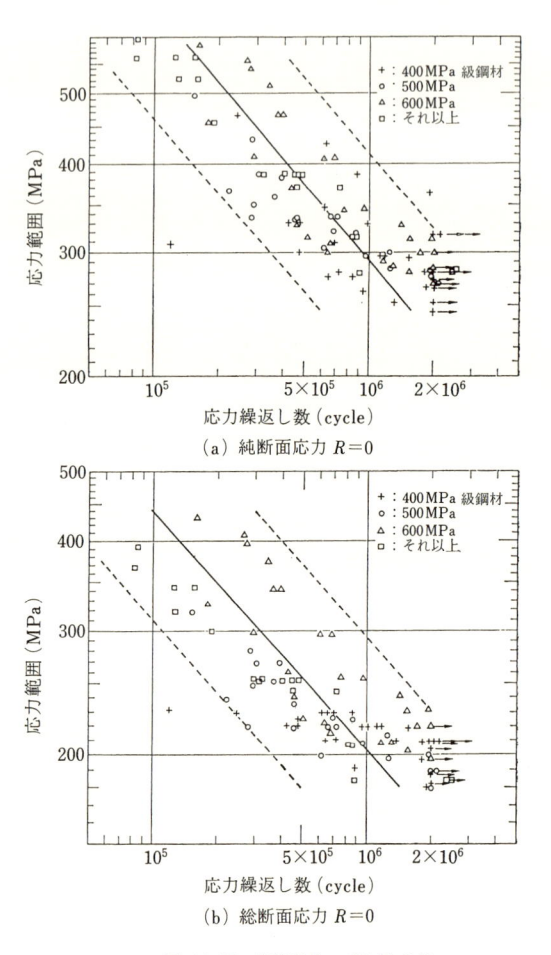

(b) 総断面応力 $R=0$

図 13.22 摩擦接合の疲れ強さ[1]

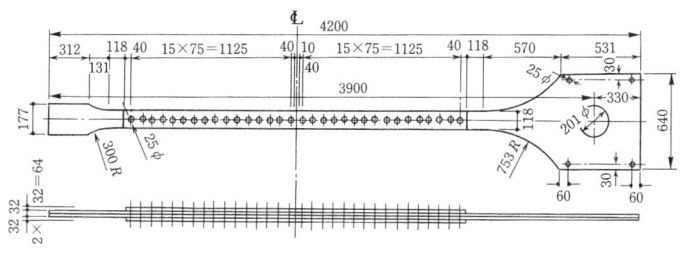

(a) 16列ボルト継手の形状寸法

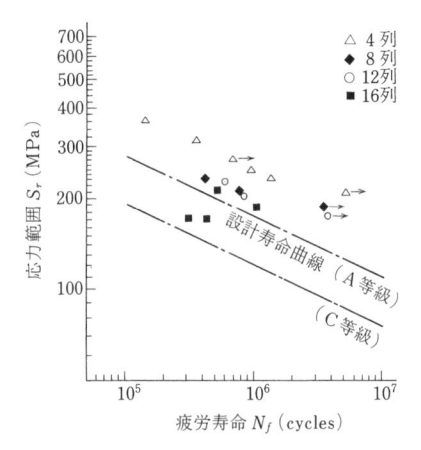

(b) 図中の設計寿命曲線は本州四国連絡橋用であり
JSSC疲労設計指針とは異なる

図 13.23 高力ボルト摩擦接合部の疲労強度へのボルト列数の影響[3]

13.10　高力ボルトの遅れ破壊

　高力ボルトの遅れ破壊については水素ぜい化による割れ（陰極反応）と応力腐食による割れ（陽極反応）の両方が生じているといわれている．高力ボルトの遅れ破壊特性の研究は，実物の高力ボルトを試験材に締め付け，これを種々の環境中に放置する暴露試験と，試験片の形状（切欠き），雰囲気などを厳しくすることにより，短時間で遅れ破壊を生じさせる促進試験の両面から行われている．図13.24は日本鋼構造協会ボルト強度班が実施した暴露試験結果の一

表 13.9 JSSC 疲労設計指針，非溶接継手の等級分類[8]

継手の種類			強度等級 ($\Delta\sigma_f$)	備考
1. 帯 板	(1) 表面および端面，機械仕上げ（あらさ 50s 以下）		A (190)	
	(2) 黒皮付き，ガス切断縁（あらさ 100s 以下）		B (155)	
	(3) 黒皮付き，ガス切断縁（著しい条痕は除去）		C (125)	
2. 形 鋼	(1) 黒皮付き		B (155)	
	(2) 黒皮付き，ガス切断縁（あらさ 100s 以下）		B (155)	
	(3) 黒皮付き，ガス切断縁（著しい条痕は除去）		C (125)	
3. シームレス管			B (155)	
4. 円孔を有する母材（純断面応力，実断面応力）			C (125)	
5. フィレット付きの切抜きガセットを有する母材	(1) $1/5 \leq r/d$ 切断面のあらさ 50s 以下		B (155)	
	(2) $1/10 \leq r/d < 1/5$ 切断面のあらさ 50s 以下		C (125)	
	(3) $1/5 \leq r/d$ 切断面のあらさ 100s 以下		C (125)	
	(4) $1/10 \leq r/d < 1/5$ 切断面のあらさ 100s 以下		D (100)	
6. 高力ボルト摩擦接合継手の母材（総断面応力）	(1) $1 < n_b < 4$		B (155)	
	(2) $5 \leq n_b \leq 15$		C (125)	
	(3) $16 \leq n_b$		D (100)	
7. 高力ボルト支圧接合継手の母材（$n_b \leq 4$，純断面応力）			B (155)	n_b：応力方向のボルト本数
8. 検算対象方向の応力を伝えない高力ボルト締め孔を有する母材（純断面応力）			B (155)	※(4, 6, 7, 8) 孔を押抜きせん断で加工した場合には強度等級を1ランク下げる．

13.10 高力ボルトの遅れ破壊

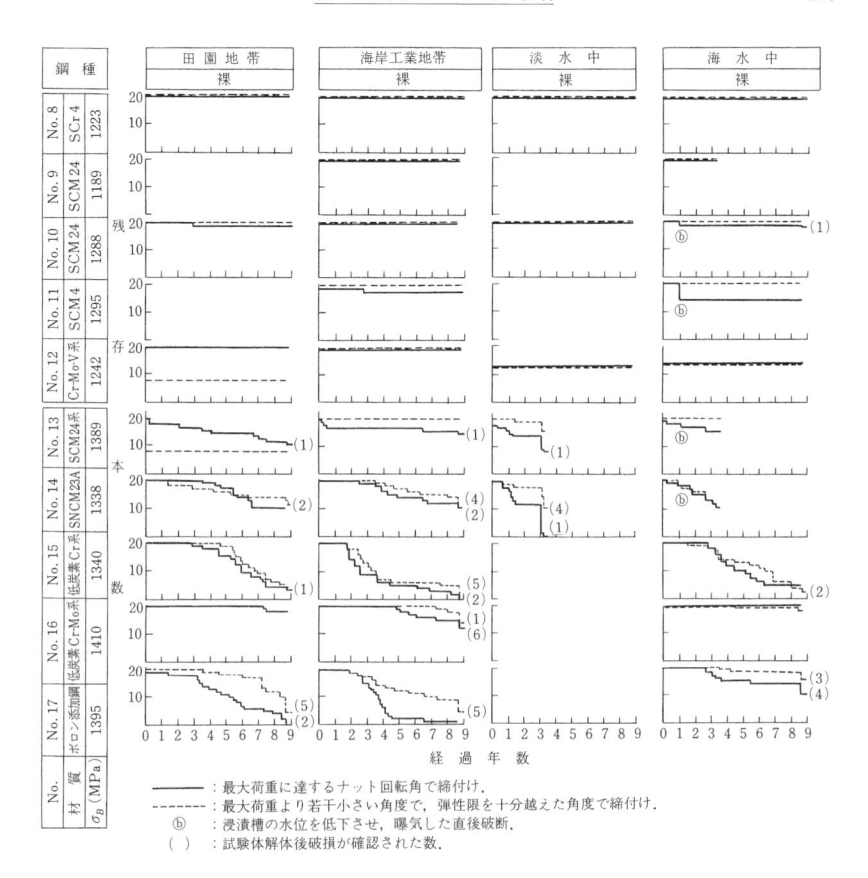

図 13.24 高力ボルトの遅れ破壊[5]

部である．経過年数に対する破断の傾向は，鋼種，暴露環境により異なるが，引張強さが1242MPa以下の鋼（No. 12）を用いた高力ボルトはすべて健全である．

図 13.25 は，引張強さが 892～1401MPa 鋼の応力集中係数が約 10 の円周切欠き付き試験片の水中引張遅れ破壊試験の相関結果を示したものである．遅れ破壊に対する負荷応力と破断時間の関係は疲労破壊における S-N 線と類似の形状となり，負荷応力（高力ボルトではボルト締付力）が高くなるほど遅れ破壊に対する危険性は高まる．また，引張強さの低いほど1万～5万時間におけ

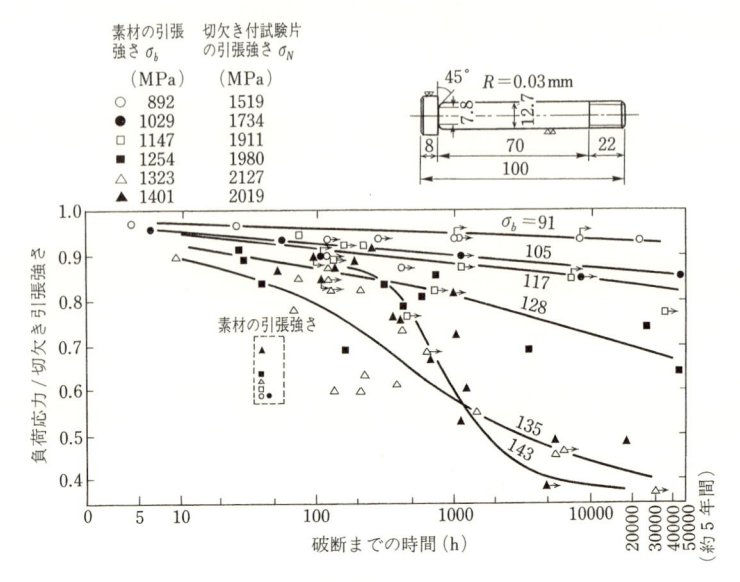

図 13.25 長時間水中遅れ破壊試験の結果[6]
(蒸留水中, 25°C, 円周切欠き試験体の応力集中係数 $\alpha \doteqdot 10$)

る遅れ破壊強さの低下が小さい．さらに，図 13.24 と同様に，鋼の遅れ破壊にはその静的強度レベルに大きく依存することを示している．そのほか，温度，湿度などの腐食環境も遅れ破壊に大きく影響を及ぼすことが明らかにされている．

　遅れ破壊は，今まで F11T 以上の高力ボルトで報告されている．しかし，その発生率は特別のロットで 1/100～1/1000 程度，平均的な発生率はさらに 2 オーダーほど低く，直接構造物の強度低下につながるものではない．しかし，都市内高架構造などでは破損したボルトが落下して第三者に危険を及ぼすことがあり，その面で対策が必要となる場合がある．なお，現在では遅れ破壊を防止するために，鋼橋に用いられる高力ボルトは，特別な場合を除いて F10T および F8T とされている．

[演習問題]

13.1 高力ボルト摩擦接合とリベット継手について，それぞれの力の伝達メカニズムを説明せよ（図を用いてもよい．）

13.2 高力ボルトのセットについてその必要な性能を説明せよ．

13.3 高力ボルトの締付け法のうち，トルクコントロール法，ナット回転法，耐力点検出法について説明せよ．

13.4 図 13.26 の高力ボルト摩擦接合のすべり耐力および引張耐力を道路橋示方書に従って求めよ．

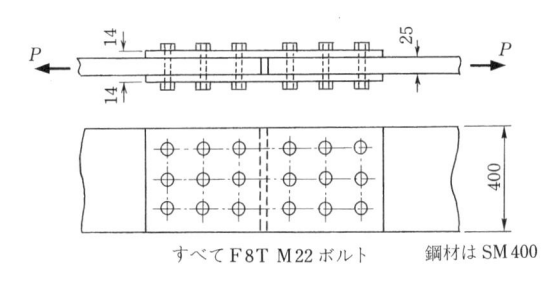

図 13.26

13.5 図 13.27 の寸法の複せん断型高力ボルト摩擦接合において，引張力に対する耐荷力が最大となるように継手のディテールを決定しなさい．ただし，使用する高力ボルトは F8TM22，母板の鋼材は SM490Y とする．

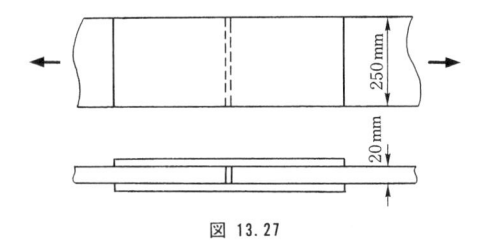

図 13.27

13.6 図 13.28 のブラケットの耐えられる重量を求めよ．使用する高力ボルトは F8TM22 とする．

13.7 高力ボルトに生じる遅れ破壊現象とその防止策について説明せよ．

図 13.28

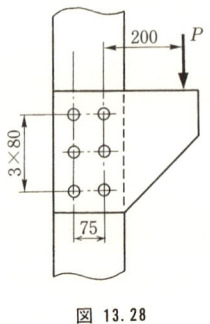

［参 考 文 献］

1) 鋼構造接合資料集成（リベット接合，高力ボルト接合），技報堂出版，1977
2) G. L. Kulak, J. W. Fisher, J. H. A. Sturik : Guide to Design Criteria for Bolted and Riveted Joints, Second Edition, p. 90, 94, John Wiley & Sons, 1987
3) 本州四国連絡橋鋼上部構造に関する調査研究報告書，1985-3，土木学会
4) 田島二郎：高力ボルト摩擦接合概説，技報堂，1966.
5) 高力ボルトの遅れ破壊，曝露試験最終報告，JSSC, Vol.15, No. 158, 1979-3
6) 神戸製鋼所中央研究所：ボルト用鋼の遅れ破壊試験法について（JMC 委員会資料），1977 年 8 月 22 日
7) Fisher, J. W., Yen, B. T., Wang, D. and J. E. Mann : Fatigue Evaluation of Riveted Bridge Structures, NCHRP Report 302, Transportation Research Board, Dec., 1987
8) 日本鋼構造協会：鋼構造物の疲労設計指針・同解説，技報堂出版，p. 113, 381, 682, 1993
9) 道路橋示方書・同解説，Ⅱ鋼橋編，日本道路協会，1996
10) JIS B 1186：摩擦接合用高力ボルト・六角ナット・平座金のセット，1964

14

防せい・防食

さびを防ぐことを防せい,腐食を防ぐことを防食と呼んでいる.通常,さびた結果として腐食すると考えられるが,あまり明確な使い分けはなくまとめて腐食問題として取り扱われることが多い.本章では,腐食のメカニズムと防止法を述べる.

腐食は鋼構造物にとって最も重大な問題の1つである.腐食が進行すると,部材強度の低下にもつながる.図14.1は昭和61年から平成8年までの10年間についての道路橋架替工事の理由である.改良工事や機能上の問題が大部分を占めており,続いて鋼橋上部構造の損傷が12%となっている.この上部構造の損傷について架け替え理由の内訳をみてみると,鋼材の腐食が26%を占めている.もちろん腐食については補修が可能のため,それのみで架け替えられたとは考えられないが,このような統計からも防せい・防食の重要性が理解

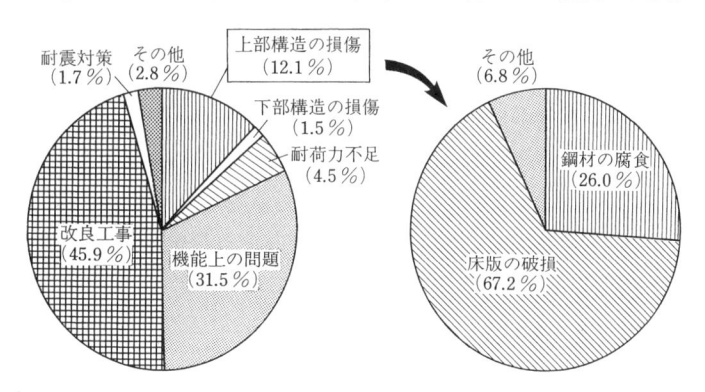

(a) 鋼橋全体(603橋)の架け替え理由   (b) 上部構造損傷による架け替え理由の内訳

図 14.1 道路橋の架け替え理由の内訳[1]

できよう．

14.1 腐食のメカニズム

鉄はその化合物である鉄鉱石として自然に存在していたものを相当なエネルギーをかけて還元したものであり，このことは元素として存在するよりも化合物として存在する方が安定であることを示している．すなわち鉄は環境中の物質と反応して安定な化合物に戻ろうとする性質を有しており，これが腐食の根本といえる．鉄の腐食は湿食（wet corrosion）と乾食（dry corrosion）に分けられる．湿食は常温状態において水と酸素の存在下で起こる腐食であり，鋼構造物に発生する腐食はこれである．乾食は高温状態で環境中の物質と反応して生じる現象であり，通常の鋼構造物に対してはほとんど関係しないのでここでは触れない．

腐食の発生メカニズムについては鉄表面の不均一性に起因する局部電池の発生に基づくものとして，電気化学的に説明される．鉄の不均一性には鉄表面の酸化被膜の欠陥，不純物の存在などさまざまな原因がある．このような鉄や鋼の表面が腐食環境に接すると，鉄（Fe）が鉄イオン（Fe^{2+}）となって，環境中に溶け出す傾向の大きい場所と小さい場所とが生じ，その結果，前者では鉄の溶解反応が起こり電子を放出し（アノード反応），後者ではこの電子を消費する反応（カソード反応）が生じる．これが腐食の第1段階に相当するものである．アノード反応において，鉄が溶出するためには水分と鉄の接触が必要条件であり，カソード反応の進行には水と酸素が必要である．

腐食反応の第2段階として，液中でイオン相互の結合により腐食生成物を生じる後続反応が進行する．水中に溶けた Fe^{2+} は鉄表面から離れて加水分解および酸化を受けて水酸化第二鉄などとなり，さらにこの化合物は水を失い水和酸化物（FeOOH）または赤さび（$Fe_2O_3 \cdot 3H_2O$）が出現する．

$$2\text{Fe} \rightarrow 2\text{Fe}^{2+} + 4\text{e}^-$$
（鋼鉄）　（鉄イオン）

$$O_2 + 2H_2O \rightarrow 4OH^-$$

$$2\text{Fe(OH)}_2 \longrightarrow \text{FeOOH}$$

$$\downarrow O_2$$

$$\text{Fe(OH)}_3$$

$$\downarrow$$

$$\text{Fe}_2\text{O}_3 \cdot \text{H}_2\text{O}, \ \text{Fe}_3\text{O}_4 \cdot \text{H}_2\text{O}$$

(14.1)

　赤さびの生成過程において酸素の供給が十分でないときは，酸化作用が進まず黒さび（$\text{Fe}_3\text{O}_4 \cdot \text{H}_2\text{O}$）が生じることになる．ある期間経過した高力ボルト摩擦接合部やリベット接合部の接合面を開くと黒さびの発生を見ることができるが，それは大気にさらされると急速に赤さびに変わっていく．

14.2　環　　境

　腐食の発生には水と酸素が基本要素であるが，水はどのように供給されるのだろうか．大気中の水分が構造物の表面に付着するには，一定の温度のもとで相対湿度が100％となるか，構造物の温度が低くてその表面での湿分が飽和状態となる必要がある．しかし，大気中では汚染物質，吸湿性の物質あるいはすでに生成したさびの作用によって，湿度が100％にならなくても水の付着が生じる．図

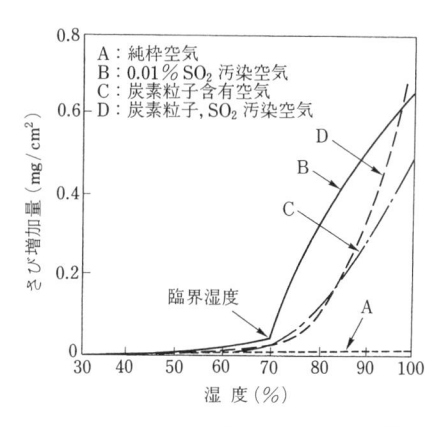

図 14.2　湿度とさび量との関係[2]

14.2 は相対湿度と発せい量との関連を示したものであるが，湿度が 70% を超えたあたりからさびが急激に増加している．このような発せいの臨界的な相対湿度を臨界湿度と呼ぶが，それは 50〜70% の間にあるといわれている．

腐食は大気中に存在するさまざまな物質の影響を受ける．とくに海塩粒子や亜硫酸ガスなどは腐食を促進する．

塩分とくに塩化ナトリウム（NaCl）は主に海からの風により金属の表面に運ばれる．また，冬期の路面の凍結防止や融雪のために散布される塩化カルシウム（$CaCl_2$）や塩化ナトリウムも塩分の供給源となる．このような塩類はその吸湿性により大気中から水分を取り込むように作用する．その結果，塩分の付着した部位ではとくに腐食が進行する．

亜硫酸ガス（SO_2）も腐食に大きな影響を与える．亜硫酸の一部は大気中や金属表面で酸化され，水と一緒となって硫酸となる．この過程で水が供給されることになる他に，硫酸は金属やその他の物質と反応して塩類をつくり，その吸湿性によって大気中から水分を取り込むことになる．図 14.2 にはさまざまな大気環境と腐食との関係をも示しているが，水分，塩分，排気ガス，ばい煙等によって鋼材の腐食速度は大きく異なるので十分な注意が必要である．

14.3　腐食の防止方法

鋼材の腐食を防ぐには
① 鋼材の表面を被覆し，水や酸素に触れないようにする．
② 適当な合金成分の添加により鋼材自体を腐食に対して強くする．
③ 電気的に腐食の進行を止める．
④ 腐食の環境を改善する．

ような方法が考えられる．図 14.3 に腐食防止方法の概要を示す．

（1）　腐食環境の遮断

腐食環境との遮断は構造物をさまざまな材料で被覆することにより実現される．有機質あるいは高分子材料を用いた塗装めっきや溶射による金属的な被覆，ゴムやプラスチックあるいはコンクリート等によるライニング等の方法が

14.3 腐食の防止方法

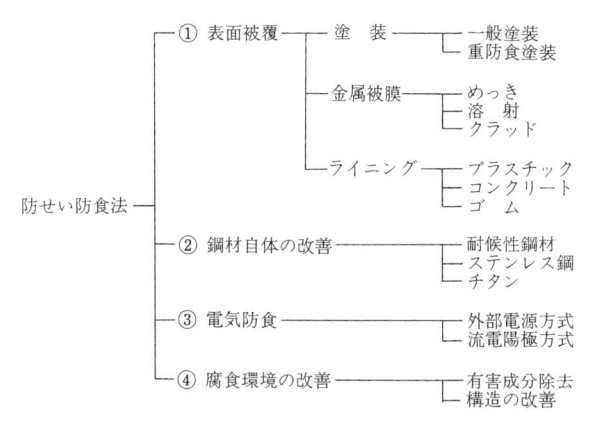

```
防せい防食法 ─┬─ ① 表面被覆 ─┬─ 塗 装 ─┬─ 一般塗装
              │               │         └─ 重防食塗装
              │               ├─ 金属被膜 ─┬─ めっき
              │               │           ├─ 溶 射
              │               │           └─ クラッド
              │               └─ ライニング ─┬─ プラスチック
              │                             ├─ コンクリート
              │                             └─ ゴ ム
              ├─ ② 鋼材自体の改善 ─┬─ 耐候性鋼材
              │                   ├─ ステンレス鋼
              │                   └─ チタン
              ├─ ③ 電気防食 ─┬─ 外部電源方式
              │             └─ 流電陽極方式
              └─ ④ 腐食環境の改善 ─┬─ 有害成分除去
                                  └─ 構造の改善
```

図 14.3 各種防せい防食技術[3]

ある.

(2) 鋼材自体の改質

耐候性鋼材の使用,ステンレス鋼やチタンの使用などがこれに相当する.耐候性鋼材は 2 章でも述べたように,鋼材に Cu,Cr,Ni などを添加すると,大気中の暴露により鋼材表面に緻密なさび層(安定さび)ができ,これが地金部分への水や酸素の供給を防ぎ,腐食反応を抑えるというものである.図 14.4 に耐候性鋼で安定さびが形成されるケースおよび安定さびが形成されないケースを普通鋼の場合と比較して示す.耐候性鋼材の防食効果はこの安定さびの形成の如何にかかっていることになるが,そのためには鋼材表面が大気中において適当な乾湿の繰返しを受けること,塩分が付着しない等の一定の環境条件が要求される.図 14.5 は全国 41 地点での鋼材の暴露試験における飛沫塩分量と鋼材の腐食量の関係を示しているが,飛沫塩分量が多くなるにつれて,腐食量が多くなり,また,層状のはくりさびも生じるようになる(図 14.6).

耐候性鋼材は同一の大気環境であっても構造物の中での位置や部位により安定さびの形成状態が異なってくる.すなわち滞水を防止する,風通し良くするなどミクロ的な環境にも十分配慮しなければならない.とくに床版,伸縮装置,排水管からの漏水,泥,塵芥の堆積等は避けなければならない.また,プレートガーダの下フランジにおいては,結露とフランジの勾配の関係で上面よ

298　14章　防せい・防食

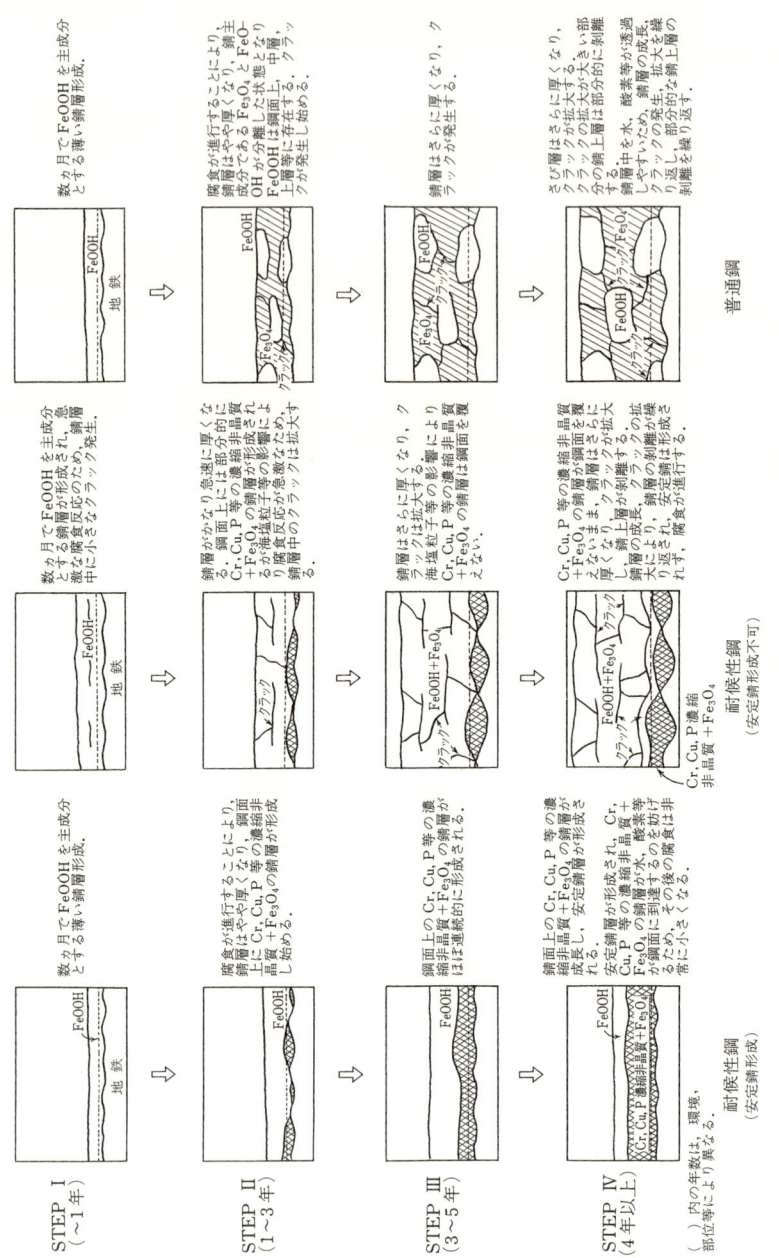

耐候性鋼

STEP I (～1年)
数ヵ月でFeOOHを主成分とする薄い鋳層形成.

STEP II (1～3年)
腐食が進行することにより，鋳層はやや厚くなり，鋼面上のCr, Cu, P等の濃縮非晶質+Fe₃O₄の鋳層が形成され始める.

STEP III (3～5年)
鋼面上のCr, Cu, P等の濃縮非晶質+Fe₃O₄の鋳層は連続的に形成される.

STEP IV (4年以上)
安定鋳層が形成され，そのままの状態でCr, Cu, Pの鋳層が次の腐食を阻止し，安定鋳層に達するまで，その後の腐食は非常に小さくなる.

(　)内の年数は，環境，部位等により異なる.

(安定鋳形成)

耐候形鋼

数ヵ月でFeOOHを主成分とする薄い鋳層形成，微かな腐食反応のため鋳層中に小さなクラック発生.

鋳層が急速に厚くなり，鋼面上には部分的にCr, Cu, P等の鋳層が形成されるが海塩粒子等の影響により濃縮反応が遅くなるため鋳層中のクラックは拡大する.

鋳層はさらに厚くなり，クラックは拡大する．Cr, Cu, P等の濃縮非晶質+Fe₃O₄の鋳層は鋳面を覆えない.

Cr, Cu, P等の濃縮非晶質+Fe₃O₄の鋳層が鋳面を覆えないまま，鋳層はさらに厚くなり，上層は剝離するが，クラックの拡がりにより鋳層の制御が達せず，安定鋳を形成せず，腐食が進行する.

(安定鋳形成不可)

普通鋼

数ヵ月でFeOOHを主成分とする薄い鋳層形成.

腐食が進行することにより，鋳層はやや厚くなり，FeOOHが分解できたFe₃O₄とFeOOHが介在した状態となり，上層に存在し始める．クラックが発生し始める.

鋳層はさらに厚くなり，クラックが発生する.

さび層はさらに厚くなり，クラックの拡大が大きい部分の鋳上層は部分的に剝離する．鋳層中に水，酸素等が浸透しやすいため，鋳層の成長，クラックの発生，拡大，剝離を部分的に繰返しながら腐食を繰返す.

図 14.4　安定さびの形成過程 (耐候性鋼と普通鋼)[4]

14.3 腐食の防止方法

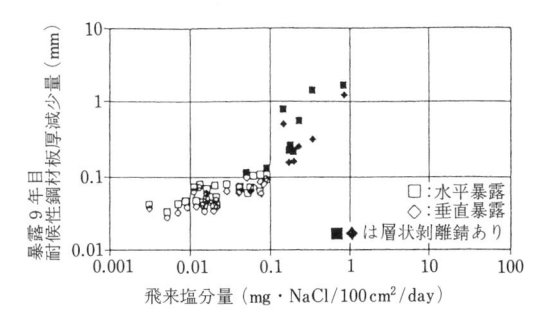

図 14.5 板厚減少量と飛来塩分量の関係（9年間暴露の結果）[5]

図 14.6 下フランジ下面の層状さび

りも下面の方がさびが進行することもある．

　ステンレス鋼については普通鋼に比べて高価であることから，腐食環境のとくに厳しい水門やゲート等の特殊な構造物に用いられている．またステンレスやチタンはそれらを鋼材表面に張り合わせたクラッド鋼として使用されるケースもある（図14.7）．クラッド鋼とすることにより，経済的にステンレスやチタンの優れた防食性能と鋼の構造材としての優れた性能の両方を活かすことができる．

(a) 東京湾横断道路（アクアライン）

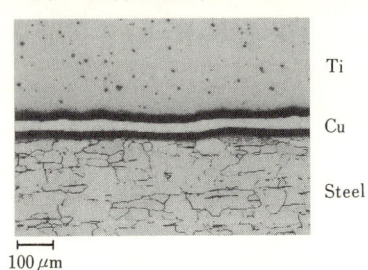

Ti
Cu
Steel
100 μm

(b) 橋脚．黒く塗装されている部分にチタンクラッド鋼が用いられている．白い材片は犠牲電極としてのアルミ．

(c) チタンクラッド鋼の組織

図 14.7　チタンクラッド鋼の適用

（3）電気防食

電気防食は，鋼材表面に発生する防食電位をコントロールすることにより腐食を防ぐものである．電気防食法は，その原理からカソード防食法とアノード防食法に分けられるが，一般に広く用いられているのはカソード防食法である．カソード防食法は金属から海水などの電解質へ流れ出ようとする腐食電流に対して，これに打ち勝つだけの直電流を電解質側から金属に流し込むことにより金属イオンの流出，すなわち腐食を防止する．この方法は防食電流を供給する方式により，流電陽極法（犠牲陽極法）と外部電源法に分けられる．

a）流電陽極法

鉄より卑な電位をもつ金属からなる流電陽極（犠牲陽極）を被防食体の周囲に配置し，両者の電位差による電池作用を利用して被防食体に防食電流を流入させる．鋼構造物ではアルミニウムが犠牲陽極に用いられることが多い．図

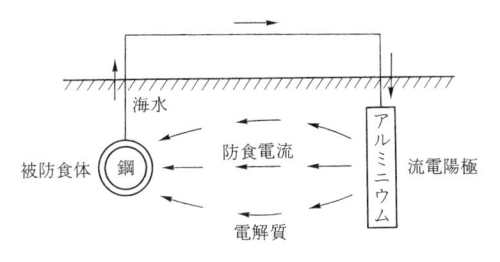

図 14.8 流電陽極法

14.8に海中の鋼材をアルミニウム系陽極で防食する場合の原理を示す．鋼を陰極，アルミニウムを陽極とする電池が構成され，電流はアルミニウム→海水→鋼→アルミニウムと流れ，鋼に電流を供給するとともにアルミニウムは次第に溶解する．犠牲陽極（この場合はアルミニウム）は十分な電流を流すだけの表面積をもつとともに，耐用期間中の消耗に耐えられるだけの重量が必要である（図 14.7 参照）．

b) 外部電源法

外部電源法とは図 14.9 に示すように，電解質（海中）に設けた対極と被防食体（鋼構造物）との間に外部電源から電圧をかけ，防食電流を被防食体に流入させる方式である．外部電源としては直流電源を用いる．対極には磁性酸化鉄，ケイ素鋳鉄，炭素，チタン等が用いられる．必要な防食電流の強さは環境により異なるが，少なくとも金属から電解質へ流れ出る腐食電流より強くなけ

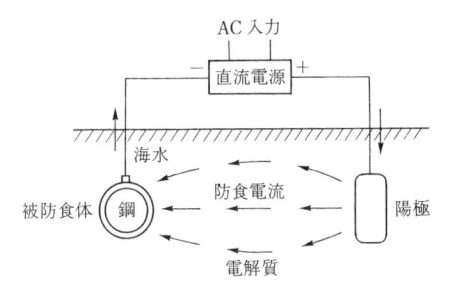

図 14.9 外部電源法

ればならない．防食電流は，裸の鋼の場合，海水中で $0.05 \sim 1.15 \mathrm{A/m^2}$ 程度になる．防食電流が十分かどうかは鋼材の電位を測定して判断する．なお，電気防食は海水中の構造物には有効であるが，乾湿の繰り返される飛沫帯や干満帯に対しては他の防食対策が必要となる．ポリエチレンやエポキシ等の有機材料ペトロラタム（石油系の防せい材料）あるいはコンクリート等によるライニングや，厚膜型の塗装が採用される．

(4) 腐食環境の改善

構造物の腐食環境を改善することにより腐食を防止する方法であり，具体的には防湿，酸素除去などが考えられる．土木構造物においては，橋梁の箱断面部材内部を対象に除湿機を用いた例が報告されている．

吊橋の主ケーブルの腐食は吊橋の耐久性を考える上で重要である（6.5節参照）．米国の複数の吊橋でアンカレッジ部および中央部でさびの進行および応力腐食割れと考えられるワイヤの破断が発見され，日本の橋でもさびが発生していることが確認されている．瀬戸大橋のアンカレッジ内もケーブルの防食を目的として除湿されている．明石海峡大橋では主ケーブル内に乾燥した空気を送り込む装置がつけられている[7]．

14.4　塗　　装

(1) 種　　類

塗装は鋼構造物の防せいの最も一般的な方法である．塗料は固体粉末の顔料と液体の展色剤（ビヒクル）および少量の添加剤とから構成されている．その他に溶剤が必要となる．

顔料とはおしろい紅など，顔にぬる材料というところからきた言葉である．水や溶剤に溶けない細かい色粉で，金属や鉱物からつくる無機顔料と，石油や石炭から合成する有機顔料がある（図14.10）．

着色顔料は塗装に色彩を与えるものである．体質顔料は天然の岩石や粘土などからつくられるもので，塗料の中で骨材的な役割を果たし，塗膜の割れの防止や，塗膜を厚くして丈夫で平滑にする，光沢の調整などの役割を果たす．防

14.4 塗装

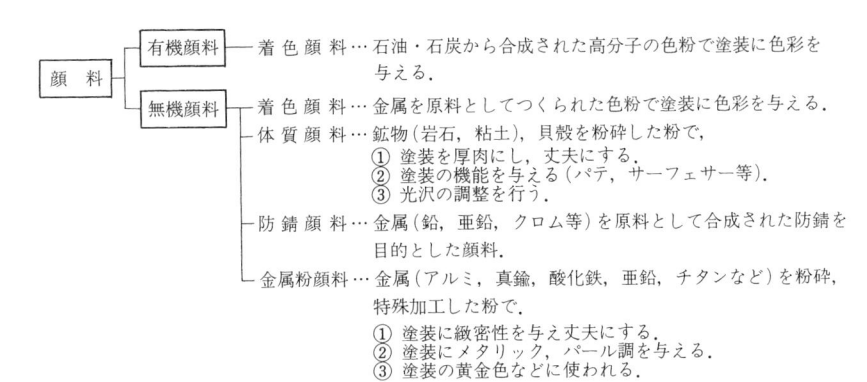

```
顔料 ─┬─ 有機顔料 ─── 着色顔料 … 石油・石炭から合成された高分子の色粉で塗装に色彩を
      │                         与える．
      └─ 無機顔料 ─┬─ 着色顔料 … 金属を原料としてつくられた色粉で塗装に色彩を与える．
                    ├─ 体質顔料 … 鉱物(岩石，粘土)，貝殻を粉砕した粉で，
                    │             ① 塗装を厚肉にし，丈夫にする．
                    │             ② 塗装の機能を与える(パテ，サーフェサー等)．
                    │             ③ 光沢の調整を行う．
                    ├─ 防錆顔料 … 金属(鉛，亜鉛，クロム等)を原料として合成された防錆を
                    │             目的とした顔料．
                    └─ 金属粉顔料 … 金属(アルミ，真鍮，酸化鉄，亜鉛，チタンなど)を粉砕，
                                    特殊加工した粉で．
                                    ① 塗装に緻密性を与え丈夫にする．
                                    ② 塗装にメタリック，パール調を与える．
                                    ③ 塗装の黄金色などに使われる．
```

図 14.10 顔料の種類と役割[8]

せい顔料は金属のさびを積極的に防ぐ働きをする性格を有している．金属粉顔料は塗装を緻密にして丈夫にするメタリックやパール調を出すなどの働きをする．

展色剤（ビヒクル）は樹脂とも呼ばれ，塗料の骨格をなすものである．天然産の植物油を加工したものと，石油を原料とする化学薬品から合成されたもの（合成樹脂）とがある．表 14.1 に展色剤として用いられる主な樹脂とその特徴を示す．

(2) 鋼材の塗装系

塗料に要求される機能は，鋼材の発せいを防止すること，鋼材を着色すること，およびこれらを長期間維持することである．これを1層の塗膜で満足させることは難しいため，何度か塗り重ねる．

鋼材の塗装はプライマー，下塗り，中塗り，上塗りで構成されるのが一般的である．表 14.2 にそれぞれ用いられる塗料を示す．

プライマーは橋梁工場における部材製作時の発せいを防止するもので，溶接や切断作業への影響が少なくて薄く塗布できる塗料が用いられる．通常，製鋼工場で厚板の黒皮をプラフートで除去して塗布される．

鉛系錆止めペイントは防せい効果を期待できる鉛化合物を防錆顔料とした下

表14.1 展色剤として用いられている主な樹脂 [9)]

樹脂の種類	生かす特長	補う弱点
ボイル油 (Boiled Oil)	付着性，柔軟性，**なじみ**，ぬれ	**乾燥性**，耐候性，耐薬品性
硝化綿 (Nitrocellulose)	**速乾性**，研磨性，リコート性，硬度	耐候性，**付着性**，物理性能，**脆い**，光沢，肉持（強力溶剤）
アルキド樹脂 (Alkyd Resin)	耐候性，光沢，硬度，作業性，**経済性** （他の樹脂との相溶性）	耐薬品性（アルカリ性）
フェノール樹脂 (Phenolic Resin)	耐薬品性，**耐水性**，硬度，光沢	耐候性，物理性能 （他の樹脂との相溶性）
メラミン樹脂 (Melamine Resin)	硬度，低温硬化性 （他の樹脂との相溶性）	**脆い**
アクリル樹脂 (Acrylic Resin)	耐候性，**耐汚染性**，硬度，透明性	高温硬化性 （強力溶剤）
ポリエステル樹脂 (Polyester Resin)	**耐候性**，硬度，物理性能	高温硬化性，作業性
塩化ビニル樹脂 (Vinyl Chloride Resin)	**速乾性**，耐薬品性	光沢，肉持，作業性 （強力溶剤）
エポキシ樹脂 (Epoxy Resin)	付着性，**耐薬品性** 常温硬化性（2液）	高温硬化性，**耐候性**
ポリウレタン樹脂 (Polyurethane Resin)	耐候性，耐薬品性，付着性 常温・低温硬化性（2液）	作業性，有害性 （強力溶剤）
シリコン樹脂 (Silicon Resin)	**耐熱性**，耐候性	作業性，**耐油性**
ふっ素樹脂 (Fluorocarbon Resin)	**超耐候性**，**耐熱性**，**耐薬品性** 常温・低温硬化性（2液）	**高温硬化性**，高価 付着性 （他の樹脂との相溶性）

注）太字はとくに注意すべき特徴

表 14.2 塗料の種類[10]

	塗料の種類
プライマー	長暴型エッチングプライマー 無機ジンクリッチプライマー 有機ジンクリッチプライマー エポキシ樹脂プライマー
下塗り塗料	鉛系錆止めペイント 無機ジンクリッチペイント 有機ジンクリッチペイント エポキシ樹脂塗料下塗り 変性エポキシ樹脂塗料下塗り タールエポキシ樹脂塗料 無溶剤型タールエポキシ樹脂塗料 変性エポキシ樹脂塗料内面用 超厚膜型エポキシ樹脂塗料 フェノール樹脂MIO塗料 エポキシ樹脂MIO塗料
上塗り塗料	長油性フタル酸樹脂塗料 シリコンアルキド樹脂塗料 塩化ゴム系塗料 ポリウレタン樹脂塗料 フッ素樹脂塗料

塗り用塗料である．鉛化合物の環境への影響から最近は使用は限られている．
　エポキシ樹脂塗料はエポキシ樹脂の密着性，耐水性，耐薬品性の良さを利用した塗料で，防せい力の強いジンクリッチペイントと組み合わせて，厳しい腐食環境の下塗りとして用いられる．コールタールを混合して性質を改良したのがタールエポキシ樹脂塗料であり，耐水性が優れている．フタル酸樹脂塗料は，はけ塗り作業性に優れており腐食環境のあまり厳しくない地域の上塗り塗料として使用される．
　シリコンアルキッド樹脂塗料は，アルキッド樹脂の優れた作業性とシリコン樹脂の優れた耐候性を有している．塩化ゴム系塗料は耐水性，耐塩水性，耐薬品性に優れており，アルキッド樹脂が変性されたものが一般的で，塩化ゴムの特徴とアルキッド樹脂の作業性の双方が活かされた塗料である．長油性フタル酸塗料が使用される環境よりやや厳しい腐食環境に用いられる．ポリウレタン樹脂塗料は強靱で耐候性や耐水性，耐薬品性に優れた塗料であり，厳しい腐食

表14.3 橋梁に用いられる塗料等[1]

(一般環境に適用する．)

塗料系	前処理				工場塗装		間隔	現場塗装		
	素地調整	プライマー	間隔	2次素地調整	下塗り	間隔		中塗り	間隔	上塗り
A 1	ブラスト処理 SIS Sa2.5 SPSS Sd2 Sh2	長ばく形エッチングプライマー 130g/m² (15μm)	~3ヶ月	動力工具処理 SIS St3 SPSS Pt3	鉛系さび止めペイント1種 170g/m² 35μm	2日~10日	~6ヶ月	長油性フタル酸樹脂塗料中塗 120g/m² 30μm	2日~10日	長油性フタル酸樹脂塗料上塗 110g/m² 25μm

(やや厳しい腐食環境に適用する．)

塗料系	前処理				工場塗装		間隔	現場塗装		
	素地調整	プライマー	間隔	2次素地調整	下塗り	間隔		中塗り	間隔	上塗り
B 1	ブラスト処理 SIS Sa2.5 SPSS Sd2 Sh2	長ばく形エッチングプライマー 130g/m² (15μm)	~3ヶ月	動力工具処理 SIS St3 SPSS Pt3	鉛系さび止めペイント1種 170g/m² 35μm / フェノール樹脂MIO塗料 300g/m² 45μm	2日~10日	~12ヶ月	塩化ゴム系塗料中塗 170g/m² 35μm	1日~10日	塩化ゴム系塗料上塗 150g/m² 30μm

1) 塗装使用量　工場塗装：スプレー塗りの場合を示す．現場塗装：はけ塗りの場合を示す．
2) プライマーの膜厚は総合膜厚に加えない．
3) 塗装間隔の下限は20℃の場合を示す．気温が低い場合には塗料の乾燥状態を調べ，硬化乾燥していることを確認し塗り重ねを行う．

14.4 塗装

(厳しい環境に適用する。塗り替えが容易でない橋梁に適用する。鋼床版桁に適用する。)

塗料系		前処理			工場塗装									現場塗装			
		素地調整	プライマー	間隔	2次素地調整	下塗り	間隔	ミストコート	間隔	下塗り	間隔	中塗り	上塗り	間隔	中塗り	間隔	上塗り
C	1	ブラスト処理 SIS Sa2.5 SPSS Sd2 Sh2	無機ジンクリッチプライマー 200g/m² (15μm)	~6ヶ月	ブラスト処理 SIS St2.5 SPSS Sd2 Sh2	無機ジンクリッチペイント 700g/m² 75μm	2日 ~ 10日	ミストコート 160g/m²	1日 ~ 10日	エポキシ樹脂塗料下塗 300g/m² 60μm	1日 ~ 10日			~12ヶ月	塗料中塗 140g/m² 30μm	2日 ~ 10日	ポリウレタン樹脂塗料上塗 120g/m² 25μm
C	4	ブラスト処理 SIS Sa2.5 SPSS Sd2 Sh2	無機ジンクリッチプライマー 200g/m² (15μm)	~6ヶ月	ブラスト処理 SIS St3 SPSS Pt3	無機ジンクリッチペイント 700g/m² 75μm	2日 ~ 10日	ミストコート 160g/m²	1日 ~ 10日	エポキシ樹脂塗料下塗 300g/m² 60μm	1日 ~ 10日	フッ素樹脂塗料中塗 170g/m² 30μm	フッ素樹脂塗料上塗 140g/m² 25μm				

1) 塗装使用量 スプレー塗りの場合を示す。現場塗装：はけ塗りの場合を示す。
2) プライマーとミストコートの膜厚は総合膜厚に加えない。
3) 塗装間隔は20℃の場合を示す。気温が低い場合には塗料の乾燥状態を調べ、硬化乾燥していることを確認し塗り重ねを行う。
4) ミストコートはエポキシ樹脂塗料下塗160g/m²を80g/m²のシンナーで希釈したものを用いる。

(箱桁や橋脚などの内面に適用する。)

塗料系		前処理			工場塗装				
		素地調整	プライマー	間隔	2次素地調整	第 1 層	間 隔	第 2 層	
D	1	ブラスト処理 SIS Sa2.5 SPSS Sd2 Sh2	長ばく形エッチングプライマー 130g/m² (15μm)	~3ヶ月	動力工具処理 SIS St3 SPSS Pt3	タールエポキシ樹脂塗料1種 360g/m² 120μm	1日~ 10日	タールエポキシ樹脂塗料1種 360g/m² 120μm	
D	2	ブラスト処理 SIS Sa2.5 SPSS Sd2 Sh2	長ばく形エッチングプライマー 130g/m² (15μm)	~3ヶ月	動力工具処理 SIS St3 SPSS Pt3	変性エポキシ樹脂塗料内面用 450g/m² 120μm	1日~ 10日	変性エポキシ樹脂塗料内面用 450g/m² 120μm	

1) 塗装使用量 スプレー塗りの場合を示す。
2) 塗装間隔の下限は20℃の場合、硬化乾燥していること。状態を調べ、硬化乾燥していることを確認し塗り重ねを行う。
3) 明色仕上げとする場合にはD-2の塗料系を適用する。
4) プライマーの膜厚は総合膜厚に加えない。

表 14.4 現在一般的に橋梁に用いられている塗装系

橋の種類	環境	部位	塗装系	備　考
道路橋	一般環境	外面	A1 塗装系	最も一般的に採用
	腐食環境の厳しい地域	外面	B1 塗装系	海岸地域で採用
	腐食環境の厳しい地域	外面	C1 塗装系	都市内高架橋では環境に関係なく使用される傾向あり（維持管理の低減）
		内面	D1 塗装系	従来より採用
		内面	D2 塗装系	最近は採用される場合が多い
長大橋	一般環境	外面	C1 塗装系	内陸部の比較的大型の橋梁維持管理費の低減から
	腐食環境の厳しい地域	外面	E 塗装系	海上, 海岸の長大橋対象
鉄道橋	一般環境，腐食環境の厳しい地域とも道路橋とほぼ同様			
		特殊	ガラスフレーク	塗り替えが困難な部位

環境に適用される．フッ素樹脂は，耐候性はポリウレタン樹脂塗料より優れており，とくに厳しい腐食環境下で塗膜の色や光沢を長期間保持する必要のある場合に用いられる．表 14.3 に鋼橋に用いられている塗装系を示す．

表 14.4 に鋼橋に現在一般的に用いられている塗装系の概要を示す．道路橋の外面塗装については従来は（鉛系さび止め＋フタル酸樹脂）塗装系（A1）が圧倒的に多く採用されていた．この塗装系については，海岸近辺でも結構採用されていたが，塗膜寿命が短く（環境の良い地域で 6 年～ 8 年程度），かつ維持管理が十分でないために腐食の問題が生じていた．

やや腐食環境の悪い地域を対象としては（鉛系さび止め＋塩化ゴム）塗装系（B1）が採用されている．最近は，高速道路を中心として，塗膜寿命の延命を期待して（エポキシ樹脂＋ポリウレタン樹脂）塗装系（C1）を採用するケースが増加している．内面塗装系については従来はタールエポキシ樹脂塗装系（D1）を用いてきたが，最近は変性エポキシ樹脂塗装系（D2）に変わってきている（維持管理の面を考慮して内面の白色化）．長大橋については，従来は（エポキシ樹脂＋ポリウレタン樹脂）塗装系（C1）が用いられていたが，最近は（厚膜型エポキシ樹脂＋フッ素樹脂）塗装系（C4）あるいは（超厚膜型エポキシ樹脂＋シリコン樹脂）塗装系（E）がほとんどの場合に用いられている．

［参 考 文 献］

1) 西川和廣, 村越潤, 上仙靖：橋梁の架替に関する調査結果（Ⅲ），土木研究所資料第 3512 号，1997-10
2) さびを防ぐ事典編集委員会：さびを防ぐ辞典―防錆防食事典, 産業調査会, 1981-4
3) 村越潤, 名取暢：講座「防錆防食技術」2, 橋梁と基礎, 1993-5
4) 土木学会鋼構造委員会鋼材規格小委員会：耐候性鋼無塗装橋梁に関する調査報告書, 1993-11
5) 建設省土木研究所,（社）鋼材倶楽部,（社）日本橋梁建設協会：耐候性鋼材の橋梁への適用に関する共同研究報告書（XX）―無塗装耐候性橋梁の設計・施工要領（改訂案），共同研究報告書, 第 88 号, 1993-3
6) 松井繁憲, 寺西功, 三田哲也, 藤野陽三：鋼箱桁内部防錆実験の報告, 鋼構造論文集, 第 2 巻, 第 7 号, 1995-9
7) 佐伯彰一, 河藤千尋：送気による吊橋ケーブルの防食, 土木学会誌, Vol. 83, 1988-1
8) 村越潤, 名取暢：講座「防錆防食技術」4, 橋梁と基礎, 1993-7
9) 日本ペイント：さび止め塗料とその管理
10) 村越潤, 名取暢：講座「防錆防食技術」5, 橋梁と基礎, 1993-9
11) 日本道路協会：鋼道路橋塗装便覧, 1990-6

15

破壊力学の応用

鋼構造物に生じる疲労やぜい性破壊はしばしばき裂あるいはき裂状の欠陥が関連する．したがって，それらの現状を理解する上でまたそれらを制御する上でき裂先端近傍の応力場を対象にした破壊力学はきわめて有用な手法である．本章では破壊力学の基本的な事項から，疲労寿命の推定などの工学的な応用について記述する．

図 15.1 に示すように，梁部材の下フランジにき裂あるいはき裂状の欠陥を発見したとき，従来からの材料力学の知識ではその安全性を評価することはきわめて困難であるが，破壊力学により定量的な評価が可能となる．

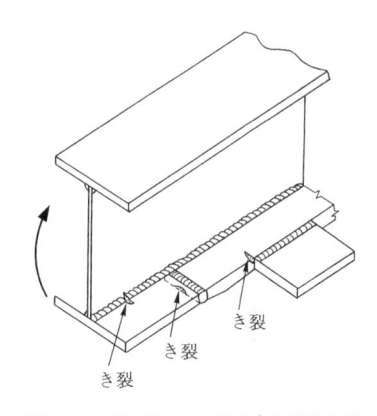

図 15.1 下フランジに発生する疲労き裂

15.1 き裂先端の応力と応力拡大係数[1)]

切欠きの先端半径 ρ が限りなく鋭く（$\rho \to 0$）なったものがき裂であり，したがって力が作用していない状態では，き裂の上下の表面間の距離は 0 である（図 15.2）．き裂周辺の応力場については，固体の力学の応用としてさまざまなケースの解が求められている．

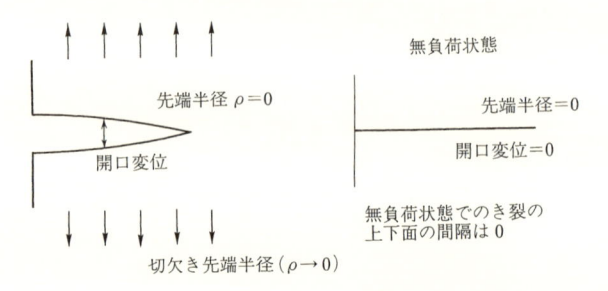

図 15.2 き裂の力学的な定義

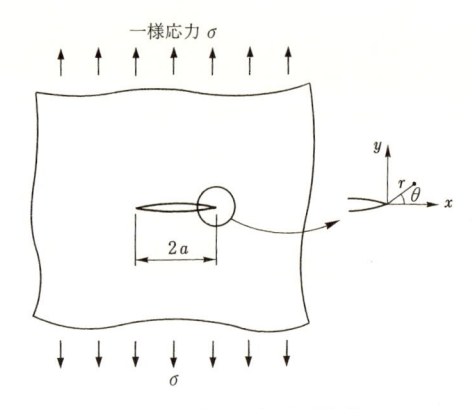

図 15.3 無限板中の貫通き裂

たとえば図 15.3 に示すような，無限板中の長さが $2a$ の貫通き裂にそれから十分離れたところで一様な応力が作用する場合の解は

$$\frac{(\sigma_y)_{y=0}}{\sigma} = \frac{a+r}{\sqrt{r(2a+r)}} \tag{15.1}$$

ここで r：き裂先端からの距離，σ：十分遠方での一様応力．
であり，き裂の先端，すなわち $r=0$ で $\sigma_y=\infty$，き裂から十分離れた点，すなわち $r=\infty$ で $\sigma_y=\sigma$ となっている．この式を $r/a<1$ とし，級数展開すれば

$$\frac{(\sigma_y)_{y=0}}{\sigma} = \sqrt{\frac{a}{2r}} + \frac{3}{4}\left(\sqrt{\frac{r}{2a}}\right) - \frac{5}{32}\left(\sqrt{\frac{r}{2a}}\right)^3 + \cdots \tag{15.2}$$

となり，第 1 項のみが $r^{-1/2}$ の特異性を有している．き裂のごく近傍のみを考

15.1 き裂先端の応力と応力拡大係数

える場合，応力は第1項のみで近似することができる．

$$\frac{(\sigma_y)_{y=0}}{\sigma} = \sqrt{\frac{a}{2r}} \tag{15.3}$$

これを変形して

$$(\sigma_y)_{y=0} = \frac{\sigma\sqrt{\pi a}}{\sqrt{2\pi r}} = \frac{K}{\sqrt{2\pi r}} \tag{15.4}$$

この K は応力拡大係数（stress intensity factor）と呼ばれ，き裂から十分離れた位置での応力 σ とき裂寸法 a によって決まるパラメータである．

き裂先端近傍の応力場は，このパラメータ K により一義的の記述できること，すなわちこのパラメータ K がき裂の形状・寸法，部材の形状・寸法，外力のモード，強さなどをすべて含んでおり，き裂近傍の応力の大きさを表示しているといえる．

き裂先端近傍の応力場を考える場合，図 15.4 に示す局所的な直交座標 (x, y, z) および円柱座標 (r, θ, z) を用いることが多い．破壊力学は線形弾性学の応用である．Irwin は Westergarad の展開した理論[2]を用いて，き裂先端近傍の変形は図 15.5 に示す3つの変形成分の和として与えられることを示した[3]．これらの変形成分はモードⅠ（開口形），モードⅡ（面内せん断形），モードⅢ（面外せん断形）と呼ばれている．応力，ひずみもこの3つの変形様式

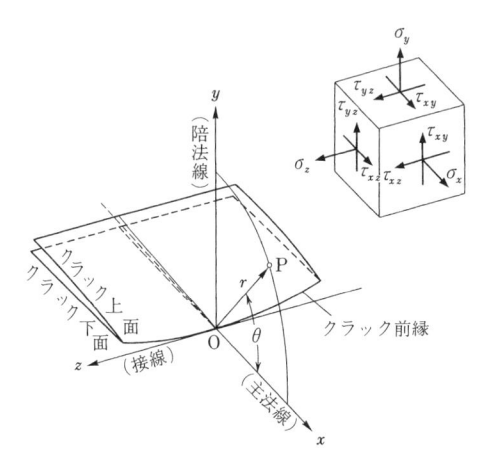

図 15.4 き裂先端付近の局所座標系と応力成分[1]

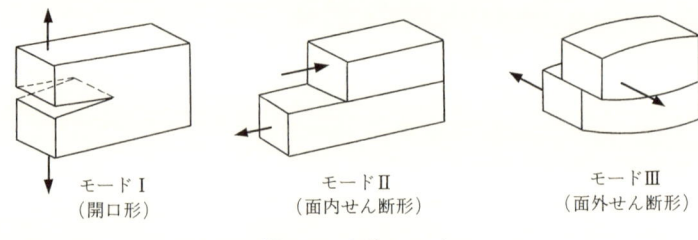

モードⅠ　　　　　　モードⅡ　　　　　　モードⅢ
（開口形）　　　　（面内せん断形）　　（面外せん断形）

図 15.5 き裂のモード

に対応するものの和として与えられる．応力拡大係数 K は各変形モードについて異なる値をとることから，それぞれ K_I，K_II，K_III と表される．

鋼構造物での破壊現象では第Ⅰモードが支配的なことが多い．第Ⅰモードについてのき裂先端近傍の応力および変位成分は，それぞれ次のように示される．

モードⅠ（開口形変形）

$$\begin{Bmatrix}\sigma_x \\ \sigma_y \\ \tau_{xy}\end{Bmatrix} = \frac{K_I}{\sqrt{2\pi r}}\cos\frac{\theta}{2}\begin{cases}1-\sin\dfrac{\theta}{2}\sin\dfrac{3\theta}{2} & (15.5)\\ 1+\sin\dfrac{\theta}{2}\sin\dfrac{3\theta}{2} & (15.6)\\ \sin\dfrac{\theta}{2}\cos\dfrac{3\theta}{2} & (15.7)\end{cases}$$

$$\begin{Bmatrix}u \\ v\end{Bmatrix} = \frac{K_I}{2G}\sqrt{\frac{r}{2\pi}}\begin{cases}\cos\dfrac{\theta}{2}\left(\kappa-1+2\sin^2\dfrac{\theta}{2}\right) & (15.8)\\ \sin\dfrac{\theta}{2}\left(\kappa+1-2\cos^2\dfrac{\theta}{2}\right) & (15.9)\end{cases}$$

ただし，$E=2(1+\nu)G$．

$$\kappa = \begin{cases}3-4\nu & （平面ひずみ）\\ (3-\nu)/(1+\nu) & （平面応力）\end{cases} \quad \nu:\text{ポアソン比} \quad (15.10)$$

モードⅡおよびⅢについては，たとえば文献 1）などを参照していただきたい．

繰返しになるが，応力拡大係数 K は，構造物の形や外力の分布の影響をすべて含んだき裂先端近傍の応力の大きさを表すパラメータである．異なる寸法のき裂を含む，すなわち異なる形状の 2 つの弾性体の間においても，応力拡大

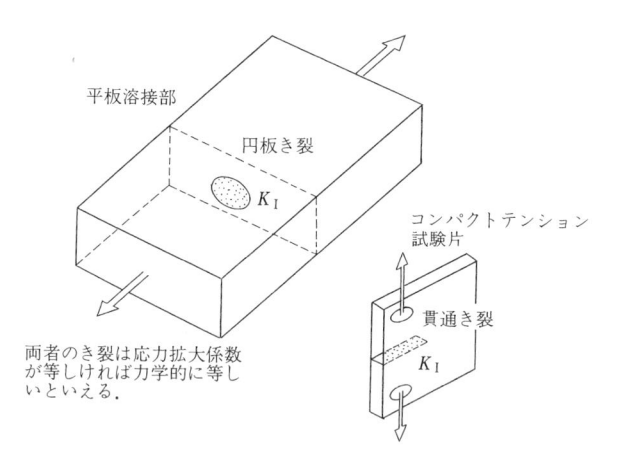

15.1 き裂先端の応力と応力拡大係数

図 15.6 力学的に等価なき裂

係数が等しい場合は，き裂先端近傍では同じ応力分布を生じており，強度も等しいことになる（図 15.6）．また応力拡大係数はき裂の先端点のみではなく，ある広がりを有する領域の力学的情報を与える．たとえば y 方向の変位 v について，$\theta = \pm 180°$ で計算すると

$$v = \pm \frac{K_I}{2G} \sqrt{\frac{r}{2\pi}} (\kappa + 1) \tag{15.11}$$

となり，これはき裂の先端近傍は放物線の形で変位していることがわかる．これらのことが応力拡大係数がき裂材の強度評価に適している主な理由である．

応力拡大係数の値は，弾性問題としてき裂先端近傍の応力を計算することから求めることができ，今までに複素関数による手法，有限要素法など多くの手法が用いられ，さまざまな問題に対して応力拡大係数が求められハンドブックなどとしてまとめられている[4,5]．表 15.1 によく用いられる応力拡大係数を示す．

表 15.1 しばしば用いられる応力拡大係数

(1) 無限板中の貫通き裂

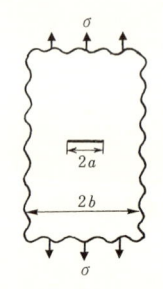

$K_I = \sigma\sqrt{\pi a}$
厳密解

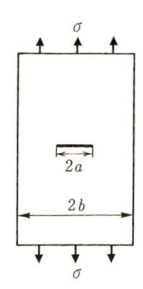

(2) 有限幅板中の貫通き裂[6]

$K_I = \sigma\sqrt{\pi a}\left(\dfrac{2b}{\pi a}\tan\dfrac{\pi a}{2b}\right)^{1/2}$
$a/b \leq 0.5$ で 7%以内の精度

$K_I = \sigma\sqrt{\pi a}\left(\sec\dfrac{\pi a}{2b}\right)^{1/2}$
$a/b \leq 0.7$ で 0.3%以内の精度

(3) 有限幅板中の偏心貫通き裂[7]

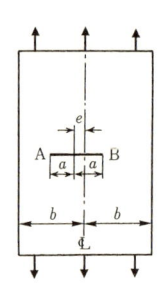

$\{K_I\}_A = \sigma\sqrt{\pi a}\cdot\{F_I(\alpha,\beta)\}_A,\ \alpha=\dfrac{a}{b-e},\ \beta=\dfrac{e}{b}$

$\{F_I\}_A = \left(\sec\dfrac{\pi\alpha}{2}\cdot\dfrac{\sin 2\alpha\beta}{2\alpha\beta}\right)^{1/2}$

$\{K_I\}_{A,B} = \sigma\sqrt{\pi a}\cdot\{F_I(\alpha,\beta)\}_{A,B},\ \alpha=\dfrac{2a}{W-2e},\ \beta=\dfrac{2e}{W}$

15.1　き裂先端の応力と応力拡大係数

凡例：
- $\beta=0$：Central Crack
- $\beta\to1$：Semi-infinite Plate
- ―――― $\{F_I(\alpha,\beta)\}_A$
- ― ― ― $\{F_I(\alpha,\beta)\}_B$

縦軸：$\{F_I(\alpha,\beta)\}_{A,B}$
横軸：$\alpha\left(=\dfrac{2a}{W-2e}\right)$

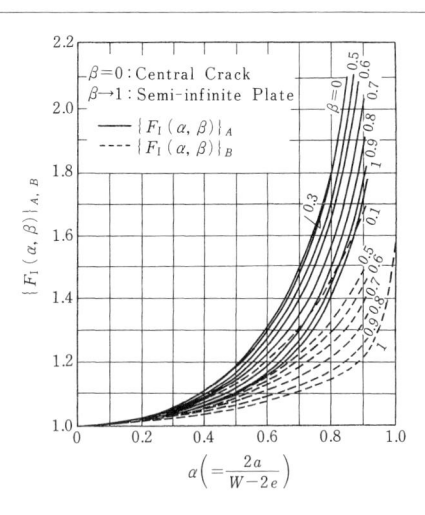

(4) 有限幅板中の両側にき裂 [8]

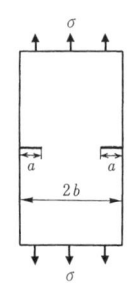

$K_I = \sigma\sqrt{\pi a}\,F(a/b)$；$a/b=\alpha$ とおくと

$$F(\alpha) \fallingdotseq \left(1+0.122\cos^2\dfrac{\pi\alpha}{2}\right)\sqrt{\dfrac{2}{\pi\alpha}\tan\dfrac{\pi\alpha}{2}} \quad (0.5\%\text{以下})$$

(5) 有限幅板中の片側き裂 [9]

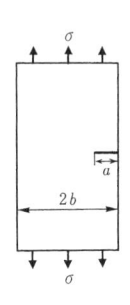

$K_I = \sigma\sqrt{\pi a}\,F(a/2b)$；$a/2b=\alpha$ とおくと

$$F(\alpha) \fallingdotseq 1.12 - 0.231\alpha + 10.55\alpha^2 - 21.72\alpha^3 + 30.99\alpha^4$$

$$(\alpha\leq 0.6\ \text{で}\ 0.5\%)$$

(6) 無限板中の楕円き裂[10]

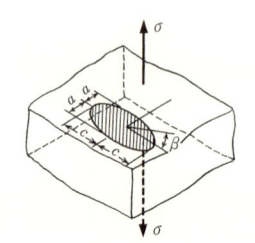

$$K_1 = \frac{\sigma\sqrt{\pi a}}{\Phi_0}\left(\sin^2\beta + \frac{a^2}{c^2}\cos^2\beta\right)^{1/4}$$

$$\Phi_0 = \int_0^{\pi/2}\left[1-\left(\frac{c^2-a^2}{c^2}\right)\sin^2\theta\right]^{1/2}d\theta$$

楕円積分

K 値は $\beta = \dfrac{\pi}{2}$ で最大値

$$K_1 = \sigma\sqrt{\pi\frac{a}{Q}}$$

$$Q = \Phi^2$$

無限板中の円板き裂（上図 $a=c$）

$$K_1 = \frac{2}{\sqrt{\pi}}\sigma\sqrt{a}$$

(7) 表面半楕円き裂[11]

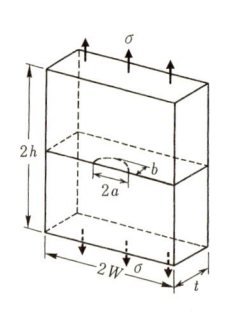

b/a	2φ/π	$K/\sigma\sqrt{\pi Q}$				$K/\sigma\sqrt{\pi b}$			
		b/t				b/t			
		0.2	0.4	0.6	0.8	0.2	0.4	0.6	0.8
0.2	0	0.617	0.724	0.899	1.190	0.587	0.689	0.856	1.133
	0.125	0.650	0.775	0.953	1.217	0.619	0.738	0.907	1.158
	0.25	0.754	0.883	1.080	1.345	0.718	0.841	1.028	1.280
	0.375	0.882	1.009	1.237	1.504	0.840	0.960	1.178	1.432
	0.5	0.990	1.122	1.384	1.657	0.942	1.068	1.317	1.577
	0.625	1.072	1.222	1.501	1.759	1.020	1.163	1.429	1.674
	0.75	1.128	1.297	1.581	1.824	1.074	1.235	1.505	1.736
	0.875	1.161	1.344	1.627	1.846	1.105	1.279	1.549	1.757
	1.0	1.173	1.359	1.642	1.851	1.117	1.294	1.563	1.762
0.4	0	0.767	0.896	1.080	1.318	0.667	0.779	0.939	1.145
	0.125	0.781	0.902	1.075	1.285	0.679	0.784	0.934	1.117
	0.25	0.842	0.946	1.113	1.297	0.732	0.822	0.967	1.127
	0.375	0.923	1.010	1.179	1.327	0.802	0.878	1.025	1.153
	0.5	0.998	1.075	1.247	1.374	0.867	0.934	1.084	1.194
	0.625	1.058	1.136	1.302	1.408	0.919	0.987	1.131	1.224
	0.75	1.103	1.184	1.341	1.437	0.959	1.029	1.165	1.249
	0.875	1.129	1.214	1.363	1.446	0.981	1.055	1.184	1.257
	1.0	1.138	1.225	1.370	1.447	0.989	1.065	1.191	1.257
0.6	0	0.916	1.015	1.172	1.353	0.718	0.795	0.918	1.060
	0.125	0.919	1.004	1.149	1.304	0.720	0.787	0.900	1.022
	0.25	0.942	1.009	1.142	1.265	0.738	0.791	0.895	0.991
	0.375	0.982	1.033	1.160	1.240	0.769	0.809	0.909	0.972
	0.5	1.024	1.062	1.182	1.243	0.802	0.832	0.926	0.974
	0.625	1.059	1.093	1.202	1.245	0.830	0.856	0.942	0.975
	0.75	1.087	1.121	1.218	1.260	0.852	0.878	0.954	0.987
	0.875	1.104	1.139	1.227	1.264	0.865	0.892	0.961	0.990
	1.0	1.110	1.145	1.230	1.264	0.870	0.897	0.964	0.990
1.0	0	1.174	1.229	1.355	1.464	0.747	0.782	0.863	0.932
	0.125	1.145	1.206	1.321	1.410	0.729	0.768	0.841	0.898
	0.25	1.105	1.157	1.256	1.314	0.703	0.737	0.800	0.837
	0.375	1.082	1.126	1.214	1.234	0.689	0.717	0.773	0.786
	0.5	1.067	1.104	1.181	1.193	0.679	0.703	0.752	0.759
	0.625	1.058	1.088	1.153	1.150	0.674	0.693	0.734	0.732
	0.75	1.053	1.075	1.129	1.134	0.670	0.684	0.719	0.722
	0.875	1.050	1.066	1.113	1.118	0.668	0.679	0.709	0.712
	1.0	1.049	1.062	1.107	1.112	0.668	0.676	0.705	0.708
						$K/\sigma\sqrt{\pi a}$			
2.0	0	0.821	0.848	0.866	0.876	0.959	0.990	1.011	1.023
	0.125	0.794	0.818	0.833	0.839	0.927	0.955	0.973	0.980
	0.25	0.740	0.759	0.771	0.775	0.864	0.886	0.900	0.905
	0.375	0.692	0.708	0.716	0.717	0.808	0.827	0.836	0.837
	0.5	0.646	0.659	0.664	0.661	0.754	0.770	0.775	0.772
	0.625	0.599	0.609	0.610	0.607	0.699	0.711	0.712	0.709
	0.75	0.552	0.560	0.560	0.554	0.645	0.654	0.654	0.647
	0.875	0.512	0.519	0.519	0.513	0.598	0.606	0.606	0.599
	1.0	0.495	0.501	0.501	0.496	0.578	0.585	0.585	0.579

$M = K/\sigma\sqrt{\pi b/Q}$, $F = K/\sigma\sqrt{\pi b}$

For $a \geq b$, $\sqrt{Q} = E(k)$, $k = \left(1-\dfrac{b^2}{a^2}\right)^{1/2}$

For $a < b$, $\sqrt{Q} = E(k_1)$, $k_1 = \left(1-\dfrac{b^2}{a^2}\right)^{1/2}$

$$E(k) = \int_0^{\pi/2}(1-k^2\sin^2\theta)^{1/2}d\theta$$

15.1 き裂先端の応力と応力拡大係数

(8) 3点曲げ試験片[12)]

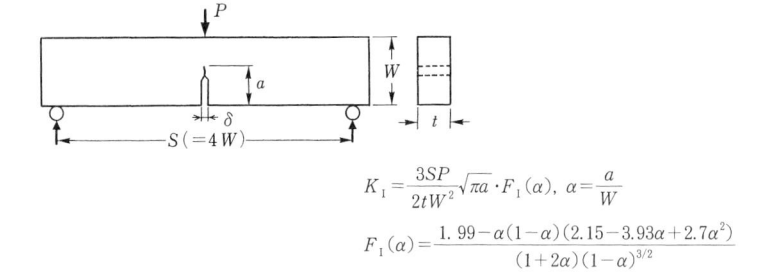

$$K_{\mathrm{I}} = \frac{3SP}{2tW^2}\sqrt{\pi a} \cdot F_{\mathrm{I}}(\alpha),\ \alpha = \frac{a}{W}$$

$$F_{\mathrm{I}}(\alpha) = \frac{1.99 - \alpha(1-\alpha)(2.15 - 3.93\alpha + 2.7\alpha^2)}{(1+2\alpha)(1-\alpha)^{3/2}}$$

(9) コンパクトタイプ試験片 (ASTM)

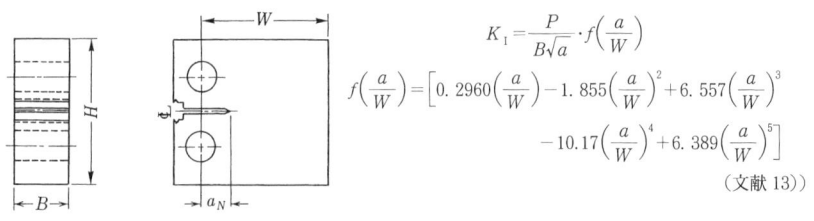

$$K_{\mathrm{I}} = \frac{P}{B\sqrt{a}} \cdot f\left(\frac{a}{W}\right)$$

$$f\left(\frac{a}{W}\right) = \left[0.2960\left(\frac{a}{W}\right) - 1.855\left(\frac{a}{W}\right)^2 + 6.557\left(\frac{a}{W}\right)^3 \right.$$
$$\left. - 10.17\left(\frac{a}{W}\right)^4 + 6.389\left(\frac{a}{W}\right)^5\right]$$

(文献 13))

$$K_{\mathrm{I}} = \frac{P}{tW^{1/2}} \cdot F_{\mathrm{I}}(\alpha),\ \alpha = \frac{a}{W}$$

$$F_{\mathrm{I}}(\alpha) = \frac{(2+\alpha)(0.886 + 4.64\alpha - 13.32\ \alpha^2 + 14.72\alpha^3 - 5..6\alpha^4)}{(1-\alpha)^{3/2}}$$

(文献 14))

(10) き裂面に単位厚さ当たり P の軸対象集中圧力[4)]

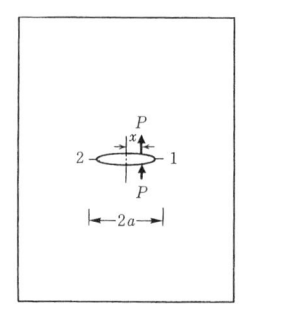

$$K_{\mathrm{I}@1} = \frac{P}{\sqrt{\pi a}}\left(\frac{a+x}{a-x}\right)^{1/2}$$

$$K_{\mathrm{I}@2} = \frac{P}{\sqrt{\pi a}}\left(\frac{a-x}{a+x}\right)^{1/2}$$

中央点に作用 ($x=0$)

$$K_{\mathrm{I}@1} = K_{\mathrm{I}@2}\frac{P}{\sqrt{\pi a}}$$

15.2 応力拡大係数の近似的な求め方

鋼構造物中に発生するき裂については，部材形状やき裂の形状あるいは外力分布などが複雑なため，応力拡大係数を解析的に求めることは難しく，また既存の解をそのまま用いることも困難なことが多い．そのような場合，以下のような近似値を用いて簡便に応力拡大係数の近似値を求めることがしばしば行われている[15]．

$$K = F_e \cdot F_s \cdot F_w \cdot F_g \sigma\sqrt{\pi a} \tag{15.12}$$

式 (15.12) で $\sigma\sqrt{\pi a}$ は無限板中の長さ $2a$ の貫通き裂に対して無限遠方で σ の一様応力が作用した場合の K 値であり，この方法はこの K 値を基準として部材やき裂の形状，応力状態などの影響を補正することにより近似的に任意形

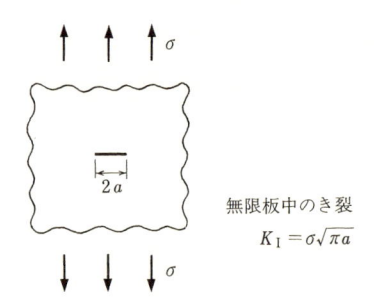

無限板中のき裂
$K_{\mathrm{I}} = \sigma\sqrt{\pi a}$

この無限板中のき裂の K 値を参考にし，この値に補正係数 (F_e, F_s, F_w, F_g) を乗じることにより，以下のようなさまざまな場合のき裂に対して K 値を求めている．

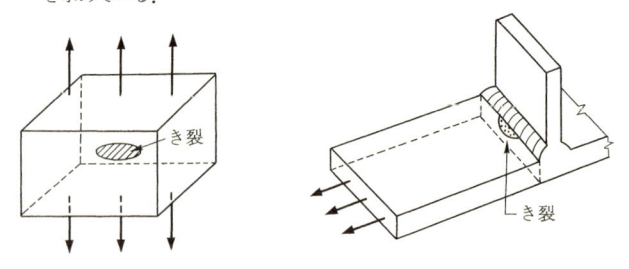

図 15.7 応力拡大係数の近似的な求め方

15.2 応力拡大係数の近似的な求め方

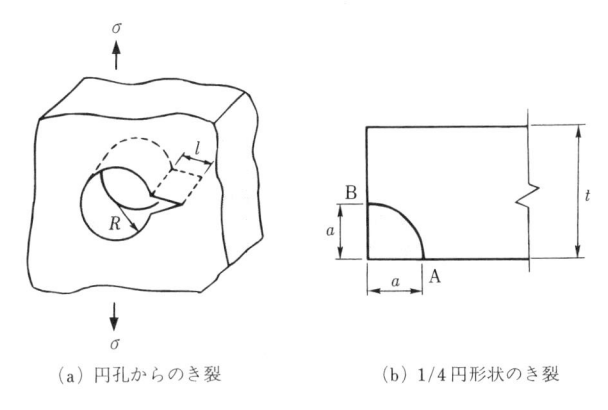

(a) 円孔からのき裂　　(b) 1/4円形状のき裂

図 15.8　円孔から発生するき裂

状のき裂の K 値を求めようとするものである（図15.7）．

F_e はき裂が円形や楕円形あるいは半楕円形などの形状を有することの補正係数であり，貫通き裂で1.0，円形き裂で $2/\pi$ である．F_s はき裂が表面に現れていることの補正係数であり，縁貫通き裂で1.12である．F_w は板厚あるいは板幅が有限であることの補正係数である．F_g は部材形状や継手形状，外力様式に起因して応力が一様でないことの補正係数である．これらの補正係数は表15.1からも推測できる．

以上の概念を理解するために例題を考えてみよう．図15.8の（a）に示すようにリベットあるいはボルトの孔からの疲労き裂の発生は橋や飛行機体などでしばしば経験することである．この場合，円孔の応力集中係数は3であり，自由表面の補正係数は1.12であることを考えると，き裂が板厚方向に貫通しており，かつ短いときの応力拡大係数は概略

$$K \cong (1.12)(3\sigma)\sqrt{\pi l} \quad (l \ll R) \tag{15.13}$$

と計算される．応力拡大係数の値は孔周辺の応力の高い領域を通過すると急激に低下する．き裂の長さが孔に比べて十分大きくなると応力拡大係数は概略

$$K \cong \sigma\sqrt{\pi\left(\frac{2R+l}{2}\right)} \quad (l > R) \tag{15.14}$$

もしもき裂の形状が（b）のようにエッジから発生した1/4円の場合は表面の

補正係数ときī裂形状の補正を考慮して，き裂が小さい場合は A 点，B 点とも

$$K \cong (1.12)^2 \cdot \left(\frac{2}{\pi}\right)(3\sigma)\sqrt{\pi a} \qquad (15.15)$$

き裂が大きくなると，A 点では

$$K \cong 1.12\left(\frac{2}{\pi}\right)\sigma\sqrt{\pi a} \qquad (15.16)$$

B 点では

$$K \cong 1.12 \cdot \left(\frac{2}{\pi}\right)(3\sigma)\sqrt{\pi a} \qquad (15.16)'$$

と応力拡大係数の概略の値を見積ることができる．B 点については，き裂が大きくなると板厚の補正（有限板幅の補正と同じ）を行う必要が出てくる．

$$K \cong 1.12\left(\frac{2}{\pi}\right)(3\sigma)\sqrt{\sec\frac{\pi a}{2t}} \qquad (15.17)$$

このような考察から，エッジから発生した疲労き裂は急速に板厚方向に進展して貫通き裂となることが理解できよう．また，き裂の形状が楕円であることを考慮するには $2/\pi$ の代わりに楕円き裂に対するき裂形状の補正を加えればよい．

$$K \cong 1.12(3\sigma)\sqrt{\frac{\pi a}{Q}}\sqrt{\sec\frac{\pi a}{2t}} \qquad (15.18)$$

15.3　応力の分布に対する補正係数 F_g の数値計算による求め方[15]

構造部材中のき裂については，応力分布に対する補正係数 F_g が重要である．図 15.9 に示すように任意の応力場にあるき裂の応力拡大係数はき裂のあると

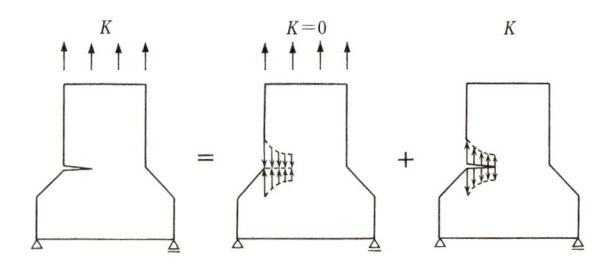

図 15.9　重ね合わせの原理

15.3 応力の分布に対する補正係数 F_g の数値計算による求め方

(き裂面に集中荷重が作用したときの K 値)

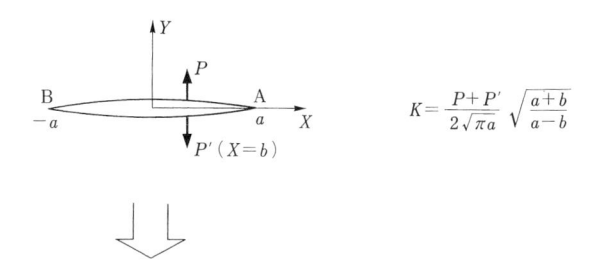

$$K = \frac{P + P'}{2\sqrt{\pi a}} \sqrt{\frac{a+b}{a-b}}$$

⬇

(き裂面に作用する応力分布)

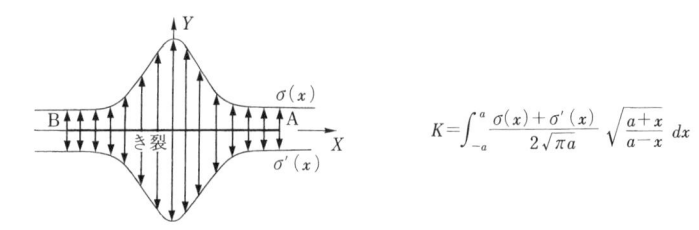

$$K = \int_{-a}^{a} \frac{\sigma(x) + \sigma'(x)}{2\sqrt{\pi a}} \sqrt{\frac{a+x}{a-x}} \, dx$$

$\left(\begin{array}{l}\text{さらにき裂面に作用する分布力を適当な間隔で分割し，一様な}\\ \text{分布力の集まりと見なすと}\end{array}\right)$

$$K = \frac{2}{\pi} \sqrt{\pi a} \left[\sum_i \sigma_i \ \arcsin\left(\frac{c_{i+1}}{a}\right) - \arcsin\left(\frac{c_i}{a}\right) \right]$$

代表応力を σ_n とすれば

$$K = \sigma_n \sqrt{\pi a} \left[\frac{2}{\pi} \sum_i \left(\frac{\sigma_i}{\sigma_n}\right) \arcsin\left(\frac{c_{i+1}}{a}\right) - \arcsin\left(\frac{c_i}{a}\right) \right]$$

したがって

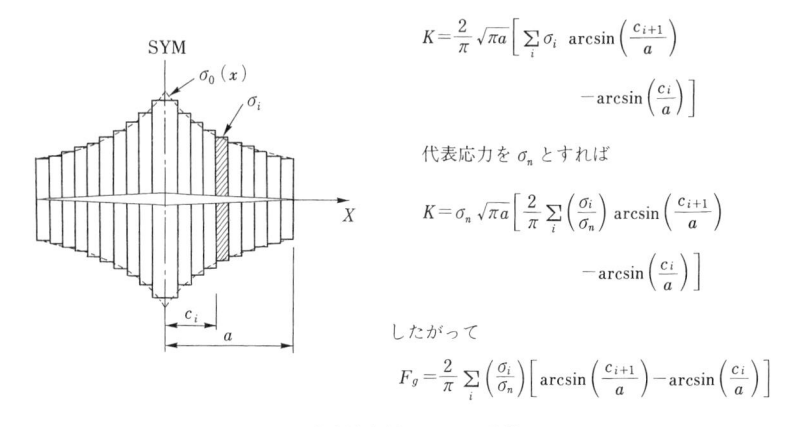

$$F_g = \frac{2}{\pi} \sum_i \left(\frac{\sigma_i}{\sigma_n}\right) \left[\arcsin\left(\frac{c_{i+1}}{a}\right) - \arcsin\left(\frac{c_i}{a}\right) \right]$$

図 15.10 応力拡大係数と F_g の計算

きとないときの解の重ね合わせの原理により，き裂のないときにき裂が入っている位置に生じる応力をき裂面に作用させたときの応力拡大係数と等しい．したがって通常，有限要素法によってき裂が進展する断面での応力分布を求め，き裂面に集中力が作用した場合の解を重ね合わせることから応力拡大係数あるいは F_g 求めている．この方法によりほとんどの構造ディテールのき裂について実用的に問題のない程度の精度で応力拡大係数が求められる（図15.10）．

15.4 き裂の不安定拡大と破壊制御

式 (15.1) で示したように，弾性論によるき裂先端の応力は無限大であり，したがってき裂を含む部材に外力が作用すれば，それがどの程度であってもき裂先端の応力は無限大となり，部材中の最大応力 $\sigma_{\max}$ が材料の基準強度 σ_f を超えたら破壊する（$\sigma_{\max} \geq \sigma_f$）という基準を用いると，き裂を含む部材は強度を有さないことになる．しかし，実際の材料ではもしき裂があってもある程度の強度があること，また材料試験において局部的にき裂が生じても全体が破壊する前に除荷できることなどから，$\sigma_{\max} \geq \sigma_f$ という基準は固体中での実際のき裂の拡大現象を適切に表すものではないといえよう．

き裂を有する材料に荷重を加えていき，荷重がある限界値になるとき裂は拡大を開始するが，その条件を与えるのが破壊基準である．応力拡大係数（K 値）はき裂先端近傍の応力場を表すものであり，この K 値が限界値 K_c を超えたときにき裂の拡大が生ずると考えることができる．したがって，破壊基準は

$$K \geq K_c \quad (15.19)$$

となる．これは，前述のように応力拡大係数が等しい場合は，部材やき裂の形状・寸法にかかわらずき裂先端近傍の応力分布は合同であり，それが限界値 K_c

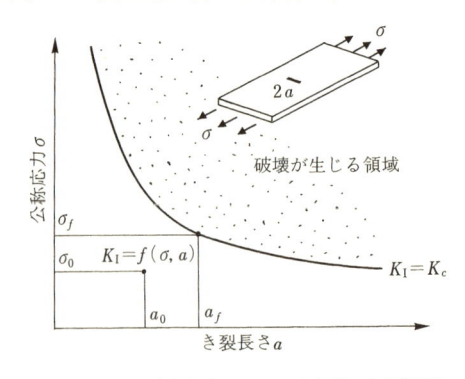

図 15.11 破壊力学パラメータを用いた評価[16)]

15.4 き裂の不安定拡大と破壊制御

を超えたときに破壊が生ずることを示したものである．応力拡大係数の限界値 K_c は，破壊じん性値（fracture toughness）と呼ばれている．

図 15.11 は材料の破壊じん性値 K_{IC}，公称応力 σ とき裂寸法 a の関係を示したものである．応力の強さとき裂寸法との組合せで，応力拡大係数が K_{IC} になったときに

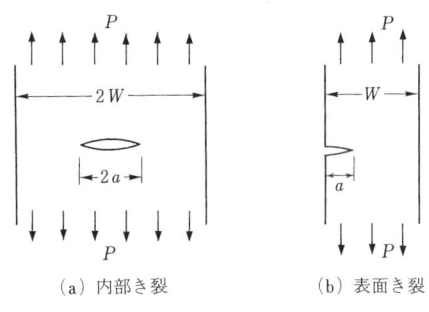

K（表面き裂）$=1.12\,K$（内部き裂）

図 15.12 内部き裂と表面き裂の強度の差

ぜい性破壊が生じる．低い応力下でも，それが繰り返すことによる疲労現象あるいは持続することによる応力腐食割れ現象などによりき裂寸法 a が大きくなり，ぜい性破壊に至ることが理解できるであろう．

このような破壊基準を用いると，従来の材料力学や構造力学で説明できなかった破壊でのさまざまな現象が説明できる．たとえば図 15.12 に示すように，同じ破壊じん性値を有する材料に同じサイズのき裂が存在するとする．それぞれ応力拡大係数を計算するとその値は表面き裂の方が約 1.12 倍高く，したがって破壊強度は表面き裂を有する部材の方が 1/1.12 となる．このようなこと

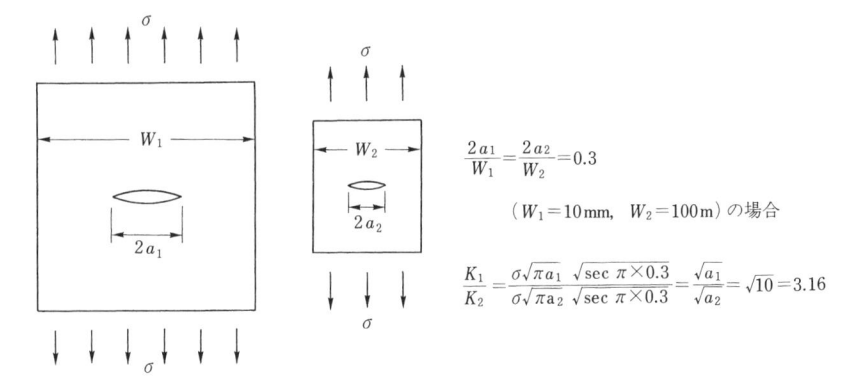

$$\frac{2a_1}{W_1}=\frac{2a_2}{W_2}=0.3$$

（$W_1=10\,\text{mm}$, $W_2=100\,\text{m}$）の場合

$$\frac{K_1}{K_2}=\frac{\sigma\sqrt{\pi a_1}}{\sigma\sqrt{\pi a_2}}\frac{\sqrt{\sec \pi\times 0.3}}{\sqrt{\sec \pi\times 0.3}}=\frac{\sqrt{a_1}}{\sqrt{a_2}}=\sqrt{10}=3.16$$

$K_1 > K_2$（補正係数は等しいが a の違いの分，部材 1 の K 値が大きい）

図 15.13 相似形の部材に対する破壊力学的考察

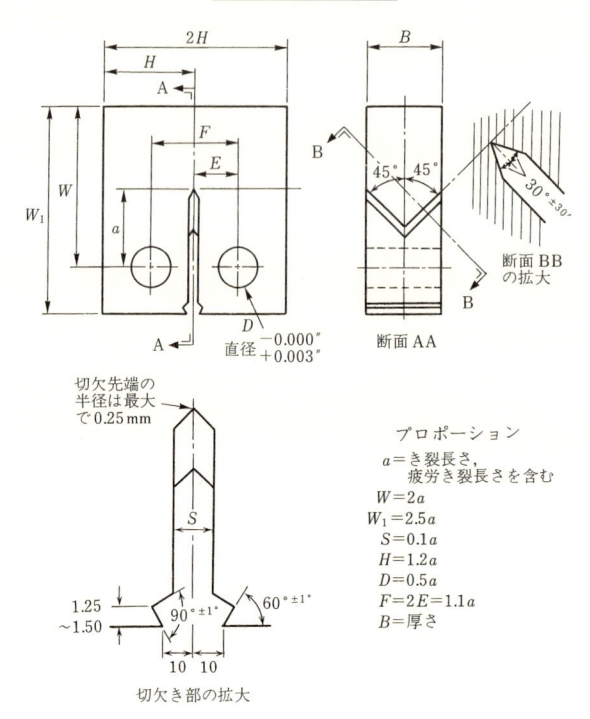

図 15.14 破壊じん性値試験用コンパクト試験片[22)]

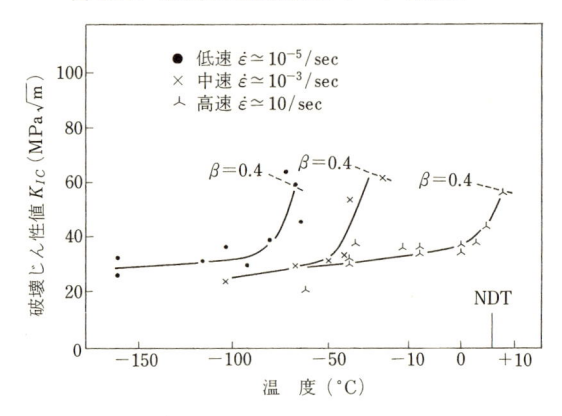

図 15.15 破壊じん性値に対するひずみ速度と温度の影響[16)]

は，内部欠陥に比べて表面欠陥の方が破壊に対して感度が高いことなどから経験されている事実であろう．

また図15.13に示すような，寸法の異なるき裂を有する，しかし相似形の部材を考えよう．純断面積/総断面積は等しいため，応力で評価した強度は変わらないことになる．それぞれ応力拡大係数を計算すると，寸法の大きな部材の方が高くなり，したがって破壊強度はこちらが低くなる．これは大きな部材の強度が低いという寸法効果を説明したことになる．

材料の固有の性質である破壊じん性値 K_{IC} は実験により求めることになるが，すでに標準的な方法が示されている．通常はコンパクトテンション型試験片（CT試験片）（図15.14）が用いられる．

図15.15はひずみ速度 $\dot{\varepsilon}$ を変えていった破壊じん性試験の結果である[16]．破壊じん性値はひずみ速度に依存し，ひずみ速度が高くなると破壊じん性値は低下する．交通荷重により橋梁部材に生じるひずみ速度は中間域（$\dot{\varepsilon} = 10^{-3} \mathrm{sec}^{-1}$）と考えてよい．温度とともにひずみ速度の影響の定量的に評価できることも破壊力学手法の特長の1つである．

15.5 疲労き裂進展寿命解析

橋梁などの鋼構造物の疲労寿命の大部分は，溶接欠陥などから発生する疲労き裂の進展に費やされることが多いため，その疲労強度を評価する上で鋼材あるいは溶接金属内の疲労き裂伝播特性が重要である．疲労き裂伝播については，応力拡大係数を用いた破壊力学的アプローチが有効であり，すでに設計時の許容応力範囲，製作時の欠陥に対する許容限界寸法，さらには維持・管理における検査間隔など広い分野にその成果が応用されている．

（1） 疲労き裂進展速度

式（3.5）で述べたように疲労き裂伝播のデータは，コンパクトテンション型試験片，中央切欠き試験片あるいは曲げ試験片のような任意のき裂長さに対する応力拡大係数が得られている試験片を用いた疲労き裂進展実験から得られる（図15.16）．図15.17のようなき裂長さと荷重繰返し数（a–N）の関係から，ある繰返し応力範囲下でのあるき裂長さにおける疲労き裂寸法の変化率 da/dN（これを疲労き裂進展速度と呼ぶ）を求めることができる．

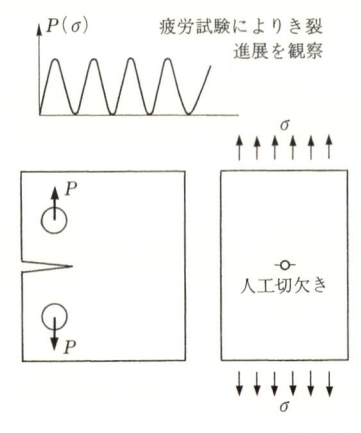

図 15.16 疲労き裂進展実験

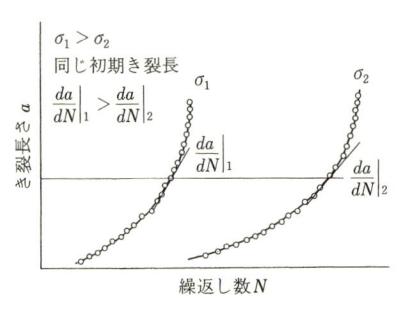

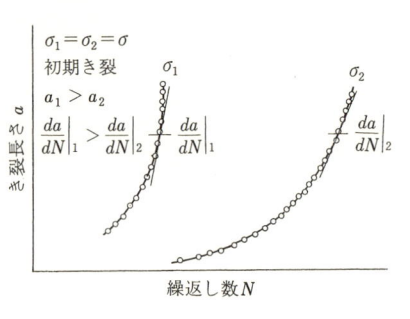

図 15.17 疲労き裂進展実験におけるき裂長さと繰返し数 N の関係

ParisとErdoganは，この疲労き裂進展速度（da/dN）と応力拡大係数の変動範囲（ΔK）が両対数で直線関係となることを示した（図 15.18）[17]．この関係はParis則と呼ばれている．

$$\frac{da}{dN} = C(\Delta K)^m \quad (15.20)$$

ここに，C, mは材料定数である．

さらに広い範囲にわたる疲労き裂進展実験を行うと，da/dN-ΔK関係は図 15.18

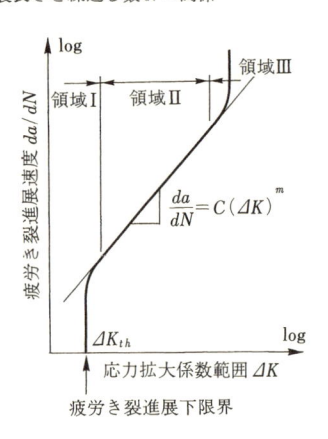

図 15.18 疲労き裂進展曲線

15.5 疲労き裂進展寿命解析

中に示すように，領域Ⅰのいくら荷重を繰り返してもき裂進展しない ΔK（これを疲労き裂進展下限界応力拡大係数 ΔK_{th} と呼ぶ）と，それから Paris 則が成り立つまでの遷移域，Paris 則が成り立つ領域Ⅱおよび最終段階の領域Ⅲに分けられる．疲労寿命を評価するうえでは領域Ⅰと領域Ⅱが重要である．

領域Ⅰと領域Ⅱを表現できる進展則として次式がしばしば用いられる．

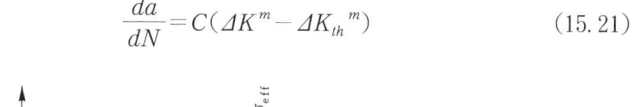

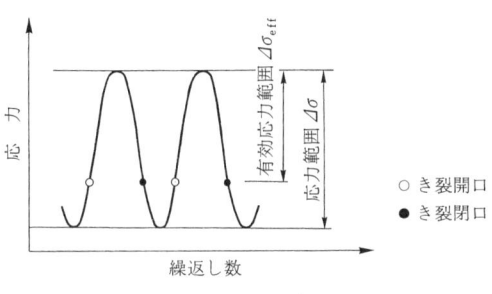

$$\frac{da}{dN} = C(\Delta K^m - \Delta K_{th}^{\ m}) \tag{15.21}$$

($\Delta\sigma_{\text{eff}} = U\Delta\sigma \Rightarrow \Delta K_{\text{eff}} = U\Delta K$)

図 15.19 有効応力拡大係数

da/dN-ΔK 関係に対して応力比（応力拡大係数比）が当然影響する．Elber はき裂周辺に生じる応力のうちのある部分ではき裂は閉じたままであり，き裂が開いている部分の応力変動のみがき裂の進展に有効であるとする有効応力拡大係数の概念を示している[18]（図 15.19）．

$$\Delta K_{\text{eff}} = U\Delta K \tag{15.22}$$

またき裂が閉口する理由としては，き裂先端に生じる塑性ひずみ，き裂面の凹凸およびき裂に発生するさびのような介在物の存在

$\Delta K_{th} = 7.0(1 - 0.85R)$
for $R > 0.1$
$\Delta K_{th} = 6.0$
for $R \leq 0.1$

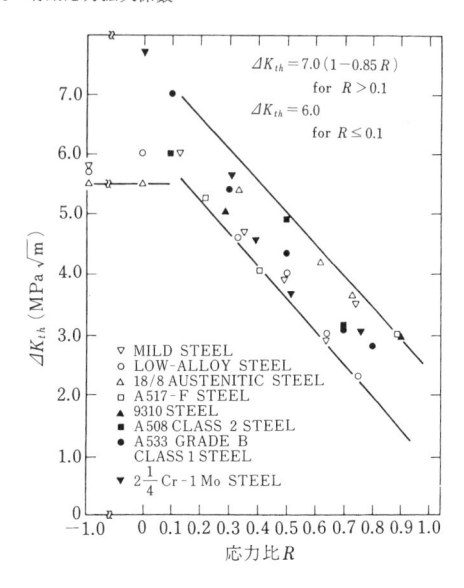

▽ MILD STEEL
○ LOW-ALLOY STEEL
△ 18/8 AUSTENITIC STEEL
□ A517-F STEEL
▲ 9310 STEEL
■ A508 CLASS 2 STEEL
● A533 GRADE B CLASS 1 STEEL
▼ $2\frac{1}{4}$Cr-1Mo STEEL

応力比 R

図 15.20 ΔK_{th} に対する R の影響[16]

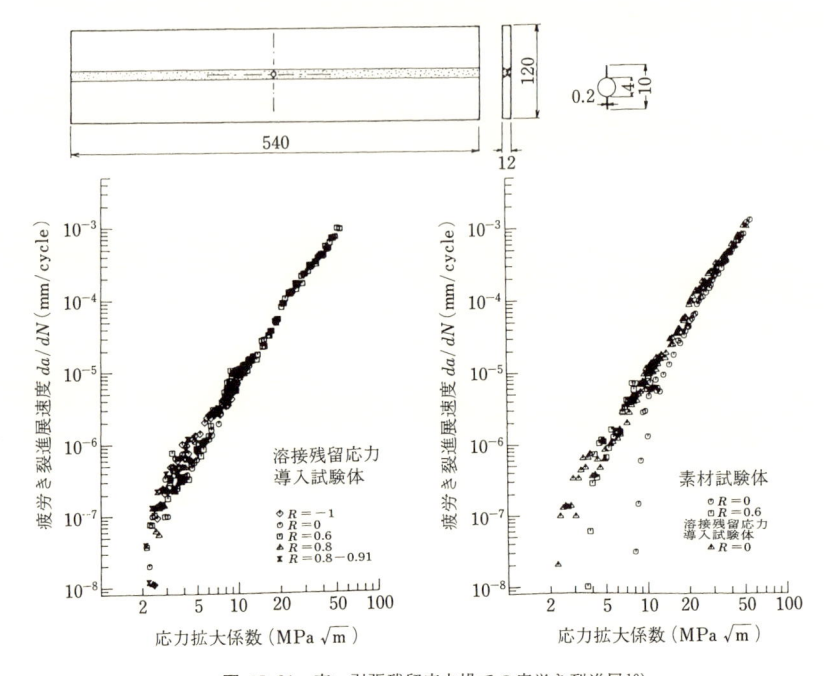

図 15.21 高い引張残留応力場での疲労き裂進展[19]

があげられる．とくに図15.18に示した領域Ⅲにおいて応力比の影響が著しい．

Barsomは各種の鋼のΔK_{th}に対する既存のデータを整理することによりΔK_{th}の安全側の推定式として

$$\Delta K_{th} = 7.0(1-0.85R) \qquad (15.23)$$

を提案している（図15.20）．ここに，$R \geqq 0.1$，ΔK_{th}：MPa$\sqrt{\text{m}}$である．また，$R \leqq 0.1$に対しては$\Delta K_{th}=6.0$(MPa$\sqrt{\text{m}}$)としている．

溶接継手部には，材料の降伏点に達するような高い引張残留応力が存在する．図15.21に疲労き裂が高い引張残留応力場を進展する場合の$da/dN-\Delta K$関係を示す[19]．$da/dN-\Delta K$関係およびΔK_{th}は，応力比によらずほぼ一定となっており，また，鋼素材の高い応力比の結果とほぼ一致している．これは，高い引張残留応力のためにき裂先端での実質の応力比が高くなること，実質の応

15.5 疲労き裂進展寿命解析

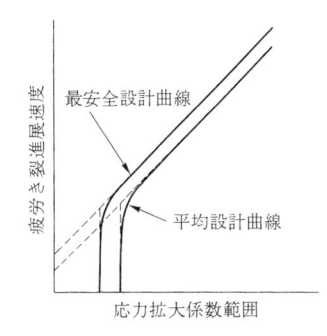

最安全設計曲線		
C	m	ΔK_{th}
2.7×10^{-11}	2.75	2.0
平均設計曲線		
C	m	ΔK_{th}
1.5×10^{-11}	2.75	2.9
		($\mathrm{MPa}\sqrt{\mathrm{m}}$)

図 15.22　JSSC疲労設計指針での疲労き裂進展線[20]

力比に対する公称の応力比の影響が非常に小さいことによる．

日本鋼構造協会の疲労設計指針[20]では，破壊力学を応用して疲労寿命を推定する場合に用いる C, m および ΔK_{th} として標準的な値を図 15.22 のように示している．これは鋼構造物で疲労が問題となるのは溶接部であり，そのために溶接残留応力の存在を前提としている．すなわち応力の変動範囲のすべてが疲労き裂に有効（$U=1$）と考えた関係式である．

（2）初期き裂寸法 a_i と最終き裂寸法 a_f

式（15.20）あるいは式（15.21）を変形し，初期き裂寸法 a_i から最終き裂寸法 a_f までを積分すれば，この間に要するき裂進展寿命が求まる．

$$N = \int_{a_i}^{a_f} \frac{da}{C(\Delta K^m - \Delta K_{th}^m)} \tag{15.24}$$

この際，初期き裂寸法 a_i の値が結果に大きな影響を及ぼす．物理的にはこの寸法は継手内に残される溶接割れ，ブローホール，アンダーカットといった欠陥に対応し，X線や超音波探傷の結果に基づいて，図 15.23 のような形状・寸法のき裂にモデル化することが多い．しかし，これらの欠陥がそのまま "き裂" として振舞うことはなく，そこから疲労き裂が進展して，図 15.23 のモデルのき裂になるまでにかなりの応力の繰返しが必要なことが多い．したがって精度の高い寿命推定を行うためには，各欠陥ごとに十分な検討が必要である．たとえば，角溶接中のブローホールについては

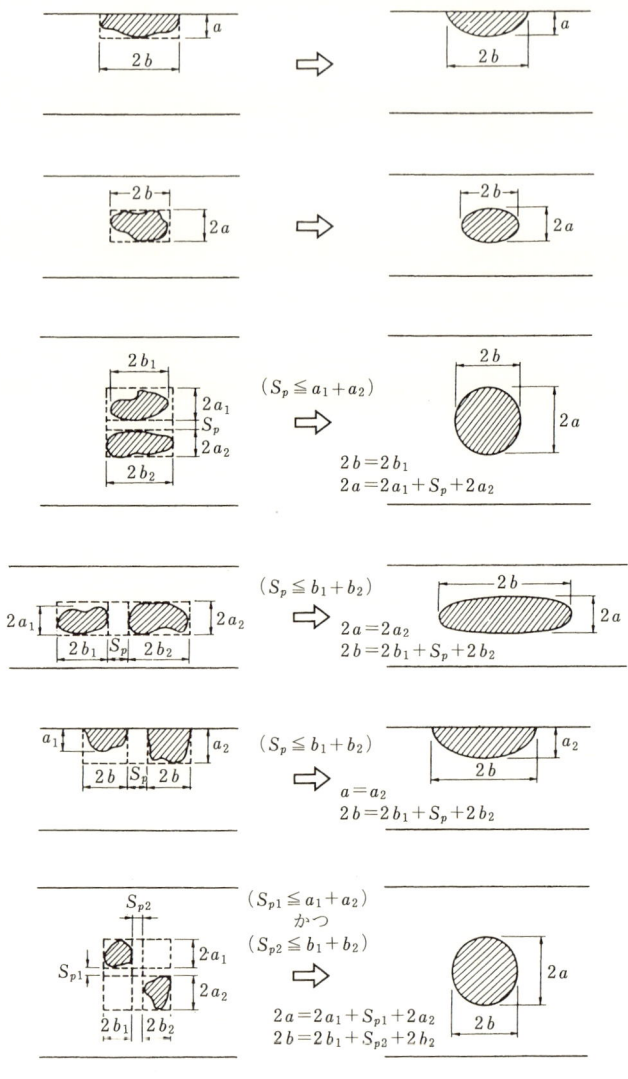

図 15.23 欠陥のき裂への置き換え（JSSC疲労設計指針）[20]

$$2a_e = 0.90 \times W^{0.22} \times H^{0.47} \qquad (15.25)$$

ここで W：ブローホールの幅，H：ブローホールの高さ．
のようなモデル化が提案されている[21]．また，とくにアンダーカットなどの通

常の形状のすみ肉溶接止端部から発生するき裂に対しては深さが 0.05～0.1 mm 程度の半円き裂を仮定すると実験値とよく合うことが確かめられている.

最終き裂寸法 a_f は材料の破壊じん性値 K_{IC} から決めることが合理的である. しかし a_f の値はき裂進展寿命にさほど影響しないため, たとえば板厚を貫通するまで等の仮定をおいて a_f を決めることが多い.

(3) き裂進展に伴う応力拡大係数の変化

応力集中部から発生した疲労き裂は, つねに力学的に安定となるように, すなわちき裂に沿って応力拡大係数が同じになるように進展に伴ってその形状が変わる. そのような場合はあるき裂形状比 a/b に対して板厚方向への K と板表面方向への K を計算して, それぞれの方向に進展解析し, ある程度進展したら新たなき裂形状 $(a+\Delta a)/(b+\Delta b)$ その進展量を取り込んで同様な計算を行えば近似的な解析を行うことができる. この場合, 全寿命を 1/20 ステップ程度以上に分けることが適切である. また平均的な a/b (たとえばすみ肉止端で 1/5 程度) を用いて解析することも概略の値を求めるには有効な方法である. 以下に前面すみ肉溶接部の溶接止端部に対する進展寿命解析を示す.

15.6　工学的応用例

(1) 疲労き裂進展寿命の計算

図 15.24 に示す荷重非伝達型リブ十字継手のすみ肉溶接止端部からの疲労き裂進展を考える.

(i) 応力拡大係数の計算

[計算仮定]
1) き裂はすみ肉溶接止端部に存在する楕円表面き裂とする.
2) 応力拡大係数は, 半楕円き裂の最深部 (き裂底) A 点と表面におけるき裂端 B 点でそれぞれ次式で与えられる (図 15.25 参照).

$$\Delta K_A = F_{eA} \cdot F_{sA} \cdot F_{tA} \cdot F_{gA} \cdot \Delta\sigma \cdot \sqrt{\pi a}, \quad \Delta K_B = F_{eB} \cdot F_{tB} \cdot F_{gB} \cdot \Delta\sigma \cdot \sqrt{\pi a}$$
$$F_A = 1/\sqrt{1+1.464(a/b)^{1.65}}, \qquad F_{eB} = F_{eA}/\sqrt{a/b}$$

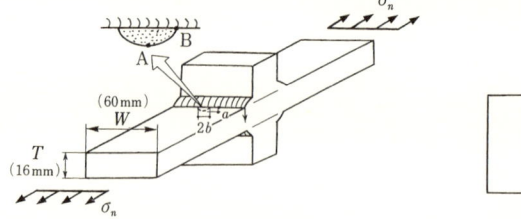

図 15.24 解析モデル

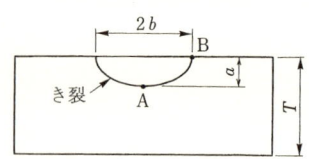

図 15.25 疲労き裂のモデル

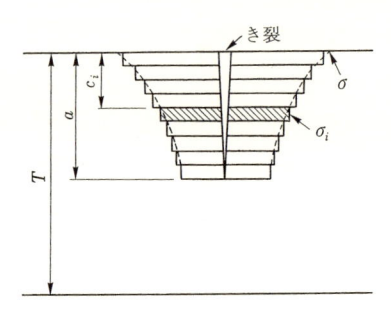

図 15.26 F_g の計算モデル

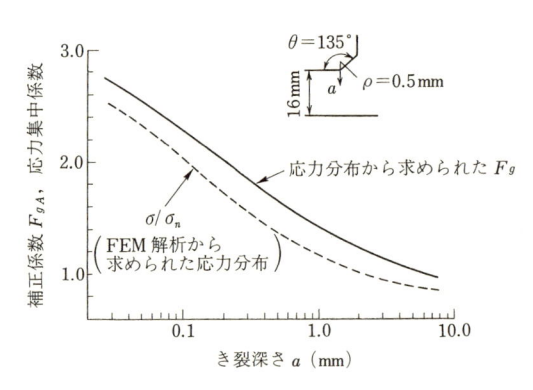

図 15.27 板厚方向の応力分布とき裂深さに対する F_g

$$F_{sA} = 1 + 0.12(1 - a/b)$$
$$F_{tA} = (1 - 0.025\lambda^2 + 0.06\lambda^4)\sqrt{\sec(\pi\lambda/2)}$$
$$F_{tB} = (1 - 0.025\kappa^2 + 0.06\kappa^4)\sqrt{\sec(\pi\kappa/2)}$$

ここに, $\lambda = a/T$, $\kappa = 2b/W$, T：板厚, W：板幅.

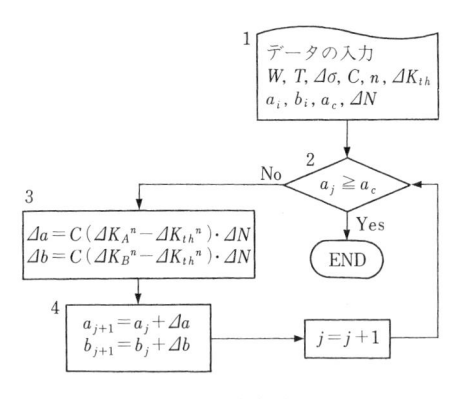

図 15.28 解析手順

$$F_{gA} = (2/\pi)\Sigma(\sigma_i/\sigma_n)) \ \{\arcsin\ (C_{i+1}/a)\ -\arcsin\ (C_i/a)\}$$

ここに，σ_i はき裂面に作用する分布応力（図 15.26 参照）．
図 15.27 に溶接止端部での板厚方向の応力分布と，それを用いて計算されるき裂最深部A点でのき裂深さが変わったときの F_g の値を示す．

(ii) 疲労き裂進展寿命の解析

計算手順を図 15.28 に示す．

1. 計算に必要なデータの入力

$W,\ T$：部材断面の幅および高さ

　$\varDelta\sigma$：応力範囲

$C,\ m$：da/dN-$\varDelta K$ 関係における材料定数

　$\varDelta K_{th}$：下限界応力拡大係数範囲

　　a_i：初期き裂の深さ

　　b_i：初期き裂の幅

　　a_c：き裂深さの限界値

　$\varDelta N$：1ステップでの応力繰返し回数

2. 計算終了の判定

　　き裂の深さが限界値を超えた場合，計算を終了する．

3. き裂増分の計算

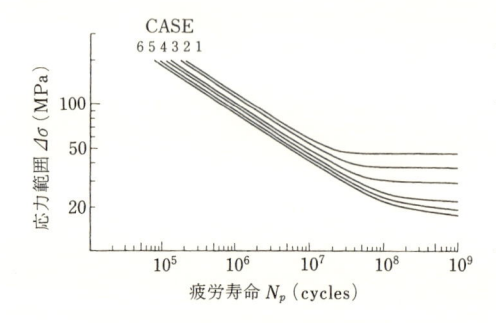

図 15.29 初期欠陥寸法を変えた場合の応力範囲と疲労寿命の関係

CASE	き裂深さ a (mm)	き裂表面長さ $2b$ (mm)
1	0.1	0.4
2	0.2	0.8
3	0.5	2.0
4	1.0	4.0
5	1.5	6.0
6	2.0	8.0

前記の手順に従い，き裂増分を計算する．

4. 次のステップでのき裂の深さ，幅を求め，2.に戻る．

主板板厚 16mm
初期き裂寸法：（深さ a，表面長さ $2b$）
 限界き裂寸法：主板板厚の 80%
 応力範囲：パラメータとして適宜変化
 計算ステップ数：200〜300　繰返し数増分量　$N_p/(200〜300)$

応力範囲 $\Delta\sigma$ をパラメータに各アンダーカット深さ（き裂深さ）に対するき裂進展寿命 N_p を計算し，S-N 曲線を描いたものを図 15.29 に示す．

(2) 設計許容応力と限界欠陥寸法

継手部に対して所要の疲労強度を保証するのに部材中に存在することの許しうる欠陥の寸法を決めることができる．ここでは下フランジ突合せ溶接部の溶接欠陥を例に説明する．

図 15.30 に示すような突合せ溶接部の溶接欠陥について考えてみる．このような溶接部で最も有害な欠陥は割れのため，板厚中央部に半径 a_0 の円盤形の割れを仮定する．いま，こ

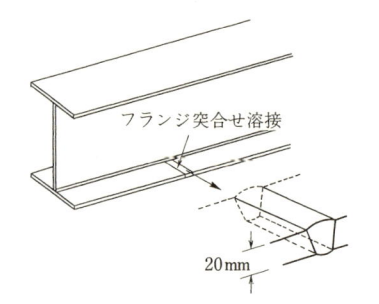

図 15.30　フランジ突合せ溶接部の溶接割れ

の部材が無限回の応力繰返しに対しても安全である限界欠陥寸法を算出する．ここで，割れを初期き裂とみなし，JSSC（日本鋼構造協会）の疲労設計指針の $\Delta K_{th} = 2.0 \mathrm{MPa}\sqrt{\mathrm{m}}$ を用いると，応力変動範囲と限界欠陥寸法との関係は図15.31のように求められる．この応力変動範囲は活荷重応力に対応すると考えられる．いま，スパン30〜40m程度のプレートガーダ橋を考えると，通常全応力のうち活荷重応力は50%程度と考えられ，使用鋼材をSM490（許容応力度190MPa）とすると，変動応力範囲は95MPaとなる．したがって限界寸法は $a_0 = 0.4\mathrm{mm}$ ということになる．これは最も安全側の評価となる．

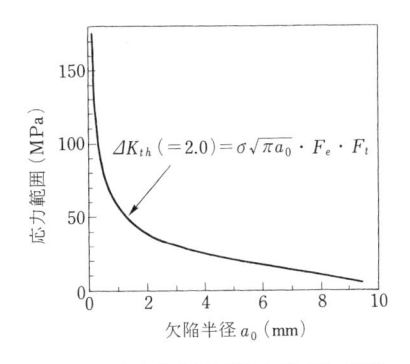

図15.31 応力変動幅と限界欠陥寸法の関係

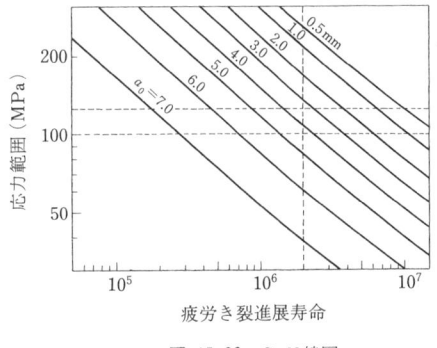

図15.32 S-N線図

この継手の欠陥が進展して表面に現れるまでの繰返し回数を，欠陥寸法 a_0 をパラメータにして計算すると図15.32の応力範囲と疲労き裂進展部分の関係（S-N_p 線）が求められる．この際，式(15.21)の修正Paris則における c, m, ΔK_{th} の値にはJSSCの最安全設計曲線を用いている．

この継手部に対してJSSCの疲労設計指針では 2×10^6 回で100MPaのD等級を規定しており，この設計曲線と図15.32の S-N_p 線との比較から4mm以上の欠陥の存在は許されないことになる．また品質を保証した場合はC等級を使えることにしている．この際の品質保証にはこのような解析をベースに行われる．すなわちこのような数値から欠陥の形状・寸法に置き換え，それに対応するような非破壊検査を行っていく必要がある．もちろんその際には適切な安

(a) 曲げモーメント影響線

(b) 想定した電車荷重
(新幹線のP標準活荷重)

(c) 1台の電車の通過に伴う応力変動

(d) 応力頻度ヒストグラム

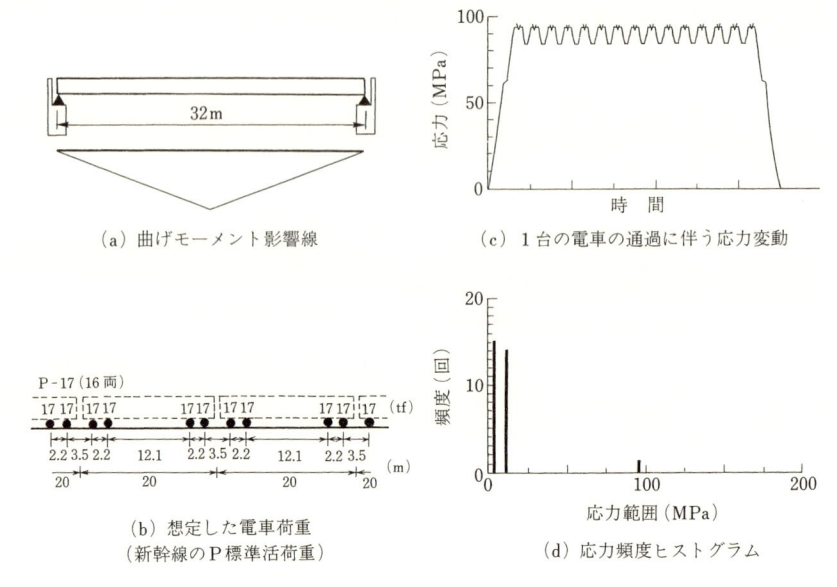

図 15.33 想定した橋梁と荷重

全のためのマージンや非破壊検査の精度などに関する工学的な判断を加える必要がある．

いま，この継手がスパン 32m の鉄道橋の主桁のスパン中央付近にあるとする．曲げモーメントの影響線を図 15.33(a)に示す．この際の電車荷重を図 15.33(b)のように仮定する．ここで簡単のためこの電車の荷重による応力を許容応力の 50% とすると，応力変動は図 15.33(c)のようになり，これをレインフロー法で処理することにより，図 15.33(d)に示す応力変動範囲のヒストグラムが得られる．この条件下で欠陥から疲労き裂が継手表面まで進展するのに必要な列車台数を求めると図 15.34 のようになる．

(3) 疲労強度に影響する諸因子

継手形状・寸法は疲労強度に大きく影

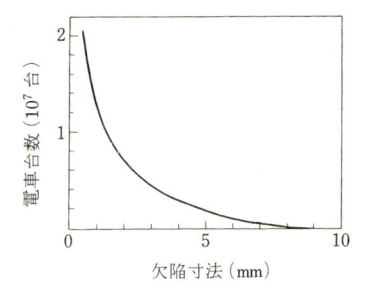

図 15.34

15.6 工学的応用例

響する.たとえば,継手形式のみならず,母板,付加板の形状・寸法,溶接脚長は溶接止端部形状などの多くの因子が疲労強度に影響を及ぼす.これらの諸因子の疲労強度への影響は,ここまで述べた破壊力学的なアプローチにより評価することができる.ここでは前面すみ肉溶接を例にとり説明する.

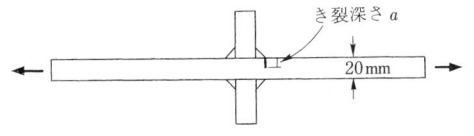

図 15.35 解析モデル

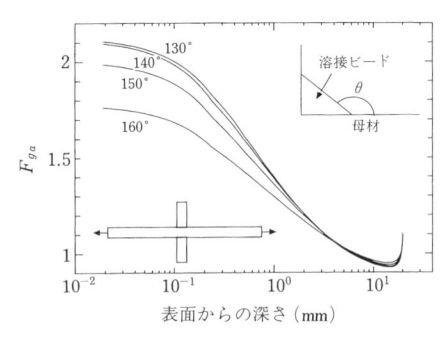

図 15.36 F_{ga} の値

(i) 前面すみ肉溶接の止端形状の影響

前面すみ肉溶接の止端形状のうち,とくに疲労強度に対する影響の大きいフランク角の影響を検討してみる.図15.35に検討モデルを示してある.止端半径 ρ は0とする.この止端部に深さ (a_0) 0.1mm,き裂表面長さ $(2b_0)$ 1.0mm の初期き裂を仮定する.また,疲労き裂は a/b が 0.2 と一定に保って進展するものとする.この場合の K 値は

$$K_a = \sigma\sqrt{\pi a} \cdot F_{ga} \cdot F_{ta} \cdot F_{sa} \cdot F_{ea}$$

となる.F_{ga} の値はFEMにより求めた板厚方向への応力分布より求める(図15.36).限界状態をき裂の最深点が反対側の表面に抜けるときとする.図15.37に求められた S-N_p 線を示すが,このような解析により,フランク角が大きくなることによる疲労強度の向上が定量

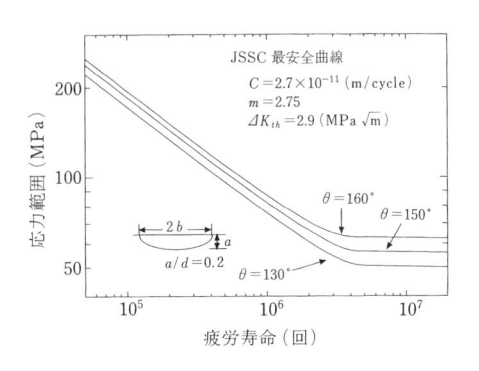

図 15.37 推定寿命線

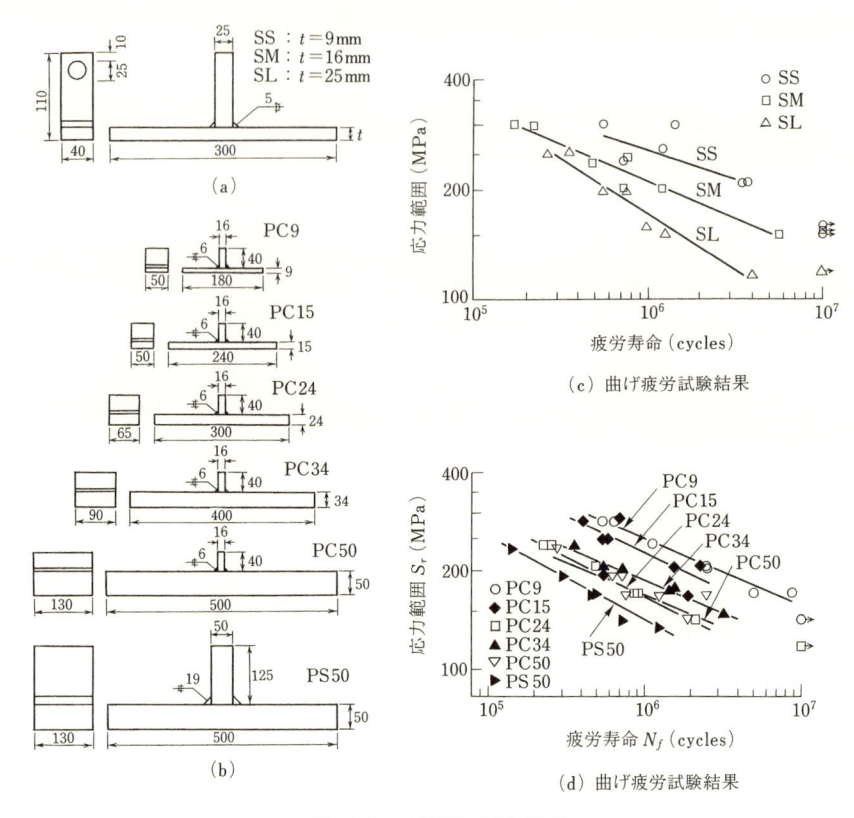

図 15.38 疲労強度の板厚効果

(a) 試験片形状 SS: $t=9$ mm, SM: $t=16$ mm, SL: $t=25$ mm
(b) 試験片形状 PC9, PC15, PC24, PC34, PC50, PS50
(c) 曲げ疲労試験結果
(d) 曲げ疲労試験結果

(ii) 板厚効果

ある種の溶接継手では板厚が大きくなると疲労強度が低下することが実験的に認められており (図 15.38),設計基準類にもそのことが取り入れられている.(a) の前面すみ肉溶接部に対して板厚効果を的に評価できる.

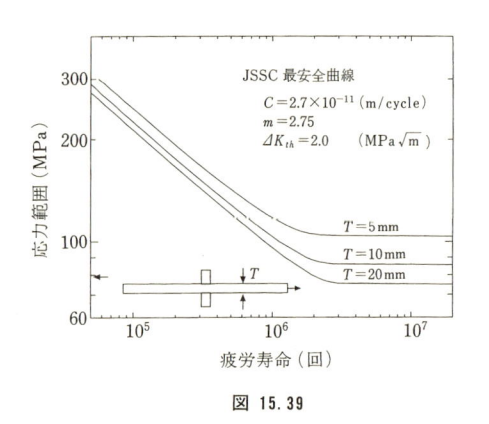

図 15.39

JSSC 最安全曲線
$C = 2.7 \times 10^{-11}$ (m/cycle)
$m = 2.75$
$\Delta K_{th} = 2.0$ (MPa$\sqrt{\text{m}}$)

$T = 5$ mm
$T = 10$ mm
$T = 20$ mm

疲労き裂進展解析により調べてみる．ここではフランク角を 135 度と一定とし，その他の条件は同じである．図 15.39 に解析結果を示すが，このような解析によりこのような形式の継手部の板厚効果はかなり強いものであることが確認された．

（4） メンテナンスにおける検査間隔

図 15.40 のようなウェブに取り

図 15.40

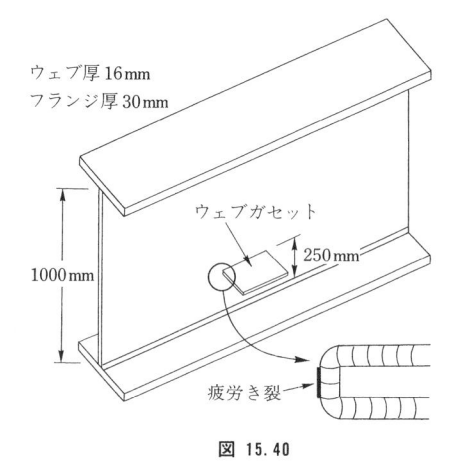

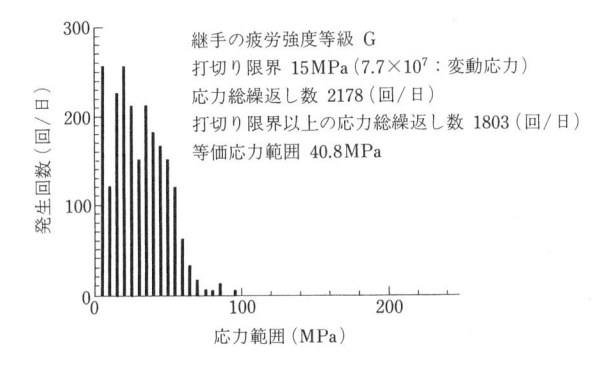

図 15.41

付けられたガセットの廻し溶接止端に表面の長さが 10mm の疲労き裂が発見されたとする．また，その近傍で 1 日間の応力変動が図 15.41 のような応力範囲のヒストグラムが得られたとすると，この疲労き裂はその後どのように進展するだろうか．このような位置に発生する疲労き裂の形状比をここでは $a/b=0.2$ とする．またこの継手の

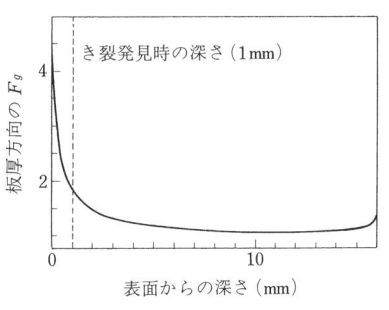

図 15.42

板厚方向の F_g の変化は図 15.42 のように求められているとする．したがって，板厚方向へのき裂進展は図 15.43 の A 部分のごとく計算される．このき裂が板厚方向に貫通後は，表面長さと同じ長さの貫通き裂として取り扱うことにすると，B 部分の曲線が計算される．このような曲線は検査の間隔を定める際や，き裂を発見してから補修までの期間を判断する上で有効である．

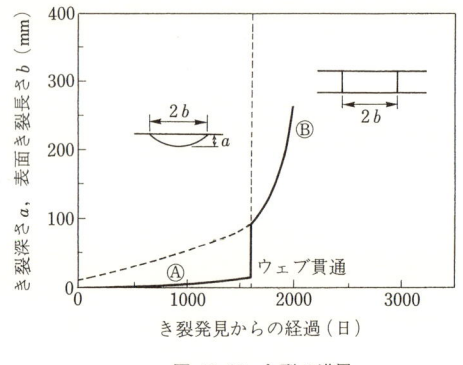

図 15.43 き裂の進展

[演習問題]

15.1 応力拡大係数（K 値）の定義とその性質について説明せよ．

15.2 応力集中係数と応力拡大係数について説明せよ．

15.3 同じ材料からつくられた図 15.44 のような 3 枚の板がある．この材料は破壊じん性値 K_C でぜい性的に破壊するとして，破壊が生じるときの応力 σ を無限板に 10mm のき裂が存在するときの応力 σ_0 と比較せよ．

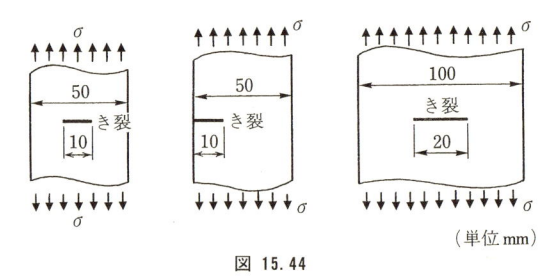

図 15.44

15.4 図 15.45 のように無限板内の円孔の縁から発生するき裂先端の応力拡大係数 K をき裂長さ a との関係で求め，半無限板の縁から発生するき裂の応力拡大係数 K_0 で無次元化して図示せよ．

円孔壁からのき裂　　　半無限板中のき裂

図 15.45

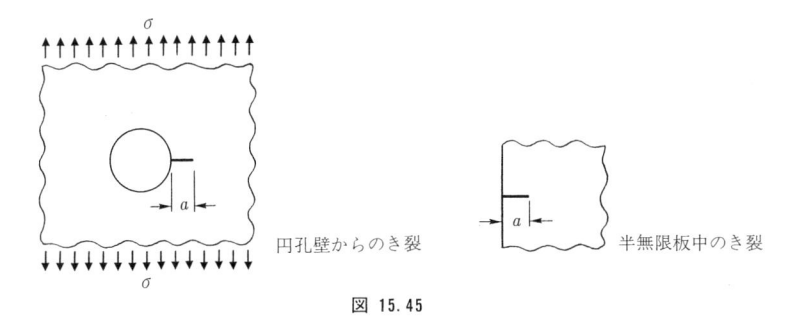

[参 考 文 献]

1) 岡村弘之：線形破壊力学入門，培風館，1975
2) H. M. Westergaard : Bearing Pressures and Cracks, Transactions, ASME, Journal of Applied Mechanics, 1939
3) G. R. Irwin : Analysis of Stresses and Strains Near the End of a Crack Traversing a Plate, Transactions, ASME, Journal of Applied Mechanics, 24, 1957
4) H. Tada, P. C. Paris, and G. R. Irwin ed. : Stress Analysis of Cracks Handbook, Del Research Corporation, Hellertown, Pa., 1973
5) 日本材料学会，破壊力学委員会編 : Stress Intensity Factors Handbook, Pergamon Press, 1987
6) C. E. Feddersen : Discussion to : Okabe Strain Crack Toughness Testing of Metallic Materials, ASTM STP, 410, p. 77, 1966
7) M. Isida : Stress-Intensity Factors for the Tension of an Eccentrically Cracked Strip, Trans. ASME, Ser. E. J. Appl. Mech., Vol. 33, pp. 674-675, 1966
8) J. P. Benthem and W. T. Koiter : Asymptotic Approximations to Crack Problems, Methods of Analysis and Solutions of Crack Problems, Mechanics of Fracture 1 (edited by G. C. Sih), p. 157, Noordhoff Int. Pub., 1972
9) W. F. Brown, Jr. and J. E. Srawley : Plane Strain Crack Toughness Testing of High Strength Metallic Materials, ASTM STP, 410, p. 12, 1966
10) C. P. Paris and G. C. Sih : Stress Analysis of Cracks, in Fracture Toughness

Testing and Its Applications, ASTM STP, 381, American Society for Testing and Materials, Philadelphia, 1965

11) I. S. Raju and J. C. Newman, Jr. : Stress-Intensity Factors for a Wide Range of Semi-Elliptical Surface Cracks in Finite-Thickness Plates, Engng Frac. Mech., Vol. 11, pp. 817-829, 1979

12) J. E. Srawley : Wide Range Stress Intensity Factor Expressions for ASTM E399 Standard Fracture Toughness Specimens, Int. J. Frac. Mech., 12, pp. 475-476, 1976

13) W. K. Wilson : Stresss Intensity Factors for Compact Tension Specimen, Research Memorandum, 67 - ID6 - BTLFR - M1, Westinghouse Research Laboratories, Pittsburgh, June 12, 1967

14) J. E. Srawley : Wide Range Stress Intensity Factor Expressions for ASTM E 399 Standard Fracture Toughness Specimens, Int. J. Frac. Mech., Vol. 12, pp. 475-476, 1976

15) P. Albrecht, K. Yamada : Rapid Calculation of Stress Intensity Factor, ASCE, ST2, pp. 377-389, 1997-2

16) J. M. Barsom, S. T. Rolfe : Fracture and Fatigue Cntrol in Structures, Second Edition, Prentice-Hall Inc., pp. 189-220, p. 118, 285, 1987

17) P. C. Paris and F. Erdogan : A Critical Analysis of Crack Propagation Laws, Transactions of the ASME, Journal of Basic Engineering, Series D, 85, No. 3, 1963.

18) W. Elber : The Significance of Crack Closure, Damage Tolerance in Aircraft Structures, ASTM STP 486, American Society for Testing and Materials, Philadelphia, pp. 230-242, 1971

19) C. Miki, F. Nishino, Y. Hirabayashi, K. Takena : Influence of Residual Welding Stress on Fatigue Crack Growth Rate, Proc. of JSCE, No. 330, pp. 161-168, 1983-2

20) 日本鋼構造協会：鋼構造物の疲労設計指針・同解説，技報堂出版，pp. 51-57, 1993

21) C. Miki, T. Mori : An Analysis of Fatigue Crack Growth from Blowholes in Longitudinal Welded Joints, Proc. of JSCE, J. of Structural Mechanics and Earthqrake Engineering, I-8, 1987-10

22) Standard Method of Test for Plane - Strain Fracture Toughness of Metallic Materials, ASTM E, 399-83

索　引

<ア　行>

アイアンブリッジ……………………………1
明石海峡大橋…………………………………9
圧　接………………………………………195
孔あけ………………………………………193
安全率…………………………………………79
安定さび……………………………………297
板継ぎ溶接部………………………………234
エアスピニング工法…………………………99
オイラー座屈荷重…………………………112
応力拡大係数………………………………313
応力集中………………………………………80
応力集中係数…………………………………80
応力比………………………………………249
応力-ひずみ関係………………………………30
応力腐食割れ…………………………………55
遅れ破壊………………………………54, 287

<カ　行>

開先溶接……………………………………207
加　工………………………………………187
重ね合わせの原理…………………………324
荷重抵抗係数法……………………………169
ガスアーク溶接……………………………199
ガス切断……………………………………187
硬　さ…………………………………………55
カップコーン破壊……………………………37

関東大地震……………………………………4
機械的継手…………………………………265
局部座屈……………………………………145
許容応力度……………………………………78
切欠き…………………………………………87
切欠き感度……………………………………89
切欠き強化……………………………………81
切欠き係数……………………………………88
き　裂………………………………………311
グラインダ…………………………………245
グルーブ溶接…………………………207, 231
形状係数………………………………80, 168
限界状態設計法………………………79, 169
現場溶接……………………………………234
鋼矢板…………………………………………12
公称応力……………………………30, 80, 82
公称ひずみ……………………………………30
工場溶接……………………………………234
構造用鋼材……………………………………59
高張力鋼…………………………………7, 249
降伏点…………………………………………33
高力ボルト継手……………………………265
コンパクト断面……………………………169

<サ　行>

最小寸法……………………………………234
サイズ………………………………………233
座　屈………………………………………107

サブマージアーク溶接 ……………… 198
三軸応力状態 …………………………… 81
残留応力 ……………………………… 120
残留元素 ……………………………… 22
支圧接合 ……………………………… 268
シーバース …………………………… 13
シャルピー吸収エネルギー …… 39, 62, 71
シャルピー衝撃試験 ………………… 39
シャルピー衝撃値 …………………… 39
純断面積 ……………………………… 82
純　鉄 ………………………………… 20
衝撃強さ ……………………………… 38
ショートビード ……………………… 234
真応力 ………………………………… 34
真ひずみ ……………………………… 34
水圧鉄管 …………………………… 7, 10
水素ぜい化 …………………………… 55
ストライエーション ………………… 51
ストランドロープ …………………… 93
スパイラルロープ …………………… 93
すべり係数 …………………………… 275
すべり耐力 …………………………… 276
すみ肉溶接 ……………………… 207, 232
ぜい性破壊 …………………………… 311
設計許容応力 ………………………… 128
設計ボルト軸力 ……………………… 279
接線係数理論 ………………………… 121
切　断 ………………………………… 187
遷移温度 ……………………………… 41
せん断応力 …………………………… 176
せん断中心 …………………………… 180
銑　鉄 ………………………………… 17
塑性断面係数 ………………………… 168
塑性疲労 ……………………………… 45

＜タ　行＞

耐候性 ………………………………… 60
耐候性鋼 ……………………………… 60
耐候性鋼材 …………………………… 297
対数ひずみ …………………………… 34
耐力点検出法 ………………………… 273
楕円孔 ………………………………… 80
縦方向継手部 ………………………… 240
多列ボルト継手 ……………………… 279
タワーリンク ………………………… 86
弾性限界 ……………………………… 32
弾性座屈 ………………………… 107, 147
弾性座屈荷重 ………………………… 112
単せん断型 …………………………… 268
短　柱 ………………………………… 108
断面係数 ……………………………… 167
断面二次モーメント ………………… 167
超音波探傷試験 ……………………… 216
調質鋼 …………………………… 24, 59
低サイクル疲労 ………………… 45, 90
鉄鉱石 ………………………………… 17
鉄-炭素系 …………………………… 20
添加元素 ……………………………… 22
電気アーク …………………………… 196
電気防食 ……………………………… 300
等価係数理論 ………………………… 121
塗　装 ………………………………… 304
塗装系 ………………………………… 303
トルシャーボルト …………………… 273

＜ナ　行＞

斜めY形溶接割れ試験 ……………… 201
軟鋼材 ………………………………… 249

索　引

日本鋼構造協会疲労設計指針 ……………… *251*
熱影響部 …………………………………… *211*
のど厚 ……………………………………… *233*
ノンコンパクト断面 ………………………… *170*

＜ハ　行＞

破壊基準 …………………………………… *324*
破壊じん性 ………………………………… *325*
破壊力学 …………………………………… *52*
柱の耐荷力 ………………………………… *128*
梁 …………………………………………… *165*
ひずみ硬化 ………………………………… *34*
ひずみ時効 ………………………………… *190*
非弾性座屈 ………………………………… *120*
非調質鋼 …………………………………… *59*
引張試験 …………………………………… *30*
引張接合 …………………………………… *268*
引張部材 …………………………………… *78*
ピーニング ………………………………… *245*
非破壊検査 ………………………………… *215*
被覆アーク溶接 …………………………… *197*
疲　労 ……………………………… *42, 311*
疲労強度 ………………… *87, 102, 237, 284*
疲労強度減少係数 ………………………… *89*
疲労き裂進展下限界 ……………………… *329*
疲労き裂進展速度 ………………………… *328*
疲労き裂伝播 ……………………………… *327*
ピン定着 …………………………………… *84*
複せん断型 ………………………………… *268*
腐　食 ……………………………………… *293*
付属物の取付溶接 ………………………… *243*
プラズマ …………………………………… *187*
ブルックリン橋 …………………………… *5*
分岐構造 …………………………………… *11*

平行線ケーブル …………………………… *5, 99*
平行線ストランドロープ ………………… *94*
平行線ワイヤストランド工法 …………… *99*
ヘルツ理論 ………………………………… *87*
放射線透過試験 …………………………… *215*
防　食 ……………………………………… *102*
防せい ……………………………………… *293*
補剛板 ……………………………………… *160*
細長比 …………………………………… *91, 112*
細長比パラメータ ………………………… *112*
ホットスポット応力 ……………………… *261*
本州四国連絡橋 …………………………… *8*

＜マ　行＞

曲げ部材 …………………………………… *165*
摩擦接合 …………………………………… *268*

＜ヤ　行＞

焼き入れ …………………………………… *24*
焼きなまし ………………………………… *23*
焼きならし ………………………………… *23*
焼き戻し …………………………………… *24*
有効厚 ……………………………………… *234*
有効応力拡大係数 ………………………… *329*
有効座屈長 ………………………………… *114*
有効断面積 ………………………………… *234*
有効長 ……………………………………… *234*
融　接 ……………………………………… *195*
溶　接 ……………………………………… *195*
溶接記号 …………………………………… *208*
溶接金属部 ………………………………… *211*
溶接欠陥 ………………………………… *201, 213*
溶接構造用鋼 ……………………………… *7*
溶接残留応力 ……………………………… *222*

溶接条件 ……………………203	冷間曲げ加工 …………………190
溶接性 ………………………200	レインフロー法………………48
溶接入熱量 …………………205	レーザ ………………………187
溶接変形 ……………………226	ろう接 ………………………195
溶接棒 ………………………197	ロックドコイルロープ………93
溶接ポジション ……………208	
溶接まま ……………………231	<英　名>
溶接冷間割れ ………………201	CO_2溶接 ……………………199
溶接割れ感受性組織 ………201	ECCS …………………………138
横座屈 ………………………181	JSSC …………………………251
予熱処理 ……………………203	MAG溶接 ……………………199
余　盛 ………………………231	Miner則 ………………………50
	Paris則 ……………………53, 328
<ラ　行>	SSRC …………………………137
リベット値 …………………267	TIGドレッシング ……………245
リベット継手 ………………265	TMCP鋼 ………………………25
累積被害………………………48	

〈著者紹介〉

三木　千壽（みき　ちとし）
　　1972年　東京工業大学大学院工学研究科博士課程退学
　　専門分野　鋼構造，橋梁工学
　　現　在　東京都市大学学長
　　　　　　東京工業大学名誉教授
　　　　　　工学博士

テキストシリーズ　土木工学 ⑩

鋼　構　造

2000 年 7 月 25 日　初版 1 刷発行
2021 年 2 月 20 日　初版 10 刷発行　　　　　　　　　　　　検印廃止

著　者　三木　千壽　Ⓒ 2000

発行者　南條　光章

発行所　共立出版株式会社

　　〒112-0006
　　東京都文京区小日向 4 丁目 6 番 19 号
　　電話＝03-3947-2511
　　振替＝00110-2-57035
　　URL　www.kyoritsu-pub.co.jp

一般社団法人
自然科学書協会
会　員

印刷・製本　藤原印刷
NDC 515／Printed in Japan

ISBN 978-4-320-07391-3

JCOPY ＜出版者著作権管理機構委託出版物＞
本書の無断複製は著作権法上での例外を除き禁じられています．複製される場合は，そのつど事前に，出版者著作権管理機構（TEL：03-5244-5088，FAX：03-5244-5089，e-mail：info@jcopy.or.jp）の許諾を得てください．

■土木工学関連書

http://www.kyoritsu-pub.co.jp/ 共立出版

測量用語辞典	松井啓之輔編著
土木職公務員試験 過去問と攻略法	山本忠幸他著
工学基礎 固体力学	園田佳巨他著
基礎 弾・塑性力学	大塚久哲著
詳解 構造力学演習	彦坂 熙他著
静定構造力学 第2版	高岡宣善著/白木 渡改訂
不静定構造力学 第2版	高岡宣善著/白木 渡改訂
コンクリート工学の基礎 建設材料・コンクリート:改訂・改題	村田二郎他著
土木練習帳 コンクリート工学	吉川弘道他著
鉄筋コンクリート工学	加藤清志他著
鉄筋コンクリート工学 訂正2版	横道英雄他著
土質力学の基礎	石橋 勲他著
水理学入門	真野 明他著
わかりやすい水理学の基礎	水村和正著
水理学 改訂増補版	小川 元他著
移動床流れの水理学	関根正人著
流れの力学	澤本正樹著
河川工学	篠原謹爾著
復刊 河川地形	高山茂美著
水文学	杉田倫明訳
水文科学	杉田倫明他編著
ウォーターフロントの計画ノート	横内憲久他著
新編 海岸工学	椹木 亨他著
道路の計画とデザイン	樗木 武他著
交通バリアフリーの実際	高田邦道編著
都市の交通計画	交通計画システム研究会編
土木計画序論	長尾義三著
よく知ろう 都市のことを	樗木 武他著
新・都市計画概論 改訂2版	加藤 晃他著
風景のとらえ方・つくり方	小林一郎他監修
測 量 第2版	駒村正治他著
測量学 I	松井啓之輔著
測量学 II	松井啓之輔著
測量学 [基礎編] 増補版	大嶋太市著
測量学 [応用編]	大嶋太市著
新編 橋梁工学	中井 博他著
例題で学ぶ橋梁工学 第2版	中井 博他著
対話形式による橋梁設計シミュレーション	中井 博他著
鋼橋設計の基礎	中井 博他著
インフラ構造物入門	北田俊行編著
実践 耐震工学	大塚久哲著
震災救命工学	高田至郎他著
津波と海岸林 バイオシールドの減災効果	佐々木 寧他著
都市の水辺と人間行動	畔柳昭雄他著
東京ベイサイドアーキテクチュア ガイドブック	畔柳昭雄他著
環境システム	土木学会環境システム委員会編
海洋環境学	佐久田昌昭他著
水環境工学	川本克也他著
環境地下水学	藤縄克之著
地盤環境工学	嘉門雅史他著
入門 環境の科学と工学	川本克也他著
環境教育	横浜国立大学教育人間科学部環境教育研究会編
環境情報科学	村上篤司他著
ハンディー版 環境用語辞典 第3版	上田豊甫他編